SOY EL QUE SOY

SOY EL QUE SOY

Prabhuji

Soy el que soy
por Prabhuji

Copyright © 2026
Primera edición

Impreso en Round Top, Nueva York, Estados Unidos

Derechos Reservados. Queda prohibida la reproducción total o parcial de esta publicación, por cualquier medio o procedimiento, sin para ello contar con la autorización previa, expresa y por escrito del editor.

Publicado por Prabhuji Mission
Sitio: prabhuji.net

Avadhutashram
PO Box 900
Cairo, NY, 12413
USA

Pintura en la tapa por Prabhuji:
«Soy el que soy»
Acrílico en lienzo, 2017, Nueva York. EE. UU.
Tamaño del lienzo: 12"x16"

Library of Congress Control Number: 2024917338
ISBN: 978-1-945894-49-7

ÍNDICE

Prefacio 1
Introducción 5
Artículo 1: Heme yo, Heme aquí... 11
Artículo 2: Soledad: Ser uno con el Todo 27
Artículo 3: Esperando lo incognoscible 43
Artículo 4: Aquí y ahora 49
Artículo 5: Un dúo de uno 59
Artículo 6: La parábola del palacio interior 79
Artículo 7: El Ser y el no-ser en el Jardín del Edén 113
Artículo 8: En búsqueda de significado 135
Artículo 9: El reflejo de la unidad 165
Artículo 10: *Mitzvót*: Los símbolos del retorno 191
Artículo 11: El reconocimiento de la consciencia 213
Artículo 12: La voz del silencio 251
Artículo 13: Jasidismo: Viviendo en la gracia 263
Artículo 14: ¡Aquí arde fuego! 277
Artículo 15: El príncipe-pavo: Quitándose los ropajes ilusorios 287
Artículo 16: La unidad y la expresión humana 305
Artículo 17: La unidad y la expresión divina 325
Artículo 18: El Sendero Retroprogresivo de la *teshuvá* 341

APÉNDICES
Sobre Prabhuji 411
El término Prabhuji por Swami Ramananda 423
El término *avadhūta* 425
Sobre la Misión Prabhuji 435
Sobre el Avadhutashram 437
El Sendero Retroprogresivo 439
Prabhuji hoy 441
Libros por Prabhuji hoy 444

ॐ अज्ञानतिमिरान्धस्य ज्ञानाञ्जनशलाकया ।
चक्षुरुन्मीलितं येन तस्मै श्रीगुरवे नमः ॥

oṁ ajñāna-timirāndhasya
jñānāñjana-śalākayā
cakṣur unmīlitaṁ yena
tasmai śrī-gurave namaḥ

Reverencias a ese santo Gurú que, aplicando el ungüento [medicina] del conocimiento [espiritual], elimina la oscuridad de la ignorancia de los cegados [no iluminados] y les abre los ojos.

Este libro está dedicado, con profundo agradecimiento y eterno respeto, a los santos pies de loto de mis amados maestros Su Divina Gracia Bhakti-kavi Atulānanda Ācārya Mahārāja (Gurudeva) y Su Divina Gracia Avadhūta Śrī Brahmānanda Bābājī Mahārāja (Guru Mahārāja).

Prefacio

La historia de mi vida es una odisea desde lo que creía ser, hasta lo que realmente soy... un peregrinaje, tanto interior como exterior. Una travesía desde lo personal a lo universal, desde lo parcial a lo total, desde lo ilusorio a lo real, desde lo aparente a lo verdadero. Un vuelo errante desde lo humano a lo divino.

Todo lo que al alba despierta, en el ocaso descansa; toda llama encendida, al fin se extingue. Solo lo que empieza, termina; solo lo que principia, finaliza. Pero lo que habita en el presente no nace ni muere, porque lo que carece de comienzo no perece jamás.

Como simple autobiográfico y relator de vivencias significativas, comparto mi historia íntima con los demás. Mi historia no es pública, sino profundamente privada e íntima. No pertenece al alboroto de la vida social, sino que es un suspiro guardado en lo más recóndito del alma.

Soy discípulo de veedores, seres iluminados, sombras del universo que son nadie y caminan en la muerte. Soy solo un capricho o quizás una broma del cielo y el único error de mis amados maestros espirituales. Fui iniciado en mi infancia espiritual por la luz de la luna, que me enseñó su luz y me compartió su ser. Mi musa era una gaviota que amaba volar más que cualquier otra cosa en la vida.

Enamorado de lo imposible, atravesé el universo obsesionado por el brillo de una estrella. Recorrí innumerables senderos, siguiendo las huellas y los vestigios de aquellos con la visión para descifrar lo oculto. Cual océano que anhela el agua, busqué mi hogar dentro de mi propia casa.

No pretendo ser guía, coach, profesor, instructor, educador, psicólogo, iluminador, pedagogo, evangelista, rabino, *posék halajá*, sanador, terapeuta, satsanguista, psíquico, líder, médium, salvador, gurú o autoridad de ninguna clase, ya sea espiritual o material.

Me permito la osadía y el atrevimiento de no representar a nada ni a nadie más que a mí mismo. Soy solo un caminante a quien puedes preguntarle sobre la dirección que buscas. Con gusto te señalo un lugar donde todo se calma al llegar… más allá del sol y las estrellas, de tus deseos y anhelos, del tiempo y el espacio, de los conceptos y conclusiones y más allá de todo lo que crees ser o imaginas que serás.

Pinto suspiros, esperanzas, silencios, aspiraciones, melancolías… paisajes interiores y atardeceres del alma. Soy pintor de lo indescriptible, lo inexpresable, lo indefinible e inconfesable de nuestras profundidades. O quizás solo escribo colores y pinto palabras. Consciente del abismo que separa la revelación y las obras, vivo en un intento frustrado de expresar con fidelidad el misterio del espíritu.

Desde la infancia, ventanitas de papel cautivaron mi atención; a través de ellas recorrí lugares, conocí personas e hice amistades. Aquellas mándalas diminutas han sido mi verdadera escuela primaria, mi escuela secundaria y mi universidad. Cual avezados maestros, esas *yantras* me han guiado a través de la contemplación, la atención, la concentración, la observación y la meditación.

Al igual que un médico estudia el organismo humano, o un abogado estudia leyes, he dedicado mi vida al estudio de mí mismo. Puedo decir con certeza que sé lo que reside y vive en este corazón.

Mi propósito no es persuadir a otros. No es mi intención convencer a nadie de nada. No ofrezco ninguna teología o filosofía, ni predico o enseño, sino que solo pienso en voz alta. El eco de estas palabras puede conducir a ese infinito espacio donde todo es paz, silencio, amor, existencia, consciencia y dicha absoluta.

No me busques a mí. Búscate a ti. No me necesitas a mí ni a nadie, porque lo único que realmente importa eres tú. Lo que anhelas yace en ti, como lo que eres, aquí y ahora.

No soy un mercader de información repetida, ni pretendo hacer negocios con mi espiritualidad. No enseño creencias ni filosofías. Solo hablo de lo que veo y únicamente comparto lo que sé.

Prefacio

Escapa de la fama, porque la verdadera gloria no se basa en la opinión pública, sino en lo que eres en realidad. Lo importante no es lo que otros piensen de ti, sino tu propia apreciación acerca de quién eres.

Elige la dicha en vez del éxito, la vida en lugar de la reputación, la sabiduría por encima de la información. Si tienes éxito, no conocerás solo la admiración, sino también los verdaderos celos. La envidia es el tributo de la mediocridad al talento y una aceptación abierta de inferioridad.

Te aconsejo volar libremente y nunca temer equivocarte. Aprende el arte de transformar tus errores en lecciones. Jamás culpes a otros de tus faltas: recuerda que asumir la completa responsabilidad de tu vida es un signo de madurez. Volando aprendes que lo importante no es tocar el cielo, sino poseer el valor para desplegar tus alas. Cuanto más alto te eleves, el mundo te parecerá más graciosamente pequeño e insignificante. Caminando, tarde o temprano comprenderás que toda búsqueda comienza y finaliza en ti.

Tu bienqueriente incondicional,
Prabhuji

Introducción

El término *religión* encuentra sus raíces semánticas en la palabra latina *religare*, que evoca una idea de 'reunión' o 'reconexión'. Simboliza un viaje de regreso, no hacia un ente distante, sino hacia la esencia intrínseca del ser humano. Este «retroprogreso» refleja las dinámicas de la religión, el acto de reconectarse con lo divino, con el origen. En las tradiciones religiosas, este retorno a la fuente o a lo sagrado no es simplemente un movimiento hacia atrás, sino una unión profunda que reconstituye la totalidad del Ser. El concepto de *teshuvá* en la tradición hebrea, que significa 'respuesta', implica un retorno a Dios y encarna la idea de un movimiento simultáneo de regreso y avance. La *teshuvá* no es solo un 'arrepentimiento' o 'una corrección de errores' como se entiende comúnmente, sino un retorno al estado original de pureza y conexión con lo divino. Al mismo tiempo, este «retorno» es un avance hacia la plena realización de la consciencia y del Ser en su unidad primordial.

El concepto de retroprogresión no debe entenderse como la combinación de dos procesos distintos, uno de retroceso y otro de progreso, sino como un único movimiento subjetual que integra ambos aspectos en una unidad indisoluble. Esta perspectiva enfatiza que todo verdadero progreso no es simplemente un avance lineal o una expansión hacia la novedad, sino un desarrollo que, en su esencia, implica un retorno al origen, a lo primogénito, a aquello que ha estado presente desde el principio, pero que ahora se reconoce y se manifiesta con mayor claridad y profundidad.

Teshuvá no es un encuentro inicial, sino un proceso de retorno a nuestra fuente primordial, una respuesta a la desconexión provocada por la vorágine de los logros materiales. En este contexto, la religión se interpreta como un esfuerzo por reconectarse con nuestra autenticidad.

De manera similar, el yoga, que etimológicamente significa 'unión', señala este proceso de reunificación con el Ser primordial, donde el individuo, a través de la disciplina y la meditación reconoce su eterna unión con su realidad interior.

Nuestra búsqueda incesante de reconexión se arraiga en un temor primigenio a lo desconocido. El ser humano utiliza sus creencias como escudos para protegerse del miedo a la incertidumbre y eludir el enfrentamiento directo con sus propias dudas. Muchos encuentran un santuario para el alma en doctrinas y dogmas, un baluarte de certeza y estabilidad en medio de un cosmos vasto e incomprensible. Estas prácticas son comunes en todas las tradiciones religiosas, pero a menudo fomentan la división en lugar de la unión, ya que confunden fe y superstición. La adhesión a dogmas preestablecidos constriñe la mente y limita la libertad de exploración y comprensión.

En un estado de libertad, el acercamiento a la Verdad o lo divino no se logra a través de creencias impuestas sino mediante una indagación personal y profunda. A menudo, las creencias construyen una imagen preconcebida de lo divino que restringe nuestra capacidad de percibir. Las creaciones humanas, como rituales y dogmas, son meras manifestaciones del pensamiento. Creadas por el pensamiento, estas manifestaciones no pueden ser intrínsecamente sagradas. La comprensión de lo verdaderamente sagrado se alcanza cuando nos libramos del miedo y el dolor. Entonces, emerge un amor auténtico, impregnado de sabiduría innata, que lleva la mente a un estado de serenidad total. En este silencio profundo, lo sagrado se desvela en su forma más pura y esencial.

La esencia de la religión no se halla en nuestro estado mental actual, plagado de miedos y proyecciones, sino en la expansión de nuestra consciencia al liberarnos de las trampas psicológicas que nosotros mismos hemos creado. La verdadera espiritualidad se manifiesta en la comunión con los demás que trasciende las divisiones de la doctrina o el dogma. Explorando más allá de lo convencional, surgen la compasión y el amor genuino.

La religión es una aventura hacia el autoconocimiento y la autotransformación, un camino de reencuentro con nuestra fuente original y el redescubrimiento de nuestra unidad inherente con la totalidad. En este viaje de transformación interior, el ego se disuelve, permitiendo una conexión profunda e inquebrantable con nuestro ser esencial. Entonces, emerge una consciencia fresca y serena, que es receptiva a los cambios y dualidades de la vida.

La relación entre el Ser y la consciencia está inscrita en un movimiento constante que no solo parece dual, sino que revela una interacción profunda entre retorno y progreso, repliegue y desarrollo. Este dinamismo no se limita a una interpretación filosófica. Abarca un camino hacia la liberación, o *mokṣa*, donde el Ser, en su proceso de autodescubrimiento, retorna a su fuente y origen. En este retorno, se redescubre la plenitud y la autenticidad del Ser. Más que una mera repetición, se avanza hacia un entendimiento más profundo de la Verdad. Este proceso subyace en las tradiciones filosóficas y espirituales, donde el retorno al origen y el progreso hacia el desvelamiento último del Ser no se oponen sino que se complementan, formando una unidad fundamental.

Moisés, pastoreando las ovejas en el monte Horeb, encuentra una zarza que ardía sin consumirse. Al acercarse, escucha la voz divina que lo llama por su nombre y le revela su misión de liberar a su pueblo de la esclavitud en Egipto. Ante la duda de Moisés sobre cómo presentar a lo divino ante lo humano, la respuesta del Eterno resuena con profundidad: «Soy el que soy». Esta afirmación encapsula la naturaleza inmutable y trascendental de la divina identidad, que es el Ser absoluto, más allá del tiempo y del espacio. Así comenzó el largo peregrinaje de los hebreos, que tiene su punto de partida en la revelación sinaítica. Los descendientes de Jacob asumieron la tarea de preservar y explorar los misterios que subyacen en las Escrituras, a través de un análisis meticuloso que ha perdurado a lo largo de generaciones. Esta revelación no se entiende como un conocimiento estático, sino como una fuente dinámica de Verdad, que ha sido profundamente explorada mediante la interpretación de los textos sagrados, colmados de simbolismo esotérico y poesía. Los sabios de la Torá, a través de su dedicación, han desentrañado los enigmas ocultos en los pasajes sagrados, ofreciendo a los buscadores contemporáneos una vía hacia la realización del Ser y de su Verdad última.

El presente libro ofrece una colección de estas perlas de sabiduría, siguiendo las huellas de los antiguos sabios y ofreciendo una guía a aquellos que, en nuestro tiempo, continúan transitando ese camino eterno de retorno hacia el conocimiento y la realización espiritual.

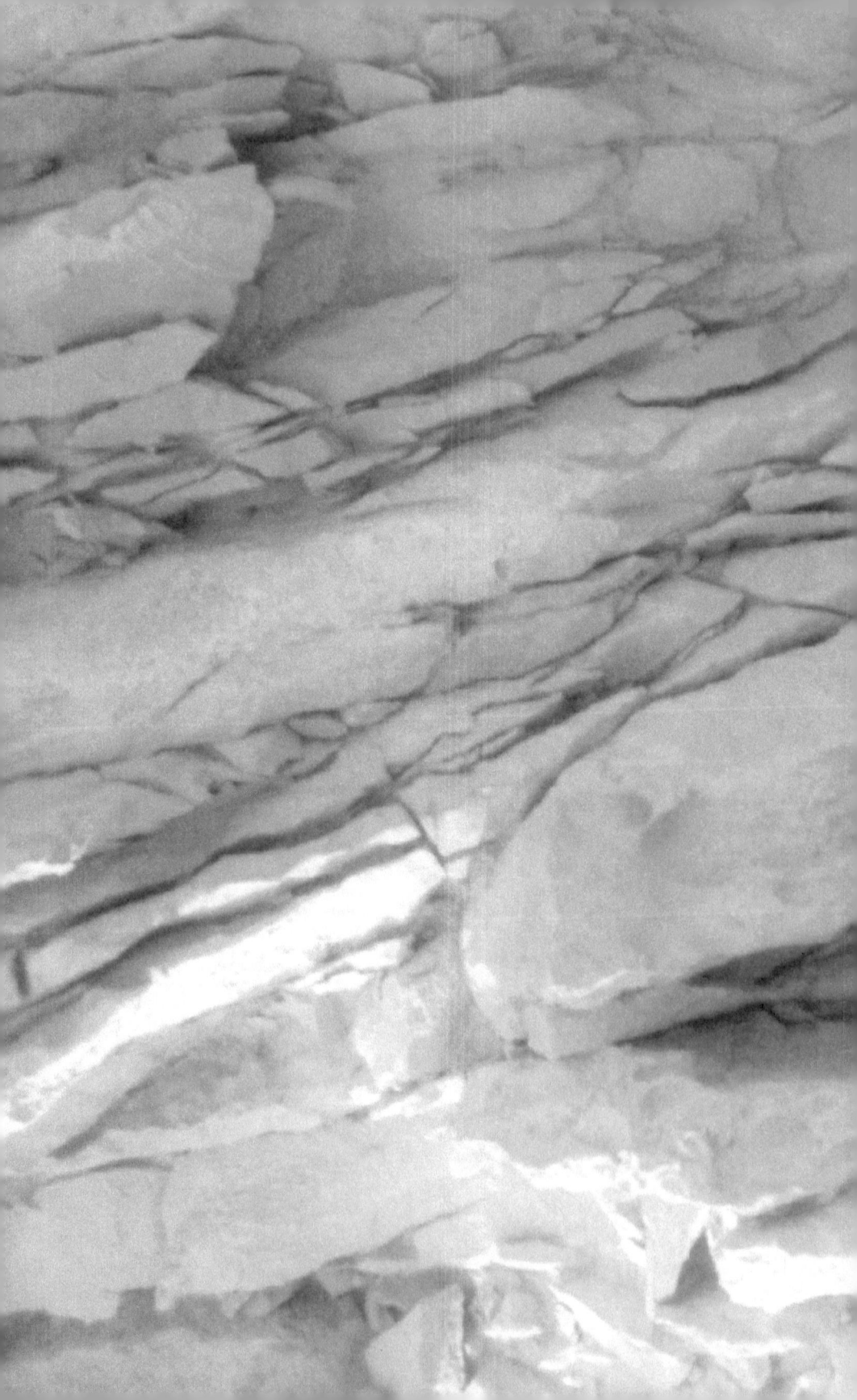

ARTÍCULO 1
HEME YO, HEME AQUÍ

La condición humana

Los seres humanos no viven basándose en su propia experiencia, sino siguiendo la concepción heredada que los define como entes independientes. Esta interpretación, transmitida de generación en generación como incuestionable, nos lleva a concluir que estamos aislados de los demás y de nuestro origen. Conceder más autoridad a esta versión que a nuestra experiencia directa da origen al sufrimiento humano.

Si nunca has estado en Afganistán, cualquier idea que tengas sobre cómo viven los afganos no es factual, sino producto de tu creencia en la información proporcionada por los medios. De manera similar, tu autopercepción se compone mayormente de creencias que provienen de otros. Estos son conceptos que recuerdas u olvidas dependiendo de tu estado de ánimo y las circunstancias. Todo lo que es mutable, transitorio o temporal no puede ser nuestra realidad.

No percibimos nuestra realidad. Percibimos ideas que provienen de otras personas que no conocemos, como extranjeros, extraños y forasteros. Tendemos a definirnos según las opiniones de los demás. Nuestros padres comenzaron a diseñar nuestra personalidad al darnos un nombre y un papel en la familia. El proceso de condicionamiento se refuerza en la escuela, la universidad, el trabajo y demás. Mi padre pensaba que era inteligente, y mi madre que era demasiado delgado. Mis compañeros de secundaria pensaban que bailaba bien, pero era malo en los estudios. Mis colegas me consideran un buen tipo, pero muy callado. Basándonos en nuestros altibajos, éxitos y fracasos, construimos nuestro ego, que no es nuestra creación, sino la de la sociedad.

Para mantener la idea de ser alguien, debemos decorar estratégicamente nuestra imagen para presentarnos a nosotros mismos y a los demás. Nos identificamos con esta imagen fabricada y la exhibimos ante el público. Enviamos una muñeca, hecha a nuestra supuesta semejanza, para vivir por nosotros en la sociedad. La indagación sobre nuestra realidad se centra en las raíces de esta imagen.

Artículo 1: Heme yo, heme aquí

Lo que pensamos o creemos sobre el universo, los demás y nosotros mismos se basa en percepciones, sensaciones, emociones y pensamientos. Por lo tanto, la actividad mental altera nuestra percepción de la realidad. Nuestro condicionamiento modifica nuestra experiencia de vida. Ni la mente, ni el cuerpo, ni el universo son como nos parecen. Ni siquiera somos lo que pensamos que somos. Debido a la mutabilidad del contenido de la experiencia, la realidad nos parece temporal. La realidad no puede ser mutable. Lo que realmente somos no varía, sino que reside constantemente en y dentro de nosotros como lo que somos. Comprender este hecho es una cordial invitación a la realidad que, aunque no es objetual, es la esencia misma de toda experiencia.

No somos una sensación, sentimiento o percepción. Tampoco somos las opiniones de nuestros padres, hermanos, parientes, amigos, colegas, vecinos o enemigos. Aferrarnos a sus descripciones de nosotros nos impide reconocer nuestra autenticidad, que trasciende todas las ideas, creencias e historias. No debemos rebelarnos contra la opinión de los demás, sino desapegarnos de nuestra versión mental. En realidad, esta interpretación no afecta lo que somos, solo nos impide reconocer nuestra propia seidad.

הוּא הָיָה אוֹמֵר: "אִם אֵין אֲנִי לִי, מִי לִי. וּכְשֶׁאֲנִי לְעַצְמִי, מָה אֲנִי. וְאִם לֹא עַכְשָׁיו, אֵימָתַי".

(פרקי אבות א', י"ד)

Él [Hilel el anciano] solía decir: «Si no soy para mí mismo, ¿quién es para mí? Pero si soy para mí mismo, ¿qué soy? Y si no ahora, ¿cuándo?».

(*Pirkei Avót*, 1.14)

El sabio maestro Hilel me enseña que, si no me defino, nadie lo hará. Si no me delimito, nadie me delimitará. Si no me interpreto, permaneceré como nadie. Sin conceptualizarme, soy una sombra de la existencia. En mi autenticidad, soy solo una presencia y nada más.

Cuanto más reconocemos que no podemos encontrar la definición adecuada, más nos aproximamos a la respuesta. La indagación consciente comienza al notar que nuestra realidad no puede ser verbalizada, conceptualizada o definida porque carece de existencia objetual. Es en ese momento cuando preguntas como «¿Dónde estoy?» o «¿Quién soy?» nos dirigen a la esencia misma de nuestra personalidad y la base de la identificación egoica. Cuanto más renunciamos a la creencia de ser un objeto, es decir, «algo» o «alguien», más nos ahondamos en la exploración de los fundamentos de nuestra existencia.

El proceso retroprogresivo

Mis enseñanzas se basan en la duda; no predico la fe en algo, sino la duda en todo y en todos. La creencia estanca; la duda cataliza. Cuestionar es un signo de crecimiento y evolución. Mi mensaje no exalta las creencias ni condena las dudas. Te invita a profundizar en tus dudas sin miedo, hasta agotarlas y luego saltar al otro lado. Al principio, dudarás de tus creencias, ideas preconcebidas, tradiciones, puntos de vista y tus convencionalismos. Luego surgirán dudas sobre tu propia existencia y lo que crees o piensas que eres. En algún momento, surgirán dudas sobre el «dudador», el «yo» separado que duda.

La autoexploración consiste en investigar la fuente y el origen de nuestra propia existencia. Es una exploración de las raíces mismas de lo que denominamos «yo».

רַבִּי אֶלְעָזָר אוֹמֵר:[...] "וְדַע מַה שֶׁתָּשִׁיב לָאֶפִּיקוֹרוֹס".
(פרקי אבות ב', י"ד)

Rabí El'azar dijo: «Y sabe qué responder a Epicuro».
(*Pirkei Avót*, 2.14)

Rabí El'azar nos aconseja saber cómo responder al prójimo, en otras palabras, investigar y cuestionar nuestras reacciones a la sociedad. Por ejemplo, el concepto «yo» es lo que más utilizamos para comunicarnos con los demás. Cada ser humano consiste en una colección de deseos, ambiciones, sueños, conceptos y creencias que, como satélites, giran alrededor del concepto «yo». Con esta palabra, expresamos nuestros deseos: yo quiero esto o yo quiero aquello; nuestra nacionalidad: yo soy holandés, yo soy chileno, yo soy estadounidense; nuestras creencias: yo soy cristiano, yo soy musulmán, yo soy hindú, yo soy secular, yo soy ateo. Aunque podamos definirnos de diferentes maneras, la idea de «yo» siempre estará presente. Sin embargo, pocos se preguntan a qué se refiere el término «yo». Muchas de nuestras convicciones compartidas merecen ser cuestionadas. Investigar la idea «yo», el pensamiento «yo» y el sentimiento «yo» crea una situación propicia para reconocer la consciencia.

La autoindagación en forma de preguntas como «¿Dónde estoy?» o «¿Quién soy?» dirige la atención a una fuente y origen donde no hay objeto o entidad alguna. La realización de la consciencia consiste en el reconocimiento del indefinible ser. En el reencuentro de la seidad consigo misma, lo inconcebible se revela como nuestra esencia eterna.

וַיִּשְׁמְעוּ אֶת קוֹל ה' אֱלֹהִים מִתְהַלֵּךְ בַּגָּן לְרוּחַ הַיּוֹם וַיִּתְחַבֵּא הָאָדָם וְאִשְׁתּוֹ מִפְּנֵי ה' אֱלֹהִים בְּתוֹךְ עֵץ הַגָּן:
וַיִּקְרָא ה' אֱלֹהִים אֶל הָאָדָם וַיֹּאמֶר לוֹ אַיֶּכָּה:

(בראשית ג', ח'-ט')

Y oyeron la voz del Señor Dios que andaba recorriendo el jardín en la brisa del día; y el hombre y su mujer se escondieron de la presencia del Señor Dios entre los árboles del jardín. Y el Señor Dios llamó al hombre y le dijo: ¿*aieka*? (¿dónde estás?).

(Génesis, 3:8-9)

Es revelador reflexionar sobre por qué Dios, siendo omnisciente, pregunta a Adán sobre su paradero. Esta interacción no debe interpretarse literalmente; más bien, es una herramienta didáctica. Mediante estas conversaciones, Dios no busca respuestas literales, sino que facilita la autoindagación meditativa. El Dios omnisciente no le preguntó a Adán dónde estaba para encontrarlo, sino para ofrecerle una guía misericordiosa. ¿Dónde se encuentra ese «yo» en torno al cual gira toda tu vida? *Aieka* (איכה), o '¿dónde estás?', es una pregunta que requiere una autodefinición. Abraham, Jacob y Samuel respondieron *hineni* (הנני), o 'heme aquí'. Esta respuesta al llamado divino es la realización de la consciencia.

וַיְהִי אַחַר הַדְּבָרִים הָאֵלֶּה וְהָאֱלֹהִים נִסָּה אֶת אַבְרָהָם וַיֹּאמֶר אֵלָיו אַבְרָהָם וַיֹּאמֶר הִנֵּנִי:
(בראשית כ"ב, א')

Aconteció después de estos eventos, que Dios sometió a prueba a Abraham; y le dijo: «Abraham», y él dijo: «*hineni* (heme aquí)».

(Génesis, 22:1)

וַיֹּאמֶר אֵלַי מַלְאַךְ הָאֱלֹהִים בַּחֲלוֹם יַעֲקֹב וָאֹמַר הִנֵּנִי:
(בראשית ל"א, י"א)

Y el Ángel de Dios me dijo en el sueño: «¡Jacob!», y yo respondí: «*hineni* (heme aquí)».

(Génesis, 31:11)

וַיֹּאמֶר אֱלֹהִים לְיִשְׂרָאֵל בְּמַרְאֹת הַלַּיְלָה וַיֹּאמֶר יַעֲקֹב יַעֲקֹב וַיֹּאמֶר הִנֵּנִי:
(בראשית , מ"ו, ב')

Dijo Dios a Israel en visiones de la noche... Dijo: «Jacob, Jacob» y él dijo: «*hineni* (heme aquí)».

(Génesis, 46:2)

וַיִּקְרָא ה' אֶל-שְׁמוּאֵל וַיֹּאמֶר הִנֵּנִי:
(שמואל א' ג', ד')

Y el Señor llamó a Samuel, y él respondió: «*hineni* (heme aquí)».

(1 Samuel, 3:4)

Personajes como Abraham, Jacob y Samuel son modelos que reconocen la consciencia e identifican el «yo». Esto nos enseña que la búsqueda esencial es hacia nuestro interior, hacia la realización del ser. A través de su testimonio, indican ser consciencia, *hine* (heme), y presencia, *ani* (yo).

A menudo creemos que nuestra existencia se define por nuestra ubicación física: un país, una ciudad, una calle, incluso un cuerpo o una mente. Sin embargo, si desconocemos nuestra verdadera esencia e identidad, es imposible determinar dónde realmente «estamos». En las escrituras, la noción de *hineni*, o 'aquí estoy', es más que una declaración de presencia física; es un reconocimiento de la consciencia. Así, la pregunta «¿Dónde estás?» es intrínsecamente paralela a «¿Quién eres?». No se trata de definir nuestra ubicación en el espacio físico, sino de reconocer que somos el epicentro de la totalidad. Martin Heidegger llamó a esto *Dasein* o 'el ser ahí'. *Da* en alemán es 'aquí' o 'ahí'. El *Dasein* es 'el ser aquí', es decir, el 'aquí del ser'.

"וַיִּפְגַּע בַּמָּקוֹם" (בראשית כ"ח, י"א), רַב הוּנָא בְּשֵׁם רַבִּי אַמֵּי אָמַר: "מִפְּנֵי מָה מְכַנִּין שְׁמוֹ שֶׁל הַקָּדוֹשׁ-בָּרוּךְ-הוּא וְקוֹרְאִין אוֹתוֹ מָקוֹם? שֶׁהוּא מְקוֹמוֹ שֶׁל עוֹלָם וְאֵין עוֹלָמוֹ מְקוֹמוֹ, מִן מַה דִּכְתִיב: 'הִנֵּה מָקוֹם אִתִּי' (שמות ל"ג, כ"א), הֱוֵי הַקָּדוֹשׁ-בָּרוּךְ-הוּא מְקוֹמוֹ שֶׁל עוֹלָם וְאֵין עוֹלָמוֹ מְקוֹמוֹ". אָמַר רַבִּי יִצְחָק: "כְּתִיב: 'מְעֹנָה אֱלֹהֵי קֶדֶם' (דברים ל"ג, כ"ז), אֵין אָנוּ יוֹדְעִים אִם הַקָּדוֹשׁ-בָּרוּךְ-הוּא מְעוֹנוֹ שֶׁל עוֹלָמוֹ וְאִם עוֹלָמוֹ מְעוֹנוֹ, מִן מַה דִּכְתִיב (תהילים צ', א'): 'ה' מָעוֹן אַתָּה', הֱוֵי הַקָּדוֹשׁ-בָּרוּךְ-הוּא מְעוֹנוֹ שֶׁל עוֹלָמוֹ וְאֵין עוֹלָמוֹ מְעוֹנוֹ."
(בראשית רבה, ס"ח)

«Y él llegó al lugar» (Génesis, 28:11). Rav Huna dice, en nombre de Rabí Ami: «¿Por qué sustituimos el nombre del Santo Bendito y lo llamamos "Lugar"?». Porque Él es el Lugar del mundo, aun así, Su mundo no es Su lugar. Lo aprendemos del verso: «He aquí un lugar junto a mí». (Éxodo, 33:21). De aquí aprendemos que el Santo Bendito es el lugar del mundo, aun así, Su mundo no es Su lugar. Rabí Yitzják dijo: «Está escrito: "La morada, el Dios antiguo". (Deuteronomio, 33:27). Solo a partir de este versículo no podemos determinar si el Santo Bendito es la morada del mundo o si el mundo es la morada del Santo. Sin embargo, del verso: "Oh Señor, Tú eres una morada" (Salmos, 90:1), aprendemos que el Santo Bendito es la morada del mundo, aun así, Su mundo no es Su morada».

(Bereshít Rabbah, 68)

No es la consciencia la que reside en cada uno de nosotros. En cambio, nosotros residimos en la consciencia. Yacemos y vivimos en el Dios indivisible, lo Uno sin segundo. En la desidentificación del complejo cuerpo-mente y el reconocimiento de la consciencia, la experiencia de ser ya no está limitada por las fronteras de un lugar específico. Nuestra naturaleza auténtica no reside en una ubicación geográfica particular. No es el yo-sujeto el que busca la consciencia, sino la consciencia la que se busca a sí misma. La consciencia no es una cualidad que se pueda poseer en diferentes grados, ni un lugar donde residimos, sino lo que somos, es decir, la seidad misma. De hecho, no somos simplemente otra experiencia que ocurre dentro de la consciencia; más bien, somos la consciencia dentro de la cual se despliega toda experiencia. Todo lo que sucede no me sucede **a mí**, sino que sucede **en mí**.

וַיָּבֹא הַמֶּלֶךְ דָּוִד וַיֵּשֶׁב לִפְנֵי ה' וַיֹּאמֶר מִי אָנֹכִי ה' אֱלֹהִים וּמִי בֵיתִי כִּי הֲבִיאֹתַנִי עַד־הֲלֹם:

(שמואל ב' ז', י"ח)

El rey David entró y se sentó ante el Señor, y dijo: «¿Quién soy yo?, Señor Dios, y ¿cuál es mi familia, para que me hayas traído hasta tan lejos?».

(2 Samuel, 7:18)

Soy un médico, un abogado, Ramon, Rosa, chileno, hindú, católico, protestante, religioso, laico, ateo, alto, bajo, joven, viejo, casado o soltero. Mientras sigamos dando respuestas convencionales, permaneceremos insatisfechos. Todas estas respuestas están relacionadas con la periferia y no con el centro. Son superficiales;

no son vitales. Claramente, la única definición autorizada de uno mismo es la propia. Si la indagación es clara y directa, la respuesta será vívida y auténtica.

A menudo nos definimos según nuestras actividades. Pero nuestra personalidad no siempre nos satisface o nos representa fielmente. Buscamos respuestas positivas y huimos de las negativas. «Pero si soy [solo] para mí mismo, ¿qué soy?» (וכשאני לעצמי, מה אני?). ¿Qué soy cuando soy el único que observa la observación o es consciente de la consciencia? Las preguntas «¿dónde estoy?» y «¿quién soy?» se dirigen a ti y te piden que te definas según tu propia experiencia. Tal vez sea la primera vez que eres la única autoridad para responder a esta pregunta desde tu visión directa.

Por extraño que parezca, la respuesta del principiante a la pregunta «¿quién eres?» es la más real. Una expresión desconcertada es más auténtica que una conceptualización intelectual que desarrollamos después de años de estudio, cursos y libros.

Nuestra auténtica esencia no puede ser una definición porque siempre podemos indagar sobre quién es consciente de esa definición. Al alcanzar cualquier conceptualización, debemos mirar hacia quien es consciente de ella, el definidor o conceptualizador. Llegará el momento en que renunciemos a la búsqueda de una conceptualización porque la naturaleza objetual es temporal, comienza y termina, pero lo real en nosotros debe ser eterno e inmutable. Todas las identificaciones son efímeras; aparecen y desaparecen. Solo la consciencia permanece constantemente presente.

לְעוֹלָם יְהֵא אָדָם יְרֵא שָׁמַיִם בַּסֵּתֶר וּבַגָּלוּי וּמוֹדֶה עַל הָאֱמֶת וְדוֹבֵר אֱמֶת בִּלְבָבוֹ וְיַשְׁכֵּם וְיֹאמַר: "רִבּוֹן כָּל הָעוֹלָמִים וַאֲדוֹנֵי הָאֲדוֹנִים, לֹא עַל צִדְקוֹתֵינוּ אֲנַחְנוּ מַפִּילִים תַּחֲנוּנֵינוּ לְפָנֶיךָ כִּי עַל רַחֲמֶיךָ הָרַבִּים, מָה אָנוּ מֶה חַיֵּינוּ מֶה חַסְדֵּנוּ, מַה צִּדְקוֹתֵינוּ, מַה יְשׁוּעָתֵנוּ, מַה כֹּחֵנוּ מַה גְּבוּרָתֵנוּ, מַה נֹּאמַר לְפָנֶיךָ ה' אֱלֹהֵינוּ וֵאלֹהֵי אֲבוֹתֵינוּ הֲלֹא כָּל הַגִּבּוֹרִים כְּאַיִן לְפָנֶיךָ וְאַנְשֵׁי הַשֵּׁם כְּלֹא הָיוּ וַחֲכָמִים כִּבְלִי מַדָּע וּנְבוֹנִים כִּבְלִי הַשְׂכֵּל כִּי רֹב מַעֲשֵׂיהֶם תֹּהוּ וִימֵי חַיֵּיהֶם הֶבֶל לְפָנֶיךָ, וּמוֹתַר הָאָדָם מִן הַבְּהֵמָה אָיִן כִּי הַכֹּל הָבֶל."

(סידור התפילה, תפילת שחרית)

> Una persona debe ser siempre temerosa de Dios en privado y en público, reconociendo la verdad, y hablando la verdad dentro de su corazón, y levantándose temprano, debe proclamar. «¡Señor de todos los mundos y Señor de todos los señores! No por el mérito de nuestra justicia lanzamos nuestras súplicas ante Ti, sino por el mérito de Tu abundante misericordia. ¿Qué somos? ¿Cuál es nuestra vida? ¿Cuál es nuestra bondad? ¿Cuál es nuestra justicia? ¿Cuál es nuestra salvación? ¿Cuál es nuestra fuerza? ¿Cuál es nuestro poderío? ¿Qué podemos decir ante Ti, Señor, Dios nuestro y Dios de nuestros antepasados? ¿No son todos los poderosos como nada ante Ti? ¿Los famosos como si nunca hubieran existido? ¿Los sabios como si carecieran de sabiduría? ¿Y los perspicaces como si carecieran de inteligencia? Pues la mayoría de sus actos son vanos, y los días de su vida son como una niebla que se desvanece ante ti. La preeminencia del hombre sobre la bestia es inexistente, pues todo es como una bruma que se desvanece».
>
> (Oración matutina diaria, *Shajarít*)

El fin de la búsqueda es la revelación de la consciencia, no como una identificación, sino como lo que realmente somos.

Sin importar lo que otros crean, la pregunta «¿dónde estoy?» nos llevará a donde estamos. Más allá de cómo nos definan, la pregunta «¿quién soy?» continuará señalando la esencia. La realidad no puede ser ni una creencia ni una definición porque es la fuente de todas las ideas. Lo que realmente somos no puede ser verbalizado porque es el origen mismo de las palabras. La verbalización solo indica el rumbo a seguir, pero no sustituye lo señalado. No importa cuál sea la definición, la realidad de lo que somos siempre reside en su fundamento.

La autorrealización

Nada es más fácil que realizar nuestra auténtica naturaleza. No hay razón para posponerlo ni por un momento. Toda postergación es solo otra estrategia mental.

Artículo 1: Heme yo, Heme aquí

וְאִם לֹא עַכְשָׁיו, אֵימָתָי.

(פרקי אבות א', י"ד)

Y si no ahora, ¿cuándo?

(*Pirkei Avót*, 1.14)

Si observamos nuestra actividad mental, notaremos que damos demasiada importancia a la interpretación de la experiencia. Obedecemos el contenido condicionado de la experiencia como si fuera la máxima autoridad. Cuando dejamos de identificarnos con ese contenido, solo permanece el silencio, que permite el reconocimiento de nuestra realidad.

Toda idea sobre quiénes somos proviene del pasado. Nuestro «yo» se origina en lo sabido. Para explorar nuestra realidad, es imperativo observar. A partir de la observación, nos situamos en el ahora. La existencia no conoce otro momento que no sea el presente. Ayer se conoce mediante la memoria y mañana mediante la imaginación. Nuestra realidad es lo que somos ahora, que es el único momento para reencontrarnos con nuestra auténtica naturaleza.

Aunque nos parezca que el principal obstáculo para reconocer la consciencia es la distancia, en realidad es la cercanía. Su intimidad es tal que la consciencia es lo más evidente de toda experiencia. Sin embargo, sustituimos la realidad por una narrativa, lo que distorsiona nuestra visión. Esta historieta es una interpretación que asume autoridad sobre la percepción. No obstante, la realidad está más cerca que esa interpretación, que cualquier palabra, emoción o idea, e incluso que nuestro propio corazón:

כִּי־קָרוֹב אֵלֶיךָ הַדָּבָר מְאֹד בְּפִיךָ וּבִלְבָבְךָ לַעֲשֹׂתוֹ:

(דברים ל', י"ד)

Más bien, la cosa está muy cerca de ti; está en tu boca y en tu corazón, para que puedas cumplirla.

(Deuteronomio, 30:14)

La consciencia está más cerca de nosotros que cualquier experiencia. Este verso dice «muy» (מְאֹד) porque por muy cerca que estemos de nuestra auténtica naturaleza, siempre podemos estar más cerca, hasta que toda distancia desaparezca y realicemos la consciencia como nuestra propia conoceidad.

Como los sueños, lo que es falso e ilusorio es temporal. Viene y va. Nuestras identificaciones son transitorias; surgen y desaparecen como olas en el mar. En cambio, lo verdadero es inmutable e inalterable. La consciencia no comparte el mismo destino que la mente y el cuerpo. Nuestra presencia consciente no tiene principio ni fin, ni nacimiento ni muerte. Lo que realmente somos existe desde siempre y hasta siempre. Nuestra autenticidad fue, es y será antes del nacimiento, durante la vida y eternamente después de la muerte.

וְהוּא הָיָה וְהוּא הוֶֹה, וְהוּא יִהְיֶה בְּתִפְאָרָה.

(סידור התפילה, פיוט "אדון עולם")

Y Él era, y Él es, y Él será en esplendor.

(Sidúr, Piyyút Adón Olám)

En el *Cantar de Moisés*, encontramos los siguientes versículos.

כִּי שֵׁם ה' אֶקְרָא   הָבוּ גֹדֶל לֵאלֹהֵינוּ:
הַצּוּר תָּמִים פָּעֳלוֹ   כִּי כָל־דְּרָכָיו מִשְׁפָּט
אֵל אֱמוּנָה וְאֵין עָוֶל   צַדִּיק וְיָשָׁר הוּא:

(דברים ל"ב, ג'-ד')

Porque cuando proclamo el nombre del Señor;
¡Gloria a nuestro Dios!
¡La Roca! Sus obras son perfectas,
Porque todos Sus caminos son justos;
Un Dios fiel, nunca injusto.
Justo y recto es Él.

(Deuteronomio, 32:3-4)

El sagrado *Zohar* comenta estas palabras de Moisés:

אָמַר רִבִּי חִיָּיא: "הַאי קְרָא אוֹלִיפְנָא מִנֵּיהּ חָכְמְתָא עִלָּאָה, וְהָכִי הוּא. אֲבָל סֵיפֵיהּ דִּקְרָא, מְקַשֵּׁר קִשְׁרָא דִּמְהֵימְנוּתָא, בְּמַאי דִּכְתִיב: 'הוּא'. כְּמָה דְאַתְּ אָמַר: 'צַדִּיק וְיָשָׁר הוּא' (דברים ל"ב, ד'). כְּלוֹמַר הוּא כֹּלָּא. הוּא חַד בְּלָא פֵּרוּדָא. דְּאִי תֵּימָא כָּל הָנֵי סַגִּיאִין אִנּוּן, חָזַר וְאָמַר: 'הוּא', כֻּלְּהוּ סַלְּקִין וּמִתְקַשְּׁרָן וּמִתְאַחֲדָן בְּחַד. וְכֹלָּא, הוּא הָיָה, וְהוּא הֹוֶה, וְהוּא יְהֵא. וְהוּא חַד. בְּרִיךְ שְׁמֵיהּ לְעָלַם וּלְעָלְמֵי עָלְמִין. עַד כֵּן מִתְקַטְּרִין מִלִּין, וּמִתְאַחֲדִין מִלִּין קַדִּישִׁין, דִּשְׁמָא דְּקוּדְשָׁא-בְּרִיךְ-הוּא".

(ספר הזוהר, האזינו, ח')

Rabí Jiya dijo: «De este versículo hemos aprendido la sabiduría celestial, y así es. Sin embargo, el final del versículo conecta el nudo de la fe al escribir la palabra *hu* (que significa 'Él'), como está escrito: 'Justo y recto es Él', lo que significa que **Él** lo es todo, **Él** es uno sin división. Porque si llegas a pensar que todos estos (atributos mencionados en el versículo) son muchos; por lo tanto, dice de nuevo: *hu* (Él), dado que todos surgen, se conectan y se unen en uno. Y Él es todo; Él fue, Él es y Él será. Y Él es uno. Bendito sea Su nombre por siempre jamás. Por lo tanto, las cosas están conectadas, y los asuntos sagrados [es decir, los atributos] del nombre del Santo, bendito sea Él, están unidos».

(*Zohar*, «*Ha'azinu*», 8)

Cuando percibimos la luna y las estrellas, concluimos que están distantes. Pero si observamos con atención, veremos que cada percepción, por muy distante que nos parezca, se experimenta exactamente en el mismo lugar que nuestros pensamientos y emociones más íntimas. Aunque creamos escuchar sonidos en la distancia, los percibimos tan cerca como nuestros pensamientos, ideas o sentimientos. Todas las experiencias, ya sean visuales, auditivas, olfativas o táctiles, ocurren en las profundidades de nuestro interior. Solo la interpretación mental de estas experiencias nos convence de que las percepciones ocurren a distancia.

Al palpar una botella con los ojos cerrados, percibimos cierta textura. Dicha percepción no ocurre en la botella ni en la mano, sino en lo más profundo de nuestro interior. No testifica la existencia de una botella externa, sino que es solo una experiencia percibida con la misma intimidad que los pensamientos, emociones y sensaciones. Nos consideramos cuerpos que contienen un fragmento de consciencia capaz de percibir la diversidad objetual externa. Pero en realidad, la mente, el cuerpo y el universo suceden dentro de nosotros, no al revés. Si nuestro interior fuera un lugar, ese sitio sería simplemente otra experiencia que ocurre en el puro conocer. No existe un lugar donde la consciencia esté ausente:

לֵית אֲתַר פָּנוּי מִנֵּיהּ, כְּנִשְׁמָתָא דְּאִשְׁתַּכָּחַת בְּכָל אֵבָר וְאֵבָר דְּגוּפָא.
(תיקוני הזוהר, קכ״ב, ב׳)

> Ningún lugar está vacío de Él, así como el alma está presente en todos y cada uno de los miembros del cuerpo.
> (*Tikkunei HaZohar*, 122.2)

Aunque creemos conocer una diversidad de objetos, en realidad solo conocemos el propio conocer. Nunca hemos conocido nada ni a nadie. Dicho conocer no ocurre en un lugar específico, porque cada rincón está incluido en el conocer.

La mente fractura al conocer puro en un aparente sujeto-conocedor y un objeto-conocido. El pensamiento consiste en una modulación del conocer, capaz de presentar la unidad como una dualidad de dos fenómenos distantes. Sin embargo, esto es una fantasía, un espejismo mental que carece de realidad. Solo existe el conocer que es uno y el mismo con nuestra seidad.

El conocer es indivisible; no posee fragmentos ni porciones, ni admite objetos o entes separados. No existe una parte del conocer que esté más cerca o más lejos. La presencia que conoce es el conocer mismo. Solo existe un flujo indivisible del conocer, conociéndose a sí mismo ininterrumpidamente.

אֶחָד וְאֵין יָחִיד כְּיִחוּדוֹ, נֶעְלָם וְגַם אֵין סוֹף לְאַחְדּוּתוֹ.
(סידור התפילה, פיוט ״יגדל אלוהים חי״)

> Él es Uno, y no hay unidad como Su Unicidad, inescrutable e infinita es Su unidad.
> (*Sidúr, Yigdal Elohím Jai, Piyyút*)

Artículo 1: Heme yo, Heme aquí

Heme aquí, porque «aquí» no es el lugar donde estoy, sino lo que soy. La vida es solo un largo sendero de aprendizaje, de aquí a aquí. Toda idea o creencia sobre ti viene y va, al igual que las olas del océano surgen y desaparecen. Toda definición es falsa; ser sin definiciones es la única realidad. No luches contra las definiciones, sino permíteles desaparecer por sí solas... y sé lo que permanece. Sé aquello que ni viene ni va. Disfruta la dicha de realmente ser... de ser el Ser.

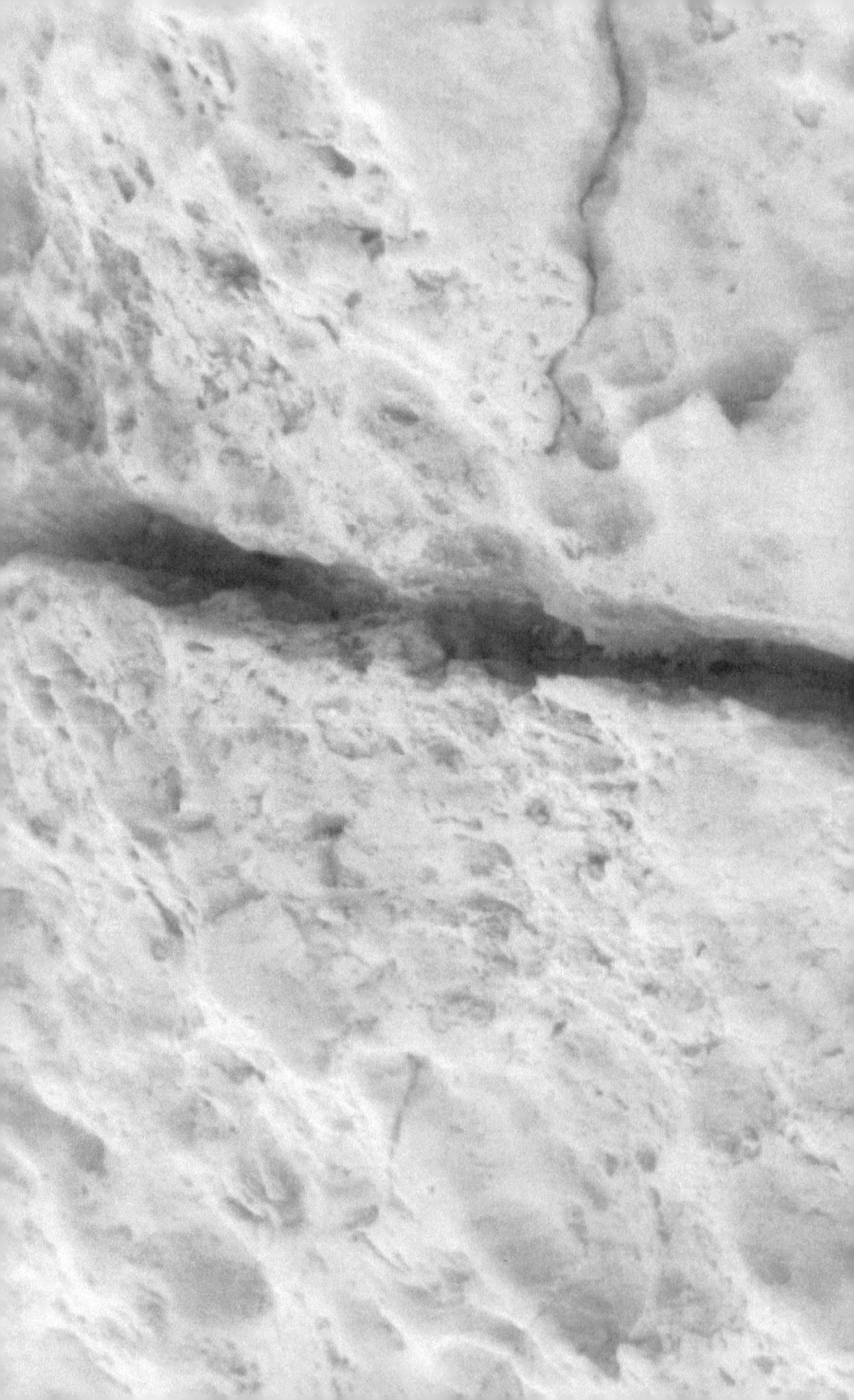

— ARTÍCULO 2 —
SOLEDAD: SER UNO CON EL TODO

Pregunta:

He estudiado muchas técnicas diferentes de meditación. Me gustaría saber qué es la meditación y qué técnicas enseña usted.

Respuesta:

Aunque te parezca extraño, no enseño técnicas de meditación. Los «métodos de meditación» impartidos en la actualidad son solo técnicas de relajación. Estas pueden ser beneficiosas para bajar la presión arterial o aliviar la depresión, pero no constituyen verdaderas vías de liberación. Muchos desean aprender a meditar, pero nadie puede enseñarles porque meditar no implica actividad de ninguna índole. Repetir mantras o visualizar letras sagradas no es meditar, sino suprimir obstáculos y crear las condiciones apropiadas para que la meditación ocurra. La meditación no es una acción, sino un acontecimiento: ocurre, sucede, pasa. Por eso, en lugar de aprender a meditar tenemos que saber mantenernos desocupados y solo observar. Cultivando la desocupación y observando creamos la situación apropiada para que la meditación ocurra.

חֲסִידִים הָרִאשׁוֹנִים הָיוּ שׁוֹהִים שָׁעָה אַחַת וּמִתְפַּלְלִים, כְּדֵי שֶׁיְּכַוְּנוּ אֶת לִבָּם לַמָּקוֹם.

(משנה, ברכות, ה׳, א׳)

> Los piadosos de antaño solían esperar una hora y luego orar para dirigir su corazón al «Lugar» [lo divino].
> (*Mishná*, «*Berajót*», 5.1)

La observación es el único medio para desidentificarnos o separarnos de nuestro condicionamiento mental. Cuando asumimos el papel de «hacedores», nos identificamos con el cuerpo, la mente y las emociones. Para distanciarnos de esta identificación, es imprescindible adoptar la actitud de un testigo vigilante. Observar es buscar la soledad o aislamiento absoluto, llamado en hebreo *hitbodedut*. Observar es aislarnos del mundo objetivo que creemos percibir a través de los sentidos y distanciarnos de todo lo que poseemos, creemos, pensamos y sentimos, para ser lo que realmente somos. El respeto o sobrecogimiento ante Dios se denomina *yir'á* (יראה) en hebreo; este término contiene las mismas letras que forman la palabra *re'iyá* (ראיה), o 'visión'. Es decir, la visión conduce al respeto y sobrecogimiento ante Dios.

רוֹצֶה ה' אֶת־יְרֵאָיו אֶת־הַמְיַחֲלִים לְחַסְדּוֹ:

(תהילים, קמ"ז, י"א)

El Señor desea a los que sienten sobrecogimiento ante Él, a los que esperan su misericordia.

(Salmos, 147:11)

La meditación puede ser externa o interna: la primera es una preparación para la segunda y consiste en dejar de identificarnos con el cuerpo físico. Para tal efecto, es necesario contemplar el cuerpo: observar nuestras manos, sensaciones físicas y demás. En Oriente, muchas prácticas se han desarrollado para dirigir la atención al cuerpo, como yoga, tai chi y la ceremonia del té, entre otras.

וּמִבְּשָׂרִי אֶחֱזֶה אֱלוֹהַּ:

(איוב י"ט, כ"ו)

Y de mi carne veré a Dios.

(Job, 19:26)

Como el observador de tu morfología, puedes continuar respirando mientras contemplas el aire que entra en tus fosas nasales. Nota la diferencia entre el aire más frío que inspiras y el más caliente que espiras. No controles tu respiración, sino solo obsérvala. En lugar de ser quien respira, sé el testigo distante del proceso respiratorio y permite que ocurra por sí mismo.

שֹׁרֶשׁ הַכֹּל – הַתְבּוֹדְדוּת. כִּי הוּא עִנְיָן נִשְׂגָּב, גָּדוֹל וָרָם לִזְכּוֹת לְסֵדֶר קְדֻשָּׁה.
וְאִתְּנַח סִימָנָא מֵרַבְּנָתָא קַדְמָאֵי (וְהִנַּח סִימָן לְךָ מֵרַבּוֹתֵינוּ הָרִאשׁוֹנִים): "בַּד

קֹדֶשׁ יִלְבָּשׁ" (ויקרא ט"ו, ד'), הַכַּוָּנָה "בַּד", שֶׁהוּא מִתְבּוֹדֵד – אָז "קֹדֶשׁ יִלְבָּשׁ".
(החיד"א, עבודת הקודש, ציפורן שמיר, נ"א)

La raíz de todo es el *hitbodedut* (aislamiento). Es un asunto sublime, inmenso y elevado [a ser dominado] en aras de la santidad. Y nuestros antiguos maestros nos dieron una señal al respecto: «Él vestirá el lino sagrado (*Bad Kodesh Yilbash*)» (Levítico, 16:4) [en hebreo, la palabra *bad* significa 'lino' y está compuesta por las dos letras: *beit* (ב) y *dalet* (ד), que también forman la raíz de la palabra *hitbodedut*, que significa 'aislamiento']. El significado es: «cuando se aísle (*bud*), entonces estará vestido de santidad (*kodesh yilbash*)».

(El Jidá, *Avodát HaKodesh*, «*Zippor-en Shamir*», 51)

A continuación, observa la mente. Repetir los nombres de Dios es innecesario. Ninguna actividad mental, por más sagrada o espiritual que parezca, puede ser meditación. La meditación comienza cuando uno deja de ser el hacedor para volverse un testigo impávido. Observa el flujo de los pensamientos y no los analices ni reprimas; solo contémplalos sin intervención de la mente. En la medida en que te mantengas alerta, el movimiento mental irá disminuyendo de manera natural.

וְכֵן הִתְבּוֹנֵן [יַעֲקֹב] בְּכָל דָּבָר וְעַל יְדֵי זֶה הִגִּיעַ תְּחִלָּה לִבְחִינַת יִרְאָה תַּתָּאָה בִּשְׁלֵמוּת. וּמְרֻמָּז בַּפָּסוּק "וַיִּקַּח מֵאַבְנֵי הַמָּקוֹם וַיָּשֶׂם מְרַאֲשֹׁתָיו" (בראשית כ"ח, י"א) רָאשֵׁי תֵּבוֹת גִּימַטְרִיָּא צ"א, מִסְפַּר שְׁנֵי שֵׁמוֹת ה-ו-י-ה, א-ד-נ-י, בְּחִינַת "וַה' בְּהֵיכַל קָדְשׁוֹ" (חבקוק ב', כ') שֶׁנִּסְתַּכֵּל בְּכָל דָּבָר אֵיךְ שֶׁבְּכָל דָּבָר נִבְרָא יֵשׁ בְּחִינַת "ה' בְּהֵיכַל קָדְשׁוֹ", שֶׁנִּמְשָׁךְ עַל יְדֵי כ"ב אוֹתִיּוֹת הַתּוֹרָה כַּנַּ"ל.
(רבי אברהם דב מאבריטש, בת-עין, בראשית, ויצא)

Y entonces [Jacob] observó todo y alcanzó inicialmente el estado de *yir'ah tata'ah*, o 'sobrecogimiento inferior', y esto se insinúa en el versículo: «Y tomó de las piedras del lugar y las puso debajo de su cabeza» (Génesis, 28:11) (*Vayikaj Me'avney Hamakóm Vayasem Merashotav*), donde el valor numérico de las primeras letras M.H.V.M suma 91, que equivale al valor numérico total de dos nombres de Dios: H-V-Y-H y A-D-O-N-A-I, que son los dos aspectos indicados en el versículo: «Y el Señor [el aspecto de H-V-Y-H] está en Su santo templo [el aspecto de A-D-O-N-A-I]» (Habacuc, 2:20). Así que él [Jacob] observó que en todas las cosas manifestadas existe el aspecto de «el Señor está en Su santo templo», que es traído por las 22 letras de la Torá, como se mencionó anteriormente. (Rabbi Avraham Dov de Avritch, *Bat Ayin*, «*Bereshít*», «*Vayetzé*»)

A continuación, observa tu actividad emocional. Puede parecer difícil al principio, dado que las emociones son más sutiles. Finalmente, contempla el sentimiento denominado «yo». Observándolo, descubrirás que es solo una idea que se autoadjudica todo pensamiento, emoción, sensación o percepción. Cuando ese «yo», o en hebreo *ani*, es observado, se revela como nada, o *ain*. Observa al observador, al meditador; solo entonces lograrás la soledad absoluta: la libertad de todo y todos, incluso de ti mismo. En dicho estado, dejarás de ser lo que creías para ser lo que siempre has sido.

וְגַם בְּכַמָּה חִבּוּרִים מֵהָרִאשׁוֹנִים נִמְצָא שֶׁהַהִתְבּוֹדְדוּת וְהַפְּרִישׁוּת וְהַדְּבֵקוּת הָיוּ נוֹהֲגִים בָּהּ חֲסִידֵי יִשְׂרָאֵל, הַיְנוּ שֶׁבִּהְיוֹתָם לְבַדָּם מַפְרִישִׁים מִדַּעְתָּם עִנְיְנֵי הָעוֹלָם וּמְקַשְּׁרִים מַחְשְׁבוֹתָם עִם אֲדוֹן הַכֹּל, וְכָךְ לִמֵּד מֹהֲרָ"י הַמְקַבָּל הַנִּזְכָּר, שֶׁזֶּה מוֹעִיל לְנֶפֶשׁ שִׁבְעָתַיִם מֵהַתַּלְמוּד, וּלְפִי כֹּחַ וִיכֹלֶת הָאָדָם יִפְרֹשׁ וְיִתְבּוֹדֵד יוֹם אֶחָד בְּשָׁבוּעַ אוֹ יוֹם אֶחָד בַּחֲמִשָּׁה עָשָׂר יוֹם אוֹ יוֹם אֶחָד בַּחֹדֶשׁ, וְלֹא יִפְחֹת מִזֶּה. וְהָרַמְבַּ"ן ז"ל כָּתַב עַל פָּסוּק שֶׁנֶּאֱמַר בְּיַעֲקֹב אָבִינוּ: "קוּם עֲלֵה בֵית-אֵל וְשֶׁב-שָׁם" (בראשית ל"ה, א'), מַאי 'וְשֶׁב שָׁם'? כְּמוֹ "בְּשׁוּבָה וָנַחַת תִּוָּשֵׁעוּן" (ישעיהו ל', ט"ו). הַיְנוּ שֶׁיָּכִין דַּעְתּוֹ בְּיִשּׁוּב הַדַּעַת עִמּוֹ יִתְבָּרַךְ. וְזוֹ הִיא שֶׁשָּׁנִינוּ: "חֲסִידִים הָרִאשׁוֹנִים הָיוּ שׁוֹהִים שָׁעָה אַחַת וּמִתְפַּלְלִים כְּדֵי שֶׁיְּכַוְּנוּ לִבָּם לַמָּקוֹם" (משנה, ברכות ה', ו'). וּפֵרְשׁוּ הַמְפָרְשִׁים דְּרוֹצֶה לוֹמַר שֶׁהָיוּ מְפַנִּים דַּעְתָּם מֵעִנְיְנֵי הָעוֹלָם וּמְקַשְּׁרִים דַּעְתָּם לַאֲדוֹן הַכֹּל יִתְבָּרַךְ בְּמוֹרָא וּבְאַהֲבָה. הֲרֵי תֵּשַׁע שָׁעוֹת שֶׁהָיוּ בְּטֵלִים מִלִּמּוּדָם לִמְלֶאכֶת הַהִתְבּוֹדְדוּת וְהַדְּבֵקוּת וּמְדַמִּים אוֹר שְׁכִינָה שֶׁעַל רָאשֵׁיהֶם כְּאִלּוּ מִתְפַּשֵּׁט סְבִיבָם וְהֵם בְּתוֹךְ הָאוֹר יוֹשְׁבִים, וְכֵן מָצָאתִי בַּקּוּנְטְרֵס הַיָּשָׁן שֶׁל הַפְּרוּשִׁים הָרִאשׁוֹנִים: "וְאָז הֵם רוֹעֲדִים בְּטֶבַע וּשְׂמֵחִים עַל אוֹתָהּ רְעָדָה כַּדָּבָר שֶׁנֶּאֱמַר 'עִבְדוּ אֶת ה' בְּיִרְאָה וְגִילוּ בִּרְעָדָה' (תהילים ב', י"א) וְכִדְפֵרֵשׁ רַבֵּנוּ נִסִּים.

(ספר החרדים, רבי אלעזר אזכרי, ממקובלי צפת במאה ה-16, במצות התשובה, פרק ד')

En algunas de las composiciones de los antiguos, encontramos que la reclusión, el aislamiento y la devoción eran practicados por los piadosos de Israel, lo que significa que cuando estaban solos, aislaban sus pensamientos de cualquier asunto mundano y los conectaban con el Señor de todo. Y así enseñó Mahari, el renombrado cabalista, que es siete veces más beneficioso para el alma que estudiar. Según la fuerza y capacidad personal, uno debe aislarse un día a la semana, cada quince días o cada mes, pero no menos que eso. Y el Rambán, de bendita memoria, escribió sobre el versículo mencionado acerca de Jacob, nuestro Padre: «Levántate y sube a Betel y quédate allí» (Génesis, 35:1). ¿Qué significa «quédate (*shev*) allí»? Es como [el versículo]: «Con tranquilidad (*shuvá*) y descanso serás salvado» (Isaías, 30:15), lo que significa que uno debe prepararse con paz mental para estar con Él [el Señor], bendito sea. Y esto es lo que aprendemos en la *Mishná* (*Berajót*, 5.1): «Los hombres piadosos de antaño solían esperar una hora antes de orar para dirigir su corazón hacia HaMakóm (El Lugar, una referencia a Dios)». Y los comentaristas explicaron que él [el sabio que habló la *Mishná*] quería decir que solían vaciar sus mentes de todos los asuntos mundanos y conectarla con el Bendito Señor de todo con reverencia y amor. Es decir, eran nueve horas [diarias] que estaban ociosos de sus estudios y se dedicaban a la obra de aislamiento (*hitbodedut*) y devoción (*dvekút*) y visualizaban la luz de *Shejiná* (el aspecto femenino de Dios), que rodeaba sus cabezas, como si se extendieran alrededor para que se sentaran dentro de la luz. También lo encontré en el antiguo manuscrito de los primeros reclusos: «Y entonces naturalmente temblaban y se alegraban de este temblor, como está escrito: "Servid al Señor con sobrecogimiento, y alegraos con temblor" (Salmos, 2:11)"», así como Rabeinu Nissim explicó este versículo.

(*Sefer Jaredím*, Rabí El'azar Azkari, de los cabalistas de Safed en el siglo XVI, «*BeMitzvat HaTeshuvá*», capítulo 4)

Artículo 2: Soledad: Ser uno con el Todo

La observación conduce a una mayor claridad. Por ejemplo, la experiencia de religiosos judíos al ponerse *tefilín* (filacteria) puede ser extraordinaria siempre que no se ejecuta de manera mecánica como una actividad ordinaria. Solo con una actitud meditativa, podrán percibir la santidad de los *tefilín*. No se trata solo de ejecutar un precepto, o *mitzvá*, sino de cómo llevarlo a cabo. Si se hacen preceptos como una obligación, se ignora lo que ocurre en el interior. La *mitzvá* (precepto) nos acerca (*tzavta*) a la sanidad. El proceso de meditación conduce a la revelación de nuestra auténtica naturaleza como parte integral del Todo, de Dios.

אַיֶּכָּה. הַמְבַקֵּשׁ לָדַעַת מְקוֹם הַמְבֻקָּשׁ יֹאמַר – "אֵיפֹה הוּא?": "אֵיפֹה הֵם רוֹעִים" (בראשית ל"ו, ט"ז), "אֵיפֹה שְׁמוּאֵל וְדָוִד" (שמואל א', י"ט, כ"ב), "אֵיפֹה לִקַּטְתְּ הַיּוֹם" (רות ב', י"ט), אֲבָל הַשּׁוֹאֵל – "אַיֵּה הוּא?", אֵינוֹ כִּי אִם מַתְמִיהַּ שֶׁלֹּא מְצָאוֹ בִּמְקוֹמוֹ הָרָגִיל. כְּמוֹ "רוֹאָיו יֹאמְרוּ אַיּוֹ" (איוב כ', ז'), "אַיֵּה חֲסָדֶיךָ הָרִאשׁוֹנִים" (תהילים פ"ט, נ'), "אַיֵּה שָׂרָה אִשְׁתֶּךָ" (בראשית י"ח, ט') כְּלוֹמַר מַדּוּעַ אֵינֶנָּה פֹּה עִמְּךָ, וְכֵן כָּאן: "אַיֶּכָּה"? פֵּרוּשׁוֹ: מַדּוּעַ נֶחְבֵּאתָ וְאֵינְךָ בִּמְקוֹמְךָ הָרָגִיל... וְאָמְרוּ: "אַיֶּכָּה – לְאָן נָטָה לִבָּךְ?" (סנהדרין, ל"ח, ב'), וּכְפֵרוּשׁ הגר"א: "אַיֶּכָּה, הִתְבּוֹנֵן בְּעַצְמְךָ – אֵיךְ נָפַלְתָּ מִמַּעֲלָתְךָ? אַיֵּה מַדְרֵגָתְךָ?".

(הכתב והקבלה, פרשת בראשית, פרק ג', פסוק ט')

¿*Aieka?* ('¿Dónde estás?') Quien quiere saber la ubicación de otra persona diría: ¿*eifoh hu?* ('¿dónde está él?'). [*eifoh* es una palabra hebrea para '¿dónde?'] como: ¿*eifoh hem ro'im?* ('¿dónde están pastoreando?') (Génesis, 36:16); ¿*eifoh Shmuel ve David?* ('¿dónde están Samuel y David?') (1 Samuel, 19:22); y ¿*eifoh likatet hayom?* ('¿dónde espigaste hoy?') (Rut, 2:19). Pero quien pregunta *ayeh* [otra palabra hebrea para '¿dónde?'] solo se pregunta por qué algo o alguien no se encuentra en su lugar habitual, como *ro'av yomru 'ayyo* [«Los que lo vieron dirán: '¿dónde está?'» (Job, 20:7)]; ¿*ayeh jasadeijá harishoním?* ['¿dónde está tu misericordia inicial?' (Salmos, 89:50)]; o ¿*ayeh Sarah ishtejá?* ['¿dónde está tu esposa, Sarah?' (Génesis, 18:9)]. Es decir, ¿por qué no está presente aquí contigo? Del mismo modo, aquí «¿*aieka?*» significa '¿Por qué te escondes y no estás en tu lugar habitual?'. Y se dijo ¿*aieka – le'an natá libjá?* ['¿dónde estás? ¿Hacia dónde se ha vuelto tu corazón?' (*Sanedrín*, 38b)]. Como explicó el Gaón de Vilna: «*Aieka*, obsérvate a ti mismo; ¿cómo caíste de tu alto nivel? ¿dónde está tu elevada posición original?».

(*HaKtav VeHakabbalá, Bereshít*, 3.9)

Hay quienes cumplen con los preceptos religiosos, pero ignoran por completo su mundo interior. Practican a modo de obligación desde el fenómeno egoico. Estos egos religiosos, sumamente religiosos e incluso tremendamente religiosos ejecutan sus deberes en las tinieblas. Por más que practican, no experimentan una verdadera transformación interior. Así describe el profeta Isaías a quienes están totalmente desconectados de su interior:

וְהָרְשָׁעִים כַּיָּם נִגְרָשׁ כִּי הַשְׁקֵט לֹא יוּכָל וַיִּגְרְשׁוּ מֵימָיו רֶפֶשׁ וָטִיט:
(ישעיהו נ"ז, כ')

Pero los impíos son como el mar agitado, porque no pueden descansar y sus aguas arrojan tierra y lodo.

(Isaías, 57.20)

Los compara con un océano cuyo oleaje levanta barro del fondo. La turbulencia cubre la belleza submarina. Asimismo, las olas de nuestra agitación mental nos impiden prestar atención a las profundidades del universo interior.

Así como una persona que no capta la realidad exterior apropiadamente se considera demente, quien ignora la realidad interior también está loco. Lamentablemente, la mayoría de la humanidad sufre de autismo interior. Alguien que solo posee información acerca de la realidad externa no puede percibir el poder real de la *mitzvá*. Si nuestra actitud es meditativa, cumplimos con los preceptos como individualidad y no como un ego. La meditación consiste en una evaporación del ego y un florecimiento como individualidad. Conlleva la revelación de la verdadera naturaleza. Nos torna conscientes de que somos una exhalación desde las profundidades mismas de la existencia: una parte cuya única razón de ser es el servicio al Todo.

וַאֲנִי נִבְרֵאתִי לְשַׁמֵּשׁ אֶת קוֹנִי.

(משנה, קידושין ד', י"ד)

Y fui creado para servir a mi dueño (Señor).
(*Mishná*, «*Kiddushín*», 4.14)

[...] הַהִתְבּוֹדְדוּת הִיא אַחַת הַנִּכְבָּדוֹת שֶׁבֵּין הַמִּדּוֹת הַתְּרוּמִיּוֹת, וְהִיא דַּרְכָּם שֶׁל גְּדוֹלֵי הַצַּדִּיקִים וּבְאֶמְצָעוּתָהּ הִגִּיעוּ הַנְּבִיאִים לִידֵי הִתְגַּלּוּת. וְהִיא נֶחֱלֶקֶת לְהִתְבּוֹדְדוּת חִיצוֹנִית וּלְהִתְבּוֹדְדוּת פְּנִימִית. וְכַוָּנַת הַהִתְבּוֹדְדוּת הַחִיצוֹנִית הִיא הַשָּׂגַת הַהִתְבּוֹדְדוּת הַפְּנִימִית שֶׁהִיא הַמַּדְרֵגָה הָעֶלְיוֹנָה בְּסֻלָּם הַהִתְגַּלּוּת וְלֹא עוֹד אֶלָּא שֶׁהִיא הַהִתְגַּלּוּת עַצְמָהּ! [...] וְאַחַר כָּךְ תֵּאֵר אֵיךְ זָלְגוּ מֵעֵינֵיהֶם הַדְּמָעוֹת כְּמַעְיָן הַמִּתְגַּבֵּר וְנִמְשַׁךְ מִמֶּנּוּ נַחַל שֶׁאֶפְשָׁר לְצָלְחַ אוֹתוֹ כְּנַחַל מַיִם, וְזֶהוּ מַאֲמָרוֹ: "עֹבְרֵי בְּעֵמֶק הַבָּכָא מַעְיָן יְשִׁיתוּהוּ" (תהלים פ"ד, ז'). וְאֵי זֶה תֵּאוּר הַדְּבָרִים כְּהַוָּיָתָם אֶלָּא לְשׁוֹן הַפְלָגָה הַמְתָאֶרֶת אֶת רֹב הַבֶּכָה. וּבְכִיָּה זוֹ שְׁנֵי טְעָמִים לָהּ. הָאֶחָד הוּא הַצַּעַר עַל תְּקוּפַת הַחַיִּים שֶׁחָלְפָה וְעוֹד תַּחֲלֹף בְּלֹא אוֹתוֹ עֹנֶג שֶׁהֵם מִתְמַכְּרִים לוֹ; וְהַשֵּׁנִי הוּא הִתְרַגְּשׁוּת חֲזָקָה עַל שֶׁהִשִּׂיגוּ אֶת מְבֻקָּשָׁם, כְּמוֹ שֶׁבּוּכֶה הָאוֹהֵב שֶׁהָיָה נָתוּק שָׁנִים רַבּוֹת מֵעַל אֲהוּבַת לִבּוֹ וְסוֹף־סוֹף זָכָה לְהִתְאַחֵד עִמָּהּ.

(רבי אברהם בן הרמב"ם, ספר המספיק לעובדי השם, פרק ההתבודדות)

El aislamiento (*hitbodedút*) es una de las cualidades nobles más respetables. Es el camino de los más grandes santos y a través del cual los profetas alcanzaron la revelación. Se divide en el aislamiento externo e interno. El propósito del aislamiento externo es conducir al aislamiento interno, que es el peldaño más alto en la escalera de la revelación y, además, ¡es la revelación misma! «[...] y luego se describió cómo las lágrimas fluían de sus ojos (de los santos que practican el aislamiento) como una fuente desbordante de la que emana un río que puede ser cruzado. Como se dice: "Cuando anden por el Valle del Llanto (*Bajá*) se convertirá en un lugar de manantiales refrescantes" (Salmos, 84:7)», esto no es una descripción realista, sino una exageración para describir la magnitud del llanto. Este llanto tiene dos motivos: uno es la tristeza por el tiempo que ha pasado y pasará sin esta alegría adictiva, y el otro es la emoción extrema porque lo que pidieron fue concedido, de la misma manera que un amante que estuvo lejos de su amada durante muchos años llora cuando finalmente se reencuentra con ella.

(Rabí Avrahám, hijo de Maimónides, *Sefer HaMaspik Le'Ovdey HaShém*, «*Aislamiento*»)

En el libro del Éxodo, leemos sobre la revelación de la zarza ardiente. Para introducir este acontecimiento, la Torá nos dice que Moisés era pastor y que esto ocurrió mientras llevaba a sus ovejas a pastar.

וּמֹשֶׁה הָיָה רֹעֶה אֶת־צֹאן יִתְרוֹ חֹתְנוֹ כֹּהֵן מִדְיָן וַיִּנְהַג אֶת־הַצֹּאן אַחַר הַמִּדְבָּר וַיָּבֹא אֶל־הַר הָאֱלֹהִים חֹרֵבָה:

(שמות ג', א')

Y pastoreó Moisés el rebaño de Itró, su suegro, el sacerdote de Madián, y condujo el rebaño por el camino del desierto y llegó al monte de Dios, a Jorev.

(Éxodo, 3:1)

Algunos comentaristas explican la importancia de mencionar la ocupación de Moisés debido a la vida recluida que llevan los pastores.

וְגַם הָעִיּוּן צָרִיךְ הִתְבּוֹדְדוּת בַּשָּׂדֶה [...] וְעוֹד שֶׁנָּהַג הַצֹּאן אֶל מָקוֹם קָדוֹשׁ לְשֶׁיָּבוֹא לוֹ שֶׁפַע אֱלֹהִי וְזֶהוּ שֶׁנֶּאֱמַר: "וַיָּבֹא אֶל הַר הָאֱלֹהִים חֹרֵבָה" – לְמָקוֹם חָרֵב שֶׁאֵין שָׁם בְּנֵי־אָדָם שֶׁיַּטְרִידוּ עִיּוּנוֹ.

(רבי יצחק קארו, תולדות יצחק על התורה, שמות ג', א')

La meditación requiere soledad en el campo[...] y además, él [Moisés] condujo al rebaño a un lugar sagrado para poder recibir allí la abundancia divina. Esto es lo que dice el versículo: «Y llegó a la montaña de Dios, a Jorév». [Jorév, el nombre de la montaña comparte raíz con *jarév*, que significa 'desierto' o 'lugar seco y vacío'], a un lugar desierto, libre de gente, que pueda perturbar su meditación.

(Rabí Isaac Karo, *Toldot Yitzjak* sobre la Torá, Éxodo, 3:1)

Rabí Shlomo Ephraim Luntschitz, en su famoso comentario *Kli Yakar* sobre la Torá, también comenta este versículo.

אֲבָל מִכָּל־מָקוֹם הָצְרַךְ לְהוֹדִיעַ שֶׁהָיָה רוֹעֶה כִּי רֹב הַנְּבִיאִים בָּאוּ לִידֵי נְבוּאָה מִתּוֹךְ הָרְעִיָּה כִּי הַנְּבוּאָה צְרִיכָה הִתְבּוֹדְדוּת וְעַל־יְדֵי שֶׁיִּרְאֶה הַשָּׁמַיִם מַעֲשֵׂה יְדֵי אֱלֹהִים כְּמוֹ שֶׁכָּתוּב (תהילים ח׳, ד׳): "כִּי אֶרְאֶה שָׁמֶיךָ מַעֲשֵׂי אֶצְבְּעֹתֶיךָ" וְגוֹ'. כִּי עַל־יְדֵי זֶה תִּהְיֶה כָּל מַחֲשַׁבְתּוֹ בִּמְצִיאַת הַשֵּׁם יִתְבָּרֵךְ עַד אֲשֶׁר יֵעָרֶה עָלָיו מִמָּרוֹם רוּחַ ה׳, מָה שֶׁאֵינוֹ מָצוּי כָּל כָּךְ בְּיוֹשֵׁב בְּבֵיתוֹ אוֹ בְּעוֹשֶׂה אֵיזוֹ מְלָאכָה אַחֶרֶת בַּשָּׂדֶה, זוּלַת הָרוֹעֶה הַיּוֹשֵׁב פָּנוּי בְּרֹב הַזְּמַנִּים.

(כלי יקר על התורה, שמות ג׳, א׳)

Sin embargo, era necesario informar que él [Moisés] era pastor, porque la mayoría de los profetas llegaron a la profecía siendo pastores, dado que la profecía requiere soledad, y observar el cielo, la creación de Dios, como está escrito en Salmos, 8:4: «Cuando veo Tus cielos, la obra de Tus dedos» le llevará a un completo ensimismamiento en la búsqueda del Señor bendito sea, hasta que el espíritu de Dios le sea otorgado. Esto no es tan común con las personas que se sientan en su casa o están ocupadas en cualquier otro trabajo del campo, pero sí con los pastores que en su mayoría se sientan sin ocupación.

(*Kli Yakar sobre la Torá,* Éxodo, 3:1)

Algunos de los libros más importantes de *Mussar*, como el *Mesilát Yeshárim*, o 'El camino de los rectos', y el *Jovót HaLevavót*, o 'Los deberes de los corazones'*, mencionan *hitbodedút*, o 'reclusión', como un componente importante de la vida espiritual.

וְעִקַּר מִן הַכֹּל הוּא הַהִתְבּוֹדְדוּת, כִּי כְּמוֹ שֶׁמֵּסִיר מֵעֵינָיו עִנְיְנֵי הָעוֹלָם כֵּן מַעֲבִיר חֶמְדָּתָם מִלִּבּוֹ, וּכְבָר הִזְכִּיר דָּוִד הַמֶּלֶךְ עָלָיו הַשָּׁלוֹם בְּשֶׁבַח הַהִתְבּוֹדְדוּת וְאָמַר: (תהילים נ"ה, ז׳-ח׳) "מִי יִתֶּן לִי אֵבֶר כַּיּוֹנָה" וְגוֹ' "הִנֵּה אַרְחִיק נְדֹד אָלִין בַּמִּדְבָּר

סֶלָה". וְהַנְּבִיאִים אֵלִיָּהוּ וֶאֱלִישָׁע, מָצָאנוּ הֱיוֹתָם מְיַחֲדִים מְקוֹמָם אֶל הֶהָרִים מִפְּנֵי הִתְבּוֹדְדוּתָם. וְהַחֲכָמִים הַחֲסִידִים הָרִאשׁוֹנִים ז"ל הָלְכוּ בְעִקְבוֹתֵיהֶם, כִּי מָצְאוּ לָהֶם זֶה הָאֶמְצָעִי הַיּוֹתֵר מוּכָן לִקְנוֹת שְׁלֵמוּת הַפְּרִישׁוּת, לְמַעַן אֲשֶׁר לֹא יְבִיאוּם הַבְלֵי חַבְרֵיהֶם לְהַהְבִּיל גַּם הֵם כְּמוֹתָם.

(רמח"ל, מסילת ישרים, ט"ו)

Más importante que todo lo demás es la soledad. Porque cuando uno aparta los asuntos mundanos de delante de sus ojos, también aparta de su corazón la lujuria por ellos. El rey David, la paz sea con él, alabó la soledad diciendo (Salmos, 55:7-8): «¡Oh, si tuviera alas como una paloma! [...]. Vagaría lejos; me alojaría en el desierto para siempre». Y encontramos que los profetas Elías y Eliseo fijarían su morada en las montañas debido a su práctica de la soledad. Y los primeros sabios piadosos, de bendita memoria, siguieron sus pasos, pues encontraron en la soledad el mejor camino para adquirir la perfección en la separación, para que las vanidades de sus vecinos no los llevaran a envanecerse como ellos.

(Ramjal, *La senda de los rectos*, 15)

וְכַאֲשֶׁר תֶּחֱזַק הַכָּרָתוֹ בֵּאלֹהִים יוֹתֵר מִזֶּה וְיֵדַע הָעִנְיָן הַמְכֻוָּן אֵלָיו בִּבְרִיאָתוֹ וִיצִיאָתוֹ אֶל הָעוֹלָם הַזֶּה הַכָּלֶה וְיַכִּיר מַעֲלַת הָעוֹלָם הָאַחֵר הַקַּיָּם יִמְאַס בָּעוֹלָם הַזֶּה וּבִסְבּוֹתָיו וְיִמְסֹר בְּמַחֲשַׁבְתּוֹ וּבְנַפְשׁוֹ וְגוּפוֹ אֶל הָאֱלֹהִים יִתְבָּרֵךְ וְיִשְׁתַּעֲשַׁע בְּזִכְרוֹ בִּבְדִידוּת וְיִשְׁתּוֹמֵם מִבִּלְתִּי הַמַּחֲשָׁבָה בְּגֻדְלָתוֹ. וְאִם יִהְיֶה בַּמָּקְהֵלוֹת לֹא יִתְאַוֶּה כִּי אִם לִרְצוֹנוֹ וְלֹא יִכְסֹף כִּי אִם לִפְגִיעָתוֹ וְתַטְרִידֵהוּ שִׂמְחָתוֹ בְּאַהֲבָתוֹ מִשִּׂמְחַת אַנְשֵׁי הָעוֹלָם בָּעוֹלָם וְשִׂמְחַת אַנְשֵׁי הָעוֹלָם הַבָּא בָּעוֹלָם הַבָּא. וְזֹאת הָעֶלְיוֹנָה שֶׁבְּמַדְרֵגוֹת הַבּוֹטְחִים מֵהַנְּבִיאִים וַחֲסִידִים וּסְגֻלַּת הָאֱלֹהִים הַזַּכִּים וְהוּא מַה שֶּׁאָמַר הַכָּתוּב (ישעיהו כ"ו, ח'): "אַף אֹרַח מִשְׁפָּטֶיךָ ה' קִוִּינוּךָ לְשִׁמְךָ וּלְזִכְרְךָ תַּאֲוַת נָפֶשׁ", וְאָמַר: "צָמְאָה נַפְשִׁי לֵאלֹהִים לְאֵל חָי (תהילים מ"ב, ג')".

(רבנו בחיי אבן פקודה, חובות הלבבות, שער הבטחון, פרק ז')

Cuando su reconocimiento de Dios se fortalezca más que esto y entienda la verdadera intención por la que fue creado y traído a este mundo fugaz, y reconozca la exaltación del mundo eterno y próximo, detestará este mundo y en sus medios. Con mente, alma y cuerpo, se entregará al bendito Todopoderoso, y se deleitará recordándole en soledad. Se sentirá desolado cuando no sea [capaz de] meditar en Su grandeza. Si se encuentra entre una multitud de gente, no anhelará otra cosa que hacer Su voluntad y solo anhelará acercarse a Él. Su alegría en su amor a Dios le distraerá de los placeres que la gente mundana tiene en este mundo, e incluso de la alegría de las almas en el otro mundo. Este es el más alto de los niveles de los que confían en Dios, alcanzado por los profetas, piadosos y atesorados hombres puros de Dios, y a esto se refiere el versículo al decir «Hasta [por] el camino de Tus juicios, oh, Señor, hemos esperado en Ti; por Tu Nombre y por Tu recuerdo se dirige el deseo de [nuestra] alma». (Isaías, 26:8), y «mi alma tiene sed del Todopoderoso, del Dios vivo; [¿cuándo vendré y compareceré ante Dios?]» (*Tehilim*, 42:3).

(Rabeinu Bahya ibn Paquda, *Los deberes de los corazones*, Cuarto tratado «La confianza», 7)

Pregunta: Querido Prabhuji, ¿por qué la meditación se denomina *hitbodedút* o 'aislamiento' en hebreo? ¿Qué relación hay entre la soledad y la meditación?

Respuesta: Se llama *hitbodedút* porque conduce a un estado en el cual ni siquiera la idea de «yo» te acompaña. Desde la perspectiva egoica, dices: «yo soy». Pero en la meditación, el «yo» se revela como nadeidad, o *ain*. Se trata de la soledad absoluta, porque nada es percibido como separado de tu propio ser. Te realizas como seidad, o la esencia misma de todo lo existente. En dicha soledad absoluta, encuentras que todos los hombres, las flores, los mares y las estrellas son parte de ti, no objetos separados. En la soledad, encuentras todo y a todos; encuentras a Dios. Solo entonces comprendes el verdadero significado de *ein od milevadó* o «no hay más que solo Él». Es la soledad (*levád*) de Dios, no la tuya. Tu soledad (*levadí*) proviene de la carencia del «otro». La soledad divina (*levadó*) nace a partir de la plenitud. Es una soledad en la que no falta nada ni nadie: es nuestra bendecida auténtica naturaleza.

ARTÍCULO 3
ESPERANDO LO INCOGNOSCIBLE

Pregunta:

En mi práctica de meditación, a veces siento que puedo sentarme y esperar humildemente en silencio por el resto de mi vida. Otras veces, siento que esperar es una pérdida de tiempo y solo quiero levantarme. Querido Prabhuji, ¿acaso esta impaciencia se debe a mi falta de confianza?

Respuesta:

La exigencia de nuestro corazón confirma la presencia de la voluntad egoica. Resistimos porque creemos saber lo que el proceso implica. Cuando los eventos no cumplen con nuestras expectativas, nos volvemos impacientes, frustrados y, eventualmente, desinteresados. Cuando perdemos el entusiasmo, regresamos a la rutina sin sentido de la vida mundana, en busca de placeres triviales.

Mientras esperamos, comenzamos a dudar de que alguna vez seremos bendecidos con la iluminación. Las demandas egoicas nos impiden ver que aquello que esperamos ya ha sucedido. Sin embargo, para percatarse de esto, es esencial ser humildes y no tener expectativas. Las expectativas plantean un obstáculo significativo para la meditación porque son un signo de orgullo y reflejan la arrogancia de querer imponer nuestros propios designios a la vida. Nuestro deseo de manipular la existencia es como una gota de agua tratando de controlar el océano.

Los cielos están cerrados a las oraciones con espíritu demandante. Para que nuestras oraciones sean escuchadas, deben estar llenas de gratitud. Dado que la mente es un cúmulo de deseos insatisfechos, las demandas están integradas en los pensamientos. Es una fantasía esperar agradecimiento sincero de la mente.

A diferencia de un cazador que acecha a la presa, nuestra espera meditativa debe estar libre de expectativas. Debemos esperar solo por el hecho de esperar, no enfocados en lo que esperamos. Si esperamos algo o a alguien, ya sea material o espiritual, será solo otra proyección mental, una repetición de lo que ya conocemos. Si podemos definir lo que estamos esperando, necesariamente será solo una proyección de nuestro pasado. Mientras meditamos, esperemos ser agraciados con lo incognoscible, o la conoceidad misma, que conoce toda experiencia.

Si estamos esperando una idea de iluminación o de Dios, es como buscar el lienzo dentro de una pintura. La pintura se despliega sobre el lienzo, pero el lienzo en sí no puede ser encontrado en la imagen. Cualquier idea que esperemos, ya sea iluminación o Dios, será simplemente una creación mental. No importa nuestra idea de la realidad, siempre será solo eso, una idea.

En el momento en que ocurre el reconocimiento de la consciencia, notarás que es diferente de cualquier cosa que hayas esperado. Siempre estamos despertando a lo inesperado. Te sorprenderá que ningún maestro o libro sagrado haya logrado describirlo tal como es. Solo han dado pautas e indicaciones, como dedos señalando a la luna, pero un dedo no es la luna. Tú también enfrentarás dificultades insuperables al tratar de explicar lo que te está sucediendo. Muchos lo han intentado sin éxito: Abraham, Moisés, el Ba'al Shem Tov, el Buda, Lao Tse, Śaṅkara, Chaitanya y muchos otros.

וְדָבָר זֶה אֵין כֹּחַ בַּפֶּה לְאָמְרוֹ וְלֹא בָּאֹזֶן לְשָׁמְעוֹ וְלֹא בְּלֵב הָאָדָם לְהַכִּירוֹ עַל בֻּרְיוֹ.
(רמב"ם, משנה תורה, ספר המדע, הלכות יסודי התורה, ב', י')

Y este asunto, la boca no tiene poder para expresarlo, ni el oído para percibirlo, ni puede el corazón humano comprenderlo plenamente con claridad.

(Rambam, *Mishné Torá*, «*Sefer HaMaddá*», «*Los fundamentos de la Torá*», 2.10)

Lo incognoscible no puede ser descrito ni verbalizado. Por lo tanto, meditar es esperar, pero sin saber nada acerca de lo esperado. Es esperar pacientemente y sin exigencias, sin saber qué o a quién esperamos.

אֲבָל מִי שֶׁחוֹשֵׁק לִהְיוֹת מֶרְכָּבָה לוֹ יִתְבָּרַךְ [לְהַשֵּׁם יִתְבָּרַךְ] עַל־יְדֵי הַתּוֹרָה הוּא דָּבָר גָּדוֹל, וְזֶהוּ "דָּבָר גָּדוֹל מַעֲשֵׂה מֶרְכָּבָה" (סוכה, כ"ח, א'), רָצָה לוֹמַר לַעֲשׂוֹת עַצְמוֹ מֶרְכָּבָה לְהַשֵּׁם יִתְבָּרַךְ עַל־יְדֵי הַתּוֹרָה.

(בעל שם טוב, כתר שם טוב, חלק ראשון, קע"ד)

Pero quien desea ser un carruaje para Él, bendito sea (el Bendito Señor) mediante la Torá, es una gran cosa, y el acto del carruaje es una gran cosa, es decir, convertirse a uno mismo en un carruaje para el bendecido Señor mediante la Torá.

(*Keter Shem Tov* por el Ba'al Shem Tov, primera parte, 174)

Un carruaje consiste en un vehículo tirado por caballos. Es un medio de transporte y un objeto material, por lo que carece de voluntad propia. El conductor decide cuándo avanzar y cuándo parar. Si el conductor lo desea, viajará largas distancias y si no, permanecerá inmóvil durante el tiempo necesario. Mientras espera, el carruaje no tiene ninguna expectativa ni exigencia.

Muchas personas tienen grandes ambiciones en su vida de ser empresarios, políticos, expertos o profesionales. Sin embargo, el Ba'al Shem Tov se refiere a algo verdaderamente maravilloso: la aspiración de entregarse al Todo y ser un simple carruaje guiado por la existencia. La meditación genuina es una espera con la tranquilidad de aquellos que han puesto su voluntad en manos de Dios.

Meditar significa esperar en silencio como el carruaje, sin saber cuáles son los planes del conductor. Sin expectativas, la espera divina nos vacía de todo lo conocido. Esa misma espera paciente es el medio para manifestar lo que es real y auténtico en nosotros.

אֲנִי מַאֲמִין בֶּאֱמוּנָה שְׁלֵמָה בְּבִיאַת הַמָּשִׁיחַ, וְאַף עַל פִּי שֶׁיִּתְמַהְמֵהַּ, עִם כָּל זֶה אֲחַכֶּה לוֹ בְּכָל יוֹם שֶׁיָּבוֹא.

(סידור התפילה, י"ג העיקרים, עיקר י"ב)

Creo con plena fe en la venida del Mesías, y aunque se demore, aun así, espero cada día su llegada.

(*Sidúr*, «*Trece Principios*», principio 12)

—— ARTÍCULO 4 ——
AQUÍ Y AHORA

La mayoría de los seres humanos viven en lo temporal, esforzándose por alcanzar lo atemporal; habitan en lo relativo mientras buscan lo absoluto. Claramente, es imposible acceder a lo atemporal mientras se está sumido en lo temporal. Sin embargo, para apreciar la eternidad, primero debemos entender qué es el tiempo.

Muchos creen que el tiempo fluye como un río: lo que ocurrió es el pasado, lo que está ocurriendo ahora es el presente y lo que ocurrirá es el futuro. Esto sería cierto si permaneciéramos quietos mientras el tiempo estuviera en constante movimiento. Pero, de hecho, evolucionamos de la infancia a la adolescencia, de la adolescencia a la juventud, luego a la madurez. Esto lleva a algunos pensadores a postular que el tiempo permanece inmutable, mientras nosotros cambiamos. Dirían que el río permanece estático y percibimos que fluye porque caminamos a lo largo de su ribera. Sin embargo, a pesar de las diversas hipótesis propuestas, muy pocos comprenden realmente la naturaleza del tiempo.

La creencia popular dice que el tiempo fluye desde ayer hacia mañana. Percibimos el tiempo como una secuencia de eventos. El presente se torna pasado y el futuro constantemente deviene en presente. El ahora es el instante preciso en que el futuro se convierte en pasado. La mente concibe el momento presente como una línea que demarca el final de ayer y el comienzo de mañana, el fin de lo que fue y el inicio de lo que será.

La mente intenta segmentar la temporalidad en momentos; sin embargo, la duración de cada instante se torna incalculable. Su flujo es tan rápido que los momentos parecen aparecer y desaparecer simultáneamente. Es imposible referirse a la temporalidad como fragmentos separados porque es un flujo continuo.

Al referirnos al tiempo, debemos considerar sus dos aspectos: cronológico y psicológico. El tiempo cronológico guía nuestras actividades cotidianas. Los calendarios y relojes proporcionan convenciones que definen segundos, horas, días, meses, años y siglos. Sin embargo, el tiempo no posee propiedades físicas que puedan ser medidas. Lo que los calendarios y relojes realmente miden es la duración que separa dos acontecimientos naturales, como los cambios diarios o anuales en la posición de la Tierra con respecto al

Sol. Se han desarrollado diversos métodos para medir el tiempo a lo largo de la historia. En la actualidad, la manera más precisa de medir el tiempo es con relojes atómicos, que definen la duración de un segundo basándose en las frecuencias de resonancia atómica.

El tiempo psicológico, por otro lado, es cómo percibimos el tiempo. Por ejemplo, el ayer cronológico está en el calendario, mientras que el ayer psicológico está en nuestros recuerdos y nostalgias. El mañana cronológico pertenece al reloj, mientras que el mañana psicológico reside en nuestras esperanzas, ambiciones, expectativas y sueños. Toda la vida de los humanos transcurre en su memoria. Su mente es producto del pasado, mientras que el ahora es meramente un corredor hacia el futuro. Su vida psicológica se basa en el tiempo, dado que, sin tiempo, resulta imposible pensar.

El tiempo crea dualidad al ofrecer la ilusión de que los contenidos de la realidad empírica fluyen de ayer a mañana. El tiempo parece fracturar la naturaleza monista del ahora, creando una separación aparente entre los contenidos del pasado y del futuro. Cada día, despertamos a una realidad aparentemente similar a la que dejamos la noche anterior. Concluimos que los mismos contenidos han mantenido sus atributos y que permanecerán similares en el futuro. Nuestra percepción del tiempo surge de la interpretación mental dualista de los contenidos del flujo temporal.

Resulta interesante explorar si el tiempo, tal como lo concebimos, es real y si existe independientemente de la mente. En realidad, el tiempo es un resultado del pensamiento, pues sin la actividad mental, no puede existir. Esto se evidencia en el estado de sueño profundo sin ensueños. En ausencia de objetos y pensamientos, el tiempo desaparece. De hecho, el tiempo es meramente memoria interactuando con el presente y proyectándose como futuro. Nuestro mañana no es más que nuestro ayer proyectado sobre la pantalla de la mente.

Es imposible concebir la duración de un instante porque es completamente subjetivo y no obedece a ningún principio. Para investigar a fondo la naturaleza del ahora, debemos separarlo del ayer y del mañana, de toda nostalgia y esperanza. Aislar el ahora revela la inexistencia de un presente cronológico. Un instante no es una fracción de tiempo, sino una línea divisoria entre el pasado y el futuro, entre lo que fue y lo que será. En ese punto intemporal, todos los eventos se congelan porque el tiempo necesita una duración o un espacio para moverse. El ahora carece de toda actividad, incluso mental o emocional.

Nuestra conceptualización del presente como una unidad de tiempo es ilusoria. Lo que consideramos como el paso del tiempo es meramente una creación mental imaginaria. Por supuesto, no estoy sugiriendo descartar el tiempo cronológico o eliminar los relojes y calendarios. Si lo hiciéramos, llegaríamos tarde al trabajo y nuestros hijos perderían el autobús escolar. Propongo renunciar a toda creencia de que existe cualquier otro tiempo fuera del presente. Entonces, el ahora se desvanece como una fracción de tiempo para revelarse como la consciencia misma.

Situarnos en el ahora es saltar a lo intemporal, a la eternidad trascendental. Nos sorprenderá descubrir que el concepto del momento presente como una fracción de tiempo es imaginario. Al abandonar la idea de cualquier otro instante excepto el ahora, el presente trasciende la dimensión del tiempo para revelarse como nuestra realidad. El ayer precede al ahora y el mañana lo sucede. Si permanecemos en lo que existe entre ambos, estaremos situados en nuestra auténtica naturaleza.

De manera similar, la idea limitadora de que estamos situados en un lugar geográfico es ilusoria. El concepto de espacialidad reemplaza la naturaleza no dual del aquí con una aparente diferencia entre los contenidos del aquí y del allí. Para explorar la verdadera esencia del aquí, sugiero el mismo enfoque que seguimos con el ahora. Aislemos el aquí renunciando a todo pensamiento sobre la existencia de cualquier otro lugar. Apartemos el aquí y abandonemos toda creencia en el allí.

Incluso si pensamos en nuestras metas futuras o recordamos el pasado más remoto, la experiencia de ese momento siempre ocurre ahora. No importa cuán lejos en el futuro o en el pasado esté ese momento, lo experimentaremos como ahora. Asimismo, aunque pensemos en lugares lejanos como Tokio, Delhi, otro planeta o galaxia, en el momento en que ese lugar sea nuestra experiencia directa, siempre estamos aquí.

Artículo 4: Aquí y ahora

Cada instante en el tiempo, así como cada lugar en el espacio, se experimentan inevitablemente como aquí y ahora. El futuro no puede ser experimentado hasta que llegue al ahora; por lo tanto, su existencia depende enteramente del ahora. De la misma manera, un lugar imaginario no puede ser experimentado a menos que sea aquí; por lo tanto, su existencia aparente se deriva del aquí. El tiempo y el espacio existen como conceptos mentales y solo pueden ser reales si se experimentan. Dado que solo pueden ser experimentados aquí y ahora, dependen del aquí y ahora para existir. Todos los lugares, en su desnudez más prístina, están contenidos en el aquí, al igual que todos los momentos están contenidos en el ahora. La única sustancialidad del aquí y del ahora es la consciencia. Tanto el aquí como el ahora, así como el espacio y el tiempo, no tienen otra realidad que nuestra propia esencia.

Por lo tanto, el aquí y el ahora son puertas que conducen a la **consciencia absoluta, eterna e infinita**. Por **eterna**, no me refiero en el sentido temporal que abarca todos los años, sino en el sentido de atemporalidad. Por **infinita**, no me refiero en el sentido geográfico que abarca todos los lugares, sino en el sentido que trasciende el concepto de espacio. Por **consciencia absoluta**, no me refiero a un nivel de consciencia superior a todos los demás, sino en el sentido de que contiene todos los niveles de consciencia.

Cuando nos enfocamos en el aquí, este desaparece como un lugar geográfico para revelarse como consciencia; se evapora como una dimensión espacial para revelarse como la esencia de lo que realmente somos. Al yacer en el aquí y el ahora, nos centramos en la realidad de lo que somos. Situarnos en el aquí y ahora consiste en la profunda realización de que tanto el tiempo como el espacio son meras creaciones mentales o imaginaciones, mientras que la consciencia es la realidad absoluta. Dado que solo podemos existir aquí y ahora, cualquiera sea el nivel de consciencia en el que estemos, siempre será consciencia absoluta.

La consciencia se oculta desapareciendo en una realidad objetual llamada '*olám*, que en hebreo significa 'mundo'; procede de la raíz a.l.m. (ע.ל.מ), que contiene tanto el concepto de lugar como la idea de tiempo: *le'olám*, que significa 'para siempre' y *me'olam* que significa 'desde siempre'. El término *he'elem* se deriva de *'olám* y significa 'desaparición' u 'ocultamiento'; por lo tanto, *'olám*, o 'la realidad objetual', no es una creación positiva que **agrega** o **crea** algo, sino todo lo contrario. La realidad objetual es el ocultamiento de la consciencia. Por lo tanto, la consciencia deviene en el universo al ocultarse, lo cual permite un devenir sin permutar. La consciencia logra su objetualización a través de su autoencubrimiento o retirada voluntaria. Dios, o como se le llama en hebreo *Alufó Shel 'Olám*, o 'Amo del mundo', se esconde en ti, como tú.

אֶת־הַכֹּל עָשָׂה יָפֶה בְעִתּוֹ גַּם אֶת־הָעֹלָם נָתַן בְּלִבָּם מִבְּלִי אֲשֶׁר לֹא־יִמְצָא הָאָדָם אֶת־הַמַּעֲשֶׂה אֲשֶׁר־עָשָׂה הָאֱלֹהִים מֵרֹאשׁ וְעַד־סוֹף:
(קהלת ג',י"א)

[Dios] ha hecho que todo transcurra precisamente a su tiempo, y también ha puesto en su corazón el *'olam* [puede traducirse como 'mundo', 'eternidad' u 'ocultamiento'] para que nadie pueda desentrañar la obra que Dios ha realizado de principio a fin.

(Eclesiastés, 3:11)

El *Midrásh Rabbah* dice sobre este versículo:

"אֶת־הַכֹּל עָשָׂה יָפֶה בְעִתּוֹ גַּם אֶת־הָעֹלָם נָתַן בְּלִבָּם" (קהלת ג',י"א). [...] אָמַר רַבִּי אַחְוָה בְּרֵיהּ דְּרַבִּי זֵירָא: "הָעֹלָם – הָעֹלָם מֵהֶם שֵׁם הַמְפֹרָשׁ". [...] וְאָמַר רַבִּי טַרְפוֹן: "פַּעַם אַחַת שָׁמַעְתִּי וְנָפַלְתִּי עַל פָּנַי". הַקְּרוֹבִים שֶׁכְּשֶׁהֵם שׁוֹמְעִין אוֹתוֹ, נוֹפְלִים עַל פְּנֵיהֶם וְאוֹמְרִים: "בָּרוּךְ שֵׁם כְּבוֹד מַלְכוּתוֹ לְעוֹלָם וָעֶד". אֵלּוּ וָאֵלּוּ לֹא הָיוּ זָזִין מִשָּׁם עַד שָׁעָה שֶׁנִּתְעַלֵּם מֵהֶם, שֶׁנֶּאֱמַר: "זֶה שְּׁמִי לְעֹלָם" (שמות ג',ט"ו), לְעַלֵּם כְּתִיב. וְכָל כָּךְ לָמָּה? "מִבְּלִי אֲשֶׁר לֹא יִמְצָא הָאָדָם אֶת הַמַּעֲשֶׂה אֲשֶׁר עָשָׂה הָאֱלֹהִים מֵרֹאשׁ וְעַד סוֹף". (קהלת ג',י"א).
(קהלת רבה ג',י"א)

Todo lo hizo hermoso en su tiempo. Además, el mundo (*ha'olam*) [también puede leerse 'de lo que está oculto'], Él lo puso en su corazón. (Eclesiastés, 3:11) Rabí Ajva, hijo de Rabí Zeira, dijo: «El mundo (*ha'olam*) — el nombre explícito les fue ocultado (*ho'alam*) de ellos...». [...] Y Rabí Tarfón dijo: «Una vez lo oí [el nombre] y me postré sobre mi rostro. Los que estaban cerca, cuando lo oyeron, se postraron sobre sus rostros y dijeron: "Bendito sea el nombre de su glorioso reino por los siglos de los siglos". Estos y aquellos no se moverían de allí hasta el momento en que fuera olvidado (*shenit'alem*) de ellos, como se afirma: "Este es Mi nombre para siempre (*le'olam*)" (Éxodo, 3:15), está escrito: *le'alem* (la palabra *le'olam* está escrita sin vocal, por lo que puede leerse como *le'alem*, que significa «esconder»). ¿Por qué? "para que nadie pueda desentrañar la obra que Dios ha realizado de principio a fin" (Eclesiastés, 3:11)».

(*Eclesiastés Rabbah*, 3.11)

La realidad absoluta se esconde tras ilusiones como el tiempo y el espacio, pero se revela trascendiéndolas en el ahora y el aquí.

אָמַר רַבִּי בּוּן: "מַאי דִּכְתִיב: 'מֵעוֹלָם נִסַּכְתִּי מֵרֹאשׁ מִקַּדְמֵי אָרֶץ' (משלי ח', כ"ג), מַאי מֵעוֹלָם? שֶׁצָּרִיךְ לְהַעֲלִימוֹ מִכָּל עָלְמָא. דִּכְתִיב: 'גַּם אֶת הָעֹלָם נָתַן בְּלִבָּם' (קהלת ג', י"א), אַל תִּקְרָא 'הָעוֹלָם' אֶלָּא 'הֶעֱלֵם'.

(ספר הבהיר, סימן י')

Rabí Bun dijo: «¿Cuál es el significado del versículo: "Yo fui establecido desde siempre (*me'olam*), desde el principio, antes de que existiera la tierra" (Proverbios, 8:23). ¿Por qué *me'olam*? Porque Él necesita ocultarlo de todos. Como está escrito: "también ha puesto en su corazón el *olam*" (Eclesiastés, 3:11), no se lee *ha'olam* (mundo), sino *he'elem* (ocultamiento)».

(*Sefer Ha'Bahir*, 10)

הִנֵּה בְּרִבּוּי הַהִשְׁתַּלְשְׁלוּת נִתְהַוָּה מִזֶּה צִמְצוּם גָּמוּר וְהָעֹלָם גָּדוֹל שֶׁנִּתְעַלֵּם בְּחִינַת כֹּחַ הָאֱלֹהִי הַמְחַיֶּה אֶת הָעוֹלָם וְנִתְלַבֵּשׁ בִּלְבוּשִׁים רַבִּים וַעֲצוּמִים, כִּי עוֹלָם הוּא מִלְּשׁוֹן הֶעְלֵם כַּנּוֹדָע.

(אדמו"ר הזקן, ליקוטי תורה, פרשת שלח, ב', ד')

Y con el avance de la emanación, se produjo una contracción completa y un gran ocultamiento, en el que la cualidad del poder Divino, que vitaliza el mundo, se ocultó a sí mismo y se vistió con muchos grandes ropajes, como es bien sabido que la palabra ʽolam transmite también heʽelem.

(El Alter Rebe, *Likkutei Torá*, «*Shlaj*», 2.4)

Dado que el tiempo y el espacio son constructos mentales, su aparente existencia depende del pensamiento. La consciencia no conoce el tiempo y el espacio porque solo se conoce a sí misma. El conocer no conoce nada fuera del conocer. Sin embargo, la aparente realidad objetual compuesta por pensamientos, sensaciones y percepciones está sostenida por la consciencia. Así como la diversidad de un sueño no puede existir sin el estado de vigilia, una realidad imaginaria no puede ser conocida aparte del conocer.

Aunque somos presencia consciente, nos imaginamos ser entidades separadas que residen dentro de un cuerpo y observan una multiplicidad objetual. Esta imaginación solo puede surgir porque existe consciencia de la consciencia. El fenómeno egoico es ilusorio, pero aparenta existir porque se apoya en la consciencia. La mente, el tiempo y el espacio son meras apariencias temporales, mientras que nuestra conoceidad está perpetuamente presente, conociendo su propio conocimiento. El tiempo y el espacio no poseen existencia independiente; solo la conoceidad verdaderamente existe.

Muchas personas preguntan si existe alguna manera de eliminar la ilusión del tiempo y el espacio. Esta ilusión persistirá mientras creamos en la existencia de quien pregunta y desea eliminarlos. Creer que algo o alguien existe fuera del aquí y ahora sostiene el sueño de una existencia temporal. El tiempo y el espacio no deben eliminarse porque solo consisten en apariencias cuya realidad ha sido sustraída de la consciencia. El aquí y el ahora están siempre disponibles, puertas abiertas de par en par para acceder a nuestra auténtica naturaleza.

La dicha no se experimenta en el tiempo; es lo atemporal en el ahora. En un estado de gran goce, solo existe el presente. La mente se enciende tras una experiencia feliz, la graba como recuerdo y luego intenta reproducirla. El tiempo es tanto adquisición como desprendimiento; pero a través de este desprendimiento, la mente de hecho obtiene y acumula. Mediante esta intervención posexperiencial, la mente crea tiempo, dado que la evocación de un recuerdo siempre sucede a la experiencia original. El tiempo parece detenerse mientras se experimenta la dicha, pero, de hecho, el tiempo siempre ha sido estático. Lo que se detiene no es el tiempo, sino la mente. Como dos caras de la misma moneda, la mente y el tiempo aparecen y desaparecen juntos, porque cuando la mente se detiene, el tiempo se detiene. Al alcanzar la quietud mental más profunda, el tiempo deja de existir.

Las olas contenidas en el mar son agua. Asimismo, las experiencias contenidas en el tiempo y el espacio son consciencia. Así como ninguna burbuja, ola, mar u océano puede existir sin el agua, ningún pensamiento, emoción, sensación o percepción puede existir sin la consciencia. Por lo tanto, la consciencia es el contenedor de todo y, a su vez, está contenida en todo. Así como el agua es la base de cada burbuja y ola, la consciencia es la base de cada experiencia. Debido a que la consciencia comparte una misma sustancia que todo y todos, todo y todos son esencialmente consciencia.

Evidentemente, cualquier técnica para controlar la mente dentro del contexto temporal no puede conducir a la consciencia atemporal. El reconocimiento de la consciencia no es un acontecimiento que tenga lugar en el tiempo porque solo puede reconocerse en ausencia de tiempo y espacio. Así como es más fácil ver el fondo de un lago cuando sus aguas están quietas, la consciencia se hace evidente cuando la actividad mental se calma. La dicha no es una meta futura; reina cuando nos relajamos en el estado atemporal del ahora. La meditación es solo entregarse al eterno ahora y al infinito aquí.

Situarse en el aquí y el ahora implica realizar de que estos abarcan absolutamente todo y a todos y, a su vez, están contenidos en la más profunda intimidad de todo y todos. Permanecer en el aquí y el ahora nos revela la realidad última, en la que el movimiento cognitivo deja de oscilar entre sujeto y objeto, entre memoria y futuro imaginado, y establecerse en la no dualidad. Más que un momento o un lugar, el aquí y el ahora son una presencia consciente de sí misma. El aquí y ahora son simplemente la obviedad de ser.

ARTÍCULO 5
UN DÚO DE UNO

וְקָרָא זֶה אֶל־זֶה וְאָמַר קָדוֹשׁ קָדוֹשׁ קָדוֹשׁ ה' צְבָאוֹת מְלֹא כָל־הָאָרֶץ כְּבוֹדוֹ:
(ישעיהו ו', ג')

Y uno [*ze*, o 'este'] llamaba al otro [*ze*, o 'este']: «Santo, Santo, Santo es el Señor de los Ejércitos; toda la tierra está llena de su gloria».

(Isaías, 6:3)

En presencia de aquello que llena toda la tierra, solo se puede exclamar: «Santo, Santo, Santo». En medio de una supuesta dualidad, **este** llama a **este**, en un dueto de uno. Al mirar alrededor, se percibe solo la percepción. Hay consciencia de que todo y todos están compuestos de la misma sustancia que la consciencia. Ya sea que se mire, escuche, sienta, se saboree o huela, solo la observación es observada por lo único capaz de observar.

Árboles, casas, personas, montañas y flores son percibidos, pero dado que nunca hemos percibido nada independiente de la percepción, no podemos estar seguros de su existencia. Debido a que nunca se ha sabido de la existencia de una casa o una montaña separadas del saber, es imposible estar seguros de que existen independientemente. Solo hay plena certeza de la existencia de la percepción o la consciencia.

Si un mosquito pudiera existir separado de la percepción, sabríamos que percibimos un mosquito real y existente. Pero mientras lo percibido no tenga una existencia propia, carecemos de cualquier evidencia de que existe fuera de la consciencia. En nuestra propia experiencia, no conocemos el universo; solo conocemos el conocer mismo. Honestamente, la percepción de la percepción es la única certeza.

וְהִנֵּה כְּתִיב: "וְקָרָא זֶה אֶל זֶה" (ישעיהו ו', ג'). שֶׁבְּחִינַת "זֶה" קוֹרֵא וּמַמְשִׁיךְ בְּחִינַת "זֶה", הַיְנוּ מָה שֶׁהקב"ה נִקְרָא "זֶה" וְכוּ', וְהָעִנְיָן הוּא דְהִנֵּה כְּתִיב "זֶה סֵפֶר תּוֹלְדֹת אָדָם" (בראשית ה', א') – שֶׁקָּאֵי עַל הַשְּׁבָטִים שֶׁהָיוּ י"ב כְּמִנְיַן "זֶה", וְנִקְרָא "תּוֹלְדוֹת אָדָם" לְפִי שֶׁשִּׁפְרֵיהּ דְּיַעֲקֹב הוּא מֵעֵין שִׁפְרֵיהּ דְּאָדָם קַדְמָאָה, וְהֵם בְּחִינַת מֶרְכַּבְתָּא תַּתָּאָה י"ב בָּקָר שֶׁהֵם בְּחִינַת הַחַיּוֹת וְהָאוֹפַנִּים שֶׁהֵם תָּמִיד בִּתְשׁוּקָה וְרִשְׁפֵּי אֵשׁ לְבָטֵּל וּלְכַלֵּל בָּאוֹר אֵין־סוֹף לְהַמְשִׁיךְ בְּחִינַת

הוי"ה שֶׁנִּקְרָא "זֶה", וְלָכֵן נִקְרָאִים גַּם כֵּן בְּשֵׁם "זֶה" לְפִי שֶׁעִקַּר תְּשׁוּקָתָם לְהַמְשִׁיךְ בְּחִינַת "זֶה" וְכוּ', וּכְמוֹ שֶׁכָּתוּב: "וְקָרָא זֶה אֶל זֶה" וְכוּ' "קָדוֹשׁ קָדוֹשׁ קָדוֹשׁ ה'".

(אדמו"ר מהר"ש, תורת שמואל, תרכ"ז, מאמרים, דודי לי ואני לו, רכ"ז)

Y está escrito *vekará ze el ze*, «Y uno [ángel] (*ze*, o 'este') llamaba al otro [ángel] (*ze*, o 'este')» (Isaías, 6:3), significando que el aspecto de «Este» en uno llama y fluye hacia el aspecto de «Este» en el otro, porque El Santo, bendito sea Él, es llamado «Este» y demás. La idea es que vemos esto en el versículo «Este (*ze*) es el libro de las generaciones de Adán» (Génesis, 5:1) que se refiere a las tribus de Israel (los hijos de Jacob y sus descendientes), que eran 12 y ese es el valor numérico de la palabra *ze* (la letra ז=7 + la letra ה=5). Las tribus son llamadas «las generaciones de Adán» porque la belleza de Jacob se asemeja a la belleza de Adán. Ellos son, en esencia, los 12 animales (ganado) que tiran del carro inferior (*merkavá*), que son paralelos a los animales sagrados y ruedas animadas (2 tipos de ángeles que tiran del carro superior), que siempre están ardiendo en llamas de deseo de ser anulados e incluidos en la luz ilimitada, para fluir el aspecto de ה-ו-י-ה (El nombre sagrado de Dios que [literalmente] significa 'ser'), que se denomina *ze* y, por lo tanto, ellos también se denominan *ze*, pues su principal deseo es fluir el aspecto de *ze* y demás. Como está escrito: «Y uno (*ze*, o 'este') llamaba al otro (*ze*, o 'este'): Santo, Santo, Santo es el Señor de los ejércitos…».

(Admor Maharash, *Torat Shemu'el*, Año 627, *Ma'amarím, Dodí Li Va'aní Lo*, 227)

Al mirar alrededor, no se ve multiplicidad sino lo Uno sin segundo; solo la percepción es percibida; solo el conocer es conocido. Dondequiera que se dirija la mirada, no se ven objetos mas solo se ve el ver; solo se es consciente de la consciencia misma. Este Uno es tanto el perceptor como lo percibido. La realidad es la celebración de la presencia consciente. Cuando nos realizamos como esto, dejamos de creernos sujetos que perciben objetos. Entonces, se reconoce la gloria de Dios que llena todo el universo.

יָבֹא זֶה וִיקַבֵּל זֹאת מִזֶּה לְעַם זוּ. יָבוֹא זֶה – זֶה מֹשֶׁה. דִּכְתִיב:"כִּי זֶה מֹשֶׁה הָאִישׁ" (שמות ל"ב, א'). וִיקַבֵּל זֹאת – זוּ הַתּוֹרָה דִּכְתִיב: "וְזֹאת הַתּוֹרָה אֲשֶׁר שָׂם מֹשֶׁה" (דברים ד', מ"ד). מִזֶּה – זֶה הקב"ה. דִּכְתִיב: "זֶה אֵלִי וְאַנְוֵהוּ" (שמות ט"ו, ב'). לְעָם זוּ – אֵלוּ יִשְׂרָאֵל שֶׁנֶּאֱמַר "עַם זוּ קָנִיתָ" (שמות ט"ו, ט"ז).
(תלמוד בבלי, מנחות נ"ג, ב')

«Que venga **este** y reciba **esto** de **este** para **este** pueblo». Fue explicado:
«Que venga **este**» se refiere a Moisés, como está escrito sobre él: «Pues en cuanto a este hombre Moisés» (Éxodo, 32:1).
«Y reciba **esto**» se refiere a la Torá, como está escrito: «Y esta es la Torá que Moisés puso [delante de los hijos de Israel]» (Deuteronomio, 4:44).
«De **este**» se refiere al Santo, bendito sea, como está escrito: «Este es mi Dios y yo le exaltaré» (Éxodo, 15:2).
«Para **este** pueblo» se refiere a los israelitas, como se dice de ellos: «Este pueblo que Tú has adquirido» (Éxodo, 15:16).
(*Talmud Babilónico*, «*Menajót*», 53b)

Cuando realizamos nuestra verdadera naturaleza, dejamos de vernos como observadores separados del mundo que nos rodea. En su lugar, tomamos consciencia de la presencia divina que permea todo el universo. Nuestra auténtica naturaleza es la esencia atemporal y sin forma, en la que todas las distinciones se desvanecen. La única realidad constante es la consciencia pura, ilimitada e infinita. Las escrituras upanishádicas llaman a esta totalidad Brahman, o *pūrṇam*, mientras que indican la aparente separación entre el perceptor y lo percibido con las palabras *idaṁ* (esto) y *adaḥ* (eso). Esto se declara en la invocación del *Īśāvāsya Upaniṣad*.

ॐ पूर्णमदः पूर्णमिदं पूर्णात् पूर्णमुदच्यते ।
पूर्णस्य पूर्णमादाय पूर्णमेवावशिष्यते ॥
ॐ शान्तिः शान्तिः शान्तिः ॥

Artículo 5: Un dúo de uno

*oṁ pūrṇam adaḥ pūrṇam idaṁ
pūrṇāt pūrṇam udacyate
pūrṇasya pūrṇam ādāya
pūrṇam evāvaśiṣyate
oṁ śāntiḥ śāntiḥ śāntiḥ*

Eso (*adaḥ*) es el Todo, esto (*idam*) es el Todo; desde ese Todo, este Todo se manifiesta. Cuando este Todo es extraído, ese Todo permanece siendo el Todo. *Oṁ* paz, paz, paz.

(*Īśāvāsya Upaniṣad*, invocación)

Típicamente usamos la palabra *eso* para referirnos a algo distante o más allá de nuestro alcance inmediato, mientras que *esto* se usa para lo que está cerca. Filosóficamente, el término *adaḥ* puede interpretarse como el aspecto trascendente de Dios, mientras que *idam* representa su aspecto inmanente.

En el *Bhagavad-gītā*, el Señor Kṛṣṇa usa el término *idam* para referirse al cuerpo físico como el campo:

इदं शरीरं कौन्तेय क्षेत्रमित्यभिधीयते ।
एतद्यो वेत्ति तं प्राहुः क्षेत्रज्ञ इति तद्विदः ॥

*idaṁ śarīraṁ kaunteya
kṣetram ity abhidhīyate
etad yo vetti taṁ prāhuḥ
kṣetra-jña iti tad-vidaḥ*

¡Oh, hijo de Kuntī!, este cuerpo se denomina el campo, y quien lo conoce es denominado el conocedor del campo.

(*Bhagavad-gītā*, 13.2)

Idam se utiliza para denotar lo que habitualmente consideramos como objetual, concreto y perceptible. Esto se confirma en el primer mantra del *Īśāvāsya Upaniṣad*, que se refiere al fundamento objetual como *idam*: *Oṁ īśāvāsyam idaṁ sarvam*. Por consiguiente, si *idam* denota la objetualidad o lo manifestado, entonces *adaḥ* se refiere a la subjetualidad no manifestada. Como afirma el *Bṛhad-āraṇyaka Upaniṣad*:

द्वे वाव ब्रह्मणो रूपे मूर्तं चैवामूर्तं च मर्त्यं चामृतं च स्थितं च यच्च सच्च त्यच्च ॥

dve vāva brahmaṇo rūpe mūrtaṁ caivāmūrtaṁ ca martyaṁ cāmṛtaṁ ca sthitaṁ ca yac ca sac ca tyac ca.

Existen dos formas diferentes de Brahman, burda y sutil, mortal e inmortal, limitada e ilimitada, definida e indefinida.
(*Bṛhad-āraṇyaka Upaniṣad*, 2.3.1)

Adaḥ se refiere a lo incognoscible o no manifestado, mientras que *idam* designa lo inmediatamente perceptible: nuestra realidad empírica y manifestada. *Adaḥ* significa 'eso', aludiendo a lo que está distante, remoto o inaccesible a nuestra percepción inmediata. Sin embargo, esta distancia no es física sino cognitiva. Al eliminar la noción de distancia, «eso» se convierte en «esto». Cuando la separación entre nosotros y lo remoto se elimina, *adaḥ* se transforma en *idam*.

La información que los seres humanos tienen sobre sí mismos es, en su mayoría superficial, limitada a sus nombres, nacionalidades, profesiones y otros identificadores similares. Incluso para aquellos con un conocimiento más profundo de sí mismos, a menudo se limita a lo psicológico. En verdad, los seres humanos viven en la ignorancia de su verdadera naturaleza, sin siquiera saber lo que no saben. Esta ignorancia crea una distancia cognitiva entre lo que creemos que somos y lo que realmente somos. Superar esta distancia significa, en última instancia, despertar a nuestra auténtica identidad como Brahman ilimitado.

Este verso afirma que la totalidad es tanto «eso» como «esto», aparentemente presentando dos declaraciones mutuamente excluyentes. Afirmar que la totalidad es «eso» parece excluir lo objetual, dejándolo fuera de la totalidad. De manera similar, declarar que la totalidad es «esto» parece omitir la subjetualidad como una parte esencial de la plenitud. Si *adaḥ* e *idam* se consideran por separado, presentan una totalidad incompleta, lo cual es insostenible.

Una comprensión correcta del texto solo se logra cuando se lee desde la perspectiva de la totalidad o *pūrṇam*.

La existencia parece presentarse en dos dimensiones: subjetiva y objetual. Fuera del sujeto y el objeto, no hay una tercera opción. Al declarar que *adaḥ* e *idam* son *pūrṇam*, el *upaniṣad* afirma enfáticamente que solo *pūrṇam* es real. El texto podría haber afirmado simplemente que la totalidad incluye todo, pero el sabio eligió no omitir ni ignorar nuestra experiencia diferenciada, dual y relativa. Nuestra percepción ordinaria se distingue por la diferencia entre el observador, el sujeto, y lo observado, el objeto. En esta experiencia dual, no nos vemos a nosotros mismos como parte de lo observado, *idam*. Sin embargo, según el *Upaniṣad*, la esencia tanto del observador como de lo observado es la misma: *pūrṇam* o 'totalidad ilimitada'. Este mensaje se refleja en el budismo zen en el *Sūtra del Corazón*:

इह शारिपुत्र रूपंशून्यता शून्यतैव रूपंरूपान्न पृथक्शून्यता शून्यतया न पृथग्रूपं यद्रूपंसा शून्यता य शून्यता तद्रूपम् । एवमेव वेदना संज्ञा संस्कार विज्ञानम् ।

iha śāriputra rūpaṁ śūnyatā śūnyataiva rūpaṁ
rūpān na pṛthak śūnyatā śūnyatayā na pṛthag rūpaṁ
yad rūpaṁ sā śūnyatā ya śūnyatā tad rūpam. evam eva vedanā-saṁjñā
saṁskāra-vijñānam.

Escucha, Śāriputra, forma es vacuidad, y vacuidad es forma. La forma no es otra cosa que la vacuidad, la vacuidad no es otra cosa que la forma. Lo mismo ocurre con los sentimientos, las percepciones, las formaciones mentales y la consciencia.
(*Sūtra del corazón*)

El mensaje vedántico sostiene que la relación entre sujeto y objeto es inclusiva, en contraste con nuestra percepción cotidiana, que los separa completamente. En nuestra experiencia ordinaria, al excluir lo observado, los individuos se perciben a sí mismos como incompletos. Esta percepción parcial e ilusoria es la raíz de un profundo sentido de insatisfacción. La totalidad no puede ser encerrada o definida por una forma específica. Cualquier contorno, ya sea físico, material, astral, etéreo o espiritual, implica la existencia de límites. Una silueta sin una distinción entre un interior y un exterior no tiene sentido como forma. Desde nuestra perspectiva relativa y parcial, nos percibimos a nosotros mismos como confinados en un mundo limitado y distinto de nosotros. Percibimos la limitación de un mundo objetual que está separado del perceptor. Esta experiencia de diferencia entre sujeto y objeto contradice la afirmación de los *upaniṣads* de que la esencia tanto del observador como de lo observado es *pūrṇam*. La diversidad, por su naturaleza, implica limitación. Mientras nos consideremos limitados e incompletos, seguiremos esforzándonos por escapar de esta sensación y buscar la plenitud a través de medios que solo proporcionan una satisfacción temporal. La insatisfacción que acompaña al ser humano proviene de esta autopercepción limitada.

La búsqueda del placer, el disfrute y la felicidad está profundamente entrelazada con este sentido de limitación. Según el *vedānta*, esta búsqueda es inútil, dado que, en esencia, somos eternamente ilimitados. Aunque nuestra verdadera naturaleza es la totalidad infinita, el *upaniṣad* reconoce nuestra experiencia dualista mediante términos como «eso» y «esto». *Adaḥ* alude a la subjetualidad que parece distinta de lo observado, mientras que *idam* se refiere a la objetualidad, que parece diferente del observador y muestra diferencias entre objetos. Aunque parecen ser subjetualidad y objetualidad, *pūrṇam* lo abarca todo. El *vedānta* niega la realidad absoluta de la experiencia dual, pero no desacredita la experiencia en sí. Los antiguos sabios no negaron la relación sujeto-objeto, sino su realidad absoluta, aceptándola como una experiencia relativa.

Si la experiencia dual de los objetos no hubiera sido aceptada como parte de *pūrṇam*, entonces *pūrṇam* habría sido limitado a una experiencia subjetual indiferenciada. Tal experiencia sería buscada como una forma de escapar de la dualidad, lo que aparentemente carecería de *pūrṇam*. Sin embargo, *mokṣa*, o 'liberación', no puede resultar de una fuga, dado que esa liberación sería simplemente una reacción a la ilusión y, por lo tanto, parte de ella. La iluminación no es como el alcohol o las drogas; no puede reducirse a una experiencia, por placentera que sea, porque toda experiencia es limitada, relativa y temporal.

El *vedānta* no rechaza la experiencia dual de sujeto y objeto, sino que niega la conclusión de que somos algo separado de lo que percibimos. La dualidad es una experiencia, pero no la realidad en sí. La ilusión humana no radica en experimentar la dualidad, sino en creer que esta experiencia es la Verdad. Si soñamos con estudiar medicina, no tendremos un diploma al despertar. Si soñamos con ganar la lotería, nuestro saldo bancario no habrá cambiado cuando abramos los ojos por la mañana. Durante un sueño, las experiencias parecían reales, pero al despertar entendemos que todo fue un sueño.

La negación vedántica de nuestra percepción dualista de la realidad no se basa en la fe, sino en el *śruti* como *pramāṇa*. Las escrituras reveladas no solo tienen un valor teológico y mitológico, sino que también son un medio válido de adquisición de conocimiento. Los *pramāṇas* nos dan acceso a la información del mundo empírico. Así como los ojos perciben colores y los oídos sonidos, las escrituras reveladas son el medio para obtener conocimiento de la realidad última. Las declaraciones upanishádicas, cuando se escuchan de un maestro verdaderamente realizado, son un medio eficaz para obtener conocimiento válido sobre nuestra verdadera naturaleza.

Según Aristóteles, la causa material se refiere a los medios utilizados en el proceso de creación, mientras que la causa eficiente es el agente creador. Tomemos el ejemplo de una pintura: el lienzo y los pigmentos constituyen la causa material, mientras que el pintor es la causa eficiente. Esto nos lleva a dos preguntas fundamentales sobre el universo: ¿cuál es su causa material, conocida como *upādāna-kāraṇa*, y cuál es su causa eficiente, o *nimitta-kāraṇa*? Los *upaniṣads* afirman que Brahman es la causa material del universo.

यतो वा इमानि भूतानि जायन्ते । येन जातानि जीवन्ति । यत्प्रयन्त्यभिसंविशन्ति । तद्विजिज्ञासस्व । तद्ब्रह्मेति ।

yato vā imāni bhūtāni jāyante. yena jātāni jīvanti. yat prayanty abhisaṁviśanti. tad vijijñāsasva. tad brahmeti.

Busca conocer aquello de lo que nacen todos los seres; habiendo nacido, por lo que siguen vivos; y aquello en lo que entran cuando parten. Eso es Brahman.

(*Taittirīya Upaniṣad*, 3.1.1)

En el *vedānta*, Brahman es la causa eficiente. Sin embargo, las escrituras no indican explícitamente que Brahman lo es. Dado que la existencia de más de una totalidad ilimitada es imposible, una causa material ilimitada excluye necesariamente la posibilidad de una segunda causa eficiente ilimitada. El *upaniṣad* establece que tanto la subjetualidad como la objetualidad son *pūrṇam* o Brahman, y por lo tanto, comparten la misma causa material y eficiente. Como efectos de una única causa, sujeto y objeto son esencialmente idénticos. Si se requiriera una causa eficiente, el dios creador del universo sería solo una parte de la totalidad o *pūrṇam*.

La experiencia de soñar también comparte una única causa material y eficiente. El soñador es ambas: tanto la sustancia como el creador del sueño. Soñar presenta una experiencia dual en la que se establece una relación entre sujeto y objeto. Sin embargo, la diversidad que observamos en el sueño es ilusoria, dado que la sustancia de todos los objetos y personajes es idéntica al soñador. En el sueño, somos tanto el observador como lo observado, tanto sujeto como objeto. De manera similar, en la primera parte del mantra, podemos decir que tanto la causa eficiente como la causa material son *pūrṇam* o Brahman. Así como en el caso del soñador, *pūrṇam* disuelve cualquier diferencia aparente entre subjetualidad y objetualidad. La afirmación del *Upaniṣad* de que la totalidad es «esto» y «eso» elimina la diferencia aparente entre sujeto y objeto que experimentamos.

La primera línea del mantra dice: *Oṁ pūrṇam adaḥ pūrṇam idam*, que significa «Eso (*adaḥ*) es el Todo, esto (*idam*) es el Todo». La segunda línea continúa: *pūrṇāt* (de la totalidad) *pūrṇam* (la totalidad) *udacyate* (se origina). Esta expresión sugiere una aparente relación de causa y efecto entre el *pūrṇam* sin forma (*adaḥ*, mencionado primero) y el *pūrṇam* con forma (*idam*, mencionado después). Así, *pūrṇāt pūrṇam udacyate* se traduce como «desde ese Todo, este Todo se manifiesta».

Esta sección del mantra alude a la creación, cuya realidad, según el *vedānta*, es *mithyā*, o 'ilusoria', similar a un espejismo en el desierto, donde la realidad no es absoluta sino meramente empírica y fenoménica. De la misma manera, la serpiente inexistente (esto) parece manifestarse a partir de la cuerda existente (eso).

En nuestra experiencia diaria, observamos que un efecto suele producir un cambio en su causa correspondiente. Por ejemplo, fabricar muebles de madera implica alterar los árboles. Del mismo modo, la compra de una casa o un coche conlleva un cambio en el saldo bancario. Sin embargo, este mantra parece desafiar la lógica convencional. Según el mantra *pūrṇasya pūrṇam ādāya pūrṇam evāvaśiṣyate*, «cuando se extrae este Todo, ese Todo permanece siendo el Todo». El mundo fenoménico, accesible de inmediato a nuestros sentidos (esto), es una proyección sobre la consciencia (eso). La realidad última, como una cuerda que se percibe erróneamente como una serpiente, ni disminuye ni aumenta con la aparición o desaparición de esta ilusión. Lo absoluto no se ve afectado por los cambios en lo relativo.

Por lo general, suponemos que en cualquier relación causa-efecto, la causa experimenta un cambio y genera el efecto. En cambio, Brahman permanece inmutable pero también es la causa de todo el universo. Su cambio aparente puede compararse con el proceso que sufre el oro en la fabricación de joyas. La esencia del oro, extraído de las minas y fundido, no cambia cuando se transforma en una pulsera, un par de pendientes o un anillo. De manera similar, es posible crear un universo a partir de *pūrṇam* sin que este se vea realmente afectado.

Pūrṇāt pūrṇam udacyate. La omisión de *adaḥ* e *idaṁ* en este mantra indica claramente que solo *pūrṇam* existe verdaderamente. Así como la arcilla no cambia cuando se usa para hacer jarrones o floreros, *pūrṇam* permanece inmutable incluso cuando surge la diversidad objetual (*idaṁ*) de él. Distinguir entre causa y efecto no es una tarea sencilla. Sería un error decir que una vasija de cerámica es un efecto de la arcilla. La vasija no es totalmente diferente de la arcilla; de hecho, sigue siendo arcilla. La fabricación de la vasija no produce dos entidades separadas, la vasija y la arcilla. Aunque veamos una vasija, la arcilla no ha desaparecido. La vasija y la arcilla no son dos realidades esencialmente diferentes. Este ejemplo ilustra que en el ámbito empírico, el efecto no es completamente distinto de su causa material. Al comprender que el efecto es una manifestación de su causa, podemos aceptar que ambos son, en esencia, uno y lo mismo. De manera similar, aunque percibimos una diversidad de nombres y formas a través de nuestros sentidos, en última instancia, todo es *pūrṇam*.

Este *śloka* del *Catuḥ-ślokī-bhāgavatam* declara:

अहमेवासमेवाग्रे नान्यद्यत्सदसत्परम् ।
पश्चादहं यदेतच्च योऽवशिष्येत सोऽस्म्यहम् ॥

aham evāsam evāgre
nānyad yat sad-asat param
paścād aham yad etac ca
yo 'vaśiṣyeta so 'smy aham

Antes de la creación, solo yo existía. No había nada superior o diferente de mí en forma de objetos reales (*sat*) o irreales (*asat*), que son ilusiones. Asimismo, después de que comenzara [la creación], yo era todo lo que existía. Una vez que esta [creación] termine, yo seré todo lo que permanezca.
(*Catuḥ-ślokī-bhāgavatam*, *Śrīmad-bhāgavatam*, 2.9.33)

Si extraemos lo objetual de lo subjetual o los unimos, lo único que queda es la totalidad. Si eliminamos *idaṁ pūrṇam*, la objetualidad, de *adaḥ pūrṇam*, la subjetualidad, o los combinamos, todo lo que permanece es *pūrṇam*. Aunque el oro adopte la forma de un anillo o una pulsera, sigue siendo oro. Incluso si fundimos el anillo, no deja de ser oro.

Pūrṇam o Brahman es inmutable. Muchos creen que, para alcanzar la consciencia, el mundo y su diversidad deben desaparecer. Sin embargo, para apreciar su tela no es necesario destrozar la camisa. La percepción de la arcilla no requiere la destrucción del jarrón. De manera similar, no es imprescindible eliminar la experiencia dual, o el mundo fenoménico, para experimentar el *pūrṇam*. Es posible percibir el oro incluso cuando se ven pulseras, cadenas, pendientes y anillos. Las joyas de oro nunca serán otra cosa que oro. El *upaniṣad* utiliza términos como sumar y restar para ilustrar que nada afecta a Brahman. Al dar al Brahman ilimitado un nombre y una forma, no se le añade ni se le quita nada. Del mismo modo, al sustraer la creación, *pūrṇam* permanece completamente inalterado.

Lo que puede ser negado no es real. La realidad, por definición, no puede negarse. Todos los objetos carecen de realidad porque pueden ser negados tanto en el tiempo como en el espacio. Todas las diferencias en la dimensión objetual son ilusorias. El mundo objetual no tiene existencia real independiente. Puesto que está superpuesto a Brahman, su existencia depende enteramente del *pūrṇam*. Si examinamos cualquier objeto, descubriremos que solo es un nombre y una forma, reducible a otra sustancia. Esta sustancia, a su vez, es un nombre y una forma reducible a microsustancias. Por lo tanto, todo lo que puede ser objetualizado carece de una definición última y de realidad propia. La objetualidad consiste en nombres y formas en un proceso constante de mutación, limitados por el espacio y el tiempo, cuya realidad está sustentada por Brahman. Al observar diferentes objetos, podemos percibir la falta de diferencias reales. Son simplemente nombres y formas limitadas, reductibles y negables y sus diferencias se disuelven en Brahman. Puesto que no tienen una verdadera sustancialidad, no existen objetos diferentes. Con respecto a la causa eficiente, diría que la creación no puede entenderse adecuadamente como un acto separado del creador. Los seres humanos, en su vida cotidiana, generan efectos de sus actividades porque creen que son sujetos distintos de sus acciones. Sin embargo, una acción de la totalidad no puede considerarse independiente, dado que la totalidad lo incluye todo. Si nada existe fuera de *pūrṇam*, este abarca tanto a sí mismo como a sus acciones.

Cuando extraemos una porción de algo, la fuente naturalmente disminuye proporcionalmente a lo que se extrae. Siguiendo esta lógica, podríamos pensar que si Dios es el origen del universo, debería haber disminuido después de crearlo. Sin embargo, el *upaniṣad* nos dice que Dios no disminuyó después de crear el universo. Es imposible sustraer algo de la totalidad ilimitada. Si la totalidad lo abarca todo, necesitaríamos un espacio libre de ella para colocar lo extraído, lo cual es imposible.

En nuestra comprensión relativa, asumimos que el efecto reduce la sustancia de su causa. Esta opinión se basa en la ley de causa y efecto que prevalece en nuestra realidad dual de sujeto y objeto. Según el *upaniṣad*, si sustraemos algo de la totalidad, la totalidad no mengua. Por lo tanto, la emanación del universo no ha causado ninguna disminución en la totalidad. En la totalidad ilimitada, toda acción carece de un efecto separado de su causa, como si nada hubiera ocurrido. En nuestra dimensión relativa y dual, lo que hacemos no es lo mismo que lo que somos; nuestras actividades modifican nuestra personalidad. Pero en el nivel absoluto, no hay diferencia entre la existencia y las acciones de Dios.

La actividad y la acción, aunque similares, no son idénticas. La acción no tiene una existencia separada del ser. En cambio, la actividad nos ata y nos esclaviza mediante sus reacciones o efectos. Solo podemos vernos como activos si nuestra actividad es distinta de lo que somos. Sin embargo, si la acción es intrínseca a nuestro ser, entonces podemos considerarnos inactivos. Este tipo de acción no nos esclaviza ni nos limita porque no es algo que hacemos sino lo que somos. No es una actividad separada de nosotros, sino nuestra propia esencia. La ley de causa y efecto solo tiene sentido dentro del plano dual, con las nociones de sujeto y objeto. La profunda interdependencia en el universo no permite la existencia de una causa separada de su efecto. Si vemos el universo holísticamente, como un organismo, no podemos aceptar que una de sus partes funcione de manera independiente. Como un río que fluye hacia el océano, fluimos a través de nuestras acciones hasta que se disipan, dejando solo el océano de la consciencia. De manera similar, en lugar de actividad, solo queda el Ser inmutable. Lo que se denomina *yoga*, o 'unión', se refiere a la integración del ser y el hacer. En nuestra realidad dual y relativa, la experiencia suele estar marcada por el conflicto y la desintegración. Nos esforzamos por completar nuestro mundo interior mediante el contacto sensorial con el mundo empírico que percibimos. La existencia de esta realidad objetual depende de nuestra percepción sensorial. Sin embargo, la actividad de Dios no es el resultado de lo que un actor o creador hace. En este sentido, la actividad creadora de Dios no puede considerarse actividad en el sentido convencional. En el *Bhagavad-gītā*, Kṛṣṇa afirma claramente:

चातुर्वर्ण्यं मया सृष्टं गुणकर्मविभागशः ।
तस्य कर्तारमपि मां विद्ध्यकर्तारमव्ययम् ॥

cātur-varṇyaṁ mayā sṛṣṭaṁ
guṇa-karma-vibhāgaśaḥ
tasya kartāram api mām
viddhy akartāram avyayam

El sistema de cuatro castas ha sido creado por mí de acuerdo con la diferenciación de cualidades y acciones. Aunque soy el autor, conóceme como no hacedor y como eterno.

(*Bhagavad-gītā*, 4.13)

Dios y su acción son indisolubles. Aunque haya creado todo, en realidad, Dios nunca ha realizado ninguna acción. La totalidad ilimitada se manifiesta como el universo sin disminuir el contenido de Dios. La idea de una creación originada en un creador se basa en la relación de causa y efecto. Sin embargo, esta ley es irrelevante en ausencia de factores como el espacio y el tiempo, que son consecuencias de la creación y, por tanto, posteriores a ella. Por lo tanto, no pueden afectar a Dios. Si comprendemos que el principio de causa y efecto no se aplica a Dios, es absurdo concebir la creación como un efecto y a Dios como su causa. Dios es *sarva-kāraṇa-kāraṇam*, 'la causa primordial de todas las causas', sin realmente ser la causa de nada. Aunque comúnmente se considera a Dios como la fuente del universo, en realidad, nunca ha ocurrido nada porque Dios nunca ha creado nada. Dios, la totalidad inmutable, permanece igual que antes de crear el mundo. Para muchos, resulta complicado entender que el universo, tal como lo percibimos, nunca ha sido realmente creado. Esto es especialmente difícil de aceptar cuando observamos a nuestro alrededor y vemos una variedad de objetos tangibles como sillas, mesas, árboles y personas. Podemos ver y tocar estos objetos sólidos. Sin embargo, al observar un árbol con un potente microscopio, el árbol ya no parece sólido, sino que se revela como un conjunto de átomos. Con un microscopio aún más potente, vemos partículas aún más diminutas que son muy diferentes de los átomos. El árbol desaparece y se convierte en espacios cuánticos inconcebibles. Así, comprendemos que nunca ha habido un árbol en sí mismo. En cambio, nuestra visión y nuestras condiciones físicas nos han mostrado algo sólido basado en estas micropartículas.

Lo que llamamos un «árbol» no ha sido creado; más bien, es el resultado de nuestra forma de percibir un mar de partículas. Nuestra percepción puede variar, volviéndose más sutil o burda. De manera similar, el universo no ha sido creado tal como lo percibimos. Percibimos la realidad según lo que nuestros sentidos nos revelan. La forma del árbol no existe en realidad como tal, sino que es una construcción de lo que nuestros sentidos nos permiten captar. Por eso, el *Ṛg Veda* afirma:

एकं सद्विप्रा बहुधा वदन्ति ।

ekaṁ sad viprā bahudhā vadanti

Poetas, sabios y maestros llaman al único Ser con diferentes nombres.

(*Ṛg Veda*, 1.164.46)

Y el *Śrīmad-bhāgavatam* señala:

वदन्ति तत्तत्त्वविदस्तत्त्वं यज्ज्ञानमद्वयम् ।
ब्रह्मेति परमात्मेति भगवानिति शब्द्यते ॥

vadanti tat tattva-vidas
tattvaṁ yaj jñānam advayam
brahmeti paramātmeti
bhagavān iti śabdyate

Los trascendentalistas eruditos que conocen la Verdad absoluta, denominan Brahman, Paramātmā o Bhagavān a esa sustancia no-dual.

(*Śrīmad-bhāgavatam*, 1.2.11)

Después de comer o dormir bien, experimentamos una sensación de satisfacción o plenitud. No obstante, esta satisfacción no es absoluta, sino relativa y temporal. Al día siguiente volveremos a sentir hambre y cansancio. Por lo tanto, esta experiencia de felicidad o satisfacción es pasajera. La realización de nuestra plenitud original solo es posible al despertar a la consciencia de que sujeto y objeto, observador y observado, son en esencia lo mismo. La diferencia que percibimos entre ellos es solo aparente. Ilusoriamente, nos aislamos de la vida al identificarnos con una idea llamada «yo». Observamos el mundo desde dentro de un saco de carne y huesos, con paredes de piel, a través de las ventanas de los sentidos, y con el filtro de la mente que evalúa lo percibido. Creemos que lo que percibimos es completamente diferente de lo que percibe. Incluso asumimos que el complejo cuerpo-mente es el perceptor. Todo lo que consideramos perceptible a través de nuestros sentidos es *idam*, o lo que llamamos «manifestado» o «material». Sin embargo, la realidad del observador no es mayor que la de lo observado, dado que ambos comparten la misma esencia: Brahman. En el instante en que comprendemos que el observador y lo observado, el sujeto y el objeto, son uno, inmediatamente se transforman en lo observado. La dualidad sujeto-objeto solo se desvanece al reconocer simultáneamente su realidad unificada. Las escrituras, actuando como *pramāṇa*, nos enseñan que esta diferencia es meramente aparente, revelando la verdadera unidad. El mantra encapsula la visión vedántica en su totalidad. Erróneamente, creemos que el sujeto tiene una realidad superior a los objetos que percibe. Sin embargo, la realidad sobre la que se basa el observador no es más significativa que la de los objetos observados. Como sujetos que perciben la realidad empírica, no somos más reales que lo que percibimos. Nuestra verdadera esencia es la consciencia ilimitada, o *pūrṇam*. Tanto el observador como lo observado comparten la misma esencia: la consciencia. La aparente dualidad entre sujeto y objeto es solo una proyección sobre *pūrṇam*, que permanece inalterada. Las olas, la humedad y los tsunamis no afectan la sustancia esencial del agua. La diversidad de la realidad fenoménica no tiene sustancia verdadera y es solo una superposición sobre la realidad. Nuestra verdadera naturaleza es la realidad inmutable y sin forma donde todas las diferencias se disuelven. La única realidad duradera es la consciencia pura, ilimitada e infinita, Brahman o *pūrṇam*.

ARTÍCULO 6
LA PARÁBOLA DEL PALACIO INTERIOR

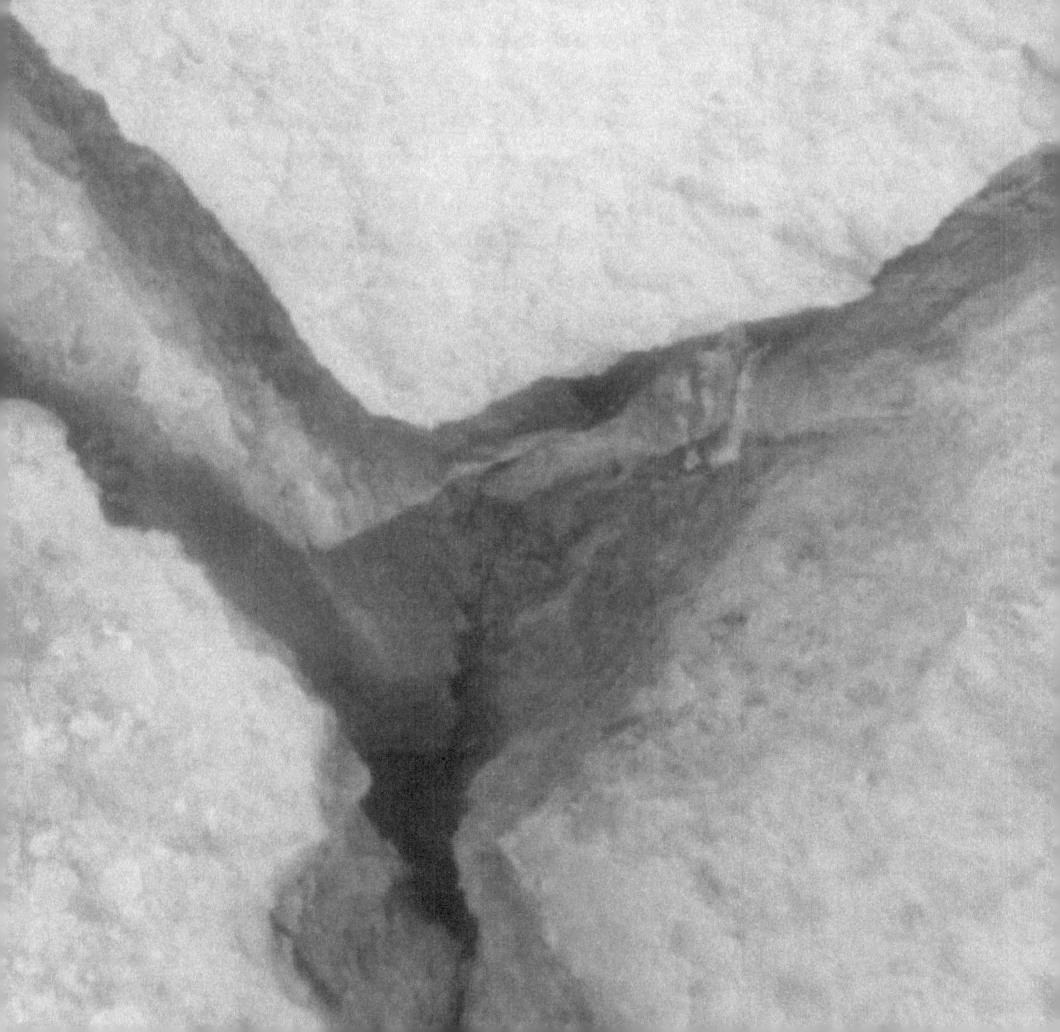

El Rambam (1135-1204 n. e.) es considerado uno de los maestros iluminados judíos más grandes de todos los tiempos. También se le llama Maimónides o Moisés ben Maimón y se le apoda 'La gran águila'. En el epitafio de su tumba, leemos: «De Moisés a Moisés, no hubo nadie de tal grandeza como Moisés». Aquí comento un capítulo de su famosa obra *Guía de los Perplejos* llamado *De como el hombre perfecto adora a Dios*:

> Este capítulo, que mencionaremos ahora, solo incluye temas que ya han sido tratados en los capítulos anteriores. Es una especie de *jatimá* (conclusión o firma) y al mismo tiempo explicará cómo adoran a Dios aquellos que lograron conocerlo realmente; y te guiará en cómo llegar a ese trabajo, o *avodá*, que es la aspiración suprema de los seres humanos, y te mostrará cómo Dios los protege en este mundo, hasta que abandonan el mundo en camino a la vida eterna. Comenzaré el capítulo con una parábola. Hay un rey en un palacio. Algunos de sus súbditos viven en su país y los otros en el extranjero. Algunos de los que viven en el país dan la espalda al palacio real y miran en dirección contraria; otros se muestran deseosos y celosos de entrar en el palacio para visitar la morada del rey y conocerlo personalmente, pero todavía no han logrado ver ni siquiera la fachada. Algunos consiguieron acercarse y van errabundos alrededor buscando la puerta de entrada; entre ellos, algunos han cruzado ya la cancela y discurren por los pasillos; y entre estos, algunos han logrado penetrar en lo más íntimo del palacio y se hallan con el rey en el mismo espacio, es decir, la casa del rey. Incluso estos últimos no han visto al rey tan luego entraron en el palacio, ni le han hablado de buenas a primeras porque, una vez dentro, hubo menester nuevos afanes hasta que consiguieron presentarse delante del rey; unos a distancia,

otros a su vera, oyendo sus palabras o hablándole. Y ahora quiero aclararte el sentido de la parábola. Los súbditos que están en el extranjero son las personas sin religión, que no han indagado por sí mismos ni han recibido la tradición, así como los turcos que van errantes por el Norte y los kushitas que dan vueltas por el sur, y los que moran entre nosotros y son semejantes a ellos. Yo los considero como seres irracionales y no como hombres; están por debajo de la humanidad, aunque por encima de los monos, pues tienen forma y figura del hombre y ciertas facultades mentales superiores a las de los simios. Los que viven en el país, vueltos de espaldas al palacio del rey, son los que tienen religión, creencias e ideas, pero se apegan a falsas doctrinas, ya sea que las adoptaran por un gran error cometido en su propia indagación, ya sea que las recibieron de otros que los extraviaron. Por haber equivocado el rumbo, se apartan más del palacio del rey, cuanto más caminan. Son estos peores que los de la primera clase, tanto que, en ciertas circunstancias, puede ser necesario sacrificarlos para extirpar sus doctrinas y que no descarríen a otros. Los que anhelan llegar al palacio y penetrar en él, aunque nunca lograron verlo, son la muchedumbre del pueblo religioso, es decir, la gente que observa los mandamientos divinos, pero es ignorante. Los que llegan al palacio, pero vagan por los alrededores son los grandes eruditos de la religión, quienes creen en principios verdaderos, estudian el culto y ritualismo religioso, sin embargo, no investigan en las raíces de la Torá ni exploran con el fin de verificar su fe. Aquellos que profundizaron en la investigación de los principios de la religión entraron en los pasillos. Sin lugar a duda, las personas que están allí también pueden dividirse en diferentes grados. El que tiene una prueba ejemplar de todo lo que se probó con una prueba ejemplar, y conoce con certeza todo lo que se puede saber con certeza de los asuntos divinos, y está cerca de la certeza de aquello que solo es posible acercarse con certeza: él está con el rey dentro de la casa. Hijo mío, sabe que mientras te dediques a estudiar las ciencias matemáticas y la lógica, eres de los que dan vueltas alrededor del palacio en busca de la puerta. Así, nuestros sabios usan figurativamente la frase: «Ben-zoma todavía está afuera». Cuando entiendes la física, has entrado en la sala; y cuando domines la metafísica, después de completar el estudio de la filosofía natural, habrás entrado en la Corte más interna, y estarás con el rey en el mismo palacio. Habrás alcanzado el nivel de los hombres sabios, que incluyen hombres de diferentes grados de perfección. Pero quienes estudiaron profundamente la metafísica, dirigiéndose por completo hacia Dios, vaciándose de toda objetualidad (והוא מפנה מחשבתו מזולתו), dirigiendo toda actividad cognitiva a la investigación de la realidad para percibirla y realizarla existencialmente son los que entran al palacio del rey y constituyen el nivel de los profetas.

(*Guía de los Perplejos*, parte 3, capítulo 51)

Este es uno de los últimos capítulos de su libro. El Rambam comienza señalando que no pretende agregar nada nuevo que no se haya mencionado en capítulos anteriores, solo sintetizar el libro. Compara este capítulo con la firma de un artista en el lienzo, realizada después de terminar la pintura. Este capítulo-firma expresa algo íntimo, característico y propio de su individualidad. El Rambam se refiere aquí a un tema muy especial que llama *avodá*, 'labor' o 'trabajo'. Después de explicar los preceptos y la comprensión intelectual, cree que es el momento adecuado para referirse a la culminación de la vida humana, la iluminación o la profecía.

A continuación, profundizaremos en cada sección.

זֶה הַפֶּרֶק אֲשֶׁר נִזְכְּרֵהוּ עַתָּה, אֵינוֹ כּוֹלֵל תּוֹסֶפֶת עִנְיָן עַל מָה שֶׁכָּלְלוּ אוֹתוֹ פִּרְקֵי זֶה הַמַּאֲמָר, וְאֵינוֹ רַק כְּדָמוּת חֲתִימָה, עִם בֵּאוּר עֲבוֹדַת מַשִּׂיג הָאֲמִתִּיּוֹת הַמְיֻחָדוֹת בַּשֵּׁם יִתְעַלֶּה אַחַר הַשָּׂגָתוֹ, אֵי זֶה דָּבָר הוּא, וְהֵישִׁירוּ לְהַגִּיעַ אֶל הָעֲבוֹדָה הַהִיא אֲשֶׁר הִיא הַתַּכְלִית אֲשֶׁר יַגִּיעַ אֵלֶיהָ הָאָדָם וְהוֹדִיעוֹ אֵיךְ תִּהְיֶה הַהַשְׁגָּחָה בּוֹ בָּעוֹלָם הַזֶּה עַד שֶׁיֵּעָתֵק אֶל צְרוֹר הַחַיִּים.

Este capítulo, que mencionaremos ahora, solo incluye temas que ya han sido tratados en los capítulos anteriores. Es una especie de *jatimá* (conclusión o firma) y al mismo tiempo explicará cómo adoran a Dios aquellos que lograron conocerlo realmente; y te guiará en cómo llegar a ese trabajo, o *avodá*, que es la aspiración suprema de los seres humanos, y te mostrará cómo Dios los protege en este mundo, hasta que abandonan el mundo en camino a la vida eterna.

El brillante maestro recurre a una metáfora para describir la proximidad de diferentes tipos de seres humanos a lo trascendental.

וַאֲנִי פּוֹתֵחַ הַדְּבָרִים בְּזֶה הַפֶּרֶק בְּמָשָׁל שֶׁאֲשִׂיאֵהוּ לְךָ, וְאוֹמַר, כִּי הַמֶּלֶךְ הוּא בְּהֵיכָלוֹ וַאֲנָשָׁיו כֻּלָּם, קְצָתָם אַנְשֵׁי הַמְּדִינָה וּקְצָתָם חוּץ לַמְּדִינָה, וְאֵלּוּ אֲשֶׁר בַּמְּדִינָה, מֵהֶם מִי שֶׁאֲחוֹרָיו אֶל בֵּית הַמֶּלֶךְ וּמְגַמַּת פָּנָיו בְּדֶרֶךְ אַחֶרֶת, וּמֵהֶם מִי שֶׁרוֹצֶה לָלֶכֶת אֶל בֵּית הַמֶּלֶךְ וּמְגַמָּתוֹ אֵלָיו, וּמְבַקֵּשׁ לְבַקֵּר בְּהֵיכָלוֹ וְלַעֲמֹד לְפָנָיו, אֶלָּא שֶׁעַד הַיּוֹם לֹא רָאָה פְּנֵי חוֹמַת הַבַּיִת כְּלָל. מִן הָרוֹצִים לָבֹא אֶל הַבַּיִת, מֵהֶם שֶׁהִגִּיעַ אֵלָיו וְהוּא מִתְהַלֵּךְ סְבִיבוֹ מְבַקֵּשׁ לִמְצֹא הַשַּׁעַר, וּמֵהֶם מִי שֶׁנִּכְנַס בַּשַּׁעַר וְהוּא הוֹלֵךְ בַּפַּרְוֹזְדוֹר, וּמֵהֶם מִי שֶׁהִגִּיעַ עַד שֶׁנִּכְנַס אֶל תּוֹךְ הַבַּיִת וְהוּא עִם הַמֶּלֶךְ בְּמָקוֹם אֶחָד שֶׁהוּא בֵּית הַמֶּלֶךְ, וְלֹא בְּהַגִּיעוֹ אֶל תּוֹךְ הַבַּיִת יִרְאֶה הַמֶּלֶךְ אוֹ יְדַבֵּר עִמּוֹ, אֲבָל אַחַר הַגִּיעוֹ אֶל תּוֹךְ הַבַּיִת אִי־אֶפְשָׁר לוֹ מִבִּלְתִּי שֶׁיִּשְׁתַּדֵּל הִשְׁתַּדְּלוּת אַחֶרֶת, וְאָז יַעֲמֹד לִפְנֵי הַמֶּלֶךְ וְיִרְאֵהוּ מֵרָחוֹק אוֹ מִקָּרוֹב, אוֹ יִשְׁמַע דְּבַר הַמֶּלֶךְ אוֹ יְדַבֵּר עִמּוֹ.

Comenzaré el capítulo con una parábola. Hay un rey en un palacio. Algunos de sus súbditos viven en su país y los otros en el extranjero. Algunos de los que viven en el país dan la espalda al palacio real y miran en dirección contraria; otros se muestran deseosos y celosos de entrar en el palacio para visitar la morada del rey y conocerlo personalmente, pero todavía no han logrado ver ni siquiera la fachada. Algunos consiguieron acercarse y van errabundos alrededor buscando la puerta de entrada; entre ellos, algunos han cruzado ya la cancela y discurren por los pasillos; y entre estos, algunos han logrado penetrar en lo más íntimo del palacio y se hallan con el rey en el mismo espacio, es decir, la casa del rey. Incluso estos últimos no han visto al rey tan luego entraron en el palacio, ni le han hablado de buenas a primeras porque, una vez dentro, hubo menester nuevos afanes hasta que consiguieron presentarse delante del rey; unos a distancia, otros a su vera, oyendo sus palabras o hablándole.

Obviamente, el rey dentro de la metáfora se refiere al Rey de reyes o a Dios, la realidad última o la consciencia. A continuación, el Rambam explica detalladamente la parábola:

וְהִנְנִי מְפָרֵשׁ לְךָ זֶה הַמָּשָׁל אֲשֶׁר חִדַּשְׁתִּי לְךָ, וְאוֹמַר, אָמְנָם, אֲשֶׁר הֵם חוּץ לַמְּדִינָה, הֵם כָּל אִישׁ מִבְּנֵי אָדָם שֶׁאֵין לוֹ אֱמוּנַת דָּת, לֹא מִדֶּרֶךְ עִיּוּן וְלֹא מִדֶּרֶךְ קַבָּלָה, כִּקְצוֹת הַתּוּרְ"ךְ הַמְשׁוֹטְטִים בַּצָּפוֹן, וְהַכּוּשִׁיִּים וְהַמְשׁוֹטְטִים בַּדָּרוֹם, וְהַדּוֹמִים לָהֶם מֵאֲשֶׁר אִתָּנוּ בָּאַקְלִימִים הָאֵלֶּה, וְדִין אֵלּוּ כְּדִין בַּעֲלֵי חַיִּים שֶׁאֵינָם מְדַבְּרִים וְאֵינָם אֶצְלִי בְּמַדְרֵגַת בְּנֵי אָדָם, וּמַדְרֵגָתָם בַּנִּמְצָאוֹת לְמַטָּה מִמַּדְרֵגַת הָאָדָם וּלְמַעְלָה מִמַּדְרֵגַת הַקּוֹף, אַחַר שֶׁהִגִּיעַ לָהֶם תְּמוּנַת הָאָדָם וְתָאֳרוֹ וְהַכָּרָה יוֹתֵר מֵהַכָּרַת הַקּוֹף.

Artículo 6: La parábola del palacio interior

Y ahora quiero aclararte el sentido de la parábola. Los súbditos que están en el extranjero son las personas sin religión, que no han indagado por sí mismos ni han recibido la tradición, así como los turcos que van errantes por el Norte y los kushitas que dan vueltas por el sur, y los que moran entre nosotros y son semejantes a ellos. Yo los considero como seres irracionales y no como hombres; están por debajo de la humanidad, aunque por encima de los monos, pues tienen forma y figura del hombre y ciertas facultades mentales superiores a las de los simios.

Observando la sociedad humana actual, vemos que el común de las personas tiene una concepción netamente materialista de la vida. Desde dicha perspectiva, me percibo como un sujeto encerrado dentro de un cuerpo que observa una multiplicidad objetual externa. Tal vida no es más que un viaje de la cuna a la tumba. No es realmente vivir, es solo sobrevivir. Ya lo dijera el conocido clérigo protestante estadounidense Douglas Horton (1891-1968): «El materialismo es la única forma de distracción de la verdadera dicha».

La vida de seres distanciados de lo divino y de sí mismos se centra en simplemente correr tras necesidades superficiales. Viven preocupados únicamente por aumentar los placeres básicos de comer, dormir, aparearse y protegerse. Se identifican exclusivamente con su apariencia física. En la analogía, estos son los súbditos que no residen dentro del territorio del rey, sino que viven en tierras distantes. Aun así, son considerados súbditos del rey porque incluso la distancia entre ellos y Dios es Dios. Nada puede ocultar a Dios excepto Dios Mismo. Estos seres humanos se mueven solo en la superficie y carecen de aspiración por lo más profundo. La Torá describe este estado como un doble ocultamiento:

וְאָנֹכִי הַסְתֵּר אַסְתִּיר פָּנַי בַּיּוֹם הַהוּא [...]

(דברים ל"א, י"ח)

> Y ocultaré, ciertamente ocultaré mi rostro ese día [...].
>
> (Deuteronomio, 31:18)

Estos seres padecen de un doble ocultamiento porque tienen un problema y no saben que lo tienen. Además de vivir en la ilusión, no se han percatado de ello. La persona materialista disfruta del avance tecnológico y los beneficios que estos traen, pero sufren porque han descuidado su vida interior. **«Los súbditos que están en el extranjero»** (אשר הם חוץ למדינה) recorren el mundo sin almas; viven lejos de Dios, la Verdad, la vida y ellos mismos.

La vida tiene un aspecto superficial y uno profundo: la materia es el exterior; el espíritu es el interior. Ambos componen una unidad armónica. El materialismo nace del énfasis exagerado en el aspecto superficial. Este desequilibrio es desacorde, disonante y conflictivo.

וַאֲשֶׁר הֵם בַּמְדִינָה אֶלָּא שֶׁאֲחוֹרֵיהֶם אֶל בֵּית הַמֶּלֶךְ, הֵם בַּעֲלֵי אֱמוּנָה וְעִיּוּן, אֶלָּא שֶׁעָלוּ בְיָדָם דֵּעוֹת בִּלְתִּי אֲמִתִּיּוֹת, אִם מִטָּעוּת גְּדוֹלָה שֶׁנָּפַל בְּיָדָם בְּעֵת עִיּוּנָם, אוֹ שֶׁקִּבְּלוּ מִמִּי שֶׁהִטְעָם, וְהֵם לְעוֹלָם, מִפְּנֵי הַדֵּעוֹת הָהֵם, כָּל אֲשֶׁר יֵלְכוּ יוֹסִיפוּ רֹחַק מִבֵּית הַמֶּלֶךְ, וְאֵלּוּ יוֹתֵר רָעִים מִן הָרִאשׁוֹנִים הַרְבֵּה, וְאֵלּוּ הֵם אֲשֶׁר יָבִיא הַצֹּרֶךְ בִּקְצָת הָעִתִּים לְהָרְגָם וְלִמְחוֹת זֵכֶר דֵּעוֹתָם שֶׁלֹּא יַתְעוּ זוּלָתָם.

Los que viven en el país, vueltos de espaldas al palacio del rey, son los que tienen religión, creencias e ideas, pero se apegan a falsas doctrinas, ya sea que las adoptaran por un gran error cometido en su propia indagación, ya sea que las recibieron de otros que los extraviaron. Por haber equivocado el rumbo, se apartan más del palacio del rey, cuanto más caminan. Son estos peores que los de la primera clase, tanto que, en ciertas circunstancias, puede ser necesario sacrificarlos para extirpar sus doctrinas y que no descarríen a otros.

Hay quienes viven en el reino, pero le dan la espalda al rey. Estos son las masas que, aunque se consideran «espirituales», caminan en la dirección equivocada. Han leído o escuchado información deficiente y las verdades parcialmente entendidas pueden hacer más daño que la ignorancia. Creen que están avanzando al leer libros o sitios web, seguir prácticas inventadas por pseudomaestros o asistir a conferencias, cursos o retiros. A pesar de sus esfuerzos, solo logran alejarse más del sendero.

Las palabras del Rambam suenan más relevantes hoy que nunca. En nuestros días, la espiritualidad se ha convertido en un negocio rentable. Muchos son ahora consumidores de una industria de seminarios de autoayuda, cursos de meditación, tantra, *haṭha-yoga*, cristales, chakras, tarot, *śaktipāta*, cábala y demás. Han surgido satsangistas profesionales que se presentan públicamente como iluminados. Viajan con su circo ambulante, poniendo en escena un grotesco espectáculo pseudoespiritual.

Otros confunden las vías de liberación con la psicología y promueven su negocio con eslóganes atractivos como «alcanza la paz interior», «consigue la felicidad», «iluminación instantánea», «*śaktipāta* para el despertar» y demás. Los guías, instructores y profesores de estos métodos son simples mercaderes en busca de compradores. Publican libros para aumentar la clientela de sus centros. Sus estudiantes son clientes y consumidores, no discípulos.

Los principales negocios espirituales, o perversiones de la espiritualidad, giran en torno a la autoayuda, la nueva era, el chamanismo y la magia. Aunque se presentan como vías de desarrollo holístico, su única intención es estimular a las masas a mejorar su rendimiento personal en la competitiva sociedad actual. La Nueva Era es una etiqueta general para una variedad de mercaderías espirituales que van desde el antiguo espiritismo hasta la curación alternativa. La magia abarca astrólogos, clarividentes, psíquicos y adivinos. Los nuevos negocios de la Cábala presentan una versión jocosa de la antigua sabiduría hebrea y cada día aparecen nuevos.

Esta industria es una manifestación de una espiritualidad totalmente pervertida. Disciplinas antiguas como el *haṭha-yoga* han sido deformadas en Occidente, tanto en espíritu como en metodología. Aunque cada instructor lo niegue, lo que originalmente era una vía psicofisiológica y espiritual se ha transformado en una práctica netamente física. En lugar de preparar para la evolución espiritual, el *haṭha-yoga* se practica para mejorar la figura, adelgazar, obtener flexibilidad o reducir el estrés. La meditación ha pasado de ser una puerta hacia la verdadera naturaleza a una práctica para relajarse, bajar la presión arterial, superar la depresión y reducir el insomnio.

Después de unos pocos años de práctica, los aprendices de *haṭha-yoga* se convierten en profesores; ellos a su vez, se apresuran a abrir cursos de formación para nuevos instructores. Los motivos detrás de estas actividades son principalmente financieros. En la antigüedad, los requisitos para que un discípulo recibiera formación espiritual de un maestro eran la compasión, la austeridad y la entrega. Ahora, el único requisito para ser profesor de yoga es dinero.

Como en cualquier industria, los negocios espirituales se rigen por las reglas inherentes a toda competencia comercial. La mayoría de los docentes están muy lejos de vivir de acuerdo con la mercadería que venden. Una gran multitud vive de espaldas a la Verdad, con una ignorancia bien documentada. En la parábola del Rambam, estas personas están muy por debajo del primer grupo que vive en el extranjero. Son peligrosos porque confunden a otros al propagar una actitud errónea hacia la vida espiritual. En lugar de aspirar a conocer al rey, muchos están ocupados construyendo su propio trono.

וְהָרוֹצִים לָבֹא אֶל בֵּית הַמֶּלֶךְ וּלְהִכָּנֵס אֶצְלוֹ אֶלָּא שֶׁלֹּא רָאוּ בֵּית הַמֶּלֶךְ כְּלָל, הֵם הֲמוֹן אַנְשֵׁי הַתּוֹרָה רָצָה לוֹמַר עַמֵּי הָאָרֶץ הָעוֹסְקִים בַּמִּצְווֹת.

Los que anhelan llegar al palacio y penetrar en él, aunque nunca lograron verlo, son la muchedumbre del pueblo religioso, es decir, la gente que observa los mandamientos divinos, pero es ignorante.

Este tercer grupo incluye seguidores y creyentes de religiones institucionalizadas e «ismos» religiosos. Estos practicantes eternos están en cada organización religiosa. El Rambam considera que aquellos que solo se ocupan de los mandamientos y preceptos son simples creyentes fieles, que son ignorantes e incapaces de aceptar el discipulado.

Estos seguidores carecen de autoconfianza por lo que eligen depender de una autoridad externa. En lugar de ser liberados con la ayuda de las escrituras sagradas y sus enseñanzas, se convierten en esclavos de ellas. Viven a través de una especie de esclavitud psicológica, subyugados por libros, mitos y guías. Estancados en prácticas espirituales, no se detienen a evaluar sus metas y aspiraciones. Junto a sus líderes ciegos, constituyen el triste fenómeno de la creencia institucionalizada. Son como los pastores que Nietzsche detesta:

> Con celo y griterío conducían su rebaño, por su propia vereda. ¡Como si no existiera más que una vereda que condujera hacia el futuro! En verdad, también esos pastores formaban parte de las ovejas.
>
> (Friedrich Nietzsche, *Así habló Zarathustra*, «*De los sacerdotes*»)

Estos seguidores son agresivos hacia los demás o hacia sí mismos porque persisten en evadir toda responsabilidad por sus vidas. De esta manera, pueden culpar a la religión por sus fracasos y debilidades. Entre los seguidores, encontramos aquellos que atacan a los gurús: primero ponen a sus maestros en un pedestal, solo para luego demonizarlos. Los seguidores fanáticos operan bajo la ley del péndulo, primero idealizan y luego demonizan. Son como aquellos que idealizaron a Jesús, luego lo crucificaron y finalmente construyeron un marco religioso a su alrededor.

La pasión exterior de los seguidores oculta que no experimentan lo que predican; esta pasión se basa únicamente en creencias dogmáticas. Su capa exterior de fe oculta que recorren el mundo con las manos vacías, porque nunca han visto la morada del rey, ni siquiera desde la distancia. Los seguidores promueven la religión institucionalizada porque su necesidad es más social que espiritual. Son completamente diferentes de los discípulos, que son seres de paz y amor. Los discípulos evolucionan y se desarrollan; los seguidores están atrapados en el fanatismo.

Aunque el Rambam hizo importantes contribuciones a la *halajá*, o el 'sistema legal judío', él no veía la religión solo como tradición o ritual. Dice claramente que la observancia de preceptos, reglas y regulaciones por sí sola no asegura un despertar a nivel de consciencia. Un énfasis exagerado en el ritualismo ciertamente puede afectar la esencia de una experiencia religiosa viva.

וְהַמַּגִּיעִים אֶל הַבַּיִת הַהוֹלְכִים סְבִיבוֹ, הֵם הַתַּלְמוּדִיִּים אֲשֶׁר הֵם מַאֲמִינִים דֵּעוֹת אֲמִתִּיּוֹת מִדֶּרֶךְ קַבָּלָה, וְלוֹמְדִים מַעֲשֵׂה הָעֲבוֹדוֹת, וְלֹא הִרְגִּילוּ בְּעִיּוּן שָׁרְשֵׁי הַתּוֹרָה וְלֹא חָקְרוּ כְּלָל לְאַמֵּת אֱמוּנָה.

Los que llegan al palacio, pero vagan por los alrededores son los grandes eruditos de la religión, quienes creen en principios verdaderos, estudian el culto y ritualismo religioso, sin embargo, no investigan en las raíces de la Torá ni exploran con el fin de verificar su fe.

Si bien es cierto que la religión es un fenómeno único, los seres humanos responden a ella según su nivel de consciencia. La religión se puede dividir en tres principales tipos: instintiva, intelectual y sublime.

La religión instintiva es la más primitiva. Sus seguidores creen en un dios caprichoso y en la capacidad humana para manipular la voluntad divina. Utilizan el ritualismo, la magia y la superstición para obtener beneficios. Hacen ofrendas para apaciguar a sus dioses, creyendo que, si estos están satisfechos, les concederán una buena cosecha o bienes materiales; si no, los dioses desencadenarán desastres naturales como terremotos o inundaciones.

Aún no podemos decir que este nivel se haya superado por completo. Incluso en la actualidad, hay individuos que albergan estas creencias religiosas. La religión primitiva es instintiva y, si los seres humanos continúan percibiendo el mundo instintivamente, seguiremos viendo este enfoque de la religión. Su nivel de consciencia debe desarrollarse más para superar estas manifestaciones espirituales arcaicas.

El siguiente nivel es la religión intelectual, que trasciende la superstición en favor de la teología. Dentro de esta categoría se sitúan los «grandes eruditos de la religión» descritos por el Rambam: los eruditos, doctores y líderes de la religión organizada que están tan ciegos como la multitud de seguidores que guían. Estas religiones solo se basan en información teórica y ejercen poder sobre las masas mediante reglas y regulaciones.

Cada «ismo» posee su propia teología que incluye conclusiones lógicas sobre los deseos, intenciones y planes de Dios, así como explicaciones detalladas sobre la creación, el alma, el pecado, el paraíso y el infierno. Este segundo tipo de religión es el producto de pensamientos humanos sobre lo divino. A diferencia de la magia del tipo instintivo, el tipo intelectual comprende ideas, conceptos, conclusiones y palabras sobre la Verdad. Presenta largas listas de leyes y prohibiciones, pero carece de experiencia trascendental directa. Por lo tanto, esta categoría incluye la religión organizada e institucionalizada. Entre sus características principales están el proselitismo, la predicación, el evangelismo, la propaganda y la publicidad. Sus esfuerzos por convencer a otros insinúan su propia inseguridad sobre lo que predican, dado que su mensaje se basa en teologías que no provienen de una experiencia genuina de la Verdad.

La religión auténtica es el nivel más elevado y la expresión religiosa más refinada. Más que una creencia, es una cualidad del alma. Nace de la experiencia directa y, por lo tanto, trasciende tradiciones, organizaciones y teologías. No se esfuerza por evangelizar, sino por compartir una experiencia. Enfatiza la paz, el amor, la compasión y la dicha, en lugar de intimidar a sus seguidores con el pecado, la condenación y el infierno.

«...ni exploran con el fin de verificar su fe». La información que ofrecen los eruditos religiosos carece de valor existencial. Sus sermones no nos nutren, porque, al igual que la comida chatarra, carecen de cualquier beneficio nutricional. La buena memoria de estos estudiosos les ayuda a documentar mejor su propia ignorancia. Explican lo que desconocen y describen lo que nunca han visto. No transmiten experiencia directa a sus seguidores, sino que entregan información teórica de segunda mano tomada de otros. No tienen nada más que palabras para ofrecer a sus congregaciones.

Tales líderes y sus seguidores deambulan alrededor de los muros de la morada del rey, flotando en la superficie de la existencia. Sus vidas transcurren en las sombras de la superficie, sin sumergirse jamás en lo profundo de sí mismos. Los líderes de las religiones organizadas no han evaluado sus propios mensajes e intenciones. Aunque su vestimenta tradicional, teologías, creencias y escrituras pueden variar, en esencia son exactamente lo mismo. Son variaciones del mismo fenómeno con términos y rituales aparentemente diferentes. Algunos dicen que todas las religiones comparten la misma esencia y conducen al mismo fin. Pero en el caso de la religión organizada, no hay duda de que todos los «ismos» religiosos son idénticos y no conducen a ninguna parte.

Resulta extraño que los títulos de estos líderes religiosos, tales como «Su Divina Gracia», «Su Santidad» o «El gran *tzadik* o *gaón*», son mucho más largos que el nombre de aquel a quien dicen representar: Dios. Se esfuerzan más por memorizar versos y *slokas* que por comprender su verdadero significado. Creen que agregar ovejas al rebaño de sus organizaciones es una tarea muy auspiciosa. De hecho, este trabajo de evangelización y prédica solo contribuye a difundir la ignorancia. La literatura sagrada no se entiende memorizándola, sino experimentando lo que describe. El conocimiento obtenido solo de libros no es espiritual, dado que la sabiduría solo se origina en el despertar de la consciencia.

Si bien es cierto que, por su amor infinito, Dios creó al hombre a Su imagen y semejanza, el ser humano también creó dioses a su propia imagen y semejanza: desde su egoísmo, soledad, miseria, orgullo y miedo. La humanidad ha inventado innumerables rituales, ceremonias, tradiciones, dogmas, mitos y creencias, que se enseñan y practican en iglesias, mezquitas, templos y sinagogas. La motivación ha sido escapar del miedo, crear una sensación de seguridad, obtener consuelo y aliviar la incertidumbre. Una vez que la humanidad se convenció de que estas consolaciones espirituales eran significativas, se aferró a ellas y las etiquetó como «sagradas». Sin embargo, la inseguridad y el miedo solo pueden superarse mediante la aceptación, no el consuelo; mediante la observación, no la creencia.

Claramente, un dios inventado es profano. El dogmatismo organizado ha transformado la religión en autohipnosis. A menos que uno trascienda este condicionamiento, con el temor y el sufrimiento que este implica, es imposible percibir algo divino. Revelar lo que es real y reconocer la consciencia es posible solo desde la observación atenta de nuestro condicionamiento, creencias y conclusiones. Sin ir más allá de este condicionamiento, no hay paz, solo una idea de paz; sin acceder a la paz, es imposible acariciar lo sagrado.

Nuestras creencias inventadas nos encarcelan en una celda sin cerradura. Si no salimos, es porque estamos apegados al sentido de seguridad y consuelo que estas nos brindan. Muchas personas religiosas se aferran a sus creencias por miedo a lo desconocido. Tratan de huir de la inseguridad en sus corazones. Confunden la verdadera religión con tradiciones, creencias, rituales, ceremonias y dogmas que restringen su libertad e idiotizan sus mentes.

Claramente, si no somos libres, es imposible observar y acceder a la Verdad. Si nuestra búsqueda emana de lo que nos han adoctrinado, no estamos buscando la Verdad, sino ideas y creencias. La paradoja es que nuestras creencias impiden nuestra búsqueda de la Verdad. Nuestra religiosidad con sus dios-ideas nos mantiene alejados de lo que es real. Nos dirigen hacia la búsqueda de nuestras creencias imaginarias y no de la Verdad. Cegados por lo que creemos que es, no podemos descubrir lo que realmente es.

El Rambam continúa refiriéndose a la parábola:

אֵלֶּה שֶׁהֶעֱמִיקוּ לְעַיֵּן בְּעִקְרוֹנוֹת הַדָּת נִכְנְסוּ לַפְּרוֹזְדוֹר. הָאֲנָשִׁים שָׁם לְלֹא סָפֵק בְּדַרְגּוֹת שׁוֹנוֹת. מִי שֶׁיֵּשׁ לוֹ הוֹכָחָה מוֹפְתִית לְכָל מַה שֶׁהוּכַח בְּהוֹכָחָה מוֹפְתִית וְיוֹדֵעַ יְדִיעָה וַדָּאִית אֶת כָּל מַה שֶׁאֶפְשָׁר לָדַעַת יְדִיעָה וַדָּאִית מֵהַדְּבָרִים הָאֱלוֹהִיִּים, וְהוּא קָרוֹב לְוַדָּאוּת בְּמַה שֶׁבּוֹ אֶפְשָׁר רַק לְהִתְקָרֵב לְוַדָּאוּת – הוּא עִם הַמֶּלֶךְ בְּתוֹךְ הַבַּיִת.

Aquellos que profundizaron en la investigación de los principios de la religión entraron en los pasillos. Sin lugar a duda, las personas que están allí también pueden dividirse en diferentes grados. El que tiene una prueba ejemplar de todo lo que se probó con una prueba ejemplar, y conoce con certeza todo lo que se puede saber con certeza de los asuntos divinos, y está cerca de la certeza de aquello que

solo es posible acercarse con certeza: él está con el rey dentro de la casa.

Solo los verdaderos buscadores tienen acceso al palacio interior. Una búsqueda auténtica de la realidad última no nace de una curiosidad infantil. Es mucho más que un interés por leer libros, ir a un retiro o asistir a conferencias. Va más allá de tomar unos pocos cursos y correr a enseñar. Como mencioné anteriormente, los seguidores religiosos se aferran a sus creencias por comodidad y para escapar de sus miedos, mientras que los verdaderos buscadores están dispuestos a renunciar a todo por la Verdad. Como dice David, cuando estaba en el desierto:

אֱלֹהִים אֵלִי אַתָּה אֲשַׁחֲרֶךָּ צָמְאָה לְךָ נַפְשִׁי כָּמַהּ לְךָ בְשָׂרִי בְּאֶרֶץ־צִיָּה וְעָיֵף בְּלִי־מָיִם:
(תהילים ס"ג, ב')

Oh, Dios, tú eres mi Dios, sinceramente te buscaré; Mi alma tiene sed de Ti, mi carne te anhela, en una tierra seca y cansada, donde no hay agua.

(Salmos, 63:2)

Hace muchos años en la India, un anciano swami me contó la siguiente historia. Creo que ilustra bien esta idea:

Un joven discípulo se acercó a su maestro espiritual y le ofreció sus humildes reverencias. Después de unos momentos de respetuoso silencio, dijo:

—«Amado maestro, ejecuto mis prácticas espirituales diariamente, pero nada sucede. Me gustaría saber qué necesito para realizar a Dios».

El sabio anciano le dijo:

—«Sígueme y te mostraré lo que necesitas para realizar a Dios...».

Fueron a un río cercano y el maestro entró en el agua. Luego llamó a su discípulo:

—«Ven, te mostraré lo que necesitas para realizar a Dios...».

El joven discípulo entró en el río lleno de expectativas. Cuando alcanzó cierta profundidad, el maestro le empujó los hombros y lo sumergió. El discípulo intentó liberarse, pero el maestro lo mantuvo firmemente bajo el agua. Pasados unos momentos, que parecieron una eternidad para el joven discípulo, el maestro lo soltó. Cuando el discípulo recuperó el aliento, el maestro le preguntó:

—«Cuando te encontrabas bajo el agua, ¿cuál era tu principal deseo?».

Sin dudarlo, el joven discípulo respondió:

—«Solo una cosa: respirar. Solo quería aire...».

El gurú preguntó:

—«En ese momento, ¿no habrías preferido dinero, fama, una familia, riquezas, poder, placeres, dulces, helados o pasteles?».

El discípulo respondió tajantemente:

—«No señor, solo necesitaba respirar, únicamente quería aire y nada más...».

Entonces el maestro espiritual dijo:

—«Eso es lo que necesitas para la iluminación. Cuando tu deseo por Dios sea tan intenso como tu deseo de aire mientras estabas bajo el agua, cuando Dios sea tu única aspiración día y noche, entonces sin duda realizarás a Dios».

En nuestra generación, el entretenimiento juega un papel importante en nuestras vidas. La mayoría de las personas buscan distracciones nuevas y más sofisticadas en televisores, ordenadores o teléfonos móviles. Muchos confunden la búsqueda espiritual con otro tipo de recreación o pasatiempo. En nuestra sociedad de consumo, muchos han convertido la vida espiritual en un trabajo o negocio. Se ofrecen retiros de meditación en hoteles lujosos, cursos de yoga en lugares exóticos y fines de semana de tai chi en destinos veraniegos. Resulta difícil distinguir si esta mercancía es conocimiento o turismo.

La calidad de nuestra búsqueda dependerá de la motivación que nos impulse a seguir el sendero del alma. Si queremos entretenimiento, diversión, ingresos o amigos, nuestra búsqueda espiritual se limitará a recibir información, pero no a experimentar una verdadera transformación.

Para muchos, la vida religiosa es solo otra máscara. Sus esfuerzos por trascender el ego son un disfraz. Solo una investigación que surge de una necesidad vital no cesará hasta que la realidad se revele. Solo una búsqueda existencial puede llevar a la Luz.

Una exploración basada solo en la lógica será infructuosa. Como los sofistas, podríamos argumentar a favor o en contra de cada postulado. Por otro lado, los buscadores sinceros, intuyendo lo trascendental, se preguntan, como Unamuno en su libro *Del sentimiento trágico de la vida*: «¿Es solo verdadero lo racional? ¿No habrá una realidad inasequible por su naturaleza a la razón y acaso opuesta a ella?».

Mientras no podamos trascender el nivel mental, saturado de ideas, conceptos, conclusiones, teorías racionales e hipótesis lógicas, solo estableceremos escuelas de pensamiento. Si la demanda de verdad es insuficiente, dará lugar a nuevas doctrinas filosóficas. Solo una auténtica sed de Verdad conducirá a una visión reveladora de la realidad que trasciende el pensamiento.

Hay tanta soledad, dolor y miseria en el mundo, que, bajo el nombre de Verdad, nos aventuramos a aniquilar nuestro sufrimiento. Sin embargo, tal verdad solo será lo opuesto al dolor. Buscar la dicha a partir de nuestra miseria es como casarse por miedo a la soledad: no puede ser una aspiración sincera de Verdad. Es una continuación de nuestra búsqueda de dinero, fama, sexo y alivio. De hecho, disfrazados de buscadores, solo estamos tratando de resolver problemas y escapar de dificultades. Buscar la Verdad con la esperanza de resolver nuestros problemas es un acto evasivo, carente de verdadera comprensión y consciencia. Mientras estamos ocupados escapando, no podemos encontrar nada real.

Meditativamente atentos, situados en el presente, la Verdad se revelará en cada acción. Por ejemplo, el yoga de la acción, o karma yoga, enseña que la Verdad o Dios no se busca a través de la acción, sino en la acción misma. *Pirkei Avót* nos dice que la recompensa por una *mitzvá* (precepto) es la *mitzvá* misma. Porque la acción realizada con una actitud «solucionista» carece de entendimiento y valor; es solo un medio direccionalizado a la recompensa o el resultado. Creemos que al servir, meditar o amar, alcanzaremos la Verdad. Sin embargo, el amor, el servicio y la meditación pierden todo su valor cuando los convertimos en medios para un fin.

Artículo 6: La parábola del palacio interior

El misterio de lo desconocido no se busca de la misma manera que buscamos dinero, fama o sexo. La mente no puede buscar nada desconocido para ella. Solo puede aspirar a lo que puede proyectar, basado en lo que ya conoce. Al intentar pensar en Dios, necesariamente estaremos tratando con una proyección mental creada por nuestras tradiciones y condicionamientos. Pensar en la Verdad es una herencia cultural de nuestra sociedad. La Verdad no acepta objetualización y, por ende, no se puede buscar ni encontrar; una vez encontrada, pierde su vitalidad.

En esta vida, la consciencia es lo único imposible de definir, pero imposible de ignorar. Como entidades egoicas, somos ilusiones. Las entidades falsas no pueden perseguir lo que es real o auténtico. La Verdad puede revelarse en un instante libre de memoria y pasado. No podemos buscar, lograr, alcanzar o saber la Verdad: solo podemos serla. La Verdad no se puede perseguir, solo encontrar. Se revela cuando cesa la búsqueda. Al dejar de perseguir nuestras proyecciones mentales de la Verdad, nos damos cuenta de que estamos iluminados. De repente, notamos que somos lo que ambicionábamos.

Esto lo expresa el Maestro Kokuán:

> La mediocridad ha desaparecido. La mente está libre de limitaciones. No busco un estado de iluminación. Tampoco permanezco donde no existe la iluminación. Como no me quedo en ninguna condición, los ojos no pueden verme. Si cientos de pájaros cubrieran mi camino con flores, tal alabanza no tendría sentido.
>
> (*Los Diez Toros del Zen*, verso 8)

Obviamente, no podemos encontrar la Verdad buscándola, pero si no buscamos, jamás encontraremos. En lugar de recomendar una investigación filosófica intelectual, sugiero indagar en la naturaleza de la investigación misma.

Muchos confunden el retiro por la búsqueda interior con un egoísmo extremo. No obstante, cabe acotar que, al examinar nuestra propia consciencia, no estamos investigando lo personal, sino lo universal, porque la investigación en sí misma constituye la evaporación de toda diferencia. Con la observación, se derrumban las paredes que demarcan nuestra supuesta personalidad independiente. Claramente, lo intuido más allá de los dominios mentales no puede definirse con palabras. Sin embargo, no debemos frustrarnos por las limitaciones de las palabras, porque puede ser que lo indecible sea justamente lo que estamos buscando.

«Aquellos que profundizaron en la investigación de los principios de la religión entraron en los pasillos». El Rambam habla de aquellos que cumplen con sus obligaciones religiosas y sus líderes que conocen los libros sagrados. Cumplir con los preceptos religiosos de la *halajá* no es suficiente para entrar en los pasillos. Es imprescindible cuestionar los principios de la religión y nuestros conocimientos librescos. El significado etimológico del término *religión* es 'reconectar' o 'religar'. La religión no es solo un cúmulo de rituales, ceremonias y dogmas, sino una experiencia interior; es reunir nuestras energías dispersas para enfocarlas en la Verdad.

Para explorar los principios mismos de la religión, debemos investigar al investigador mismo. Esto es un llamado a evaluar lo que significa ser religioso. Para reconocer a un ser religioso, es importante explorar claramente los motivos que impulsan a diferentes mentes. Por supuesto, cada mente desarrolla sus propias motivaciones: sexo, honor, fama, respeto o riquezas. La mente es la memoria y el condicionamiento que hemos recibido de generaciones pasadas. Esto incluye cultura, dogmas, creencias, tradiciones y demás. La mente no es un objeto sólido, sino una actividad: consiste en pensamientos, esperanzas, aspiraciones, anhelos, ambiciones, pretensiones, codicia y deseos. Si intentamos entender lo que es un ser religioso a través de nuestra mente condicionada, obtendremos respuestas incompletas. Una mente religiosa solo puede entenderse desde la percepción de la actividad mental misma.

Obviamente, es imposible llevar a cabo una investigación real sin libertad. Una mente sobrecargada de dogmas y conclusiones carece de la claridad necesaria para observar. Una mente musulmana verá la vida basada en el Corán. Una mente cristiana verá la vida desde la perspectiva del Nuevo Testamento y el mensaje de los apóstoles. Una mente condicionada por la tradición y la cultura ya sea judía, budista, hindú o jainista, no puede observar la actividad mental libremente. Si proyectamos nuestro contenido mental, la observación se verá empañada por creencias y tradiciones.

Para distinguir lo aparente de lo real, debemos distanciarnos de nuestros papas, obispos, rabinos, gurús y sus interpretaciones de los libros sagrados. Para descubrir lo ilusorio, necesitamos una ausencia total de apegos religiosos, ideológicos y culturales. Solo entonces será posible desvelar lo que la mente humana ha inventado en nombre de la religión para huir de sus miedos, deseos, confusiones, inseguridades y sufrimientos. Los seres temerosos, confundidos e inseguros que solo buscan placer no pueden ser realmente religiosos. No buscan la Verdad, sino evitar el miedo y escapar del dolor. Aquellos que buscan placer no persiguen lo divino y sagrado; están ansiosos por los placeres sensoriales. Tales seres pierden su cualidad religiosa porque estas aspiraciones nutren el fenómeno egoico.

Por supuesto, no hay nada de malo en disfrutar de lo que la vida ofrece aquí y ahora, como un amanecer o un atardecer junto al mar. Es el esfuerzo por repetir experiencias placenteras lo que nos arrebata nuestra cualidad religiosa. Para acceder a nuestra verdadera naturaleza religiosa, debemos trascender el sufrimiento y la angustia.

Los seres humanos ignoran cómo deshacerse del sufrimiento. Su dolor inevitablemente los lleva a huir del miedo y a buscar el placer. La religión organizada ha tratado de resolver este problema prometiendo el paraíso después de la muerte. Sin embargo, el sufrimiento forma parte de la naturaleza humana; no es una experiencia privada o personal. En cambio, necesitamos identificar cómo se expresa el dolor de la humanidad en nosotros. Se trata de reconocerlo como una experiencia colectiva, dado que, sin reconocerlo, es imposible realizar la naturaleza religiosa.

Asimismo, debemos identificar el miedo, no como una experiencia personal, sino como un fenómeno humano. Observando, notaremos que el tiempo es el origen del miedo y, por lo tanto, de la actividad mental. Buscamos erróneamente la causa de nuestro dolor para eliminarlo. Pero si nos enfocamos en la razón específica de nuestro miedo, violencia o sufrimiento, reforzamos el fenómeno egoico y la observación pierde claridad. Nos han enseñado que debemos enfrentar, rechazar o controlar el miedo y el sufrimiento identificando sus causas y tratando de eliminarlas. Pero si destruimos una causa, la solución será temporal, y el sufrimiento regresará. Solo dejando de lado las razones y observando el sufrimiento en sí mismo, nos percatamos de que no es algo distinto de nosotros. La observación nos revela que la experiencia no es diferente del experimentador; lo observado no es diferente del observador.

Solo trascendiendo el miedo podemos tener una visión clara. Entonces, captamos que la búsqueda del placer o el disfrute no tiene relación alguna con el amor. Entenderemos que la meditación no puede ser para escapar de algo o perseguir una meta. Solo investigando, constataremos las limitaciones de una mente condicionada y despertaremos a una observación que trasciende el pensamiento. Explorando, identificaremos las limitaciones mentales y surgirá la observación trascendental al pensamiento.

Cuando profundizamos en los principios de la religión, entramos en los corredores internos del palacio del rey, es decir, en los corredores dentro de nosotros.

וְהַכֹּהֲנִים וְהָעָם הָעוֹמְדִים בָּעֲזָרָה, כְּשֶׁהָיוּ שׁוֹמְעִים שֵׁם הַמְפֹרָשׁ שֶׁהוּא יוֹצֵא מִפִּי כֹּהֵן גָּדוֹל, הָיוּ כּוֹרְעִים וּמִשְׁתַּחֲוִים וְנוֹפְלִים עַל פְּנֵיהֶם, וְאוֹמְרִים: "בָּרוּךְ שֵׁם כְּבוֹד מַלְכוּתוֹ לְעוֹלָם וָעֶד".

(משנה, יומא, ו', ב')

Y los sacerdotes y el pueblo que estaban en el patio del Templo, cuando oían el Nombre Explícito que salía de la boca del Sumo Sacerdote, se inclinaban, se postraban, caían sobre sus rostros (*pneihem*) y decían: «Bendito sea el nombre de la gloria de Su reino por los siglos de los siglos».

(*Mishná*, «*Yoma*», 6.2)

La palabra hebrea *paním* (פָּנִים), o 'rostro', según los sabios de la antigüedad, es intercambiable con *pnim* (פְּנִים), o 'interior'. Así, «caían sobre sus rostros» también significa «caían sobre sus rostros internos» (ונופלים על פניהם) - *noflím al pneihém*. Similarmente, la meditación consiste en dejarse caer en las profundidades de nuestro interior, como lo explicó el Alter Rebe en *Likkutei Amarím*, también llamado *Tania*:

"לְךָ אָמַר לִבִּי בַּקְּשׁוּ פָנָי" (תהילים כ"ז, ח'). פֵּרוּשׁ: בַּקְּשׁוּ פְּנִימִית הַלֵּב.
(ספר התניא, חלק ד', אגרת הקודש, ד')

> Mi corazón dijo en tu nombre: «Buscad mi rostro (*panai*)», (Salmos, 27:8) que significa: «Busca el interior (*pnimiyut*) del corazón».
>
> (*Tania*, parte 4, *Iggeret HaKodesh*, 4)

La meditación no consiste en hacer algo, sino simplemente en permitirnos caer en las profundidades de nuestro interior. El verso utiliza el plural *pneihém*, o 'interiores', porque cada uno de nosotros poseemos familias e historias muy distintas y, por ende, nuestros propios corredores. Sin embargo, el mismo puerto nos espera a todos.

En el mundo objetual de nombres y formas, valoramos lo que se enseña, se aprende y se memoriza, porque en el plano fenoménico, la única manera de conocer algo es adquiriendo información. Sin embargo, en el plano interior, solo nuestra propia experiencia directa tiene valor. La religión es nuestro mundo interno, por lo tanto, es imposible enseñarla. Podemos aprender ciertas palabras y memorizar oraciones, pero es imposible enseñar o aprender a orar. Enseñar o estudiar religión es tan absurdo como enseñar a amar. Orar, adorar o meditar son formas de amar. Dios es lo desconocido, por lo que es imposible acceder a Dios mediante rituales y teologías conocidas. La religión no es una doctrina o disciplina, sino una búsqueda. Se necesita una transformación completa para penetrar en la religión. Una mente que es un almacén de dogmas, tradiciones y creencias debe convertirse en un lago tranquilo que refleje la luna llena de la Verdad.

«El que tiene una prueba ejemplar de todo lo que se probó con una prueba ejemplar, y conoce con certeza todo lo que se puede saber con certeza de los asuntos divinos...».

La confusión entre conocimiento y sabiduría ha sido una gran desgracia para la humanidad. El conocimiento se puede adquirir de profesores, libros, retiros, cursos y conferencias, pero la sabiduría es una revelación. El conocimiento proviene del pensamiento, mientras que la sabiduría nace de la consciencia. El conocimiento informa mientras que la sabiduría transforma.

El conocimiento conlleva ansiedad porque la mente es insaciable y siempre busca acumular y atesorar. La sabiduría, en cambio, trae paz y contento. El ego se llena de orgullo por acumular conocimiento hasta que se torna insoportable; se engorda, se expande y se infla como un globo, pero siempre sufre porque este mundo tiene muchas agujas. Por el contrario, la sabiduría atenta contra la existencia misma del fenómeno egoico. El conocimiento es de la mente; la sabiduría es de la consciencia. El conocimiento está relacionado con la memoria y, por ende, es pasado; consiste en información almacenada y está confinada dentro del marco del tiempo. La sabiduría pertenece al ahora, al presente; corresponde a la eternidad.

A través del conocimiento nos percatamos de las diferencias, pero por medio de la sabiduría despertamos a la realidad indivisa. El conocimiento desintegra, separa y divide, mientras que la sabiduría lleva a lo Uno sin segundo. El conocimiento nos ayuda a comprender, mientras que la sabiduría nos da acceso a la realidad que trasciende toda comprensión. Para los conocedores, la materia y el espíritu son totalmente diferentes. Para los sabios, la materia es el aspecto externo del espíritu y el espíritu es el corazón interior de la materia.

El conocimiento que está desconectado de la sabiduría nos limita. Nos lleva a nuevas tecnologías, pero no a la sabiduría para usarlas adecuadamente. Conocemos sobre la energía atómica, pero la hemos utilizado para crear bombas. Otro triste ejemplo es el internet, un gran fruto del conocimiento en un mundo carente de sabiduría. El conocimiento puede ser necesario, pero también puede ser peligroso si se pone al servicio de nuestra codicia y orgullo. El lugar adecuado del conocimiento es servir como base para el desarrollo de la sabiduría. El conocimiento es necesario y beneficioso en la realidad fenoménica, pero es un obstáculo si lo aplicamos a nuestro mundo interior. Los seres humanos han estado atrapados en este ciclo durante mucho tiempo, lo que limita su libertad. El Rambam dice que debemos estudiar todo lo que sea posible entender, pero deja claro que nuestra capacidad de comprensión tiene un límite. Para descubrir lo eterno, debemos liberarnos de todo conocimiento.

וְדַע בְּנִי שֶׁאַתָּה כָּל עוֹד שֶׁתִּתְעַסֵּק בַּחָכְמוֹת הַלִּמּוּדִיּוֹת וּבִמְלֶאכֶת הַהִגָּיוֹן, אַתָּה מִכַּת הַמִּתְהַלְּכִים סְבִיב הַבַּיִת לְבַקֵּשׁ הַשַּׁעַר, כְּמוֹ שֶׁאָמְרוּ רַבּוֹתֵינוּ זִכְרוֹנָם לִבְרָכָה עַל צַד הַמָּשָׁל, עֲדַיִן בֶּן זוֹמָא מִבַּחוּץ, וּכְשֶׁתָּבִין הָעִנְיָנִים הַטִּבְעִיִּים, כְּבָר נִכְנַסְתָּ בִּפְרוֹזְדוֹר הַבַּיִת, וּכְשֶׁתַּשְׁלִים הַטִּבְעִיּוֹת וְתָבִין הָאֱלֹהִיּוֹת, כְּבָר נִכְנַסְתָּ עִם הַמֶּלֶךְ אֶל הֶחָצֵר הַפְּנִימִית וְאַתָּה עִמּוֹ בְּבַיִת אֶחָד, וְזֹאת הִיא מַדְרֵגַת הַחֲכָמִים, וְהֵם חֲלוּקֵי הַשְּׁלֵמוּת.

Hijo mío, sabe que mientras te dediques a estudiar las ciencias matemáticas y la lógica, eres de los que dan vueltas alrededor del palacio en busca de la puerta. Así, nuestros sabios usan figurativamente la frase: «Ben-zoma todavía está afuera». Cuando entiendes la física, has entrado en la sala; y cuando domines la metafísica, después de completar el estudio de la filosofía natural, habrás entrado en la Corte más interna, y estarás con el rey en el mismo palacio. Habrás alcanzado el nivel de los hombres sabios, que incluyen hombres de diferentes grados de perfección.

Con una actitud inclusiva, el Rambam habla en términos universales. Sus enseñanzas no están limitadas a una nación, raza, grupo o institución religiosa en particular. Para él, la entrada a la casa del rey no está reservada para cierto grupo, sino que está abierta a toda la humanidad. La iluminación no pertenece a un club espiritual exclusivo. Por ejemplo, vemos que en su famosa *Mishné Torá*, en el *Sefer HaMaddá* (*El libro del conocimiento*), se refiere a la iluminación de la siguiente manera:

מִיסוֹדֵי הַדָּת לֵידַע שֶׁהָאֵל מְנַבֵּא אֶת בְּנֵי הָאָדָם.
(משנה תורה, ספר המדע, הלכות יסודי התורה, ז', א')

Está en los cimientos de la religión reconocer que Dios otorga la profecía a los seres humanos.
(*Mishné Torá*, «*Sefer HaMaddá*», «*Los fundamentos de la Torá*», 7.1)

El acceso a la autorrealización no está determinado por nuestras creencias, sino por nuestro potencial espiritual. Incluso entre aquellos que han logrado ingresar a la morada del rey, vemos diferentes niveles. Según el Rambam, lo que es posible entender es limitado. Solo aquellos que trascienden la comprensión intelectual pueden entrar.

El término *metafísica* proviene del griego y significa 'más allá de lo físico'. Esta es la rama de la filosofía que trata los principios fundamentales de nuestra realidad. Se enfoca en aclarar la base de nuestra comprensión del universo, como la identidad, la existencia, el Ser, el tiempo y el espacio. Para Immanuel Kant, las afirmaciones metafísicas constituyen juicios sintéticos *a priori* que están más allá de toda experiencia sensorial humana. Para él, la metafísica es una necesidad inevitable del ser humano. Arthur Schopenhauer se refirió al ser humano como un «animal metafísico».

La mente humana es parte de lo físico. Por lo tanto, todas nuestras creencias inventadas no son parte de la metafísica. También podemos ver la opinión del Rambam examinando su *Tratado de la resurrección*:

רָאִינוּ שֶׁאֵין מִן הַדִּין לָכֵוּן לְמָה שֶׁנִּרְצָהוּ, כְּלוֹמַר לְבָאֵר וּלְקָרֵב סְעִפֵּי הַדָּת, וּלְהַנִּיחַ שָׁרָשָׁיו נֶעֱזָבִים, שֶׁלֹּא אֲבָאֲרֵם וְלֹא אִישִׁיר אֶל אֲמִתָּתָם. וְכָל שֶׁכֵּן שֶׁכְּבָר פָּגַשְׁנוּ אָדָם שֶׁהָיָה נֶחְשָׁב מֵחַכְמֵי יִשְׂרָאֵל, וְחַי ה', יוֹדֵעַ הָיָה דֶּרֶךְ הֲלָכָה, וְנָשָׂא וְנָתַן בְּמִלְחַמְתָּהּ שֶׁל תּוֹרָה כְּפִי מַחְשַׁבְתּוֹ מִנְּעוּרָיו, וְהוּא הָיָה מְסֻפָּק אִם ה' גֶּשֶׁם בַּעַל עַיִן וְיָד וְרֶגֶל וּבְנֵי מֵעַיִם, כְּמוֹ שֶׁבָּא בַּפְּסוּקִים, אוֹ אֵינוֹ גוּף [...]. רָאִינוּ שֶׁצָּרִיךְ לָנוּ לְבָאֵר בְּחִבּוּרֵינוּ הַתַּלְמוּדִיִּים עִקָּרִים תּוֹרִיִּים עַל צַד הַסִּפּוּר, לֹא עַל צַד הָבִיא רְאָיָה, כִּי הֲבָאַת הָרְאָיָה עַל הַשָּׁרָשִׁים הָהֵם צְרִיכָה לִמְהִירוּת בְּחָכְמוֹת רַבּוֹת, לֹא יָדְעוּ הַתַּלְמוּדִיִּים דָּבָר מֵהֶן, כְּמוֹ שֶׁבֵּאַרְנוּ בְּ'מוֹרֵה הַנְּבוֹכִים', וּבָחַרְנוּ לִהְיוֹת הָאֲמִתּוֹת מְקֻבָּלוֹת אֵצֶל הֶהָמוֹן לְפָחוֹת.

(רמב"ם, איגרת תחיית־המתים)

Comprendimos que no sería adecuado apuntar a lo que queríamos inicialmente, es decir, aclarar y hacer accesibles los detalles de la religión (las *mitzvót*), dejando al mismo tiempo sin explicar sus raíces, sin apuntar a su verdad. Especialmente, cuando ya nos hemos encontrado con una persona que era considerada, de los sabios de Israel, y, que Dios sea mi testigo, estaba bien versado en los caminos de la *halajá*, y estudiaba la Torá según sus conceptos desde joven. Y tenía la duda de si Dios es material, poseyendo ojos, manos, pies e intestinos, como aparece en los versículos, o si es incorpóreo. Así pues, comprendimos que debíamos explicar en nuestros escritos talmúdicos los principios fundamentales de la Torá de una forma narrativa [sencilla], sin aportar pruebas, porque aportar pruebas para esas raíces requiere maestría en muchas disciplinas de las que los talmudistas no saben nada, como explicamos en la *Guía de los Perplejos*. Por lo tanto, preferimos que las verdades sean, al menos, aceptables por las masas.

(Rambam, *Iggeret Tejiyat HaMetim*, o '*Tratado sobre la Resurrección*')

Aquellos que viven enfocados solo en la realidad física deambulan alrededor del palacio sin acercarse al centro. Para ingresar en la morada real, debemos penetrar en lo profundo de nuestro interior. La metafísica es imprescindible para despertar y comprender que el fundamento de la realidad objetual es la consciencia. Moviéndonos solo en la objetualidad superficial, nunca sabremos del silencio, la paz y el amor. Si solo somos conscientes de la apariencia dual externa de la vida, permaneceremos inconscientes de nuestra verdadera identidad.

«... **y cuando domines la metafísica, después de completar el estudio de la filosofía natural, habrás entrado en la Corte más interna, y estarás con el rey en el mismo palacio. Habrás alcanzado el nivel de los hombres sabios, que incluyen hombres de diferentes grados de perfección**».
El acceso al jardín interior del rey trasciende tanto lo físico como lo metafísico y conduce a la iluminación. Desde nuestra experiencia sensorial, nos percibimos como seres confinados, como formas en

el espacio y el tiempo. Observándonos a través de una mente y sentidos, creemos que somos criaturas limitadas. Nuestra ilusoria autopercepción suscita una sensación de carencia. De allí nace nuestra profunda amargura y desesperados esfuerzos por evadirla. Al despertarnos a la realidad de quiénes somos, caen las divisiones en los niveles macrocósmico y microcósmico, entre materia y espíritu. Se revela una única naturaleza detrás de una realidad aparente y temporal.

אֲבָל מִי שֶׁהֶעֱסִיק מַחְשַׁבְתּוֹ אַחַר שְׁלֵמוּתוֹ בָּאֱלֹוהִיּוֹת, וְנָטָה כֻּלּוֹ אֶל ה' יִתְרוֹמֵם וְיִתְהַדָּר, וְהוּא מְפַנֶּה מַחְשַׁבְתּוֹ מִזּוּלָתוֹ, וְשָׂם כָּל פְּעֻלּוֹת שִׂכְלוֹ בַּחֲקִירַת הַנִּמְצָאִים כְּדֵי לִלְמֹד מֵהֶם עָלָיו, שֶׁיֵּדַע הַנְהָגָתוֹ אוֹתָם בְּאֵיזֶה אֹפֶן אֶפְשָׁרִית לִהְיוֹת, הֲרֵי אֵלֶּה הֵם אֲשֶׁר נִמְשְׁלוּ בְּמוֹשַׁב הַמֶּלֶךְ, וְזוֹ הִיא דַּרְגַּת הַנְּבִיאִים.

Pero quienes estudiaron profundamente la metafísica, dirigiéndose por completo hacia Dios, vaciándose de toda objetualidad (והוא מפנה מחשבתו מזולתו), dirigiendo toda actividad cognitiva a la investigación de la realidad para percibirla y realizarla existencialmente son los que entran al palacio del rey y constituyen el nivel de los profetas.

Cualquier estudio metafísico revela la necesidad de trascender el pensamiento. Sin ir más allá de la mente, reconocer la consciencia pura es imposible. A través del estudio de la física y la metafísica, elevamos la capacidad intelectual a su máximo. Superar el pensamiento significa elevarnos por encima de la mente, no rebajarnos por debajo de ella. Una vez que estudiamos todo lo que se puede estudiar, podemos salir de la jaula mental. Solo cuando llegamos al borde del acantilado no queda otra alternativa más que desplegar nuestras alas y volar. Una historia que escuché de un *sādhu*, un santo hindú, en Rishikesh, ilustra este punto:

Un rey recibió un fino regalo de dos halcones preciosos. El monarca entregó ambas criaturas a una cetrería para ser entrenados.

Artículo 6: La parábola del palacio interior

Después de algún tiempo, el maestro de la cetrería informó al rey que uno de los halcones estaba volando majestuosamente en las alturas, pero el otro no se había movido de su rama desde que llegó. El monarca ordenó que se llamara a varios expertos de su reino para ver si podían encontrar una solución; sin embargo, ninguno de ellos fue capaz de hacer volar al ave.

El rey llamó a algunos de sus consejeros más sabios. Grande fue su frustración al ver que nadie podía hacer que el pájaro dejara su rama y volara.

Uno de sus consejeros le dijo que quizás lo mejor sería encontrar a alguien más acostumbrado a una vida en contacto con la naturaleza para resolver un problema como este.

El rey dio la orden de buscar en su reino a un campesino que pudiera hacer algo al respecto.

Una mañana el rey se sorprendió al mirar por su ventana y ver que sus dos halcones estaban volando muy alto, y dijo inmediatamente:

—«¿Quién ha conseguido esto?».

«Un campesino, su majestad».

El monarca ordenó:

—«Traedme a este héroe de inmediato».

El simple campesino fue llevado a la presencia del rey, quien le agradeció por sus esfuerzos y le preguntó:

—«Entonces, buen hombre, ¿podrías decirme cómo lograste convencer a ese halcón que volara?"

A lo que el campesino respondió:

—«Simplemente saqué mis herramientas y corté la rama sobre la cual el falcón estaba parado, Su Majestad».

Si cortamos las dos ramas restantes, el conocimiento físico y metafísico, esto nos dejará sin alternativa más que volar. El conocimiento metafísico nos ayuda a ver que la mente, en lugar de percibir la realidad, proyecta su contenido sobre ella. Pinta la realidad con sus propios colores. La mente no percibe el mundo como es, sino como le parece. En lugar de ser el medio para percibir la realidad, la mente y los sentidos filtran la realidad. En lugar de permitirnos acceder a la realidad, la distorsionan. No percibimos las cosas como son, sino según nuestra programación.

«**Pero quienes estudiaron profundamente la metafísica, dirigiéndose por completo hacia Dios...**» Una comprensión metafísica profunda nos deja en el umbral de la meditación. La meditación significa dirigirnos por completo hacia la Verdad. Consiste en observar sin que la mente intervenga. La meditación no es un método o técnica, sino simplemente observar lo que es, tal como es.

«**Vaciándose de toda objetualidad...**». El Rambam obviamente no se refiere al acto de pensar. Las facultades intelectuales ya han sido agotadas, llevándolas a su máxima capacidad. Por «toda actividad cognitiva», el Rambam se refiere a la facultad cognitiva en su conjunto, que incluye la atención, que es el aspecto activo de la consciencia, que debe dirigirse hacia la investigación de la diversidad objetual que nos rodea (הנמצאים).

Nuestra percepción del mundo se desarrolla dentro de un marco dual de sujeto-objeto. Nos vemos como observadores de una diversidad de objetos. Entendemos la realidad empírica como algo totalmente ajeno y esencialmente diferente de lo que somos. Pensamos en la realidad en términos de lo que poseemos o carecemos, y no de lo que somos. El mundo de nombres y formas se muestra como un fenómeno separado, desconectado de nosotros como sujetos. Sin embargo, la Torá describe una realidad absoluta más allá de la dualidad aparente, una realidad donde solo existe el Uno, la consciencia infinita pura, Dios: *Ein od milvadó*, «no hay más que solo Él».

Reconocer la consciencia significa trascender la realidad fracturada de sujeto y objeto. Solo observando nos vaciamos de lo objetual. Superamos un objeto cuando creamos distancia entre nosotros como sujetos y el objeto. La identificación corporal se supera mediante la observación de nuestras sensaciones físicas, prestando atención a nuestra espalda, pies, músculos faciales, manos y demás. Luego, observamos nuestra respiración. Tú, como observador, tomas tu respiración como el objeto observado. Contempla el aire que entra por las fosas nasales. Nota la diferencia entre el aire más fresco que inhalas y el aire más cálido que exhalas. No controles tu respiración, solo préstale atención, obsérvala atentamente. En lugar de respirar activamente, permite que la respiración ocurra por sí misma; sé un testigo distante del proceso. Después de unos meses de observar la respiración, puedes continuar observando los pensamientos. Simplemente observa tu actividad mental sin analizar ni reprimir. El Rambam lo explica así: **«dirigiendo toda actividad cognitiva a la investigación de la realidad para percibirla y realizarla existencialmente…»**.

Gradualmente, te percatarás que los pensamientos, ideas, conceptos y conclusiones son objetos observados. No hagas distinciones entre pensamientos sacros o profanos, elevados o degradados, interesantes o simples. Réstale importancia a la cantidad o calidad de la fluctuación mental. Solo mantente como testigo de la mente y su actividad. Luego, intenta observar tu actividad emocional. Al principio, puede ser un poco más difícil debido a la sutileza de las emociones. Sin embargo, pronto descubrirás que pertenecen a la realidad objetual. A medida que entres en la morada del rey, encontrarás el objeto principal, el hacedor de tus acciones, el pensador de pensamientos, el sentidor de tus emociones: el ego, o como el *vedānta* lo llama, *ahaṅkāra*, 'el hacedor'. El ego es el impostor que ha ocupado el lugar del monarca, pretendiendo ser el rey. No luches ni resistas, solo obsérvalo de cerca. Al observarlo detenidamente, realizarás que este «yo» no es más que un pensamiento, idea, emoción o sentimiento. Solo observa al que se atribuye a sí mismo lo que sucede: el «yo» en hebreo se denomina *ani*, una palabra que contiene las mismas letras que *ain*, o 'nada'.

Solo entonces habrás realizado la soledad. En esta soledad, observa al observador y descubre la realidad última de todas las realidades: la consciencia pura y cristalina. Cuando la consciencia es consciente de sí misma, la plataforma relativa se derrumba completamente. La totalidad del mundo se descompone, desmantela y demuele. Es un estado en el que el observador, aunque observando, es simultáneamente lo observado. Cuando la capacidad cognitiva se enfoca en la cognición misma, la atención se coloca en la atención misma, la consciencia es consciente de sí misma y la observación se observa a sí misma, entonces se produce la experiencia del *Ejád ve iajíd*, el «Uno sin segundo». El observador es simultáneamente lo observado y, sin embargo, el observador y lo observado no dejan de ser el observador y lo observado.

    Durante el proceso de observación, solo mira sin esperar nada. Libérate de todas las expectativas. Todos sabemos lo que significa observar. A lo largo de nuestras vidas, hemos observado lugares, flores, árboles, animales, objetos y personas. No es necesario explicar la observación en detalle; simplemente aplica esta capacidad natural a tu realidad interior. Enfócala en la mente y los sentimientos sin juzgar ni reaccionar. Con el tiempo, la observación se estabiliza. En última instancia, lo que queda es la observación sin nada que observar; observar es su naturaleza intrínseca. En su soledad, la observación se observa a sí misma. La consciencia se torna autoconsciente o consciente de sí misma. La realidad última o el trasfondo divino de la existencia se revela en su pureza absoluta. Reconocer la consciencia es darse cuenta de que eres el Rey. Esta es la experiencia de los profetas o lo que denominamos «iluminación». Puedo asegurarte que lo que ocurre después es realmente impresionante, increíble y extraordinario.

— ARTÍCULO 7 —
EL SER Y EL NO-SER EN EL JARDÍN DEL EDÉN

וּמֵעֵץ הַדַּעַת טוֹב וָרָע לֹא תֹאכַל מִמֶּנּוּ כִּי בְּיוֹם אֲכָלְךָ מִמֶּנּוּ מוֹת תָּמוּת:
(בראשית ב', י"ז)

Más del árbol de la ciencia del bien y del mal no comerás; porque el día que de él comieres, ciertamente morirás.

(Génesis, 2:17)

El término *pecado original*, o *pecado ancestral*, se origina en la doctrina cristiana. Afirma que el pecado surgió cuando los primeros humanos, Adán y Eva, desobedecieron a Dios y consumieron el fruto prohibido del árbol del conocimiento del bien y del mal.

וְהַנָּחָשׁ הָיָה עָרוּם מִכֹּל חַיַּת הַשָּׂדֶה אֲשֶׁר עָשָׂה ה' אֱלֹהִים וַיֹּאמֶר אֶל־הָאִשָּׁה אַף כִּי אָמַר אֱלֹהִים לֹא תֹאכְלוּ מִכֹּל עֵץ הַגָּן:
וַתֹּאמֶר הָאִשָּׁה אֶל הַנָּחָשׁ מִפְּרִי עֵץ־הַגָּן נֹאכֵל:
וּמִפְּרִי הָעֵץ אֲשֶׁר בְּתוֹךְ־הַגָּן אָמַר אֱלֹהִים לֹא תֹאכְלוּ מִמֶּנּוּ וְלֹא תִגְּעוּ בּוֹ פֶּן תְּמֻתוּן:
וַיֹּאמֶר הַנָּחָשׁ אֶל הָאִשָּׁה לֹא־מוֹת תְּמֻתוּן:
כִּי יֹדֵעַ אֱלֹהִים כִּי בְּיוֹם אֲכָלְכֶם מִמֶּנּוּ וְנִפְקְחוּ עֵינֵיכֶם וִהְיִיתֶם כֵּאלֹהִים יֹדְעֵי טוֹב וָרָע:
וַתֵּרֶא הָאִשָּׁה כִּי טוֹב הָעֵץ לְמַאֲכָל וְכִי תַאֲוָה הוּא לָעֵינַיִם וְנֶחְמָד הָעֵץ לְהַשְׂכִּיל וַתִּקַּח מִפִּרְיוֹ וַתֹּאכַל וַתִּתֵּן גַּם־לְאִישָׁהּ עִמָּהּ וַיֹּאכַל:
וַתִּפָּקַחְנָה עֵינֵי שְׁנֵיהֶם וַיֵּדְעוּ כִּי עֵירֻמִּם הֵם וַיִּתְפְּרוּ עֲלֵה תְאֵנָה וַיַּעֲשׂוּ לָהֶם חֲגֹרֹת:
(בראשית ג', א'–ז')

La serpiente era más astuta que todos los animales salvajes que el Señor Dios había hecho, así que le preguntó a la mujer:

—¿Es cierto que Dios les dijo que no coman de ningún árbol del jardín?

Y la mujer le respondió:

—Podemos comer los frutos de los árboles del jardín. Pero Dios nos dijo: "No deben comer frutos del árbol que está en medio del jardín, ni siquiera tocarlo porque si lo hacen morirán".

Entonces la serpiente le dijo a la mujer:

—Con seguridad no morirán. Ya que Dios sabe que cuando ustedes coman de ese árbol, comprenderán todo mejor; serán como Dios porque podrán diferenciar entre el bien y el mal.

Cuando la mujer vio que el árbol era hermoso y los frutos que daba eran buenos para comer, y que además ese árbol era atractivo por la sabiduría que podía dar, tomó algunos frutos del árbol y se los comió. Su esposo se encontraba con ella, ella le dio, y él también comió. Los ojos de ambos se abrieron y se dieron cuenta de que estaban desnudos. Entonces se hicieron ropa cosiendo hojas de higuera.

(Génesis, 3:1-7)

La primera pareja gozaba de la santidad original antes de consumir el fruto prohibido. Su insubordinación sometió a la humanidad al cautiverio del pecado porque, cual enfermedad genética, la privación de la santidad original se transmite de generación en generación. El Catecismo de la Iglesia Católica explica:

Por su pecado, Adán, en cuanto primer hombre, perdió la santidad y la justicia originales que había recibido de Dios no solamente para él, sino para todos los humanos.

Adán y Eva transmitieron la naturaleza humana a su descendencia, herida por su primer pecado, privada por tanto de la santidad y la justicia originales. Esta privación es llamada «pecado original».

Como consecuencia del pecado original, la naturaleza humana quedó debilitada en sus fuerzas, sometida a la ignorancia, al sufrimiento y al dominio de la muerte, e inclinada al pecado (inclinación llamada «concupiscencia»).

(«Catecismo de la Iglesia Católica», parte 1,
sección 2, capítulo 1, «Pecado Original»)

Si Adán y Eva no hubieran consumido el fruto del conocimiento, los seres humanos no tendrían la capacidad de discernir entre el bien y el mal. Tras consumirlo, tomaron consciencia de su desnudez y optaron por cubrirse. Aunque para muchos esta narrativa es alegórica, es innegable que los seres humanos poseen tal discernimiento y, por lo tanto, recae sobre ellos la responsabilidad personal de sus acciones.

> Pues antes de la ley, había pecado en el mundo; pero donde no hay ley, no se inculpa de pecado. No obstante, reinó la muerte desde Adán hasta Moisés, aun en los que no pecaron a la manera de la transgresión de Adán, el cual es figura del que había de venir.
> Pero el don no fue como la transgresión; porque si por la transgresión de aquel uno murieron los muchos, abundaron mucho más para los muchos la gracia y el don de Dios por la gracia de un hombre, Jesucristo. Y con el don no sucede como en el caso de aquel uno que pecó; porque ciertamente el juicio vino a causa de un solo pecado para condenación, pero el don vino a causa de muchas transgresiones para justificación. Pues si por la transgresión de uno solo reinó la muerte, mucho más reinarán en vida por uno solo, Jesucristo, los que reciben la abundancia de la gracia y del don de la justicia.
> Así que, como por la transgresión de uno vino la condenación a todos los hombres, de la misma manera por la justicia de uno vino a todos los hombres la justificación de vida. Porque, así como por la desobediencia de un hombre los muchos fueron constituidos pecadores, así también por la obediencia de uno, los muchos serán constituidos justos. Pero la ley se introdujo para que el pecado abundase; más cuando el pecado abundó, sobreabundó la gracia; para que, así como el pecado reinó para muerte, así también la gracia reine por la justicia para vida eterna mediante Jesucristo, Señor nuestro.
>
> (Romanos, 5:13-21)

Artículo 7 : El Ser y el no-ser en el Jardín del Edén

El término *libre albedrío* deriva del latín *liberum arbitrium*, que denota la capacidad de elegir entre el bien y el mal. Sin embargo, los humanos no eligen desde una posición de neutralidad existencial. Cada «yo» separado consiste en un conjunto de impulsos que empujan a las personas a tomar decisiones y las alejan de sus aversiones. De hecho, no hay una entidad singular dentro de la mente o el cuerpo que orqueste nuestras actividades. Incontables procesos fisiológicos ocurren dentro nuestro sin que seamos conscientes de ello. Nuestros órganos ejecutan miles de reacciones bioquímicas por segundo y nuestro metabolismo continuamente se esfuerza por mantener la homeostasis. Dado que controlamos solo una fracción de estas innumerables actividades, es absurdo pensar que controlamos nuestro cuerpo y nuestra mente. Solo por ignorancia, muchos afirman tener control sobre sus pensamientos o acciones.

Todos anhelan paz y felicidad, sin embargo, paradójicamente, es la actividad mental la que fomenta el malestar y la insatisfacción. Si realmente gobernáramos nuestros pensamientos, optaríamos por pensar que pase lo que pase, todo está perfectamente bien. De ser así, ningún incidente perturbaría nuestra tranquilidad o dicha, y escucharíamos afirmaciones como: «Me robaron mil dólares, pero todo está perfecto»; «Mi jefe amenazó con despedirme, pero me parece estupendo»; «Mi hija está enferma, pero eso es excelente». Estas frases serían corrientes si los humanos pudieran dominar sus actividades mentales, detener los pensamientos negativos y evitar que las situaciones perturben su paraíso terrenal. Sin embargo, la realidad es que el control del pensamiento es inalcanzable.

Consideremos la sed, por ejemplo, que surge involuntariamente y provoca la idea de dirigirse al refrigerador en busca de una bebida. No controlamos ni el surgimiento de la sed ni los pensamientos que nos impulsan a saciarla. Podemos hablar del karma o el destino, pero es innegable que encontramos lo que la existencia nos pone delante; recibimos lo que la vida nos entrega.

Nuestros deseos dependen de nuestro condicionamiento social, familiar, genético y ambiental. Evidentemente, carecemos de control sobre estas inclinaciones. Las preferencias por el helado de vainilla, los chocolates o la Coca-Cola, o la falta de interés por el alcohol o las drogas, son resultados del condicionamiento clásico u operante. Si estamos predispuestos a los cigarrillos o al café, solo podemos suprimir superficialmente el acto de consumirlos. Es imposible dictar nuestros antojos o dominar nuestras sensaciones, pensamientos, preferencias e inclinaciones.

Arthur Schopenhauer clasificó los objetos en cuatro categorías: empíricos, abstractos, matemáticos y el «yo». Según la raíz cuádruple del principio de razón suficiente, los objetos están sujetos a leyes que los hacen ser lo que son y no ser de otra manera: (1) los objetos empíricos se adhieren a la ley de causalidad; (2) los objetos abstractos, a las leyes de la lógica; (3) los objetos matemáticos, a la ley de consistencia —por ejemplo, los triángulos tienen tres ángulos y los círculos son redondos; y (4) el «yo», a la ley del carácter. Los seres humanos reaccionan ante el mundo de acuerdo con su carácter inherente, que condiciona las respuestas individuales. Nuestras inclinaciones y preferencias inevitablemente moldean nuestras interacciones con el mundo.

El libre albedrío es un concepto falaz que sugiere que los individuos pueden actuar completamente como deseen y desear cualquier cosa. El investigador Mark Hallett afirma: «El libre albedrío sí existe, pero es una percepción, no un poder o una fuerza impulsora. La gente experimenta el libre albedrío. Tiene la sensación de ser libre. Cuanto más lo examinas, más te das cuenta de que no lo tienes».

Schopenhauer, en su ensayo *Sobre la libertad de la voluntad*, sostuvo que, aunque los humanos pueden hacer lo que quieren, no pueden desear lo que quieren. Albert Einstein posteriormente coincidió con estos sentimientos. Tras considerar las ideas de Sigmund Freud y Friedrich Nietzsche, es ingenuo asumir que las decisiones provienen de la neutralidad existencial. El apóstol Pablo reflexionó sobre esto en su carta a los Romanos:

> ¿Qué diremos, pues? ¿La ley es pecado? ¡De ninguna manera! Pero yo no conocí el pecado sino por la ley; porque tampoco conociera la codicia, si la ley no dijera: «No codiciarás». Mas el pecado, tomando ocasión por el mandamiento, produjo en mí toda codicia; porque sin la ley el pecado está muerto. Y yo sin la ley vivía en un tiempo; pero venido el

mandamiento, el pecado revivió y yo morí. Y hallé que el mismo mandamiento que era para vida, a mí me resultó para muerte; porque el pecado, tomando ocasión por el mandamiento, me engañó, y por él me mató. De manera que la ley a la verdad es santa, y el mandamiento santo, justo y bueno.

¿Luego lo que es bueno, vino a ser muerte para mí? ¡De ninguna manera!; sino que el pecado, para mostrarse pecado, produjo en mí la muerte por medio de lo que es bueno, a fin de que por el mandamiento el pecado llegase a ser sobremanera pecaminoso. Porque sabemos que la ley es espiritual; más yo soy carnal, vendido al pecado. Porque lo que hago, no lo entiendo; pues no hago lo que quiero, sino lo que aborrezco, eso hago. Y si lo que no quiero, esto hago, apruebo que la ley es buena. De manera que ya no soy yo quien hace aquello, sino el pecado que mora en mí. Y yo sé que en mí, esto es, en mi carne, no mora el bien; porque el querer el bien está en mí, pero no el hacerlo. Porque no hago el bien que quiero, sino el mal que no quiero, eso hago. Y si hago lo que no quiero, ya no lo hago yo, sino el pecado que mora en mí.

(Romanos, 7:7-20)

Pablo dice: «Y si hago lo que no quiero, ya no lo hago yo, sino el pecado que mora en mí». En verdad, ninguna entidad independiente es responsable de tales inclinaciones y comportamientos. No hay un «yo» separado al que culpar por las preferencias y acciones consideradas pecaminosas.

Algunos argumentan que mis opiniones justifican comportamientos antisociales o incluso criminales. Esta crítica surge de un malentendido. Todo acto antisocial o delictivo es producto del condicionamiento. Solo al reconocer esto podemos prevenir tales comportamientos.

Las actividades desalineadas provienen de la creencia de que somos responsables de nuestras acciones. Los comportamientos destructivos y antisociales emanan del «yo» ilusorio. Estos se vuelven inconcebibles cuando dejamos de creernos personalidades independientes que controlan una mente y un cuerpo.

Lo que la humanidad heredó de Adán no fue el pecado en sí, sino el concepto de un ente pecador, una alegoría para el surgimiento del fenómeno egoico. Al consumir el fruto prohibido, surgió la noción de un ente responsable de sus acciones. Cada acción que se origina en el fenómeno egoico lleva la semilla del pecado. Incluso los comportamientos aparentemente positivos son intrínsecamente pecaminosos si provienen de un hacedor egoico. Por eso, Rabi Shneur Zalman de Liadi nos aconseja odiar el pecado, pero amar al pecador, dado que el pecado es la acción que surge de una idea de separación e independencia.

וְגַם הַמְקֹרָבִים אֵלָיו וְהוֹכִיחָם וְלֹא שָׁבוּ מֵעֲוֹנוֹתֵיהֶם, שֶׁמִּצְוָה לִשְׂנֹאתָם, מִצְוָה לְאָהֲבָם גַּם כֵּן, וּשְׁתֵּיהֶן הֵן אֱמֶת: שִׂנְאָה מִצַּד הָרַע שֶׁבָּהֶם, וְאַהֲבָה מִצַּד בְּחִינַת הַטּוֹב הַגָּנוּז שֶׁבָּהֶם, שֶׁהוּא נִיצוֹץ אֱלֹהוּת שֶׁבְּתוֹכָם הַמְחַיֶּה נַפְשָׁם הָאֱלֹהִית.
(ספר התניא, ליקוטי אמרים, פרק ל"ב)

Además, incluso a aquellos a los que uno está obligado a odiar —pues están cerca de él y les ha reprendido, pero aún no se han arrepentido de sus pecados— uno está obligado a amarlos también. Y tanto el amor como el odio son verdaderos [ya que] el odio es a causa del mal que hay en ellos, mientras que el amor es a causa del bien oculto en ellos, que es la chispa divina que hay en ellos y que anima su alma divina.

(*Tania*, capítulo 32)

La actividad pecaminosa puede ser detestada, pero la consciencia divina es solo digna de ser amada.

וַתִּפָּקַחְנָה עֵינֵי שְׁנֵיהֶם וַיֵּדְעוּ כִּי עֵירֻמִּם הֵם וַיִּתְפְּרוּ עֲלֵה תְאֵנָה וַיַּעֲשׂוּ לָהֶם חֲגֹרֹת:
(בראשית ג', ז')

Los ojos de ambos se abrieron y se dieron cuenta de que estaban desnudos. Entonces se hicieron ropa cosiendo hojas de higuera.

(Génesis, 3:7)

Esta alegoría denota un cambio de consciencia que arrastró al ser humano a cubrir su desnudez o lo que es, tal como es. En nuestra desnudez, no dañamos a nadie a través de un comportamiento antisocial porque estamos alineados. Nuestro estado original es ser uno y lo mismo con el flujo de la totalidad. Como un río que fluye hacia el océano, te ves arrastrado hacia el Todo. No llegas como un nadador solitario luchando contra la corriente, sino flotando, completamente relajado en la voluntad de Dios. Desapareces como un ente separado y te entregas al río de la vida que te lleva al ideal oceánico de la consciencia.

La creación desde una perspectiva filosófica

Comprender la noción de creación desde una perspectiva filosófica es esencial. La creación está relacionada con el bien dado que Dios después de crear dice:

וַיַּרְא אֱלֹהִים אֶת־כָּל־אֲשֶׁר עָשָׂה וְהִנֵּה־טוֹב מְאֹד [...]

(בראשית א', ל"א)

Y vio Dios todo lo que había hecho, y he aquí, que era muy bueno [...].

(Génesis, 1:31)

La creación está intrínsecamente ligada al Ser, y el Ser, a su vez, está directamente asociado con la bondad. En otras palabras, todo lo que Dios ha creado es una entidad que posee existencia y, al tener existencia, es inherentemente bueno. Esta relación indica que la bondad es una cualidad fundamental de todo lo que existe, dado que su mera existencia es una manifestación del acto creativo divino. Así, tanto la creación como el Ser son fuentes de bondad, ambos atributos derivados de Dios. Aunque Dios ha creado todo con bondad, los humanos, al ejercer su libertad, han optado por el no-ser en lugar del Ser, pervirtiendo así el bien y transformándolo en mal. En otras palabras, los humanos han vaciado al Ser de su plenitud, o *pleroma*.

וַתֵּרֶא הָאִשָּׁה כִּי טוֹב הָעֵץ לְמַאֲכָל וְכִי תַאֲוָה־הוּא לָעֵינַיִם וְנֶחְמָד הָעֵץ לְהַשְׂכִּיל וַתִּקַּח מִפִּרְיוֹ וַתֹּאכַל וַתִּתֵּן גַּם־לְאִישָׁהּ עִמָּהּ וַיֹּאכַל:

(בראשית ג', ו')

Cuando la mujer vio que el árbol era hermoso y los frutos que daba eran buenos para comer, y que además ese árbol era atractivo por la sabiduría que podía dar, tomó algunos frutos del árbol y se los comió.

(Génesis, 3:6)

La creación puede definirse como «dar ser», mientras que el pecado, en marcado contraste, puede interpretarse como «quitar ser». El pecado, en su esencia, representa una negación directa de la creación, oponiéndose a la participación en el Ser. Cuando hablamos de creación, nos referimos a un acto que implica una armonía con el Ser. Mientras crear conduce a una integración en el Ser, pecar resulta en la pérdida de esa integración. Dado que el pecado despoja al Ser de su esencia, se alinea con la nada.

Para los antiguos griegos, la idea de la nada no tenía una existencia autónoma; solo el Ser existía. El idioma griego no contaba con una palabra específica para «nada». En su lugar, se utilizaba la expresión *me on* para negar el ser, compuesta de *me*, que significa 'no", y *on*, que significa 'ser'. Su término para «nada» era «no ser».

Ya que la nada es una negación del Ser, no podemos conceptualizarla sin postular primero la existencia del Ser. La relación entre el Ser y la nada se configura en términos de participación y privación. La creación y el pecado se posicionan como fuerzas opuestas en el devenir del Ser. La creación implica un proceso de afirmación y construcción, mientras que el pecado actúa como una fuerza de negación y destrucción.

Desde una perspectiva filosófica, se desprende que la nada no posee una existencia independiente. Su realidad se fundamenta en la negación del Ser. En la filosofía griega, abordar la nada implica primero reconocer el Ser y luego negarlo. Esta interdependencia resalta la importancia del Ser como el fundamento ontológico primario, mientras que la nada se entiende exclusivamente como la negación de este fundamento. Así, si no presuponemos la existencia del bien, identificado con el Ser, sería imposible concebir el mal. En este contexto, el mal se interpreta como un accidente del Ser, requiriendo la existencia de una sustancia para vaciarla de Ser. Por lo tanto, el mal no puede existir por sí mismo y no tiene entidad propia; su existencia depende del Ser de otro. En esencia, el mal es la nada.

Acudamos a un ejemplo para ilustrar este punto: una persona con buenas piernas posee dos piernas sanas. Si le falta una, dirá que tiene malas piernas porque existen personas con dos piernas. Si ningún ser humano tuviera piernas, sus piernas no serían malas. Mas aún, si los seres humanos no existirían, tampoco existiría una persona con malas piernas. En conclusión, el mal no tiene entidad propia ni puede subsistir sin el Ser. Esta dependencia refuerza la idea de que el Ser es fundamental y que la nada, al igual que el mal, solo puede entenderse en relación con la negación de la existencia. El mal es ausencia de un bien debido y tiene existencia accidental.

En el ejemplo anterior, el mal se define como la falta de una pierna en un individuo. El mal se entiende como la ausencia de algo que el Ser debería poseer. Por lo tanto, el mal no tiene existencia ontológica, dado que carece de una entidad propia. Solo el ente y el Ser existen, mientras que el mal actúa vaciando al ente de su Ser. En esencia, el mal no existe por sí mismo.

Heidegger ilustra esta idea con su afirmación «la nada nadea». Esto implica que la nada, al manifestarse en el Ser, lo vacía progresivamente, despojándolo de su esencia. La nada, al actualizarse en el ámbito del Ser, nos priva de la plenitud de nuestro Ser, dejándonos cada vez más vacíos.

La consciencia individual y universal

El Ser se refiere a sí mismo de manera intrínseca, ya que la existencia conlleva una negación de la consciencia individual. La consciencia personal sitúa al «yo separado» en el centro de las percepciones de lo bueno y lo malo. Esta consciencia define lo bueno según lo que el «yo» determina, similar a la narrativa del árbol del conocimiento del bien y del mal. En este proceso, el «yo» se apropia del criterio del Ser.

El Ser deja de ser el eje central de la existencia y es sustituido por un «yo histórico» o «yo separado». Sin embargo, no es necesario negar la consciencia individual para adherirse al Ser; por el contrario, al adoptar el criterio del Ser, la consciencia individual se fortalece. Al afirmar la consciencia individual y apropiarse del criterio de moralidad, se niega el Ser universal. Para afirmar el Ser universal, es fundamental rechazar la prerrogativa de la consciencia individual de definir lo bueno y lo malo de manera autónoma. Esto implica que la consciencia individual puede negar el Ser universal al «comer del árbol», apropiándose de un criterio que, en realidad, corresponde al Ser, como si esta norma fuera intrínseca a la consciencia misma. Alternativamente, la consciencia puede optar por no apropiarse de este criterio, resolviéndose en el Ser. Esta resolución se da en el Ser, dado que es el Ser quien establece el criterio para la consciencia, y no al contrario.

El mal, en su esencia, es una privación del Ser. La existencia del ente es primordial, mientras que la nada se caracteriza por su capacidad de negación activa, despojándonos de nuestra esencia. Es crucial distinguir entre la destrucción de nuestras concepciones del Ser y el proceso gradual mediante el cual la nada nos despoja de nuestro Ser. Al ser vaciados de Ser, perdemos lo esencial de nuestra autenticidad. Es imprescindible liberarnos de nuestras falsas creencias sobre nuestra identidad para redescubrir quiénes somos realmente.

El fenómeno egoico no alude a una entidad concreta ni a una persona específica, sino a la falta de presencia de nuestra verdadera esencia en el presente. Este despojo, provocado por la nada, nos priva de nuestra esencia, llevándonos a una existencia vacía de la plenitud del Ser que debería definirnos. El mal, en última instancia, se manifiesta como una carencia e implica la privación de lo esencial para que el Ser alcance su plena realización. Entender este proceso nos lleva a reconocer la interacción entre la nada y la existencia, y a identificar cómo la ausencia de una presencia auténtica configura el fenómeno egoico. La verdadera naturaleza del mal radica en esta ausencia, que despoja al ente de su Ser, resultando en una existencia incompleta y carente de esencia. La existencia del mal es fundamentalmente un accidente del Ser, pues depende de la existencia del Ser para manifestarse. Esto reduce su plenitud y obstaculiza su completitud. El mal actúa como un parásito del Ser, privándolo de su esencia completa y perfecta. En esencia, esto define al pecado: una fuerza que sustrae Ser e impide su realización plena.

El bien y el Ser

El estudio de la filosofía trascendental es esencial, dado que no se puede afirmar que el «Ser» y el «bien» sean idénticos en un sentido absoluto. En este contexto, podemos sugerir un enfoque más riguroso basado en la metafísica occidental clásica, que proporciona el marco adecuado para abordar esta cuestión. Desde una perspectiva metafísica, aunque el «Ser» y el «bien» no sean completamente idénticos, son intercambiables en ciertos contextos. En algunos aspectos, el bien puede entenderse como el Ser y, de manera similar, el Ser puede comprenderse como el bien. Aunque «Ser» y «bien» están intrínsecamente conectados, no son idénticos. Su relación es intrincada y demanda una comprensión detallada para no confundirlos como simples sinónimos. Esta relación muestra una copertenencia significativa, algo que la filosofía denomina «el dilema de los trascendentales».

Desde una perspectiva esencial, cada ente, en tanto que existe, se define por ser bueno, bello, verdadero, uno y ser. La existencia de cualquier entidad está inextricablemente ligada a su bondad; ser bueno implica realizar plenamente su propia naturaleza. En la filosofía clásica, una buena persona es sinónimo de una persona verdadera. De manera similar, consideramos que una silla es buena cuando cumple auténticamente con su esencia, es decir, cuando posee todas las cualidades esenciales que definen una silla. Esta bondad intrínseca se manifiesta en su funcionalidad y en la realización completa de su propósito. La interrelación entre «Ser» y «bien» implica que la mera existencia de cualquier cosa incluye su bondad inherente, y esta bondad se mide en términos de autenticidad y plenitud al ser lo que uno es. La complejidad de esta interrelación exige un enfoque analítico y una comprensión matizada. Reconocer esta distinción es crucial para evitar simplificar en exceso conceptos filosóficos que, aunque relacionados, mantienen sus propias especificidades y significados dentro del marco del pensamiento trascendental.

La bondad de cualquier ente se mide por su conformidad con su propia naturaleza y esencia. De esta manera, un ente se considera bueno cuando alcanza su potencial pleno y cumple con su verdadera identidad. Esta relación intrínseca entre «Ser» y «bien» pone de manifiesto la interdependencia de estos conceptos en la comprensión metafísica de la realidad. Las personas son bellas y buenas cuando realizan plenamente su esencia; en este contexto, los términos «bello» y «bueno» se tornan casi intercambiables. Los conceptos de ser, belleza, verdad y bondad están profundamente conectados, lo que los hace trascendentales y, hasta cierto punto, intercambiables.

Sin embargo, es crucial notar que el mal no es una forma de ser, sino la ausencia de un bien que debería existir. Por ejemplo, las personas buenas tienen todas las cualidades esenciales de la humanidad, cumpliendo con su propósito y naturaleza. Si alguien carece de un brazo, esa persona claramente no representa un ejemplo completo de humanidad, dado que le falta una característica esencial. Esta situación muestra que el mal no consiste en añadir algo al ente, sino en la falta de una cualidad esencial. Por lo tanto, la definición exacta de mal no es una presencia ontológica, sino la falta de un bien necesario.

Según Santo Tomás de Aquino, el mal, estrictamente hablando, no puede considerarse una criatura, ya que no fue creado y, por lo tanto, carece de una esencia ontológica. En otras palabras, no hay ningún ente cuya esencia sea el mal. Más que ser una creación con una esencia independiente, el mal se concibe como ausencia de bien, un defecto o carencia en el Ser existente. Esta perspectiva enfatiza que el mal no tiene una realidad positiva; se define por la falta de perfección en algo que de otro modo sería bueno o completo.

La esencia del mal no es ontológica, sino que se manifiesta históricamente, dado que se introduce en la vida humana sin ser una creación de la humanidad. Los seres humanos han introducido el mal a través de su propia existencia en el contexto de la historia.

El bien y el mal – el Ser y el no-ser

El mal vacía gradualmente al ser humano de Ser. Con este vaciamiento de Ser, el ser humano introduce el no-ser en la historia. Este proceso histórico no puede atribuirse a una creación específica, sino a una manifestación de la carencia en el contexto del Ser. Así, el mal es el Ser despojándose de sí mismo, permitiendo la prevalencia del no-ser en la existencia humana. Los seres humanos, a través de su naturaleza pecaminosa, abren paso al no-ser y este fenómeno se integra en la experiencia histórica de la humanidad.

Si el mal es la negación del Ser, el bien representa la afirmación del Ser. La norma que rige el bien es el Ser, mientras que la norma que rige el mal es el no-ser. Ser malo implica no ser lo que uno realmente es y vivir desalineado de la propia esencia, que es la definición del ego. El fenómeno egoico es una falta o deficiencia. El bien se manifiesta en ser auténticamente lo que uno es, y, en consecuencia, ser bueno implica ser verdaderamente lo que uno es en esencia.

Cuando no somos auténticamente lo que somos, carecemos de Ser, y esta carencia constituye el mal. Sin embargo, este mal no es un ente con existencia propia, sino una ausencia de Ser. A través de su propia existencia, el ser humano introduce el no-ser en la historia. La gravedad del pecado radica precisamente en este acto: al ser, el ser humano incorpora el no-ser en el ámbito histórico. El mal no fue creado y, por lo tanto, el mal no tiene existencia propia en un sentido estricto.

San Agustín afirma que los humanos nacen con la condición inherente de ser y están inmersos en una profunda solidaridad. Esta solidaridad sugiere que todos somos uno, de modo que cualquier acción realizada por un individuo involucra a todos los demás. Esto se conoce como la unidad trascendental de la raza humana. Es decir, cualquier acto cometido por una persona es un acto en el que toda la humanidad participa. Él denomina a esta participación absoluta el «ser federal de la humanidad». Esto se refiere a la idea de que toda la humanidad está unida en un pacto o alianza representada por Adán. Así, las acciones de Adán tienen repercusiones en todos sus descendientes. Esta visión subraya la solidaridad y la unidad esencial de la raza humana en términos de responsabilidad y consecuencias morales y espirituales.

Desde esta perspectiva, la humanidad comparte un destino común donde las acciones de uno afectan a todos. Esto refuerza la idea de una comunidad humana indivisible y sugiere que nuestras decisiones individuales tienen implicaciones colectivas.

Adán no actuó solo, sino que todos estábamos en Adán, participando en su acción. Por esta razón, no podemos afirmar con certeza que habríamos actuado de manera diferente en su lugar. Los seres humanos estamos intrínsecamente conectados. Todos pertenecemos a una sola unidad, como las ramas o las raíces de un mismo árbol. Cualquier cosa que afecte a los tallos, los frutos o las hojas inevitablemente repercute en las raíces. San Agustín presenta a la humanidad como un solo cuerpo, donde cualquier acción, ya sea buena o mala, realizada por uno, es efectivamente realizada por todos.

Así como las acciones de Adán tienen repercusiones universales, la gloria de Cristo, que es el segundo Adán, reside en toda la humanidad. Todos los seres humanos participaron en el pecado original de Adán y, de manera análoga, toda la humanidad está representada en Cristo, recibiendo así la vida.

En cada ser humano coexisten ambas naturalezas: la de Adán, que representa el no-ser, o la consciencia individual, y la de Cristo, que simboliza el Ser, o la consciencia universal. La clave está en trascender la naturaleza del primero para acceder la naturaleza del segundo.

> Porque así como en Adán todos mueren, también en Cristo todos serán vivificados.
>
> (1 Corintios, 15:22)

En este contexto, las palabras de Juan el Bautista cobran claridad:

> Es necesario que él crezca, pero que yo mengüe.
>
> (Juan, 3:30)

Artículo 7 : El Ser y el no-ser en el Jardín del Edén

Es esencial que la consciencia individual sea relegada, dado que cada ser humano nace con esta condición caída, manifestada en la consciencia centrada en el «yo». Solo al trascender esta condición y alcanzar una consciencia universal podemos reparar esta fractura existencial. La caída o fractura se refiere al hecho de que, al nacer, cada persona porta la consciencia individual que caracteriza al primer Adán. De igual manera, cada ser humano está llamado a reducir la dominancia de su consciencia individual para acceder a la consciencia pura y universal.

Sin embargo, es imposible alcanzar esta consciencia universal sin antes negar la individual. En términos más claros, sin primero renunciar al estado del primer Adán, que nace de la carne, es imposible ingresar en el estado del segundo Adán, que nace del espíritu. Por eso la Biblia dice esto en la carta a los Romanos:

> Sabemos que nuestra vieja naturaleza fue crucificada con él para que nuestro cuerpo pecaminoso perdiera su poder, de modo que ya no siguiéramos siendo esclavos del pecado; porque el que muere queda liberado del pecado.
>
> (Romanos, 6:6-7)

El núcleo de esta idea es la imperiosa necesidad de dejar morir al primer Adán para renacer como el segundo Adán. En la consciencia individual, también conocida como la carne, todos los seres humanos estamos destinados a la muerte. En cambio, en la consciencia universal, o el espíritu, todos los seres humanos pueden alcanzar la vida eterna.

La trascendencia del espíritu se destaca en contraste con la carne, enfatizando la necesidad de superar nuestras limitaciones individuales. Esta transición es esencial para alcanzar una existencia plena y universal. El «morir al yo» es un concepto central en el Nuevo Testamento, representando la esencia de la vida cristiana y subrayando la importancia de renunciar a la consciencia individual para alcanzar una vida más elevada.

Esto significa tomar la cruz y seguir a Cristo, un paso crucial para el renacimiento espiritual. En este proceso, el hombre viejo muere y surge el hombre nuevo, como se menciona en Juan (3:3-7). Los cristianos no solo experimentan un nuevo nacimiento en el momento de la salvación, sino que también continúan muriendo a sí mismos durante el proceso de santificación. Así, morir a uno mismo, o al «yo» separado, es un evento singular pero que también se extiende a lo largo de la vida de los verdaderos cristianos.

Jesús destacó repetidamente a sus discípulos la necesidad de tomar su cruz, un instrumento de muerte, y seguirlo. Enfatizó que cualquier persona que desee seguirlo debe negarse a sí misma, es decir, renunciar a su propia vida egoica. Este era un requisito indispensable para ser considerado un verdadero discípulo de Cristo. Jesús advirtió que intentar salvar nuestra vida egoica, o «yo» independiente, inevitablemente resultaría en perder nuestra vida al reino de Dios. En cambio, aquellos que entreguen sus vidas, o consciencia individual, por su causa encontrarán la vida eterna (Mateo, 16:24-25; Marcos, 8:34-35). Jesús afirmó claramente que aquellos que no estén dispuestos a sacrificar su vida personal por él no pueden ser sus discípulos (Lucas, 14:27).

Cristo: el arquetipo universal

Los seres humanos nacen con dos tipos de consciencia: una individual, que se refiere al «yo» separado, y una universal. Más allá de ser una figura histórica, Jesús encarna un nivel de consciencia pura, conocida como la consciencia crística, que Carl Jung denomina «el arquetipo de la consciencia» o el «Sí-mismo». Los arquetipos son patrones innatos en la psique humana que ejercen una profunda influencia en nuestras percepciones y comportamientos. Los patrones fundamentales delineados por Carl Jung, conocidos como arquetipos, son partes esenciales de su teoría psicológica. Él sostiene que los arquetipos habitan en el inconsciente colectivo y actúan como marcos universales que moldean nuestras experiencias y reacciones ante diversas situaciones. Estas estructuras inherentes a la mente humana se manifiestan en mitos, sueños y expresiones culturales en todas las sociedades, reflejando aspectos comunes de la condición humana. No solo guían nuestra comprensión del mundo, sino que también facilitan la conexión entre individuos de diferentes culturas y épocas que comparten símbolos y narrativas similares.

La verdad de Cristo no radica en la mera existencia histórica de Jesús, sino en el arquetipo que representa, el cual constituye un modelo universal del ser humano conformado por la consciencia universal. La validez de este arquetipo es independiente de la existencia histórica de Jesús. Aunque el Jesús histórico representa una manifestación completa de este arquetipo, lo fundamental es el arquetipo en sí y no el individuo específico. Este arquetipo de la consciencia universal supera las limitaciones de la existencia individual y se presenta como un modelo de perfección accesible para todos.

La consciencia crística representa un ideal espiritual al que todos podemos aspirar. Este ideal trasciende la creencia en los milagros y lleva a una comprensión profunda de un arquetipo esencial; se centra en una conexión y confianza arquetípicas, más allá de los hechos históricos y las personalidades. Desafortunadamente, la mayoría de los cristianos se enfocan solo en la figura histórica y centran su devoción en el individuo llamado Jesús. Pero tener fe en Cristo significa confiar tan profundamente que podemos entregar nuestro espíritu con plena confianza.

En biología, se hace una clara distinción entre genotipo y fenotipo. El genotipo se refiere al conjunto completo de genes e información genética que constituye un individuo de cualquier especie. Esta composición genética se transmite de una generación a la siguiente, asegurando la continuidad de los rasgos hereditarios. El fenotipo, por otro lado, es la expresión física y observable de estas características en un individuo. Mientras que el genotipo permanece constante, el fenotipo puede variar debido a la interacción entre los genes y el entorno. Por lo tanto, el fenotipo es la manifestación externa y tangible de la información genética contenida en el genotipo. El gen es el genotipo, mientras que el individuo es el modelo que porta ese tipo.

Siguiendo esta analogía, el Jesús histórico puede considerarse como el fenotipo y Cristo como el arquetipo. El fenotipo, como «fenómeno», es la manifestación visible, mientras que el arquetipo es el fundamento subyacente de lo que se muestra. Cristo, entonces, es el tipo que se manifiesta y el arquetipo es la base de esa manifestación. La relevancia de Jesús se encuentra en su capacidad para encarnar este arquetipo, mostrando cómo es posible vivir en consonancia con la consciencia universal. Mientras su existencia histórica proporciona un contexto valioso, lo esencial es el principio universal que él encarna. Este arquetipo sirve como una guía para la humanidad; indica un camino hacia la elevación espiritual y la superación del «yo» separado, promoviendo así una mayor integración y conexión con la totalidad del Ser. De esta manera, la consciencia crística trasciende las barreras del tiempo y el espacio, invitando a todos los seres humanos a reconocer y vivir según esta verdad universal.

La consciencia crística

La consciencia pura, o *logos endiatikos*, solo puede alcanzarse a través del *logos prosforikos*, es decir, la palabra anunciada o el lenguaje. Este lenguaje no es estático, sino que se enriquece con las diversas consciencias y máscaras que asume en el proceso. La noción de *logos endiatikos*, alude a un entendimiento interno que es fundamental y abstracto. Sin embargo, este estado de consciencia no puede alcanzarse ni comunicarse sin el *logos prosforikos*, es decir, mediante el uso del lenguaje articulado. En este contexto, el lenguaje se convierte en el medio indispensable para expresar y transmitir esta consciencia interna.

Cabe señalar que el lenguaje no es una entidad fija o inmutable. Al contrario, se enriquece y diversifica continuamente a través de las diversas consciencias individuales y las múltiples «máscaras» que adopta en su uso. Estas «máscaras» representan las diferentes formas y contextos en los que el lenguaje puede aplicarse y comprenderse. Así, en el proceso de comunicación y expresión, el lenguaje se adapta y expande, incorporando las variadas perspectivas y experiencias de los individuos. La consciencia pura depende del lenguaje para manifestarse, y este lenguaje se enriquece y evoluciona gracias a las diversas formas de consciencia y los contextos en los que se emplea.

Aquellos que se limitan al cristianismo, en realidad, no comprenden ninguna religión, dado que confunden lo relativo y lo absoluto. Pensar que Cristo es el único camino hacia Dios cierra sus mentes a otras formas de comprensión divina e incluso impide el acceso completo a la esencia de Cristo.

El encuentro con Cristo se experimenta en el núcleo más íntimo del ser humano, abarcando tanto la esfera individual como la colectiva, y se sitúa en el corazón mismo de la realidad. Esta experiencia se manifiesta a través de una fe crística personal que emula la perspectiva y actitud de Cristo y también adopta lo que se denomina el «principio crístico». Este enfoque va más allá de la mera creencia y apunta a una transformación profunda e integral, alterando esencialmente la comprensión y la vivencia de la existencia en su totalidad. Es una fe que promueve la metamorfosis interior, reconfigurando tanto las percepciones del mundo como las interacciones con la realidad circundante.

Al abrazar, aceptar, entregarse y confiar en la consciencia crística, uno puede trascender su naturaleza egoica. Esta confianza permite superar las inclinaciones pecaminosas inherentes a la condición humana. La plena integración de esta consciencia en la vida del individuo resulta en una elevación por encima de las tendencias al pecado, logrando una transformación auténtica, profunda y significativa.

— ARTÍCULO 8 —
EN BÚSQUEDA DE SIGNIFICADO

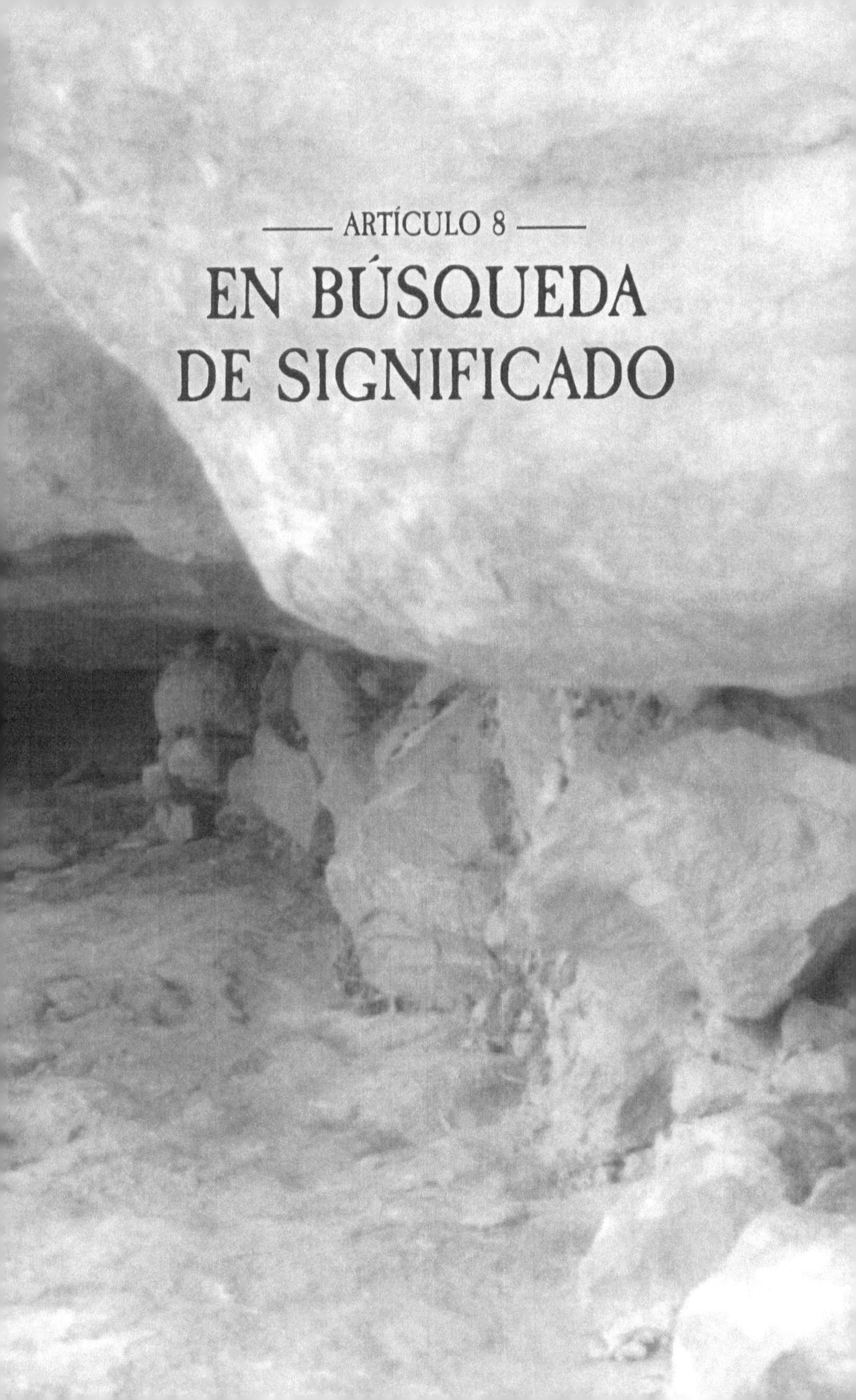

La conceptualización de un Dios con atributos y cualidades no se alinea con nuestra experiencia de lo divino. Más que un Dios personal que creó el mundo, lo divino es una cualidad sublime que infunde profundidad y sentido a nuestra existencia. Es un estado trascendental que, como el amor, impregna nuestros días de una esencia transformadora. La divinidad no es una figura definida como «algo» ni un ser personalizado como «alguien». Dios no es un sustantivo sino un adjetivo y se asemeja a cualidades como la paz, el silencio, la compasión y la alegría.

La idea de que un día conoceremos al creador del universo que nos explicará personalmente el misterio de su existencia es una interpretación humana restringida y sumamente primitiva. La noción de un Dios personal, con el que podemos mantener un intercambio, pertenece al ámbito de lo antropomórfico. Lo divino trasciende estos límites; en lugar de ser una entidad con la que interactuamos, es una presencia experimentada. En realidad, es una vivencia inefable que va más allá de la personificación y se sitúa en el ámbito de lo universal y lo insondable. Así lo explica Maimónides:

כְּבָר יָדַעְתָּ אָמְרָתָם הַכּוֹלֶלֶת לְמִינֵי הַפֵּרוּשִׁים כֻּלָּם הַתְּלוּיִים בָּזֶה הָעִנְיָן, וְהוּא אָמְרָם "דִּבְּרָה תוֹרָה כִּלְשׁוֹן בְּנֵי אָדָם". עִנְיָן זֶה – כִּי כָּל מָה שֶׁאֶפְשָׁר לִבְנֵי אָדָם כֻּלָּם הֲבָנָתוֹ וְצִיּוּרוֹ בִּתְחִלַּת הַמַּחְשָׁבָה, הוּא אֲשֶׁר שָׂם רָאוּי לֶאֱלוֹהַּ יִתְבָּרֵךְ. וְלָזֶה יְתֹאַר בִּתְאָרִים מוֹרִים עַל הַגַּשְׁמוּת לְהוֹרוֹת עָלָיו שֶׁהוּא יִתְבָּרֵךְ נִמְצָא. כִּי לֹא יַשִּׂיגוּ הֶהָמוֹן בִּתְחִלַּת הַמַּחְשָׁבָה מְצִיאוּת כִּי אִם לַגֶּשֶׁם בִּלְבַד, וּמַה שֶּׁאֵינוֹ גֶּשֶׁם אוֹ נִמְצָא בְּגֶשֶׁם אֵינוֹ נִמְצָא אֶצְלָם. וְכֵן כָּל מַה שֶׁהוּא שְׁלֵמוּת אֶצְלֵנוּ יְיֻחַס לוֹ יִתְבָּרֵךְ – לְהוֹרוֹת עָלָיו שֶׁהוּא שָׁלֵם בְּמִינֵי הַשְּׁלֵמֻיּוֹת כֻּלָּם, וְאֵין עִמּוֹ חִסָּרוֹן אוֹ הֶעְדֵּר כְּלָל. וְכָל מַה שֶׁיַּשִּׂיגוּ הֶהָמוֹן שֶׁהוּא חִסָּרוֹן אוֹ הֶעְדֵּר – לֹא יְתֹאַר בּוֹ; וְלָזֶה לֹא יְתֹאַר בַּאֲכִילָה וּשְׁתִיָּה וְלֹא בְּשֵׁנָה וְלֹא בָּחֳלִי וְלֹא בְּחָמָס וְלֹא בְּמָה שֶׁיִּדְמֶה לָזֶה. וְכָל מַה שֶׁיַחְשֹׁב הֶהָמוֹן שֶׁהוּא שְׁלֵמוּת יְתֹאַר בּוֹ – וְאַף עַל פִּי שֶׁהַדָּבָר הַהוּא אָמְנָם הוּא שְׁלֵמוּת בְּעֶרֶךְ אֵלֵינוּ אֲבָל בְּעֶרֶךְ אֵלָיו יִתְבָּרֵךְ אֵלּוּ אֲשֶׁר נַחְשְׁבֵם כֻּלָּם שְׁלֵמֻיּוֹת הֵם תַּכְלִית הַחִסָּרוֹן; אָמְנָם אִלּוּ דִּמּוּ הֶעְדֵּר הַשְּׁלֵמוּת הַהוּא הָאֱנוֹשִׁי מִמֶּנּוּ יִתְבָּרֵךְ, הָיָה זֶה אֶצְלָם חִסָּרוֹן בְּחֻקּוֹ. וְאַתָּה יוֹדֵעַ כִּי הַתְּנוּעָה הִיא מִשְּׁלֵמוּת בַּעַל הַחַיִּים וְהֶכְרֵחִית לוֹ בְּהַשְׁלָמָתוֹ. וּכְמוֹ שֶׁהוּא צָרִיךְ לַאֲכִילָה וּשְׁתִיָּה לְהַחֲלִיף מָה שֶׁיִּתֵּךְ כֵּן הוּא צָרִיךְ לַתְּנוּעָה לְכַוֵּן אֶל הַטּוֹב לוֹ וְהַמַּרְגֵּל לִבְרֹחַ מִן הָרַע לוֹ וּמָה שֶׁהוּא כְּנֶגְדּוֹ. וְאֵין הֶפְרֵשׁ

בֵּין שֶׁיִּתְאָר יִתְבָּרֵךְ בַּאֲכִילָה וּבִשְׁתִיָּה אוֹ שֶׁיִּתְאָר בִּתְנוּעָה. אֲבָל לְפִי "לְשׁוֹן
בְּנֵי אָדָם" – כְּלוֹמַר: הַדִּמְיוֹן הַהֲמוֹנִי – הָיוּ הָאֲכִילָה וְהַשְּׁתִיָּה אֶצְלָם חִסָּרוֹן
בְּחֹק הָאֱלוֹהַּ וְהַתְּנוּעָה אֵינָהּ חִסָּרוֹן בְּחֻקּוֹ וְאַף עַל פִּי שֶׁהַתְּנוּעָה אָמְנָם הַצָּרִיךְ
אֵלֶיהָ הַחִסָּרוֹן. וּכְבָר הִתְבָּאֵר בְּמוֹפֵת כִּי כָּל מִתְנוֹעֵעַ בַּעַל גּוֹדֶל – מִתְחַלֵּק
בְּלֹא סָפֵק; וְהִנֵּה יִתְבָּאֵר אַחַר זֶה הֱיוֹתוֹ יִתְבָּרֵךְ בִּלְתִּי בַּעַל גּוֹדֶל וְלֹא תִמָּצֵא
לוֹ תְנוּעָה; וְלֹא יִתְאַר גַּם כֵּן בִּמְנוּחָתוֹ כִּי לֹא יִתְאַר בִּמְנוּחָה אֶלָּא מִי שֶׁדַּרְכּוֹ
לְהִתְנוֹעֵעַ. וְכָל אֵלֶּה הַשֵּׁמוֹת הַמּוּרִים עַל מִינֵי תְּנוּעוֹת בַּעַל הַחַיִּים כֻּלָּם יִתְאַר
בָּהֶם יִתְבָּרֵךְ עַל הַדֶּרֶךְ שֶׁאָמַרְנוּ כְּמוֹ שֶׁיִּתְאָר בַּחַיִּים כִּי הַתְּנוּעָה – מִקְרֶהָ דָבֵק
לְבַעַל הַחַיִּים. וְאֵין סָפֵק, כִּי בְּהִסְתַּלֵּק הַגַּשְׁמוּת יִסְתַּלְּקוּ כָל אֵלֶּה כְּלוֹמַר: יָרַד
וְעָלָה וְהָלַךְ וְנִצַּב וְעָמַד וְסָבַב וְיָשַׁב וְשָׁכַן וְיָצָא וּבָא וְעָבַר וְכָל מָה שֶׁדּוֹמֶה לָזֶה.
וְזֶה הָעִנְיָן הָהֲאָרָכָה בּוֹ – יִתְרוֹן אֶלָּא מִפְּנֵי שֶׁהִרְגִּילוּהוּ דֵעוֹת הֶהָמוֹן, לָכֵן צָרִיךְ
לְבָאֲרוֹ לַאֲשֶׁר לָקְחוּ עַצְמָם בִּשְׁלֵמוּת הָאֱנוֹשִׁי, וּלְהָסִיר מֵהֶם אֵלּוּ הַמַּחֲשָׁבוֹת
הַמַּתְחִילוֹת מִשְּׁנֵי הַנַּעֲרוּת אֲלֵיהֶם – בִּמְעַט הַרְחָבָה כְּמוֹ שֶׁעָשִׂינוּ.
(רמב"ם, מורה נבוכים, א', כ"ו)

Conocerá, sin duda, el dicho talmúdico que abarca todos los diversos tipos de interpretaciones relacionadas con nuestro tema. Dice así: «La Torá habla según el lenguaje del ser humano», es decir, se aplican al Creador expresiones que pueden ser fácilmente comprendidas y entendidas por todos. De ahí la descripción de Dios mediante atributos que implican corporeidad, para expresar Su existencia: porque la multitud de la gente no concibe fácilmente la existencia si no es en conexión con un cuerpo, y lo que no es un cuerpo ni está conectado con un cuerpo no tiene existencia para ellos.

Aquello que consideramos un estado de perfección, se atribuye igualmente a Dios, como expresión de que Él es perfecto en todos los aspectos, y de que no se encuentra en Él imperfección o deficiencia alguna. Pero no se atribuye a Dios nada que la multitud considere un defecto o una carencia; así, nunca se le representa comiendo, bebiendo, durmiendo, enfermando, siendo violento, y cosas semejantes. Todo lo que, por otra parte, se considera comúnmente como un estado de perfección se le atribuye a Él, aunque sea solo un estado de perfección en relación con nosotros; porque en relación con Dios, lo que nosotros consideramos un estado de perfección, es en verdad el más alto grado de imperfección. Sin embargo, si los hombres pensaran que esas perfecciones humanas están ausentes en Dios, lo considerarían imperfecto.

Es sabido que la locomoción es una de las características distintivas de los seres vivos y que les resulta indispensable en su progreso hacia la perfección. Del mismo modo que necesitan comer y beber para reemplazar los desechos, también necesitan locomoción para acercarse a lo que es beneficioso para ellos y está en armonía con su naturaleza, y para escapar de lo que es perjudicial y contrario a su naturaleza. De hecho, no hay diferencia entre atribuir a Dios el comer y el beber o la locomoción; pero según los modos de expresión humanos, es decir, según las nociones comunes, el comer y el beber serían una imperfección en Dios, mientras que el movimiento no lo sería, a pesar de que la necesidad de locomoción es el resultado de alguna carencia. Además, se ha demostrado claramente, que todo lo que se mueve es corpóreo y divisible; más adelante se demostrará que Dios es incorpóreo y que no puede tener locomoción; tampoco se le puede atribuir el reposo; pues el reposo solo se puede aplicar a lo que también se mueve. Sin embargo, todas las expresiones que implican los diversos modos de movimiento de los seres vivos se emplean con respecto a Dios de la manera que hemos descrito y del mismo modo que se le atribuye la vida: aunque el movimiento es un accidente propio de los seres vivos, y no cabe duda de que, sin corporeidad, no podrían imaginarse expresiones como las siguientes: "descender, ascender, caminar, colocarse, estar de pie, rodear, sentarse, habitar, partir, entrar, pasar y demás.

Habría sido superfluo dilatarse así sobre este tema, si no fuera por la gran mayoría del pueblo, que está acostumbrada a tales ideas. Ha sido necesario explayarse sobre el tema, como

Artículo 8: En búsqueda de significado

hemos intentado, en beneficio de aquellos que están ansiosos por adquirir la perfección, para alejar de ellos tales nociones que han crecido con ellos desde los días de su juventud.

(Maimónides, *Guía de los perplejos*, 1.26)

Maimónides no habla como un creyente dogmático, sino como un maestro que piensa desde la verdad misma. Nos recuerda aquel «pensar lo verdadero» con que Heidegger se refirió a Parménides y Heráclito en sus conferencias impartidas en la Universidad de Friburgo en 1942-1943: «que piensan lo verdadero en una única copertenencia al comienzo del pensar occidental. Pensar lo verdadero significa: experimentar lo verdadero en su esencia y saber la verdad de lo verdadero en dicha experiencia esencial».

Maimónides sostiene que la divinidad antropomorfizada resulta apropiada para ser predicada a las masas. Pero Dios es una presencia, no una persona. Más que un ente localizado, la divinidad es omnipresente. Esta visión trasciende las concepciones clásicas y tradicionales de una deidad exclusiva; nos invita a superar las limitaciones mentales humanas e ir en pos de una vivencia universal y trascendente.

Entre los buscadores que no se aferran a la existencia de una deidad personal, algunos se empeñan en disolver el «yo» objetual e ir en pos de una iluminación espiritual. Despreocupados de un Dios personal, se enfocan en entender y superar su propia dimensión óntica. Su travesía, a menudo prolongada, les sumerge en la esperanza de obtener a «alguien» o renunciar a «algo». Vemos que, de una u otra manera, siguen apoyándose en lo objetual. Parecen caer en la misma actitud que Heidegger criticaba en la filosofía occidental: se obsesionan por el ente y olvidan al ser. No comprenden que renunciar al «yo» es intrínsecamente paradójico: es tan fútil como jalar de nuestro propio cinturón para levantarnos.

El esfuerzo por abandonar al ego constituye un acto egoico, pues tal intento ontifica el «yo». El ego no puede trascenderse ni superarse a sí mismo porque no hay nadie que pueda triunfar sobre nada. Al intentar despojarnos del egocentrismo, puede que inadvertidamente lo consolidemos. La noción del ego encierra una paradoja ineludible. Esta supuesta entidad, a menudo percibida como el epicentro de la autoconsciencia, se desvanece ante un escrutinio minucioso. No es más que una construcción ideativa, desprovista de sustancia inherente. El ego se configura como una entelequia; es una quimera nacida de la creencia en su propia existencia. Al ser observada, simplemente se disuelve. Así como la oscuridad no es más que falta de luz, la entidad egoica es mero desconocimiento de nosotros mismos. El ego se revela como la sombra proyectada por nuestra ignorancia. Resulta imposible destrozar, demoler, destruir o renunciar al ego inexistente sin caer en un ciclo perpetuo de autoengaño. En el intento, surgirán nuevas manifestaciones egoicas, como la falsa humildad, la fingida liberación o un disfraz de erudición, que no son más que nuevas formas de ignorancia. Resulta fútil combatir la oscuridad o el fenómeno egoico. No podemos expulsar las tinieblas. Solo podemos encender la luz. Al igual que la oscuridad se disipa con la luz, el ego se desmantela con el autoconocimiento.

En lugar de abogar por la renuncia, destrucción o aniquilación del ego, exhorto a examinarlo. El enfoque no debe ser de confrontación, sino de comprensión profunda. Más que un adversario, es un fenómeno que hay que explorar. Si queremos renunciar al ego, primero debemos verificar su presencia. Indagando en su esencia, descubriremos si realmente existe. Paradójicamente, aunque el fenómeno egoico sea ilusorio, es un componente de nuestra experiencia humana. Al iluminar sus rincones más oscuros con plena atención y consciencia, descubrimos su ausencia. Con la observación, el ego se desvanece, dando paso a una existencia integrada y holística. Este viaje hacia la autoconsciencia revela la naturaleza efímera del ego. En esta totalidad, emergemos a una realidad transformada. Toda separación se disipa y nos fundimos en la totalidad, alcanzando la verdadera esencia de nuestro ser.

Parece arduo resolver este enigma, pero es menos complicado de lo previsto. El camino hacia la retroprogresión no exige adquirir algo ni abandonar nada. No requiere acciones ni nuestras renuncias. Mas aún, el «yo» se nutre y fortalece mediante el esmero y el tesón. Curiosamente, nada alimenta más al ego que los esfuerzos por adquirir algo o deshacerse de algo. Sugiero adoptar una postura de observación en nuestra búsqueda del ego. Si se descubre, no puede ser desechado; si no se halla, no hay nada de que liberarse. No podemos destruir la carencia, renunciar a la inexistencia ni eliminar la ausencia. Observando, realizaremos que no existe tal entidad autónoma como el «yo» dentro de nosotros.

וְאָמַר רַבִּי אֲחָא, "וְהַחָכְמָה מֵאַיִן תִּמָּצֵא" (איוב כ"ח, י"ב). מַהוּ "מֵאַיִן"? מֵאוֹתָן שֶׁעוֹשִׂין עַצְמָן כְּאַיִן.

(מדרש תנחומא, כי תבוא, ג')

Y Rabí Aja dice: «¿Dónde puede hallarse la sabiduría?» (esta frase también puede traducirse como, «la sabiduría proviene de la nada»). ¿Cuál es [el significado de] «de la nada»? de aquellos que se convierten en nada.

(*Midrásh Tanjuma*, «*Ki Tavó*,» 3)

Esta observación es el proceso por el cual el «yo» independiente se transforma en nada y revela su inexistencia. No se trata de trascender el ego, sino de descubrir que nunca lo hemos tenido. Este es el proceso de transformación del «yo» en «nada»:

הקב"ה בָּרָא אֶת הָעוֹלָם יֵשׁ מֵאַיִן, וְהַצַדִּיקִים עוֹשִׂים בְּמַעֲשֵׂיהֶם אִ"ן מִ"שׁ. כְּמוֹ מַעֲשֵׂה הַקָּרְבָּנוֹת, שֶׁהַבְּהֵמָה הִיא יֵשׁ, מַעֲשֶׂה גַּשְׁמִי, וְהַצַדִּיקִים מְקָרְבִין אוֹתָהּ אֶל הַקְדֻשָּׁה וְנַעֲשֵׂה אַיִן רוּחָנִי. נִמְצָא כִּי מִתְחִלָּה הָיָה אִ"ן וּלְבַסּוֹף אִ"ן. וְזֶהוּ אנ"י אוֹתִיּוֹת אי"ן, כִּי מֵאנ"י שֶׁהוּא עֲשִׂיָּה נַעֲשֶׂה אי"ן.

(המגיד ממעזריטש, אור תורה, פרשת אמור, מאמר ק"כ)

Dios creó el mundo, creando algo desde nada (*creatio ex nihilo*) y los justos (*tzadikim*) transforman, con sus acciones, algo en nada, como en el acto de los sacrificios, que la bestia es algo, una creación material, y los justos [mediante el sacrificio] la acercan a la santidad y se convierte en una nada espiritual. Así, encontramos que al principio no había nada (*ain*) y al final no hay nada (*ain*), y este es el significado de la palabra *ani* (yo), siendo de las mismas letras de la palabra *ain* (nada), porque del *ani* (yo) que está actuando, se convierte en nada (*ain*).

(El Magid de Mezeritch, *Or Torá*, *Parashát Emor*, Discurso 120)

En los textos fundamentales de la filosofía hindú, particularmente en los *upaniṣads* y el *Avadhūta-gītā*, se encuentra la expresión sánscrita *neti-neti*, que se traduce como 'ni esto, ni aquello'.

अथात आदेशो—नेति नेति, न ह्येतस्मादिति नेत्यन्यत्परमस्त्यथ ना मधेयम्—सत्यस्य सत्यमिति ।

athāta ādeśo neti neti na hy etasmād iti nety anyat param asty atha nāma dheyam satyasya satyam iti.

Entonces, por lo tanto, la instrucción es *neti-neti*, o 'ni esto, ni aquello'. No hay otra instrucción más excelente que *neti*, o 'esto no'; se denomina la verdad de las verdades.

(*Bṛhad-āraṇyaka Upaniṣad*, 2.3.6)

तत्त्वमस्यादिवाक्येन स्वात्मा हि प्रतिपादितः ।
नेति नेति श्रुतिर्ब्रूयाद् अनृतं पाञ्चभौतिकम् ॥

tattvamasyādi-vākyena
svātmā hi pratipāditaḥ
neti neti śrutir brūyād
anṛtaṁ pāñca-bhautikam

Mediante frases como «Eso eres», se afirma nuestro propio Ser. De lo que es falso y compuesto de los cinco elementos, el *śruti* (escritura) dice: «no esto, no esto».

(*Avadhūta-gītā*, 1.25)

Profundamente arraigada en el *jñāna-yoga*, esta práctica meditativa actúa como catalizador esencial del proceso de autorrealización. Esta se fundamenta en el uso deliberado de la mente para desasociarse de todas las formas y nomenclaturas. Esto promueve el discernimiento entre el ámbito fenoménico y el trascendental. Practicando *neti-neti*, se llega a entender que todo concepto susceptible de ser imaginado o concebido por la mente humana no es representativo de Brahman, el principio último de la realidad. Así, esta práctica conduce de manera gradual al descubrimiento de esta verdad esencial.

El *neti-neti* es un ejercicio que comienza con la negación de todos los fenómenos de la consciencia y concluye en el desvelamiento de la consciencia no dual misma. Es una herramienta de introspección que nos lleva a un viaje de autodescubrimiento del *ātman*, o el verdadero «yo», descartando progresivamente la identificación con aspectos periféricos como el cuerpo, los pensamientos, los sentimientos, los nombres y las formas, todos ellos considerados como *anātman* («no-yo»).

Así, *neti-neti* no solo rechaza las descripciones conceptuales de la realidad absoluta, sino que también deconstruye la interpretación egoica. Ādi Śaṅkara defendió este enfoque en su comentario sobre el *Kārikā* de Gauḍapāda. Él sostuvo que Brahman trasciende cualquier atributo y que esta práctica ayuda a disolver las barreras impuestas por la ignorancia. Su discípulo Sureśvara enfatizó que no solo niega la existencia, sino que también conduce al descubrimiento de nuestra identidad subyacente. *Neti-neti* sirve como una descripción de lo indescriptible, capturando la esencia de lo que no puede ser definido. Es útil cuando ninguna otra definición es pertinente. Nos ofrece huellas a seguir hacia lo inmanifiesto.

El *Bṛhad-āraṇyaka Upaniṣad* proporciona una interpretación esclarecedora, al aseverar que existen dos aspectos de Brahman: el material y el inmaterial. Śaṅkara considera que la entidad aparentemente separada (*jīva*) es un reflejo de Brahman en la ignorancia (*avidyā*). El principio de *neti-neti* niega todo lo que no es Brahman y nos ofrece una perspectiva sobre la infinita capacidad de transformación del Ser. Una persona nace sin la habilidad de caminar o hablar; su evolución futura es un reflejo de su naturaleza intrínseca. Asimismo, no somos conscientes de nuestra auténtica naturaleza, pero la posibilidad de la autorrealización es inherente a nuestra esencia.

La aproximación o la vía negativa, conocida en las esferas filosóficas y religiosas, remonta sus orígenes a diversos linajes intelectuales y espirituales, abarcando desde la filosofía griega hasta las enseñanzas fundacionales del cristianismo, el islam y el judaísmo.

La divinidad es la constante en este escenario. La ausencia del «yo» elimina cualquier brecha o división, similar a la ruptura de una vasija que permite la unión del espacio interior con el exterior, revelando su unidad e indivisibilidad inherente. No es que percibamos la divinidad en todas las cosas, ni que identifiquemos a Dios en la entidad misma; más bien, en ausencia de lo objetual, la existencia de Dios se torna autoevidente y exclusiva. Se necesita algo similar a la idea de «remoción», tal como aborda Santo Tomás de Aquino en su *Suma contra los gentiles*:

[1] Después de haber demostrado que existe un primer ser, que llamamos Dios, es necesario que asignemos cuáles son sus títulos (c. 9).

[2] Para estudiar la substancia divina hemos de valernos principalmente del método de remoción, porque, sobrepasando por su inmensidad todas las formas de nuestro entendimiento, no podemos alcanzarla conociendo qué es. Sin embargo, podemos alcanzar alguna noticia conociendo «qué no es», y tanto mayor será cuanto más niegue de ella nuestro entendimiento, porque el conocimiento que tenemos de cada uno de los seres es tanto más perfecto cuanto más percibimos sus diferencias de los otros seres, pues cada cosa tiene un ser propio, distinto de los otros. Y de aquí que, tratándose de seres cuya definición poseemos, en primer lugar, les damos un género, que nos hace ver qué son en general; después les añadimos sus diferencias, que los distinguen de los otros seres; y así tenemos conocimiento perfecto del ser.

[3] Mas en el estudio de la substancia divina no podemos servirnos de la quiddidad como género. Es necesario acudir a las diferencias negativas para distinguirla de otros seres, porque tampoco podemos hacerlo por las diferencias afirmativas. Si se trata de diferencias afirmativas, una nos conduce a la otra y nos aproxima a una designación más

completa del ser a medida que nos hace distinguirlo de los demás. Si es de diferencias negativas, una es restringida por otra, que hace al ser distinguirse de muchos otros. Al afirmar, por ejemplo, que Dios no es accidente, lo distinguimos de todos los accidentes; si decimos después que no es cuerpo, lo distinguimos también de algunas substancias; y así ordenadamente, por medio de negaciones, vamos distinguiéndole de todo lo que no es Él. Y tendremos conocimiento propio de su substancia cuando veamos que es distinta de todo otro ser. Aunque no será perfecto, porque no se conoce qué es en sí mismo.

[4] Si queremos, pues, proceder al conocimiento de Dios por vía de remoción, tomemos como principio lo que ya se ha demostrado (c. prec.), es decir, que Dios es completamente inmóvil, verdad confirmada por la Sagrada Escritura. Dice Malaquías: «Porque soy Dios y no cambio»; y Santiago: «En el cual no se da mudanza»; y en los Números: «No es Dios como el hombre para que se mude».

(*Suma contra los gentiles*, Libro I, capítulo XIV)

Santo Tomás de Aquino comienza estableciendo que no podemos afirmar lo que Dios es, solo lo que Dios no es. Posteriormente, aboga por el método de la negación para profundizar en el conocimiento de lo divino. Argumenta que la naturaleza humana, por su propia limitación, tiende a proyectar atributos finitos sobre Dios, derivados de nuestra experiencia tangible y limitada. Por consiguiente, toda cualidad que asignemos a la divinidad invariablemente recae en el ámbito de lo finito, restringido por nuestra perspectiva limitada. Entendemos, por ejemplo, el concepto de finitud, pero nos resulta imposible aprehender completamente lo infinito. En consecuencia, con relación a Dios, negamos la finitud. De manera análoga, nuestra percepción de la inmortalidad está condicionada por nuestra experiencia innata con la mortalidad, llevándonos a descartar este último aspecto en nuestra concepción de lo divino. Este proceso de negación sistemática, según Santo Tomás, nos acerca a una comprensión más auténtica de Dios, liberándolo de las imperfecciones concebibles desde la perspectiva humana.

El *neti-neti* se asemeja al concepto de «destrucción» presentado por Martín Heidegger durante el primer período de su obra (1919-1927). Este no solo es un aspecto interesante de su filosofía, sino también un elemento esencial en su enfoque fenomenológico. En sus lecciones inaugurales, Heidegger inicia la exploración de la «destrucción», entendida inicialmente como el proceso de desmantelamiento de las conceptualizaciones que distorsionan la percepción de la vida «preobjetual», aquella experiencia vital previa a toda conceptualización y categorización. Heidegger se refiere a la destrucción con las siguientes palabras:

> La filosofía que se practica hoy en día se mueve, en gran parte y de manera impropia (*uneigentlich*), en el terreno de la conceptualidad griega, a saber, en el terreno de una conceptualización que se ha transmitido a través de una cadena de interpretaciones heterogéneas (*Interpretationen hindurchgegengen ist*). Los conceptos fundamentales han perdido sus funciones expresivas originarias (*ursprünglichen*), y que siguen el patrón de determinadas regiones de la experiencia objetual [...]. Por consiguiente, la hermenéutica fenomenológica de la facticidad en la medida en que pretende contribuir a la posibilidad de una apropiación radical de la situación actual de la filosofía por medio de la interpretación —y esto se lleva a cabo llamando la atención sobre las categorías concretas dadas previamente—, se ve obligada a asumir la tarea de deshacer el estado de interpretación heredado y dominante, de poner de manifiesto los motivos ocultos, de destapar las tendencias y las vías de interpretación no siempre explicitadas y de remontarse a las fuentes originarias que motivan toda explicación por medio de una estrategia de desmontaje. La hermenéutica, pues, cumple su tarea solo a través de la destrucción (*destruktion*). La investigación filosófica [...] es conocimiento «histórico» en el sentido radical del término. La confrontación destructiva

con su historia no es para la investigación filosófica un simple procedimiento destinado a ilustrar cómo eran las cosas antaño, ni encarna el momento de pasar ocasionalmente revista a lo que otros «hicieron» antes, ni brinda la oportunidad de esbozar entretenidas perspectivas acerca de la historia universal. La destrucción es más bien el único camino a través del cual el presente debe salir al encuentro de su propia actividad fundamental; y debe hacerlo de tal manera que de la historia brote la pregunta constante de hasta qué punto se inquieta el presente mismo por la apropiación y por la interpretación de las posibilidades radicales y fundamentales de la experiencia. Así, los proyectos de una lógica radical del origen (*eine radikale Ursprunglogik*) y las primeras contribuciones a la ontología se esclarecen de una manera fundamentalmente crítica [...] Aquello que no logramos interpretar y expresar de un modo originario (*ursprünglich*), no sabemos custodiarlo en su autenticidad (*eigentlicher*).

(*Interpretaciones Fenomenológicas sobre Aristóteles*)

Con el transcurso de los años, Heidegger amplió y profundizó en este concepto, aunque conserva ciertos elementos de su acepción original. En una fase posterior, la «destrucción» adquirió la connotación de un desmontaje crítico de las nociones filosóficas tradicionales. Esta transformación se asemeja a una deconstrucción que pretende liberar la comprensión del Ser (*Sein*) de las limitaciones impuestas por el pensamiento filosófico anterior. Tal evolución refleja el empeño continuo de Heidegger en buscar una comprensión más genuina y desembarazada del Ser. Tras la «destrucción fenomenológica» anunciada en *Ser y Tiempo* (*Sein und Zeit*), un análisis final muestra cómo Heidegger aborda una reconstrucción. Aunque este aspecto queda inconcluso en su obra, ofrece una perspectiva vital para entender su filosofía. Este meticuloso análisis, basado en las conferencias impartidas en Marburgo, revela los esfuerzos de Heidegger por subvertir y reconfigurar la tradición filosófica, donde la «destrucción» se convierte en un medio para acceder a los fundamentos y abordar de forma renovada el problema del Ser.

En nuestra búsqueda de lo divino, negamos o destruimos todo atributo óntico, para que su esencia inherente pueda emerger. El buscador no es un ente que necesita adquirir cualidades para alcanzar a Dios, sino que solo despojar a Dios de todo atributo. Esta perspectiva es transformadora: Dios no es una entidad externa, es más bien la naturaleza intrínseca que yace debajo de todas las capas ónticas. No percibiremos a Dios en cada objeto, pero la propia ausencia de objetos, la nada, revelará a Dios. Lo divino no está contenido en cada partícula del universo, sino que el universo mismo es una auténtica expresión divina. De hecho, «Dios» es el término amoroso para «lo que es», o la realidad en su estado más puro, simple y último.

Si exploramos nuestros sueños, nos enfrentaremos a una verdad compleja: las metas, los objetivos y los destinos oníricos son inalcanzables. Similarmente, las prácticas espirituales, propagandizadas tanto por los mercaderes de espiritualidad como por la fe organizada, se presentan como caminos hacia la redención, pero son meras construcciones ficticias. Sin embargo, esta ilusión no disminuye su valor intrínseco. Tales prácticas basadas en creencias se convierten en herramientas vitales para nuestro viaje espiritual. Son potencialmente valiosas porque pueden provocar una profunda transformación introspectiva.

Si la pregunta está mal formulada, no llegaremos a la respuesta. No resolveremos un problema si está mal formulado. Indagar sobre la divinidad con la aspiración de encontrar a Dios es un profundo error conceptual. Lo importante no es quién busca ni qué se espera encontrar, sino asimilar que lo que existe es simplemente tal como es. Con esta simple verdad, podemos reconocer que nunca hemos extraviado nada ni nos hemos alejado a ningún lugar. Nada ha dejado de existir, ni ha sido destruido o aniquilado. En la aceptación de lo que simplemente es, toda búsqueda finaliza, dando paso a la verdadera comprensión: la existencia, en su forma más pura e inalterada, es la auténtica esencia de lo divino. El Ser es su propia esencia. La verdadera búsqueda no debe estar orientada hacia el mundo objetual exterior, sino que requiere una introspección profunda que disuelve el «yo» y revela la presencia de lo divino. Buscamos a Dios; sin embargo, es Dios quien nos encuentra.

La mayoría de las instituciones religiosas predican que Dios es el creador del universo y de sus creaturas, pero esta visión ignora una cuestión fundamental: nunca nadie nos consultó si deseábamos ser creados. Si aceptamos la noción de un Dios personal y creador, nos enfrentamos a un dilema ético: tal ser se asemejaría a un dictador y nosotros seríamos meros súbditos. Evidentemente, este Dios es incompatible con la noción de libertad humana. Si fuéramos títeres en sus manos, entonces con el movimiento de los hilos, nos haría cantar, llorar, reír, amar y hasta asesinar. Desaparecería toda distinción entre virtud y pecado, bondad y maldad. Los títeres no son responsables de sus actos; solo los seres dotados de libertad pueden ser santos o pecadores.

Dos de los aforismos más famosos de Nietzsche son «Dios ha muerto», un aforismo en *La Gaya Ciencia* y «el desierto crece», el título de un poema en *Así habló Zaratustra*. Estas declaraciones van más allá de un mero anuncio teológico; articulan una profunda transformación en la percepción humana del cosmos y de la vida. Estas frases subrayan que el ser humano, en su esfuerzo por alcanzar un entendimiento más profundo de la realidad, ha sido el agente catalizador de esta «extinción divina». «El desierto crece» simboliza el terreno de indeterminación, desprovisto de estructuras y orden, en el que emerge la libertad creativa del «superhombre». Esta libertad representa un cambio paradigmático en el pensamiento, donde el ser humano se coloca en el centro de la interpretación de la realidad, desplazando así la figura de una divinidad personal como explicación última del universo y de la existencia.

Nietzsche escribe que esta gran noticia fue comunicada por un loco que corría por el mercado al mediodía gritando sin cesar «Dios ha muerto». Él saltó en medio de las personas que se declaraban ateas, les atravesó con su mirada mientras ellos reían y dijo: «¿Que dónde se ha ido Dios? —exclamó—, os lo voy a decir. Lo hemos matado: ¡Vosotros y yo! todos somos sus asesinos». Dios no ha muerto por causas naturales, sino que ha sido asesinado por el ser humano. Desde el mismo momento del asesinato, comienza una nueva historia para el ser humano quien debe cargar con la culpa y con su libertad. El mismo loco pregunta: «¿Que hicimos, cuando desencadenamos la tierra de su sol? ¿Hacia dónde iremos nosotros? [...] ¿No erramos como a través de una nada infinita?».

Mientras su Dios vivía, el ser humano podía preguntar estas preguntas. Nietzsche no simplemente proclama la desaparición de la fe, sino también la evolución de la consciencia humana. La «muerte de Dios representa una liberación y al mismo tiempo un desafío monumental. Al perder el ancla de un orden divino, la humanidad se enfrenta a la inmensidad de un universo sin guía preestablecida, donde cada individuo debe buscar su propio camino y crear su propio significado. Este escenario es tanto una ocasión para la autorrealización como una fuente de ansiedad existencial. En este nuevo mundo, la responsabilidad de la humanidad se amplifica; ya no hay deidades a las que culpar o alabar, solo seres humanos y su capacidad para forjar su propio destino. La preocupación del loco se clarifica en su pregunta:

> ¿No es la grandeza de este acto demasiado grande para nosotros? ¿No tendremos que volvernos nosotros mismos dioses para parecer dignos de ellos? Nunca hubo un acto más grande y quien nazca después de nosotros formará parte, por amor de ese acto, de una historia más elevada que todas las historias que hubo nunca hasta ahora.
> Aquí, el loco se calló y volvió a mirar a su auditorio: también ellos callaban y lo miraban perplejos. Finalmente, arrojó su farol al suelo, de tal modo que se rompió en pedazos y se apagó. «Vengo demasiado pronto —dijo entonces—, todavía no ha llegado mi tiempo. Este enorme suceso todavía está en camino y no ha llegado hasta los oídos de los hombres. El rayo y el trueno necesitan tiempo, la luz de los astros necesita tiempo, los actos necesitan tiempo, incluso después de realizados, a fin de ser vistos y oídos. Este acto está todavía más lejos de ellos que las más lejanas estrellas y, sin embargo, son ellos los que lo han cometido.»

Todavía se cuenta que el loco entró aquel mismo día en varias iglesias y entonó en ellas su *Requiem aeternam deo*.
Una vez conducido al exterior e interpelado contestó siempre esta única frase:
«¿Pues, ¿qué son ahora ya estas iglesias, más que las tumbas y panteones de Dios?».
(Friedrich Nietzsche, *La Ciencia Gay*, sección 125)

El loco de Nietzsche revela una transformación fundamental en la concepción humana de la autonomía, que resuena con la idea de Kant de que la autonomía es ahora un mero punto de partida. Es decir, la autonomía, que tradicionalmente se consideraba el destino último al que se llegaba mediante el uso de la razón, ahora es el primer paso. Esto significa que los humanos deben asumir activamente la responsabilidad de su destino, estableciendo sus propios objetivos y los medios para alcanzarlos. Esta noción se manifiesta en la exclamación del loco: «He llegado demasiado pronto... mi tiempo aún no ha llegado», lo que significa que la era del «superhombre» de Nietzsche aún no ha llegado.

Según Nietzsche, la muerte de Dios es un evento trascendental que libera al ser humano de la dependencia de una entidad divina. He asesinado a Dios, pero aún no he despertado. Esta liberación no conduce automáticamente a la verdadera libertad. Los asesinos de Dios, en lugar de alcanzar la libertad plena, pueden caer en la trampa de divinizar otros ídolos o conceptos. La auténtica libertad, según Nietzsche, reside en la capacidad del individuo de vivir sin Dios y sin pertenecer a un colectivo, siendo así verdaderamente independiente.

Si aceptamos un Dios personal, toda responsabilidad recae sobre el creador. El ser humano queda relegado a un papel pasivo en el universo y despojado de su libertad y su posibilidad creadora. Nietzsche desafía esta noción, proponiendo que la verdadera libertad humana reside en la capacidad de crear valores propios, más allá de las imposiciones divinas. La muerte de Dios, por tanto, ofrece al ser humano la oportunidad de «ser» de un modo auténtico y autoconstruido. Esto sugiere un cambio fundamental en nuestra relación con la trascendencia, marcando un punto de inflexión en la historia del pensamiento humano. En un mundo en el que el concepto de Dios ya no domina, se plantea la cuestión fundamental de cómo debemos orientar nuestra existencia. La respuesta de Nietzsche a esta inquietud es la creación de valores. La muerte de Dios no es solo un final, sino también un nuevo comienzo, en el que los individuos tienen la posibilidad y la responsabilidad de dar forma a su propia moralidad y propósito en la vida. En este nuevo paradigma, los humanos se convierten en los principales agentes de significado y valor en el universo.

En la novela *Los demonios* de Dostoievski, se hace evidente una profunda paradoja en la frase «Si Dios no existe, todo está permitido», pronunciada por el personaje Kirilov. De hecho, si Dios existe, nada está permitido, ya que los seres humanos no pueden crear. Si aceptamos la existencia de Dios, nuestra capacidad creativa y moral se ve limitada, lo que conduce a un importante dilema: la presencia de Dios significa la ausencia de verdadera libertad y autonomía.

La propuesta de Nietzsche, aunque penetrante y reveladora en ciertos aspectos, representa solo una faceta de un espectro más amplio. Su enfoque, centrado en la racionalidad y la lógica, destaca un aspecto crucial de la naturaleza humana. Subestima la importancia de la meditación, pero sin descuidar la introspección:

> Introspección sana, sin menoscabo de uno mismo; es un raro don aventurarse en las profundidades inexploradas del Ser, sin delirios ni ficciones, pero con una mirada incorrupta.
> (Friedrich Nietzsche, *Escritos inéditos de la época de las observaciones fuera de moda*)

Un punto similar es su enfoque en «dar a luz a uno mismo», o hacer de su propio Ser y de su vida un proyecto artístico para toda la vida, es decir, «convertirse y superarse a sí mismo». Pasaba sus días solo y enfermo, muchas veces en balnearios donde daba largos paseos. Abogaba por la soledad y dijo que los buenos pensamientos solo llegan caminando solo en lo que podríamos denominar caminatas meditativas.

Esta omisión conduce a un interrogante fundamental sobre el propósito de la libertad humana, en especial en un contexto desprovisto de la figura de un ente supremo. En un mundo sin un árbitro moral supremo, la libertad humana se torna más ambigua y compleja. Privada de un marco ético trascendental, la libertad absoluta podría derivar hacia un libertinaje desenfrenado. Sin una autoridad moral objetiva, las acciones humanas no son juzgadas como constructivas o destructivas. En este escenario, la libertad puede ser tanto un instrumento de grandeza como decadencia. Cuando las deidades están ausentes, se desata la capacidad humana tanto para acciones beneficiosas como perniciosas. Sin la presencia de una entidad superior que guíe o perdone, la moralidad se convierte en un concepto subjetivo y personal. Este escenario de libertad sin restricciones puede desencadenar comportamientos extremos y caóticos.

En un mundo desprovisto de la figura de Dios, nos enfrentamos a un vacío existencial, un eco resonante de la observación de Sartre que todos somos bastardos, porque carecemos de un ser fundamental al que aferrarnos. Esta libertad recién adquirida, aunque liberadora, nos deja sin un propósito claro. Aquí, Sartre nos ilumina con su idea de que «la existencia precede a la esencia», sugiriendo que nuestra esencia se forma a través de nuestras elecciones a lo largo de nuestra existencia. Es decir, primero existimos y luego, a medida que tomamos decisiones, nos dotamos de una esencia. Esta capacidad del ser humano para utilizar su libertad de forma creativa y responsable se convierte en una cuestión central, desafiando la transformación de la libertad en libertinaje.

A pesar de su profundo y agudo entendimiento, Nietzsche por desgracia nunca exploró la meditación. Si hubiera estado imbuido de la sabiduría oriental, quizás habría añadido una dimensión esencial a su perspectiva. La libertad humana, para ser verdaderamente enriquecedora y constructiva, debe estar arraigada en la meditación. La mente es confusión, caos y penumbras. La meditación aporta claridad porque no es un estado mental, sino la liberación de la mente, de uno mismo, de lo que uno cree que es, por eso es auténtica libertad. Privar a los seres humanos de una deidad no es un fin en sí mismo, sino un medio para liberarlos de las restricciones. Sin embargo, es esencial dotar de un nuevo sentido y significado a la existencia humana. La meditación se erige como una poderosa vía para descubrir nuestra naturaleza esencial y eterna. En este contexto, la meditación, libre de la influencia de cualquier deidad, emerge como una herramienta vital para encontrar dirección y propósito en un mundo liberado de la divinidad. La meditación puede elevar la autoconsciencia a un nivel donde el mal se torna impensable. Este sentido moral no se impone desde el exterior, sino que nace de lo más profundo de nuestro ser. Esta moral es autónoma, no heterónoma. Al reconocer nuestra conexión con el cosmos en lo más profundo de nuestro ser, revelamos nuestra verdadera naturaleza oculta. En este estado de iluminación, las acciones negativas como dañar o herir se tornan inconcebibles.

Nietzsche, en los últimos años de su vida, se enfrentó a una profunda crisis existencial. Su mente, antaño un faro de lucidez se sumió en las sombras de la locura, lo que culminó con su reclusión en un manicomio. Este coloso intelectual llegó a proclamar que «Dios ha muerto», una afirmación que reflejaba una perspectiva intrínsecamente negativa. Encontró un vacío insondable, una libertad desprovista de sentido y propósito. Este vacío es a menudo precursor de la locura. La vida humana, como un árbol, necesita raíces sólidas; sin ellas, nos encontramos a la deriva, desconectados del Todo.

La afirmación de Nietzsche de que «Dios ha muerto» marcó el colapso de una conexión fundamental entre nosotros y el universo. Esta pérdida nos deja vulnerables y carentes de un centro espiritual. Es esencial que los seres humanos encuentren un centro interior de comprensión y conexión, más allá de las estructuras religiosas tradicionales. La verdadera libertad no consiste en negar, sino en comprender nuestra relación con la totalidad. Nietzsche, enfocado en desmantelar las ilusiones del pasado, no logró abrazar completamente la dimensión futura de la libertad. Esta omisión parcial contribuyó a su trágica desesperación. La libertad implica no solo liberarse de las cadenas del pasado, sino también abrazar la incertidumbre y las posibilidades del futuro. La libertad, en su sentido más pleno, es un viaje continuo hacia el autodescubrimiento y la autotransformación.

Aunque Dios esté ahora muerto, creer en un Dios ha proporcionado consuelo durante milenios, un bálsamo para el alma humana en tiempos de angustia y desesperación. Esto revela una profunda verdad sobre nuestras necesidades espirituales. Es crucial reconocer y satisfacer estas necesidades de forma auténtica y consciente. Dios, aunque los humanos lo hicieron, sirvió de consuelo en horas de inquietud interior. El concepto de Dios, aunque careciera de fundamentos tangibles, llenaba un vacío en el alma humana. Esta noción de Dios, repetida incesantemente durante milenios, se arraigó en la consciencia colectiva hasta adquirir la apariencia de una verdad. La conclusión de Nietzsche plantea un reto esencial: encontrar un sentido de propósito y conexión en un mundo posreligioso. En lugar de limitarse a rechazar las viejas creencias, el reto consiste en descubrir y cultivar un sentido de sacralidad y trascendencia dentro de nuestra propia naturaleza. Este viaje interior requiere entender nuestro lugar en el cosmos y crear un significado que trascienda las estructuras impuestas.

En los relatos espirituales y religiosos, Dios ha servido históricamente de refugio contra el miedo y de escudo contra la angustia de la vejez, la muerte y lo desconocido. Aunque probablemente ilusoria, esta concepción de Dios siempre ha sido reconfortante. Actúa como analgésico para la ansiedad, pero tiene efectos secundarios, que nos recuerdan esta enjundiosa advertencia, atribuida a Fiódor Dostoievski: «La mejor manera de evitar que un prisionero escape es asegurarse de que nunca sepa que está encarcelado». Las falsedades, aunque engañosas, a menudo ofrecen un consuelo temporal. Este descubrimiento tardío de la verdad puede generar una profunda desilusión y desconfianza hacia quienes considerábamos fuentes de sabiduría y guía. Esta sensación de traición crea un vacío existencial, un abismo de desconfianza y desencanto con el mundo y sus estructuras narrativas.

En sus últimos días, Nietzsche no cayó en la locura por mera casualidad, sino como resultado inevitable de su perspectiva profundamente negativa. Su intelecto, siempre crítico y a menudo sarcástico, fue incapaz de nutrir el espíritu. Si aspiramos a una verdadera comprensión de la vida, es imperativo trascender el intelecto. El espíritu humano necesita más que la mera razón para florecer; requiere una conexión con algo más profundo y significativo. Fueron Kant y Descartes quienes pensaron que la razón y la lógica eran todo lo que necesitábamos. Sin embargo, Nietzsche fue más allá de ellos: su primer libro se centra en los rasgos extáticos, irracionales y emocionales de las obras y ceremonias griegas. Fue mucho más allá de una idea de la humanidad basada solo en la razón. Lo que Nietzsche quiso decir con lo apolíneo y lo dionisíaco es que un dios representa el orden, la lógica y la razón y el otro representa el caos, la locura y la embriaguez. Nietzsche considera que ambos son necesarios. Aunque poderoso, el intelecto no basta para comprender la experiencia humana en toda su extensión y su conexión con la totalidad. Es necesario explorar dimensiones más profundas de la existencia, aquellas que trascienden la lógica y se adentran en el reino de la experiencia mística y espiritual. Las actitudes puramente negativas son insuficientes para alimentar el espíritu humano. Aunque la negación puede servir de catalizador para la indagación y la introspección, por sí sola no puede proporcionar un camino a seguir.

Al desvincularse de la fe en Dios, Nietzsche no solo se despojó de un sistema de creencias tradicional, sino también de una fuente de consuelo y estabilidad. En su búsqueda intelectual, se enfrentó a una profunda paradoja: la libertad de las convenciones y creencias tradicionales se convirtió en el preludio de su descenso hacia la locura. Su ruptura con las limitaciones impuestas por los rígidos sistemas de creencias también le dejó sin un marco de referencia estable para su existencia. Su metáfora del crecimiento del desierto refleja la expansión de un vacío existencial, alimentado por su propia visión desolada del mundo. Dijo «Dios ha muerto» y «el desierto crece» y entonces enloqueció porque el desierto creció demasiado.

Este fenómeno se extiende a otros pensadores que, en su búsqueda incesante de la verdad, se adentraron en las profundidades de una negatividad absorbente. Filósofos como Schopenhauer, Sartre y Camus, precursores del existencialismo, desmantelaron las ilusiones prevalecientes, dejando tras de sí un paisaje despojado del significado tradicional. No obstante, la vida es más que esta vacuidad y negación de la divinidad. La existencia es un flujo constante, una interacción dinámica con la realidad que nos rodea, donde la alegría y la incertidumbre coexisten y se entrelazan. Frente a esta visión nihilista, sugerimos un cambio de enfoque hacia la afirmación y la introspección profunda.

En la filosofía moderna, deconstruir creencias arraigadas fue un paso necesario para liberar el pensamiento de ilusiones persistentes. No obstante, aunque desmantelarlas fue imperativo para preservar la honestidad intelectual, ha resultado en una profunda sensación de vacío. Este vacío existencial en el alma humana dio lugar al existencialismo, una corriente filosófica que se centra en la aparente falta de sentido y propósito en la vida. Las proclamas existencialistas, como «la vida no tiene propósito» o «eres un mero accidente», ve la existencia humana como carente de sentido. Esta visión, que podría denominarse «accidentalismo», sugiere que el individuo es un fenómeno accidental y marginal, despojado de una importancia esencial o predestinada.

Bajo esta óptica existencialista, que se extiende desde Nietzsche hasta Jean-Paul Sartre, el ser humano transita de ser una marioneta en manos de una divinidad ficticia a ser un producto del azar en un universo indiferente. Esta transformación representa un cambio dramático en el modo de entender de su propia existencia. Deja al individuo en una encrucijada filosófica, enfrentado a la realidad de un universo que no ofrece respuestas preestablecidas ni un propósito predeterminado. Sin embargo, este aparente vacío existencial también ofrece una oportunidad de redefinir el significado en términos personales y auténticos. Esta redefinición requiere una exploración profunda de la condición humana, más allá de las nociones preconcebidas de moralidad y propósito.

> Cualquiera que luche con monstruos debe asegurarse de que en el proceso no se convierte él mismo en un monstruo. Y cuando miras durante mucho tiempo hacia un abismo, el abismo también mira hacia ti.
>
> (Friedrich Nietzsche, *La Ciencia Gay*, sección 146)

En esta búsqueda, el ser humano puede descubrir un sentido de identidad y dirección que no esté dictado por estructuras externas, sino que surja de su comprensión personal y reflexiva de la vida.

Las prácticas de meditación y autoindagación surgen como herramientas esenciales para abordar el vacío legado por Nietzsche y sus contemporáneos. Incluso en la ausencia de una divinidad explícita, estas prácticas pueden abrir un espacio de paz y significado. La vida, en su complejidad y diversidad, ofrece un sendero de descubrimiento y realización personal que supera la desolación sugerida por estos filósofos. En última instancia, el viaje de la vida no debe ser una travesía en un desierto desolado, sino una exploración enriquecedora llena de amor, alegría y celebración. Este enfoque contrasta con la perspectiva nihilista de Nietzsche y ofrece una visión más holística y afirmativa de la existencia humana. Vista a través de este prisma, la vida se convierte en una odisea de autoconocimiento, crecimiento y gozo, donde cada experiencia contribuye a nuestro desarrollo integral como seres humanos.

El ser humano alberga una necesidad intrínseca de unirse con la existencia. Su conexión echa raíces hasta alcanzar el núcleo del ser. De esta profunda unión con la existencia surge la iluminación. El florecimiento del ser humano no es un mero despertar de consciencia, sino una verdadera explosión de vida, revelándose en innumerables manifestaciones de sentido, significado y bienaventuranza. En este estado, la vida se convierte en un carnaval continuo, un festival dinámico de existencia que abraza todas sus facetas.

Para evitar un descenso a la locura y a un nihilismo paralizante, nuestra recién descubierta libertad debe transformarse en un despertar de la consciencia. Es imperativo que establezcamos una conexión profunda con la esencia del universo encontrando así un sentido y un propósito renovados. Solo mediante esta transformación podemos garantizar que nuestras vidas y decisiones sigan siendo relevantes. Sin esta reorientación, perdemos todo sentido. La humanidad debe esforzarse por descubrir un nuevo propósito, que no dependa de estructuras y creencias obsoletas, sino que surja de una comprensión más profunda y personal de nuestra existencia en el cosmos.

Artículo 8: En búsqueda de significado

En un mundo en el que pierden su relevancia conceptos tradicionales como virtud y pecado, paraíso e infierno, recompensa y castigo, la existencia parece revelarse como absolutamente indiferente. Esta perspectiva sugiere que, con la disminución de la influencia divina, antes percibía como omnipresente, emerge un abismo de extrañeza y desconexión entre el individuo y la vida. En ausencia de Dios, la conexión intrínseca entre el ser y el universo se desvanece, dejando la existencia desprovista de una consciencia enfocada y atenta. Desde este punto de vista, el universo, despojado de toda inteligencia divina, se reduce a mera materia inerte. La vida se convierte en un subproducto accidental y efímero, que se disipa en cuanto se desintegran sus elementos constitutivos. Una existencia así no distingue entre lo animado y lo inanimado, y reduce la vida humana a una serie de procesos materiales sin mayor finalidad.

La clave para navegar por este panorama existencial radica en encontrar un equilibrio entre los aspectos negativos y positivos de la vida. Es esencial balancear entre la creencia ciega en las divinidades y el rechazo total de su existencia y así echar anclas entre los extremos de teísmo y ateísmo. El sendero luminoso del equilibrio está lleno de alegría, bienestar y sabiduría que trasciende la lógica y la razón. Esta nueva comprensión revela que la existencia, en su totalidad, no solo está viva, sino que también está dotada de sensibilidad y discernimiento intrínseco.

En la búsqueda de un balance interior, encontramos un silencio y una paz que antes eran inaccesibles debido al constante ruido de la actividad conceptual. Este estado de equilibrio abre caminos hacia una intimidad con la existencia, despejando el velo de la confusión y el exceso de pensamiento. Este silencio nos revela la verdadera naturaleza de nuestra presencia. Dicha claridad nos muestra que somos seres con un propósito intrínseco y no meros accidentes en la inmensidad del universo. Cada individuo es una presencia única e irremplazable, ocupando un lugar especial que nadie más puede llenar. Como partes indispensables del gran mosaico cósmico, contribuimos a la totalidad de la existencia de una manera única y significativa. En nuestra ausencia, el universo sentiría una vacante irremplazable, una vacante que solo cada uno de nosotros puede llenar. La esencia de esta realización infunde dignidad a nuestra existencia: somos seres interconectados con toda la creación, desde las estrellas hasta las flores, desde los mares hasta las gaviotas.

Esta consciencia nos inunda de una alegría y un éxtasis inmensurables, al comprender que estamos intrínsecamente ligados a todo lo que existe y que la existencia misma valora nuestra presencia. A medida que alcanzamos la claridad pura, empezamos a percibir el amor incondicional que emana de todas las dimensiones hacia nosotros. Este amor no es una recompensa o un premio, sino una manifestación natural de nuestra conexión con el universo. Reconocemos que cada uno de nosotros es un elemento esencial en el tejido de la vida, y que nuestra existencia encierra un significado profundo y valioso. Tú, como ser humano, representas el pináculo de la evolución de la existencia, la manifestación más refinada de la inteligencia universal. Posees la capacidad única de trascender los límites de la mente convencional y su conocimiento, adentrándote en el reino de la no-mente, donde reside una sabiduría más profunda y esencial.

Al alcanzar este estado superior de realización, no solo eres transformado, sino también elevado a la existencia misma. Este logro es una celebración cósmica, pues marca el momento en que alcanzas la cima de tu potencial, llevando contigo una parte del cosmos hacia dimensiones más elevadas de posibilidad y realización. No es una mera celebración personal, sino una fiesta para el universo en su totalidad. Esto se debe a que en ese momento, una parte del cosmos logra lo que siempre estuvo implícito en su ser. Al realizar nuestra profunda conexión con la existencia, nos volvemos incapaces de actuar en detrimento de la vida. Esta profunda comprensión conlleva una responsabilidad inherente hacia todo lo que existe. Un ser que está naturalmente conectado, abierto y receptivo a estas energías en todas sus formas, irradia bienaventuranza, bendición y gracia. Este estado de ser no es una conquista aislada, sino un flujo constante de interacción armoniosa con el universo.

En este nivel de consciencia, la existencia o inexistencia de un Dios personal es un detalle irrelevante. El individuo que ha descubierto en sí mismo este manantial inextinguible de dicha absoluta ha

Artículo 8: En búsqueda de significado

trascendido la necesidad de figuras divinas externas. Los conceptos tradicionales de paraísos e infiernos pierden su importancia ante la magnitud de esta realización. La comprensión profunda de la unidad con la existencia hace que tales conceptos parezcan triviales o limitados en comparación con la experiencia directa y vivencial de la unidad con el Todo. Esta evolución tiene un impacto significativo no solo en el individuo sino también en el cosmos en su conjunto. Al realizar tu potencial, no solo eres transformado, sino que tu transformación contribuye a la evolución del universo. Eres un hilo crucial en el tapiz de la existencia. Tu despertar y desarrollo esencial son fundamentales para el despliegue cósmico.

Las enseñanzas retroprogresivas nos invitan a una inmersión profunda en los lazos vitales que nos unen con la existencia. Consideremos un paseo por el bosque sagrado de Avadhutashram, un lugar donde los majestuosos árboles se elevan hacia el cielo en un acto de grandeza natural. Cada uno de estos árboles, en su origen, comenzó como una diminuta semilla, una entidad aparentemente insignificante pero cargada de un potencial latente extraordinario. Esta semilla, por pequeña que sea, encierra en sí misma no solo la promesa de lo que llegará a ser, sino también un plano de su futuro esplendor. La existencia autónoma de la semilla no es suficiente para su transformación en una imponente estructura arbórea. Es necesaria una interacción armoniosa y sinérgica con elementos esenciales como la tierra, el agua y el sol, en una sinfonía de elementos cósmicos que interactúan en perfecta armonía. En el núcleo de esta semilla reside todo el potencial del árbol, esperando pacientemente su oportunidad para emerger. En el núcleo de tu ser, hay una semilla similar, que simboliza la esencia y la existencia de tu propio Ser. Esta semilla interior, albergando tu potencial y tus posibilidades aún no realizadas, espera pacientemente el momento adecuado para una reconexión profunda con el universo. Este proceso no consiste meramente en alcanzar prominencia o influencia externa; se trata, más bien, de cómo tu esencia más íntima, esa chispa que reside en tu semilla interior, se despliega, brilla y manifiesta tu autenticidad y tu propósito único en la vida.

Nuestro viaje de autodescubrimiento y autorrealización es similar al del árbol: no se limita a la mera existencia, sino que implica un despliegue de nuestro ser más íntimo. Al igual que el árbol se nutre de su entorno para crecer y florecer, nosotros también podemos nutrirnos de nuestra conexión con el cosmos para realizar plenamente nuestro potencial. Este proceso de florecimiento es un testimonio de cómo cada individuo, como parte integral de la existencia, tiene un papel único y valioso que desempeñar en el gran esquema de la vida. Dicha esencia interior no es solo una manifestación de un potencial siempre latente; es también una convocatoria constante, un eco persistente que resuena en lo profundo de nuestro interior, recordándonos que en nuestro interior residen habilidades aún no manifestadas, sueños aún por realizar y una conexión profunda con el universo inmenso que nos rodea. Esta esencia actúa como una brújula interna, guiándonos hacia la realización de capacidades innatas y hacia el cumplimiento de las aspiraciones y anhelos del alma. En lo más recóndito de nuestro interior se encuentra el germen de la vida, una chispa viva que anhela reconectarse con el cosmos. Este deseo de reconexión es un impulso fundamental de la existencia, en toda su magnitud y riqueza, para catalizar y hacer florecer las posibilidades latentes.

Nuestra existencia no se limita a la grandeza de los éxitos o los logros, sino que se define por cómo la luz interior, eternamente presente en esa semilla esencial, se despliega y brilla, forjando así nuestra singularidad. Esa luz interior, arraigada en el epicentro de nuestra existencia, es una prueba inconfundible de un potencial siempre presente, aguardando ser revelado y activado en el vasto océano de la vida. Esa luz se asemeja a un faro que puede iluminar vastos mares a pesar de su aparente pequeñez. Cada destello es un acto de reconocimiento y afirmación de su posición única en el gran firmamento de la existencia.

La realidad, en su complejidad y profundidad, actúa como un espejo que refleja no solo lo que somos en el presente, sino también las innumerables posibilidades de lo que podemos llegar a ser. Este fenómeno es un proceso dinámico e ininterrumpido de metamorfosis y desarrollo. En este camino hacia la autorrealización y la plenitud del ser, el tiempo se revela no como un enemigo, sino como un valioso aliado. Lejos de ser un adversario implacable, el tiempo es en un compasivo compañero de viaje, que nos ofrece innumerables ocasiones para cultivar y expandir nuestra luz interior. Cada momento es una preciosa invitación a vivir con plenitud, permitiendo que la semilla de nuestro ser interior germine y crezca hasta convertirse en un jardín de posibilidades ilimitadas. En este jardín, la vida se convierte en una obra maestra en constante evolución, un lienzo vivo donde pintamos los tonos y matices de nuestras vivencias, pensamientos y emociones. Nos convertimos simultáneamente en artistas y en obras de arte, participando en una odisea creativa sin fin, en la que el acto mismo de vivir se eleva a la más sublime de las creaciones, como señala Nietzsche: «Una sola cosa es necesaria. Dar estilo a nuestro carácter constituye un arte grande y raro» (*La Gaya Ciencia*, aforismo 290). Cada ser humano es tanto el creador como la creación. Somos una danza constante de autoexpresión y autodescubrimiento, en la que cada paso y movimiento contribuyen a la rica tapicería de nuestras vidas. Somos escultores de nuestra realidad, moldeando y siendo moldeados por las experiencias que vivimos, avanzando siempre hacia una mayor realización y manifestación de nuestra auténtica naturaleza. Este viaje es un extenso peregrinaje desde lo que creemos ser a lo que somos en verdad.

ARTÍCULO 9
EL REFLEJO DE LA UNIDAD

Maestros iluminados de diversas épocas y lugares han intentado compartir una visión trascendental de la realidad que describe la creación como una dualidad que emerge del Uno o como lo relativo de lo absoluto, la realidad objetual de la consciencia indiferenciada. Para ello, han recurrido a relatos para explicar cómo lo indivisible se volvió diverso y cómo la multiplicidad del universo surgió de la unidad absoluta. Al repetirse durante generaciones, estas historias se convirtieron en mitos de la creación.

Para acceder a los verdaderos significados de estos mitos, debemos centrarnos en su simbolismo más que en sus enunciados. Originalmente, cada cultura consideraba estos mitos de la creación como historias esotéricas que contenían verdades. El estudio de esta mitología universal nos permite ver que, aun proviniendo de culturas muy diferentes, los mitos comparten ciertas características. Una de las más destacadas es el elemento agua, que aparece en varios mitos de la creación e historias tradicionales. El agua es el espejo natural por excelencia. Al observar su imagen en un espejo, el sujeto se convierte en el observador del reflejo y, simultáneamente, en el objeto que el espejo refleja. Es solo al mirarse en un espejo que el Uno se duplica y, con ello, la unidad absoluta parece diversificarse.

Las aguas primordiales de la creación

Veamos primero el mito de la creación de los antiguos babilonios. El *Enuma Elish* ('Cuando arriba'), también llamado *Las Siete Tablas de la Creación*, fue escrito en lengua acadia en tablillas de arcilla con caracteres cuneiformes. Algunos lo han llamado el *Génesis babilónico*. Probablemente se escribió en el siglo XVII o XVI a. n. e., tras la dominación babilónica de las ciudades sumerias de la Mesopotamia meridional. Dice que al principio solo existía el caos acuoso. Luego las aguas se separaron en agua dulce y agua salada. Los poderes caóticos primordiales eran la diosa de agua salada Tiamat, una serpiente gigante que vivía en el océano; el dios de agua dulce, Apsú; y el hijo y consejero de ambos, Mummu. Una gran batalla se desencadenó entre Tiamat y Marduk, el dios del Sol. Marduk salió victorioso, gobernó sobre el resto de los dioses y se convirtió en el dios principal de Babilonia. Del cuerpo de Tiamat creó el cielo y la tierra, y de sus lágrimas los ríos Éufrates y Tigris. El demonio Kingu fue condenado a muerte por haber sido cabecilla de la revuelta. Su sangre se mezcló con arcilla y esta se convirtió en la materia prima para crear a los seres humanos. He aquí las primeras líneas del *Enuma Elish*.

> Cuando en lo alto el cielo no había sido nombrado,
> no había sido llamada con un nombre abajo la tierra firme,
> nada más había que el Apsu primordial, su progenitor,
> (y) Mummu-Tiamat, la que parió a todos ellos,
> mezcladas sus aguas como un solo cuerpo.
> No había sido trenzada ninguna choza de cañas,
> no había aparecido marisma alguna,
> cuando ningún dios había recibido la existencia,
> no llamados por un nombre, indeterminados sus destinos,
> sucedió que los dioses fueron formados en su seno.

En el antiguo Egipto, el dios creador era Atum, o 'el que existe por sí mismo'. Según la mitología de Heliópolis, Atum surgió de Nun, o 'las aguas originales'. El océano primordial se denominaba Nuu y, en un período posterior, Nun. Atum, a través de la saliva y el sémen de la masturbación, creó a sus hijos: los dioses Shu y Tefnut, o el aire y la humedad.

En la mitología polinesia de la Isla de Pascua, el dios de la fertilidad Makemake es el creador del mundo. Uno de sus principales rituales es el *tangata manu*, o 'el hombre pájaro'. En el mito, Makemake estaba solitario, observando su creación, llena de todo tipo de plantas y animales. Pero sentía que le faltaba algo. Al mirar dentro de una calabaza llena de agua, vio por primera vez su propio reflejo. Impresionado por esta revelación, saludó respetuosamente a su propio reflejo: «Saludado seas, eres bello y muy semejante a mí». En ese momento, un pájaro se posó en su hombro derecho, asombrando aún más a Makemake al ver que su reflejo tenía pico, alas y plumas. Fusionó al pájaro con el reflejo y de esta unión nació su hijo. Tras ver su imagen en el agua, Makemake quiso crear un ser a su imagen y semejanza que hablara y pensara. Creó al hombre fecundando una piedra con tierra roja. Más tarde, viendo la soledad del primer hombre, creó a la mujer para que fuera su compañera.

El mito del origen hebreo puede entenderse como una revelación acuática, dada la importancia que el agua tiene en su simbología. Vemos el agua al principio del Pentateuco, con las aguas del Génesis, seguidas de ríos como el Pisón, el Tigris, el Éufrates, el Nilo, y también los pozos, el diluvio y demás. En la primera línea del Génesis, leemos:

בְּרֵאשִׁית בָּרָא אֱלֹהִים אֵת הַשָּׁמַיִם וְאֵת הָאָרֶץ:

(בראשית א', א')

Dios, en el principio, creó los cielos y la tierra.

(Génesis, 1:1)

«Dios, en el principio, creó los cielos». 'Los cielos' es la traducción del hebreo *et hashamayim* (את השמיים). Por un lado, *Et* se compone de las letras hebreas *alef* (א) y *tav* (ת) que corresponden a la primera y la última letra del alfabeto hebreo; es decir, se refiere a una totalidad que lo incluye todo, asemejándose al Alfa y la Omega, las letras primera y última del alfabeto griego que más tarde también aparecen en el libro del Apocalipsis (21:6) para referirse a Dios o a Jesucristo: «Yo soy el Alfa y la Omega, el principio y el fin». Por otro lado, *shamayim* (שמיים) significa 'los cielos' y también 'dos allás' o 'un par de allás', lo cual también es indicativo de una totalidad. Desde la perspectiva egoica, puede decirse que el ser humano vive entre dos allás infinitos, eso es, un allá macrocósmico y otro microcósmico. En el macrocosmos, vamos al espacio exterior pero nunca encontramos los límites del universo, mientras que en el microcosmos podemos seguir dividiendo infinitamente la materia en partículas cada vez más pequeñas.

מַאי "שָׁמַיִם"? אָמַר רַבִּי יוֹסֵי בַּר חֲנִינָא: "שָׁשָׁם מַיִם".

(תלמוד בבלי, חגיגה, י"ב, א')

Artículo 9: El reflejo de la unidad

[La *Guemará* pregunta:] «¿Cuál es el significado y origen de la palabra shamayim (el cielo, los cielos)?». Rabí Yosei bar Janina dijo: «Es un acrónimo, *shesham mayim* ('Que allí hay agua')».

(*Talmud Babilónico*, «*Jaguigá*», 12a)

Desde el principio del Pentateuco, el agua primordial es una parte esencial del proceso creativo. El proceso creativo descrito en Génesis comienza en un caos acuoso y el espíritu de Dios cerniéndose sobre dichas aguas originales. Si prestamos atención al texto, notaremos que las aguas no fueron creadas. Rashi, Rabí Shlomo Yitzjaki (1040-1105 n. e.) es uno de los más destacados comentaristas de la Torá de todos los tiempos. En su comentario, no pasa por alto este punto, a pesar de dirigirse luego hacia otra dirección:

אִם כֵּן, תְּמַהּ עַל עַצְמְךָ, שֶׁהֲרֵי הַמַּיִם קָדְמוּ, שֶׁהֲרֵי כְּתִיב "וְרוּחַ אֱלֹהִים מְרַחֶפֶת עַל פְּנֵי הַמָּיִם", וַעֲדַיִן לֹא גִלָּה הַמִּקְרָא בְּרִיאַת הַמַּיִם מָתַי הָיְתָה; הָא לָמַדְתָּ שֶׁקָּדְמוּ הַמַּיִם לָאָרֶץ.

(פירוש רש"י על בראשית א', א')

Por lo tanto, asómbrate, pues el agua precedió, como está escrito «y el espíritu de Dios se cernía sobre la faz del agua», ¡y la Escritura aún no revelaba cuándo ocurrió la creación del agua! De esto se aprende que el agua precedió a la tierra.

(Rashi sobre el Génesis, 1:1)

El renombrado maestro, Rabí Judah Loew ben Bezalel, conocido como el Maharal de Praga, también lo menciona:

כִּי מִתְּחִלַּת בְּרִיאָתוֹ שֶׁל עוֹלָם, קֹדֶם שֶׁיָּצַר וּבָרָא עִקַּר הַצּוּרָה – שֶׁהוּא הָאָדָם – הָיוּ הַמַּיִם, אֲשֶׁר הֵם פְּשׁוּטִים וְאֵין בָּהֶם צוּרָה, וְהֵם הָיוּ מְצִיאוּת הָעוֹלָם.

(מהר"ל, גבורות השם, י"ד)

Desde el principio de la creación del mundo, antes de la creación de la forma principal, que es el ser humano, existían las aguas, que eran simples y sin forma, y el mundo consistía de ellas.

(Maharal, *Gevurót HaShém*, 14)

Luego Dios divide las aguas.

וַיֹּאמֶר אֱלֹהִים יְהִי רָקִיעַ בְּתוֹךְ הַמָּיִם וִיהִי מַבְדִּיל בֵּין מַיִם לָמָיִם: וַיַּעַשׂ אֱלֹהִים אֶת־הָרָקִיעַ וַיַּבְדֵּל בֵּין הַמַּיִם אֲשֶׁר מִתַּחַת לָרָקִיעַ וּבֵין הַמַּיִם אֲשֶׁר מֵעַל לָרָקִיעַ וַיְהִי־כֵן:
(בראשית א', ו'–ז')

Y dijo Dios: «Que haya un firmamento en medio de las aguas, y que separe las aguas de las aguas». E hizo Dios el firmamento, y separó las aguas que estaban debajo del firmamento de las aguas que estaban sobre el firmamento; y fue así.

(Genesis, 1:6-7)

Los sabios del *Talmud* reflexionaron sobre la distancia entre las aguas superiores y las aguas inferiores:

תָּנוּ רַבָּנָן: מַעֲשֶׂה בְּרַבִּי יְהוֹשֻׁעַ בֶּן חֲנַנְיָה שֶׁהָיָה עוֹמֵד עַל גַּב מַעֲלָה בְּהַר הַבַּיִת, וְרָאָהוּ בֶּן זוֹמָא וְלֹא עָמַד מִלְּפָנָיו. אָמַר לוֹ: "מֵאַיִן וּלְאַיִן בֶּן זוֹמָא"? אָמַר לוֹ: "צוֹפֶה הָיִיתִי בֵּין מַיִם הָעֶלְיוֹנִים לְמַיִם הַתַּחְתּוֹנִים, וְאֵין בֵּין זֶה לָזֶה אֶלָּא שָׁלֹשׁ אֶצְבָּעוֹת בִּלְבַד, שֶׁנֶּאֱמַר: 'וְרוּחַ אֱלֹהִים מְרַחֶפֶת עַל פְּנֵי הַמָּיִם' – כְּיוֹנָה שֶׁמְּרַחֶפֶת עַל בָּנֶיהָ וְאֵינָהּ נוֹגַעַת". אָמַר לָהֶן רַבִּי יְהוֹשֻׁעַ לְתַלְמִידָיו: "עֲדַיִין בֶּן זוֹמָא מִבַּחוּץ. מִכְּדֵי 'וְרוּחַ אֱלֹהִים מְרַחֶפֶת עַל פְּנֵי הַמַּיִם' אֵימַת הֲוֵי? בַּיּוֹם הָרִאשׁוֹן, הַבְדָּלָה – בְּיוֹם שֵׁנִי הוּא דַּהֲוַאי, דִּכְתִיב: "וִיהִי מַבְדִּיל בֵּין מַיִם לָמָיִם". וְכַמָּה? אָמַר רַב אַחָא בַּר יַעֲקֹב: "כְּמְלֹא נִימָא". וְרַבָּנָן אָמְרֵי: "כִּי גוּדָא דְגַמְלָא". מָר זוּטְרָא, וְאִיתֵּימָא רַב אַסִּי אָמַר: "כִּתְרֵי גְּלִימֵי דִּפְרִיסִי אַהֲדָדֵי". וְאָמְרִי לַהּ: "כִּתְרֵי כָּסֵי דִּסְחִיפִי אַהֲדָדֵי".
(תלמוד בבלי, חגיגה, ט"ו, א')

Los Sabios enseñaron: Hubo una vez un incidente con respecto a Rabí Yehoshúa ben Jananya, que estaba parado en un escalón en el Monte del Templo, y Ben Zoma lo vio y no se paró para hónralo. Rabí Yehoshúa le dijo: «¿De dónde vienes y adónde vas, Ben Zoma?». Él le dijo: «Estaba contemplando sobre la brecha entre las aguas superiores y las aguas inferiores, dado que entre ellas solo hay el ancho de apenas tres dedos, como está dicho: "Y el espíritu de Dios se cernía sobre la faz de las aguas" (Génesis, 1:2), como una paloma revoloteando sobre sus polluelos sin tocarlos». Rabí Yehoshúa dijo a sus estudiantes [que habían escuchado este intercambio]: «Ben Zoma todavía está afuera [significado: todavía no ha logrado una realización completa de estos asuntos]». Ahora, este versículo: «Y el espíritu de Dios se cernía sobre la faz de las aguas", ¿cuándo se dijo? En el primer día [de la creación], mientras que la división de las aguas ocurrió en el segundo día, como está escrito: «y que separe las aguas de las aguas» (Génesis, 1:6). ¿Cómo, entonces, podría Ben Zoma derivar una prueba del verso anterior? [La *Guemará* pregunta]: «¿Y cuánto, de hecho, es la brecha entre ellos?». Rav Aja bar Jacob dijo: «Como el grosor de un cabello»; y los rabinos dijeron: «Como el espacio entre las tablas de un puente». Mar Zutra, y algunos dicen que fue Rav Asi, dijo: «Como dos túnicas extendidas una sobre la otra (con un pequeño espacio entre ellas)». Y algunos decían: «Como dos copas puestas una sobre la otra».

(*Talmud Babilónico*, «*Jaguigá*», 15a)

El cabalista Todros HaLevi Abulafia analiza este pasaje:

הַחֲכָמִים הָאֵלּוּ לֹא נֶחְלְקוּ בְּשִׁעוּר מַה בֵּין מַיִם עֶלְיוֹנִים לְמַיִם הַתַּחְתּוֹנִים, שֶׁהַכֹּל מוֹדִים שֶׁאֵין בֵּינֵיהֶם דָּבָר פָּנוּי. אֶלָּא שֶׁכָּל אֶחָד נִתְכַּוֵּן לְהַפְלִיג בְּדַקּוּת הַדְּבֵקוּת וְהָאַחְדוּת. שֶׁכֵּן הַדָּבָר בֶּאֱמֶת, שֶׁאֵין שָׁם מָקוֹם פָּנוּי, וְהַכֹּל דָּבֵק זֶה בָּזֶה, מִקְשָׁה אַחַת, כְּשַׁלְהֶבֶת קְשׁוּרָה בְּגַחֶלֶת. וּבֶן זוֹמָא, מִפְּנֵי שֶׁנִּפְגַּע, כְּלִשָּׁנָא בָּתְרָא, אוֹ שֶׁעֲדַיִן לֹא נִכְנַס, כְּלִשָּׁנָא קַמָּא, אָמַר כג' אֶצְבָּעוֹת. וְהָיָה מִתְכַּוֵּן בַּמַּיִם הַתַּחְתּוֹנִים לְמַעֲלָה אַחַת שֶׁהוּא לְמַטָּה מִמַּה שֶׁאָמְרוּ שְׁאָר הַחֲכָמִים, עַל כֵּן אָמְרוּ עָלָיו: "עֲדַיִן בֶּן זוֹמָא מִבַּחוּץ", אוֹ "כְּבָר בֶּן זוֹמָא מִבַּחוּץ". וְהִנֵּה זֶה מְבֹאָר.

(המקובל ר' טודרוס בן יוסף הלוי אבולפיה, אוצר הכבוד, חגיגה, פרק אין דורשין)

Estos sabios no discreparon en cuanto a la distancia entre las aguas superiores y las aguas inferiores, pues están de acuerdo que no hay espacio libre entre ellas. Más bien, cada uno de ellos buscó elaborar sobre la sutileza del vínculo y la unidad. Porque la verdad del asunto es que no hay espacio libre allí y todo está unido entre sí como una sola pieza, tal como la llama está unida a las brasas. En cuanto a Ben Zoma, debido a que «se equivocó», según la segunda opinión, o porque «aún no había entrado», según la primera opinión, dijo que [la separación era de] aproximadamente tres dedos. Pero su referencia era al agua inferior que está un nivel por debajo de esa a la que los otros sabios se referían, y es por eso que dijeron sobre él, «Ben Zoma todavía está fuera» o «Ben Zoma ya está fuera». Y aquí se explica.

(El cabalista Todros ben Yosef HaLevi Abulafia, *El Tesoro del Honor*, «*Jagigá*», capítulo «*Ein Dorshín*»)

Estos pasajes nos permiten concluir que las aguas primordiales existían antes de la creación. Así se explica en el *Talmud*:

וְאֵין מַיִם אֶלָּא תּוֹרָה, שֶׁנֶּאֱמַר: "הוֹי כָּל צָמֵא לְכוּ לַמָּיִם". (ישעיהו נ"ה, א')
(תלמוד בבלי, בבא-קמא, י"ז, א')

Y la referencia al agua se refiere solo al estudio de la Torá, como se afirma: «Eh, todos los sedientos, id al agua» (Isaías, 55:1)

(*Talmud Babilónico*, «*Bava Kamma*», 17a)

Más aún, en la cultura hebrea, la Torá se compara con el agua porque ambas son eternas. Según la tradición, así pues, antes de crear el mundo, Dios miró la Torá. Por lo tanto, visto desde una perspectiva divina, el origen del universo empírico es la Torá.

כָּךְ הָיָה הַקָּדוֹשׁ־בָּרוּךְ־הוּא מַבִּיט בַּתּוֹרָה וּבוֹרֵא אֶת הָעוֹלָם, וְהַתּוֹרָה אָמְרָה: "בְּרֵאשִׁית בָּרָא אֱלֹהִים" (בראשית א', א'). וְאֵין "רֵאשִׁית" אֶלָּא תּוֹרָה, הֵיאַךְ מָה דְּאַתְּ אָמַר: "ה' קָנָנִי רֵאשִׁית דַּרְכּוֹ" (משלי ח', כ"ב).
(בראשית רבה א', א')

Así, el Sagrado, bendito sea contempló la Torá y creó el mundo. De manera similar, la Torá dice: «En el principio (*bereshít*) creó el Señor [los cielos y la tierra]», y el principio (*reshít*) no es otro que la Torá, como se dice: «El Señor me hizo [la Torá] el principio (*reshít*) de Su camino» (Proverbios, 8:22).

(*Bereshít Rabba*, 1.1)

Ahora con relación a la 'tierra', sigue diciendo el Génesis:

וְהָאָרֶץ הָיְתָה תֹהוּ וָבֹהוּ וְחֹשֶׁךְ עַל־פְּנֵי תְהוֹם וְרוּחַ אֱלֹהִים מְרַחֶפֶת עַל־פְּנֵי הַמָּיִם:
(בראשית א', ב')

La tierra estaba desordenada y vacía, las tinieblas cubrían la faz del abismo, y el espíritu de Dios se movía sobre la superficie de las aguas.

(Génesis, 1:2)

«La tierra estaba desordenada y vacía...». *Tohu vavohu* (תֹהוּ וָבֹהוּ) se traduce en general como 'caos'. Rabí Berajiá comentó:

אָמַר ר' בֶּרֶכְיָה: "מַאי דִכְתִיב: 'וְהָאָרֶץ הָיְתָה תֹהוּ וָבֹהוּ'?(בְּרֵאשִׁית א', ב') מַאי מַשְׁמַע 'הָיְתָה'? שֶׁכְּבָר 'הָיְתָה תֹהוּ', וּמַאי 'תֹהוּ'? דָּבָר הַמַּתְהֵא בְּנֵי אָדָם, וּמַאי 'בֹהוּ'? אֶלָּא תֹהוּ הָיְתָה וְחָזְרָה לְבֹהוּ, וּמַאי 'בֹהוּ'? דָּבָר שֶׁיֵּשׁ בּוֹ מַמָּשׁ דִּכְתִיב 'בֹהוּ' – בּוֹ הוּא".

(ספר הבהיר, ב')

Rabí Berajiá dijo: «¿Qué es lo que está escrito "la tierra estaba *tohu* (sin forma) y *bohu* (vacía)", (Génesis, 1:2)? ¿Cuál es el significado de la palabra *estaba* en este versículo? Esto indica que el *tohu* existía anteriormente. ¿Qué es *tohu*? Algo que confunde (*mat'heh*) a la gente. ¿Y qué es el *bohu*? Era *tohu* y se convirtió en *bohu*. ¿Y qué es *bohu*? Es algo que tiene sustancia. Como está escrito *bohu*, es decir, *bo hu*, 'está en él'».

(*Sefer HaBahir*, 2)

El término hebreo se compone de dos palabras: *tohu* (תוֹהוּ), que puede ser traducido como 'asombro' o 'nada'; y *bohu* (בוֹהוּ), o 'un estado de consciencia de completa ausencia o vacuidad objetual'. La tierra existía o 'estaba' (הָיְתָה) en su estado esencial, es decir, un estado de ausencia objetual y de asombro. El origen del mundo empírico yace, así pues, en una consciencia vacía.

Leimos: «Esto indica que el *tohu* existía anteriormente. ¿Qué es *tohu*? Algo que confunde (*mat'heh*) a la gente». El término *bohu* no vuelve a aparecer en la Biblia, porque *tohu vavohu* es un estado anterior a la realidad objetual. El asombro o la perplejidad es un estado carente de actividad mental y verbal.

Bohu se refiere a un estado de consciencia que carece de objetos definidos. Otro significado de *bohu* es 'en él, él', porque incluye las palabras *bo* (en él) y *hu* (él). Por lo tanto, estaríamos hablando de un estado de consciencia de asombro que está libre de pensamientos pero que, a su vez, no es vacuidad negativa porque es consciencia.

Este concepto de asombro o complejidad reaparecerá también siglos más tarde en la filosofía griega, concretamente en la obra de Platón, quien identificó el origen de la filosofía con el 'asombro'. Como posteriormente explicó Karl Jaspers, aunque el comienzo de la filosofía occidental escrita fue hace 2500 años, el comienzo no es lo mismo que el origen. Sus inicios son históricos, pero el origen es una fuente de energía que irradia continuamente y nos impulsa a filosofar, y quizás también a expresar, manifestar y crear.

Agua: el espejo natural

En la cultura y la mitología griegas antiguas, el agua desempeñaba un papel preponderante. Las fuentes de agua se consideraban mágicas, ya que tenían propiedades curativas y proféticas, por ejemplo, la fuente Castalia de la época helenística de Delfos. Asimismo, la cisterna del templo de Asclepios se utilizaba también para la curación en la antigua ciudad griega de Emporion, actualmente las ruinas de Ampurias. El principal interés de los primeros filósofos era la naturaleza. Tales de Mileto, considerado como uno de los padres de la filosofía griega clásica, sostenía que el agua era el principio esencial de todo. Llamó a este principio *arjé* (del griego ἀρχή, fuente u origen). En esta famosa frase, se refiere al espejo de la naturaleza: «Lo más difícil es conocernos a nosotros mismos; lo más fácil es hablar mal de los demás». Es fácil referirse a la otredad, mientras que es realmente difícil percibir, reconocer u observar la mismidad.

La mitología griega nos cuenta la historia de Narciso, quien se detuvo junto a una fuente de agua cristalina y quedó fascinado por su propio y hermoso reflejo. El joven creyó que estaba mirando a otra persona. Tratando de abrazar su reflejo, esta persona se le escapaba cada vez que lo intentaba. A partir de entonces, Narciso no pudo mirar otra imagen que no fuera la suya. Al darse cuenta de que se había enamorado de sí mismo y de que era incapaz de separarse de su propia imagen, se arrojó al agua y se ahogó. Allí, una hermosa flor creció en su memoria. En una versión posterior de la historia, Narciso intentó seducir al bello joven del reflejo. Intentó besarlo y entonces notó que era su propia imagen reflejada en el agua. Afligido, se suicidó con su espada y se transformó en una hermosa flor llamada Narciso. Más tarde, Sigmund Freud utilizó el término *narcisista* para designar a las personas que tienen un excesivo sentido de importancia propia.

Una de las principales ideas que surge del agua como concepto mitológico es que es precisamente el espejo natural que le permite a un sujeto desdoblarse y volverse su propio objeto. Pues si nada reflejara mi imagen, no solo no habría dos, sino que tampoco habría uno. A su vez, aunque sea mi propio reflejo en el espejo, el reflejo es su propio objeto, es decir, es una imagen de mi otredad.

כַּמַּיִם הַפָּנִים לַפָּנִים כֵּן לֵב הָאָדָם לָאָדָם:

(משלי כ"ז, י"ט)

Como el agua refleja el rostro, así el corazón del hombre refleja al hombre.

(Proverbios, 27:19)

Del mismo modo, el espíritu divino que se mueve en la superficie de las aguas originales en el Génesis, al mirarse en estas aguas, experimenta la dualidad de lo otro. Al referirnos al agua como *maim* (מים), o 'aguas' en plural, estamos hablando de varios espejos. El reflejo del espíritu, o de la consciencia, es un *tzelem*, o 'imagen'. Cuando el Génesis se refiere a la «otredad», debemos contemplarlo como el desdoblamiento del propio «yo», y no como la idea de alteridad de ciertos autores de la filosofía occidental, especialmente del siglo XX, tales como Emanuel Levinas o Jacques Derrida, entre otros.

En las Conversaciones (*Maqalat*) de Shams-i Tabrīzī, que fuera maestro de Rumi, encontramos el mismo espejo misterioso:

> Dicen que soy un santo. Dije: «Está bien, que así sea, pero ¿qué felicidad me trae?». Si estuviera orgulloso de ello sería muy feo; pero Mevlana, si uno observa los atributos definidos por el Corán y los dichos del Profeta, es un santo. Y yo soy el santo del santo, el amigo del amigo; por lo tanto, soy menos fácil de sacudir, más firme.
>
> Si te postras cien veces frente a un espejo, nunca se mueve de su lugar. Si alguna fealdad ha aparecido en el espejo, sepa que es la suya; no desprecies el espejo. Escóndele la falta que ves en su rostro, porque es mi amigo. Con la lengua del corazón, dice: «Ciertamente, esto no es posible».
>
> Ahora, oh, amigo, dices: «¡Pon el espejo en mi mano para que pueda mirarlo!» Sin embargo, no puedo encontrar un pretexto para esto, ni puedo negar su pedido; pero digo en mi corazón: «Déjame encontrar algún pretexto para no darte el espejo, porque si te digo que algo anda mal en tu cara, tal vez no lo aceptes; y si dices que el espejo está defectuoso, será peor para ti. Sin embargo, el amor no me permite encontrar un pretexto. Ahora digo: «Déjame darte el espejo, pero si ves alguna falla en su cara, no culpes al espejo, sino a algo reflejado en el espejo. Sabe que es tu propia imagen; ¡encuentra la falla en ti mismo! Al menos no te mires al espejo mientras estás cerca de mí. La única condición es que no encuentre fallas en el espejo. Si no puedes encontrar la falla en ti mismo, al menos encuéntrame la falla a mí, dado que soy el dueño del espejo. No digas que el espejo está defectuoso».

«Acepto la condición. ¡Lo prometo, no puedo esperar más!» Y, sin embargo, su corazón no lo acepta.

«Oh, Maestro», dijo, «De nuevo, déjame encontrar un pretexto para evitar esta situación». El punto sobre el espejo es sutil. El amor entre nosotros no permitía esto. «Ahora recordemos la condición una vez más», dijo, y dio el siguiente consejo: «La condición y el acuerdo es este: Cada vez que veas tu falta, dejarás el espejo, no destruirás su joya. -como esencia. Incluso si su esencia no se puede romper, no harás esto».

«Dios no lo quiera», dijo, «nunca haría tal cosa. Ni siquiera lo pensaría».

«Ahora déjame tener el espejo para que pueda demostrarte mis buenos modales y ganarme tu confianza».

«Pero si lo rompes, su esencia es tanto y cuesta tanto». Y trajo testigos y pruebas para su costo.

Pero finalmente, después de todas estas palabras, cuando le dieron el espejo, él mismo simplemente se escapó. El que había ofrecido el espejo se quedó hablando para sí mismo: «Si este espejo era tan valioso, ¿por qué lo dejó atrás y huyó? Tan pronto como vio su propio rostro, y era feo, quiso tirarlo al suelo y romperlo. Pero no pudo hacerlo. Por eso dijo: «Mis pulmones se han llenado de sangre». Recordó su contrato, el contrato de compraventa, los testigos y el dinero que tendría que pagar por el delito de destrozar el espejo. «Desearía que no hubiera condiciones, ni testigos, ni sanciones financieras. Entonces podría alegrar mi corazón y mostrarle lo que hay que hacer». Mientras decía todo esto, el espejo lo reprendía con la lengua de su propio corazón: ¿Ves? ¿Qué te dije? ¿Y qué me estás haciendo? Te amas a ti mismo y encuentras fallas en el espejo. Porque quien ama su propio ego respeta solo el ego, mientras que quien ama el espejo, renuncia tanto al ego como al espejo.

El espejo es la Verdad misma. Él piensa que el espejo es alguien más que él mismo. El espejo responde a cualquiera que se dirija a Él. Debido a la inclinación del espejo, él también tiene una inclinación hacia el espejo. Si él, en cambio, hubiera roto el espejo, también me habría roto a mí. ¿No se ha dicho: «Estoy cerca de aquellos cuyo corazón ha sido quebrantado?». En resumen, es imposible que el espejo se incline y se honre a sí mismo. Es como una piedra de toque o una balanza; siempre se inclina hacia la Verdad.

Si tratas de decirle: «O Balance, este peso no es mucho: no estás sentado bien, ¡muéstralo correctamente!» Solo muestra la Verdad. Puedes intentar engañarlo durante doscientos años, puedes postrarte frente a él doscientas veces, y sería inútil.

(Conversaciones [*Maqalat*] de Shams-i Tabrīzī)

Al hablar de espejos y reflejos, es natural acudir al vaishnavismo *gauḍīya*. Lo encontramos en el verso 8.34 del *Lalita-mādhava* de Rūpa Gosvāmī, que luego aparece en el *Śrī Caitanya-caritāmṛta* de Kṛṣṇadāsa Kavirāja Gosvāmī:

আপন-মাধুর্যে হরে আপনার মন ।
আপনা আপনি চাহে করিতে আলিঙ্গন ॥

āpana-mādhurye hare āpanāra mana
āpanā āpani cāhe karite āliṅgana

La dulzura del Señor Kṛṣṇa es tan atractiva que lo cautiva a sí mismo. Incluso él mismo desea abrazarse.

অপরিকলিতপূর্বঃ কশ্চমৎকারকারী
স্ফুরতি মম গরীয়ানেষ মাধুর্যপূরঃ ।
অয়মহমপি হন্ত প্রেক্ষ্য যং লুব্ধচেতাঃ
সরভসমুপভোক্তুং কাময়ে রাধিকেব ॥

aparikalita-pūrvaḥ kaś camatkāra-kārī
sphurati mama garīyān eṣa mādhurya-pūraḥ
ayam aham api hanta prekṣya yaṁ lubdha-cetāḥ
sa-rabhasam upabhoktuṁ kāmaye rādhikeva

Artículo 9: El reflejo de la unidad

Al ver su propio reflejo en un pilar enjoyado de su palacio de Dvārakā, Kṛṣṇa deseó abrazarlo, diciendo: «¡Ay de mí!, nunca había visto a alguien tan bello. ¿Quién es? Solo de verle, me he llenado de deseos de abrazarle, exactamente como Śrīmatī Rādhārāṇī».

(*Śrī Caitanya-caritāmṛta*, «*Madhya-līlā*», 8.148-149)

Kṛṣṇa, la divinidad misma, ve su reflejo y siente atracción por su propia hermosura.

El propio Śrī Caitanya Mahāprabhu recomendó limpiar (*mārjanaṁ*) el espejo (*darpaṇa*) del corazón en el primer verso de su *Śikṣāṣṭakam*:

चेतोदर्पणमार्जनं भवमहादावाग्निनिर्वापणं ।

ceto-darpaṇa-mārjanaṁ bhava-mahā-dāvāgni-nirvāpaṇam

Victoria al canto del santo nombre del Señor Kṛṣṇa (el *mahā-mantra*), que puede limpiar el espejo del corazón del polvo acumulado y poner fin a las miserias del fuego ardiente de la existencia material.

(*Śrī Caitanya-caritāmṛta*, «*Antya-līlā*», 20.12)

El espejo: *Aspaklaria*

La *Mishná* del Tratado *Kelím* menciona una palabra no hebrea: *aspaklaria*. Los comentaristas de esta *Mishná* explican que se trata de un espejo hecho de algún cuerpo transparente como el cristal o el vidrio.

אַסְפַּקְלַרְיָא, טְהוֹרָה. וְתַמְחוּי שֶׁעֲשָׂאוֹ אַסְפַּקְלַרְיָא, טָמֵא. וְאִם מִתְּחִלָּה עֲשָׂאוֹ לְשֵׁם אַסְפַּקְלַרְיָא, טָהוֹר.

(משנה כלים, ל׳, ב׳)

Un espejo es puro. Una bandeja de cristal convertida en espejo es impura, pero si se hizo inicialmente para que sirviera de espejo, es pura.

(*Mishná*, «*Kelím*», 30.2)

Un espejo hecho únicamente para reflejar será el mejor. Una bandeja brillante puede reflejar, pero debido a que fue hecha para otros propósitos, la reflexión será distorsionada. Un zapato puede utilizarse para martillar algo, pero nunca tan bien como un martillo real. Rabí Samson ben Abraham de Sens, uno de los primeros comentaristas de la *Mishná* y uno de los principales *tosafistas* explica:

אַסְפַּקְלַרְיָא. כְּמוֹ אַסְפַּקְלַרְיָא הַמְאִירָה דְּפֶרֶק הַחוֹלֵץ (יבמות מ"ט, ב') וּבְפֶרֶק לוּלָב וַעֲרָבָה (סוכה מ"ה, ב'). וְהִיא מַרְאָה שֶׁל זְכוּכִית כְּעֵין מַרְאוֹת שֶׁלָּנוּ שֶׁהַנָּשִׁים מִסְתַּכְּלוֹת לִרְאוֹת בָּהֶן צוּרַת פְּנֵיהֶן.

(פירוש הר"ש משאנץ על משנה, כלים ל', ב')

Aspaklaria. Como la brillante *aspaklaria* mencionada en el capítulo «*Hajoletz*» (*Bavli*, «*Yevamót*», 49b) y en el capítulo «*Lulav y Arava*» (*Bavli*, «*Sukkah*», 45b), es un espejo hecho de vidrio como nuestros espejos en los que las mujeres se miran para ver su rostro.

(Rabí Samson de Sens, comentario sobre la *Mishná*, «*Kelím*», 30.2)

El Rabí Ovadiah ben Avraham de Bertinoro, uno de los más prominentes comentaristas de la *Mishná*, explica de manera similar:

אַסְפַּקְלַרְיָא. מַרְאָה שֶׁל זְכוּכִית שֶׁהָאִשָּׁה רוֹאָה בָּהּ אֶת פָּנֶיהָ.

(רבי עובדיה מברטנורא על משנה, כלים, ל', ב')

Aspaklaria: un espejo de vidrio en el que las mujeres ven su rostro.

(Rabí Ovadiah de Bertinoro sobre la *Mishná*, «*Kelim*», 30:2)

La *Guemará*, en el Tratado «*Yevamót*», menciona la *aspaklaria* en relación con la manera en que diferentes profetas veían lo divino:

אָמַר רָבָא: מֵידָן דַּיְינֵיהּ וְקַטְלֵיהּ. אֲמַר לֵיהּ [מְנַשֶּׁה לִישַׁעְיָהוּ], "מֹשֶׁה רַבָּךְ אָמַר: 'כִּי לֹא יִרְאַנִי הָאָדָם וָחָי', וְאַתְּ אָמְרַתְּ: 'וָאֶרְאֶה אֶת ה' יוֹשֵׁב עַל כִּסֵּא רָם וְנִשָּׂא'" [...] [...] מִכָּל מָקוֹם – קָשׁוּ קְרָאֵי אַהֲדָדֵי? 'וָאֶרְאֶה אֶת ה'' (ישעיהו ו', א')

Artículo 9: El reflejo de la unidad

כִּדְתַנְיָא: כָּל הַנְּבִיאִים נִסְתַּכְּלוּ בְּאַסְפַּקְלַרְיָא שֶׁאֵינָהּ מְאִירָה מֹשֶׁה רַבֵּנוּ נִסְתַּכֵּל בְּאַסְפַּקְלַרְיָא הַמְאִירָה.

(תלמוד בבלי, יבמות, מ"ט, ב')

Rava dijo: «Manasés juzgó a Isaías [como un falso profeta por emitir declaraciones que contradecían la Torá] y solo entonces lo mató. Él [Manasés] le dijo a él [Isaías]: "Moisés, tu maestro, dijo: 'Porque no puede el hombre verme y vivir', (Éxodo, 33:20), y aun así tú dijiste: "Vi al Señor sentado en un trono alto y sublime…", (Isaías, 6:1) […]».

[…] La *Guemará* pregunta: «¿Realmente estos versículos se contradicen?».

La *Guemará* resuelve la contradicción: «Vi al Señor» debe entenderse como se enseña en una *baraita*: «Todos los profetas observaron sus profecías a través de una *aspaklaria* no resplandeciente. Moisés, nuestro maestro, sin embargo, observó sus profecías a través de una *aspaklaria* resplandeciente».

(*Talmud Babilónico*, «*Yevamót*», 49b)

Diferentes maestros dieron diferentes interpretaciones a las palabras «*aspaklaria* resplandeciente». Nos remitiremos a la explicación del Rambán, quien la mencionó en su comentario sobre el Génesis:

כָּל הַנְּבִיאִים רָאוּ מִתּוֹךְ אַסְפַּקְלַרְיָא שֶׁאֵינָהּ מְצֻחְצַחַת […] וּמֹשֶׁה רָאָה מִתּוֹךְ אַסְפַּקְלַרְיָא מְצֻחְצַחַת.

(רמב"ן על בראשית י"ח, א')

Todos los profetas miraron a través de un espejo no pulido […] y Moisés miró a través de un espejo pulido.

(Rambán sobre Génesis, 18:1)

La explicación anterior del Rambán se basa en un *Midrásh* que se encuentra en *Vayikrá Rabbah*.

מַה בֵּין מֹשֶׁה לְכָל הַנְּבִיאִים? [...] רַבָּנָן אָמְרִין: "כָּל הַנְּבִיאִים רָאוּ מִתּוֹךְ אִיסְפַּקְלַרְיָא מְלֻכְלֶכֶת, הֲדָא הוּא דִכְתִיב: 'וְאָנֹכִי חָזוֹן הִרְבֵּיתִי וּבְיַד הַנְּבִיאִים אֲדַמֶּה' (הושע י"ב, י"א), וּמֹשֶׁה רָאָה מִתּוֹךְ אִיסְפַּקְלַרְיָא מְצֻחְצַחַת, הֲדָא הוּא דִכְתִיב: 'וּתְמֻנַת ה' יַבִּיט' (במדבר י"ב, ח')".

(ויקרא רבה, א', י"ד)

¿Cuál es la diferencia entre Moisés y todos los [demás] profetas? [...] Los rabinos dijeron: «Todos los profetas vieron a través de un espejo sucio. Eso es lo que está escrito: "Multipliqué las visiones y otorgué imágenes a los profetas" (Oseas, 12:11). Moisés vio a través de un espejo pulido. Eso es lo que está escrito: "y contempla la imagen del Señor" (Números, 12:8).

(*Vaikrá Rabbah*, 1.14)

Rabí Yisrael Lifschitz escribió en su famoso comentario sobre la *Mishná*, titulado *Tif'eret Israel*.

אַסְפַּקְלַרְיָא. [...] מְבֹאָר הַדָּבָר שֶׁהוּא לָשׁוֹן יְוָנִית. סְפֶּעקוּלַארְיָא שֶׁפֵּרוּשׁוֹ זְכוּכִית אוֹ שְׁפִּיגֶעל. וְהַיְינוּ מַה שֶּׁאָמְרוּ חַזַ"ל (יבמות, מ"ט, ב') "כָּל הַנְּבִיאִים רָאוּ בְּאַסְפַּקְלַרְיָא שֶׁאֵינָהּ מְאִירָה. וְרַק מֹשֶׁה רַבֵּינוּ עָלָיו הַשָּׁלוֹם רָאָה בְּאַסְפַּקְלַרְיָא הַמְאִירָה". רָצָה לוֹמַר, עַצְמוּת אֱלֹהוּתוֹ יִתְבָּרַךְ אִי אֶפְשָׁר לְשׁוּם יְלוּד אִשָּׁה לִרְאוֹתוֹ. וַאֲפִלּוּ מֹשֶׁה רַבֵּינוּ עָלָיו הַשָּׁלוֹם בְּעַצְמוֹ. דְּגַם בּוֹ כְּתִיב (שמות ל"ג, כ"ג): "וּפָנַי לֹא יֵרָאוּ". אֶלָּא כָּל יִשְׂרָאֵל לֹא רָאוּ רַק כְּמוֹ הַבָּבוּאָה שֶׁל עַצְמוּתוֹ יִתְבָּרַךְ. אֶלָּא שֶׁמֹּשֶׁה רַבֵּנוּ עָלָיו הַשָּׁלוֹם רָאָה כִּבְיָכוֹל הַבָּבוּאָה הַהִיא בְּרוּרָה כָּל הָאֶפְשָׁר לִרְאוֹת. מַה שֶּׁאֵין כֵּן שְׁאָר הַנְּבִיאִים.

(תפארת ישראל, בועז, על משנה כלים ל', ב')

Aspaklaria. [...] Claramente esta es la palabra griega *spekularia* que significa 'vidrio' o *spigel* (espejo en alemán y en yiddish). Esto es lo que nuestros rabinos dijeron en el *Talmud* (*Yevamót*, 49b): «Todos los profetas observaron sus profecías a través de una *aspaklaria* no resplandeciente. Sin embargo,

Moisés, nuestro maestro observó sus profecías a través de una *aspaklaria* resplandeciente». Esto significa que no es posible que ningún ser humano vea al Señor, tal como es. Ni siquiera nuestro maestro Moisés mismo. Porque incluso respecto a él está escrito (que el Señor dijo): «Pero Mi rostro no se verá». Por lo tanto, todo el pueblo de Israel solo vio una aproximación del reflejo de la realidad del Señor, bendito sea. Y Moisés, la Paz sea con él, a diferencia del resto de los profetas, vio, por así decirlo, ese reflejo (del Señor) de la forma más clara posible.

(*Tif'eret Israel*, «*Bo'az*» sobre *Kelím*, 30:2)

A esto se refiere Kṛṣṇa en el *Bhagavad-gītā*:

मनुष्याणां सहस्रेषु कश्चिद्यतति सिद्धये ।
यततामपि सिद्धानां कश्चिन्मां वेत्ति तत्त्वत: ॥

manuṣyāṇāṁ sahasreṣu
kaścid yatati siddhaye
yatatām api siddhānāṁ
kaścin māṁ vetti tattvataḥ

De muchos miles de hombres, puede que uno se esfuerce por la perfección, y de aquellos que han logrado la perfección, difícilmente uno me conoce en verdad.

(*Bhagavad-gītā*, 7.3)

El pensamiento que se piensa

El término *especular* proviene del latín *specularis*, el cual significa que 'se parece o se relaciona con un espejo' (*aspaklaria*). Cuando especulamos, nos miramos en un espejo. Especulamos basándonos en nuestro propio reflejo. La filosofía es el amor por el pensamiento especulativo. Cuando filosofamos, en realidad estamos dialogando con nosotros mismos. La palabra *reflexionar*, que viene del latín *reflexio*, incluye el prefijo *re* o 'hacia atrás' y *flectus* o 'doblado'. Reflexionar, pensar o razonar es como contemplar nuestro reflejo en un espejo. Cuando nos detenemos a reflexionar sobre algo, en realidad nos estamos mirando a nosotros mismos, como en un espejo. Si estoy considerando aceptar un nuevo trabajo, lo que realmente estoy pensando es en cómo podría afectar mi propia imagen o mi vida, no en el trabajo en sí. Lo mismo ocurre al especular y filosofar: parece que estamos hablando de algún objeto que está fuera de nosotros, pero en realidad estamos mirando hacia dentro y lo que hay se refleja hacia fuera.

Aristóteles reflexiona sobre algunas cualidades de Dios dejando a los dioses tradicionales en una categoría aparte. Dice: «Por lo tanto, debe ser de sí mismo que el pensamiento divino piensa (ya que es la más excelente de las cosas), y su pensamiento es un pensamiento sobre el pensamiento» (*Metafísica*, libro XII, capítulo IX). Cree que todo lo que Dios es y hace es *nóesis noéseos* (νόησις νοήσεως), o 'pensamiento que se piensa'. No obstante, no se trata de una actividad mental, sino que piensa sobre sí mismo como un pensamiento que se piensa. Es un pensamiento fijo porque carece del proceso en que la potencia deviene acto. Dios es solo actualización, o *energeia* (ἐνέργεια), y no piensa nada que sea antitético a sí mismo. Incluso la idea de «pensar» es solo una analogía que Aristóteles utiliza para hablar de lo indefinible, dado que ni siquiera es un pensamiento humano. Como diría Isaías:

כִּי לֹא מַחְשְׁבוֹתַי מַחְשְׁבוֹתֵיכֶם וְלֹא דַרְכֵיכֶם דְּרָכָי נְאֻם ה':
כִּי־גָבְהוּ שָׁמַיִם מֵאָרֶץ כֵּן גָּבְהוּ דְרָכַי מִדַּרְכֵיכֶם וּמַחְשְׁבֹתַי מִמַּחְשְׁבֹתֵיכֶם:
(ישעיהו, נ"ה, ח'-ט')

Porque Mis pensamientos no son vuestros pensamientos, ni vuestros caminos Mis caminos, dijo Dios. Porque así como los cielos son altos sobre la tierra, así son Mis caminos más altos que vuestros caminos y Mis pensamientos más altos que vuestros pensamientos.

(Isaías, 55:8-9)

Artículo 9: El reflejo de la unidad

Un pensamiento que se piensa a sí mismo describe a un Dios inmerso, ensimismado y meditativo. Es similar a la descripción que hace el Rabi Shneur Zalman de Liadi, en su famoso libro *Tania*:

אַךְ עִיקַּר הַדַּעַת, אֵינָהּ הַיְדִיעָה לְבַדָּהּ, שֶׁיֵּדְעוּ גְדֻלַּת ה' מִפִּי סוֹפְרִים וּמִפִּי סְפָרִים, אֶלָּא הָעִיקָּר הוּא, לְהַעֲמִיק דַּעְתּוֹ בִּגְדֻלַּת ה', וְלִתְקוֹעַ מַחֲשַׁבְתּוֹ בָּהּ בְּחֹזֶק וְאֹמֶץ הַלֵּב וְהַמֹּחַ, עַד שֶׁתְּהֵא מַחֲשַׁבְתּוֹ מְקֻשֶּׁרֶת בָּהּ' בְּקֶשֶׁר אַמִּיץ וְחָזָק, כְּמוֹ שֶׁהִיא מְקֻשֶּׁרֶת בְּדָבָר גַּשְׁמִי שֶׁרוֹאֶה בְּעֵינֵי בָשָׂר וּמַעֲמִיק בּוֹ מַחֲשַׁבְתּוֹ, כַּנּוֹדָע, שֶׁדַּעַת הוּא לְשׁוֹן הִתְקַשְּׁרוּת, כְּמוֹ: "וְהָאָדָם יָדַע וְגוֹ'".

(ספר התניא, חלק א', מ"ב)

> Sin embargo, la esencia del conocimiento no es solo el saber, que la gente conozca la grandeza de Dios a través de autores y libros; sino que lo esencial es sumergir la mente profundamente en la grandeza de Dios y fijar el pensamiento en Dios con toda la fuerza y el vigor del corazón y la mente, hasta que su pensamiento se una a Dios con un vínculo fuerte y poderoso, como se une a una cosa material que ve con sus ojos físicos y concentra su pensamiento en ella. Porque es sabido que *da'at* (conocimiento) connota unión, como en la frase «Y Adam *iadá* (conoció) a Eva...».
>
> (*Tania*, primera parte, 42)

Plotino fue un filósofo griego que inició una nueva fase en la tradición platónica. En su estructura teológica, la diversidad empírica es una consecuencia de las emanaciones de una realidad última llamada «Uno». Tal realidad, que es la única existente, es la que Plotino llama a veces Dios. A través de las emanaciones del Uno, surgen el *Nous* (inteligencia) y el alma. Plotino, al igual que Platón, pensaba que el propósito del alma era volver al Uno a través de una vida sabia. La existencia de toda entidad viviente depende enteramente del Uno, que es ilimitado, eterno e indescriptible.

El fundamento de la filosofía de Hegel es la unión de lo infinito no dual con lo finito. Hegel aborda la relación entre la naturaleza y el espíritu, aunque este «espíritu» es un tanto oscuro y paradójico. No es un Dios trascendente, ni está desconectado del universo, pero en cambio puede percibirse en la acción humana divinizada. La totalidad no es solo sustancia, sino un sujeto cuyo objeto es el sujeto mismo «pensándose». Es la realidad pensando en sí misma. Lo absoluto no dual deviene en espíritu a través de un proceso de autoconocimiento mediante lo humano. La naturaleza consiste en una condición imprescindible al proporcionar la objetividad a la subjetividad, es decir al espíritu, correspondiendo ambos al absoluto.

Hegel aborda la autoconsciencia en el capítulo 4 de su famoso libro *La fenomenología del espíritu*. Tanto el «pensamiento que se piensa a sí mismo» de Aristóteles como la «autoconsciencia» de Hegel ven una totalidad indivisible que se expresa como una dualidad, dividiendo el Todo en dos. El uno se convierte en muchos. La subjetividad se convierte en sujeto y objeto.

La dualidad sujeto-objeto surge de un pensamiento que se piensa a sí mismo, es decir, de una consciencia autoconsciente. Si un pensamiento se piensa a sí mismo, es tanto el pensador como lo que se piensa. Decir que la consciencia es autoconsciente es decir que la consciencia está conformada por el sujeto consciente, el objeto de la consciencia y la consciencia misma. Si una observación se observa a sí misma, la observación será el observador, lo observado y la propia observación. Por lo tanto, Dios es diferenciado e indiferenciado al mismo tiempo. Esto es similar al concepto bengalí de Chaitanya: *acintya-bhedābheda-tattva*, o «inconcebiblemente uno y diferente simultáneamente».

Hegel decía que al principio solo existía el pensamiento puro no-dual. Sin embargo, una plenitud sin un no-yo con el que compararse seguirá careciendo de esencia. En el principio, el pensamiento y el ser estaban en perfecta armonía y unión. La diferenciación apareció por primera vez cuando esta no-dualidad pensó lo único que puede pensar, a sí misma. No obstante, no tenía forma de encontrar su esencia, pues no puede haber esencia sin diferenciación.

El término *esencia* proviene del latín *essentia*, el cual es un calco del término griego *ousia*. *Ousia* es un sustantivo verbal del verbo *einai* que significa 'ser'. Asimismo, *essentia* se deriva del verbo latino *ese*, que significa también 'ser'. En filosofía, la esencia define algo, pero si no hay nada con lo que compararse, no puede tener una esencia. De ahí que sea la diferenciación lo que hiciese posible que

Artículo 9: El reflejo de la unidad

el pensamiento no-dual tuviera una esencia, de lo que por tanto se desprendería que la diferenciación es el origen de la esencia.

Los filósofos Schelling y Fichte también concluyeron que solo es posible conocer al «yo» a través del «no-yo». Mediante la diferenciación del objeto, el sujeto descubre su identidad. Solo es posible conocernos diferenciándonos de lo otro. Mediante la otredad, consigo percibirme como mismidad. A través de la observación, tomo consciencia de lo que no soy, en la forma más pura del *neti-neti* vedántico, o 'ni esto, ni aquello'. Lo primero que conoce la consciencia humana no es a ella misma, sino al ámbito objetual circundante. Los recién nacidos perciben primero su entorno, y lo que no es «yo»; y solo entonces surge la idea de «yo».

Más concretamente, y cómo defendió el gran psicoanalista Jacques Lacan en uno de sus principales libros *El estadio del espejo como formador de la función del yo*, la fase del espejo o, en francés, *le stade du miroir* es una fase del desarrollo del niño, de entre seis y dieciocho meses de edad, durante la cual este se identifica con su imagen en el espejo. Lacan sostiene que es justamente en ese momento que nace la idea del «yo» como instancia psíquica.

Si deseamos más luz acerca de una diversidad emergiendo desde el Uno sin segundo, podemos recurrir a las ideas de Pitágoras. Este filósofo griego veía la realidad primordial como un *pneuma* o Ser ilimitado, más allá del cual solo hay vacío o no-ser. Dentro de este *pneuma*, a través del movimiento eterno, se formó un cosmos esférico limitado, pero desprovisto de partes diferentes. Este cosmos es la mónada, el principio de la unidad. Respirando profundamente, el cosmos inhaló el vacío. Desde dentro, se desintegró, dando lugar a la diversidad numérica de las cosas. Cada cosa es igual a un número. La diversidad se crea a partir del desmembramiento del *pléroma*. Es el vacío el que desintegra la esfera compacta original y determina la naturaleza objetual, que hace posible el movimiento y ubica las cosas en diferentes lugares. Por lo tanto, el universo fenoménico es *pléroma*, plenitud, consciencia, pero aparentemente dividida o inconsciente. Es precisamente esta consciencia la que Hegel denomina «el saber absoluto», es decir, donde el ser y el pensar se revelan como uno y lo mismo. Por eso, Hegel dice que todo lo racional es real y todo lo real es ser y pensar. El saber absoluto es cuando el ser y el pensar vuelven a ser uno, es decir, donde ambos se reintegran y se funden a través del yoga o la religión.

El absoluto crea el universo mirándose en las aguas originales. Por eso, Rabí Akiva nos aconseja no exclamar *maím, maím* ('aguas, aguas') al acceder al secreto más profundo del *pardés*. En las profundidades del secreto, en lugar de solo ver agua, es esencial mirar tu reflejo y así invertir el proceso para convertirlo en retroprogresivo o involutivo.

Podemos comparar la consciencia, ese elemento conocedor de cada experiencia, con un espejo. La consciencia es testigo de toda experiencia, reflejando lo que está frente a ella. Todo lo que se refleja ocurre delante del espejo y no en este. La sabiduría consiste en ser un espejo, desidentificado por completo de todo lo reflejado. Las experiencias aparecen y desaparecen, vienen y van, pero el espejo permanece inmutable. El espejo no retiene reflejos pasados, sino que solo muestra lo que sucede ahora. Los seres iluminados viven como un espejo, sin ayer ni mañana. Están llenos de la experiencia presente y, cuando esta desaparece, no queda residuo alguno. Este proceso de *teshuvá*, o 'retorno', nos lleva a observar lo que realmente somos y nos despierta a la realidad del reconocimiento de la consciencia.

ARTÍCULO 10
MITZVÓT: LOS SÍMBOLOS DEL RETORNO

El término hebreo *mitzvá* suele traducirse como 'precepto', 'ordenanza' o 'mandamiento'. Las *mitzvót* son los 613 preceptos sagrados que se encuentran en la Torá. La revelación sinaítica no es un mero compendio de dogmas y concepciones teológicas. Es una guía que impregna todos los aspectos de la vida humana y prescribe un amplio espectro de normas y comportamientos cotidianos. Estas directrices dictan la manera de tratar todo en la creación: desde la elección y elaboración de los alimentos, la gestión eficaz del tiempo, hasta las relaciones ya sean comerciales, académicas o sociales. Incluso los actos cotidianos triviales, como el descanso nocturno, no están excluidos de estas normativas que tienen instrucciones precisas sobre cómo llevarlos a cabo. Este conjunto de reglamentos y prácticas se denomina *halajá* en hebreo. Aunque a menudo se traduce como 'ley judía', se entiende mejor como 'el sendero que uno recorre', el trayecto o el camino de la vida.

וְעַתָּה יִשְׂרָאֵל מָה ה' אֱלֹהֶיךָ שֹׁאֵל מֵעִמָּךְ כִּי אִם־לְיִרְאָה אֶת־ה' אֱלֹהֶיךָ לָלֶכֶת בְּכָל־דְּרָכָיו וּלְאַהֲבָה אֹתוֹ וְלַעֲבֹד אֶת־ה' אֱלֹהֶיךָ בְּכָל־לְבָבְךָ וּבְכָל־נַפְשֶׁךָ: לִשְׁמֹר אֶת־מִצְוֹת ה' וְאֶת־חֻקֹּתָיו אֲשֶׁר אָנֹכִי מְצַוְּךָ הַיּוֹם לְטוֹב לָךְ:
(דברים י', י"ב-י"ג)

Y ahora, ¡Oh, Israel!, ¿qué te pide el Señor, tu Dios? Solo que temas al Señor, tu Dios, que te encamines por todas Sus sendas, que ames y que adores al Señor, tu Dios, con todo tu corazón y con toda tu alma; que observes los mandamientos del Señor y Sus leyes, que yo te ordeno hoy, para tu bien.

(Deuteronomio, 10:12-13)

La raíz verbal de *halajá* incluye las letras hebreas *hei*, *lamed*, *kaf*, cuyo significado es 'caminar' o 'andar'.

אִם בְּחֻקֹּתַי תֵּלֵכוּ וְאֶת מִצְוֹתַי תִּשְׁמְרוּ וַעֲשִׂיתֶם אֹתָם:
(ויקרא כ"ו, ג')

Si anduviereis (*teleju*) en Mis estatutos, y guardareis Mis mandamientos, y los hiciereis.

(Levítico, 26:3)

Por lo tanto, la *halajá* consiste en el método y la manera de navegar por el océano de la existencia en pos de reconectar con lo divino. Por su parte, el término hebreo *teshuvá* se traduce generalmente como 'arrepentimiento', aunque abarca una gama más amplia de significados.

וְשַׁבְתָּ עַד ה' אֱלֹהֶיךָ וְשָׁמַעְתָּ בְקֹלוֹ כְּכֹל אֲשֶׁר אָנֹכִי מְצַוְּךָ הַיּוֹם אַתָּה וּבָנֶיךָ בְּכָל לְבָבְךָ וּבְכָל נַפְשֶׁךָ:

(דברים ל׳, ב׳)

Y habrás de retornar hasta el Señor, tu Dios, y escucharás Su voz, conforme a todo lo que te ordeno hoy; tú y tus hijos, con todo tu corazón y con toda tu alma.

(Deuteronomio, 30:2)

Las letras hebreas *taf, shin, vav* y *bet* forman la palabra *tashuv*, o 'retornará', que junto a la *hei* ('ה), que simboliza HaShém o el Señor, indica un retorno a nuestro origen divino. Quien logra caminar el sendero de la *teshuvá* exitosamente es denominado *ba'al teshuvá* (בעל תשובה), o 'maestro del retorno'.

אָמַר רַבִּי אַבָּהוּ: "מָקוֹם שֶׁבַּעֲלֵי תְשׁוּבָה עוֹמְדִין – צַדִּיקִים גְּמוּרִים אֵינָם עוֹמְדִין, שֶׁנֶּאֱמַר: 'שָׁלוֹם שָׁלוֹם לָרָחוֹק וְלַקָּרוֹב' (ישעיהו נ"ז, י"ט). 'לָרָחוֹק' בְּרֵישָׁא, וַהֲדַר 'לַקָּרוֹב'".

(תלמוד בבלי, מסכת ברכות, ל"ה, ב׳)

Rabí Abbahú dijo: «En el lugar donde se paran los *ba'alei teshuvá* (maestros del retorno), ni siquiera se paran los justos de pleno derecho, como está dicho (Isaías, 57:19): "Paz, paz al que está lejos y al que está cerca". La paz se extiende primero al que está "lejos" (el maestro del retorno) y solo después se extiende la paz al que está "cerca" (el justo de pleno derecho)».

(*Talmud Babilónico*, «*Berajót*», 34b)

Cuando *teshuvá* se utiliza en el sentido de 'arrepentimiento', alude a un proceso de reconocimiento de las falencias. A través de la observación e introspección, los individuos identifican sus debilidades regresando a su esencia primigenia. *Lashúv* también implica un movimiento rotatorio, significa 'girar', lo que evidencia la existencia de un campo de giro o espacio de adaptabilidad que posibilita las modificaciones requeridas para regresar a nuestra fuente divina. En este marco, la *halajá* se refiere a un caminar retroprogresivo por la senda en la que se avanza retornando a nuestra fuente primordial. Es un proceso retroprogresivo porque en lugar de alejarnos de nuestras raíces, nos aproxima a ellas.

עַל־יְדֵי הַתְּשׁוּבָה הַכֹּל שָׁב לָאֱלוֹהוּת, עַל־יְדֵי מְצִיאוּת כֹּחַ הַתְּשׁוּבָה, הַשּׁוֹרֵר בָּעוֹלָמִים כֻּלָּם, שָׁב הַכֹּל וּמִתְקַשֵּׁר בִּמְצִיאוּת הַשְּׁלֵמוּת הָאֱלֹהִית, וְעַל־יְדֵי הָרַעְיוֹנוֹת שֶׁל הַתְּשׁוּבָה, דֵעוֹתֶיהָ וְהַרְגָּשׁוֹתֶיהָ, כָּל הַמַּחֲשָׁבוֹת, הָרַעְיוֹנוֹת וְהַדֵּעוֹת, הָרְצוֹנוֹת וְהָרַגְשׁוֹת, מִתְהַפְּכִים וְשָׁבִים לְהִקָּבַע בְּעַצְמָם תְּכוּנָתָם בְּתֹכֶן הַקֹּדֶשׁ הָאֱלֹהִי.
(הראי"ה קוק, אורות התשובה, ד', ב')

Mediante la *teshuvá* ('arrepentimiento', 'retorno', 'vuelta atrás'), todo vuelve a la divinidad. Mediante la existencia del poder de la *teshuvá*, que reina en todos los mundos, todo vuelve atrás y se reconecta con la realidad de la totalidad divina. Y a través de las ideas de *teshuvá*, sus pensamientos y emociones, todos los pensamientos, ideas, opiniones, deseos y emociones se transforman y vuelven a anclarse en su cualidad esencial en la esencia de la santidad (*kodesh*) divina.

(Rabí Avraham Isaac HaCohen Kook, *Orot HaTeshuvá*, 4.2)

La *halajá* ofrece un manual, una guía detallada para orientar cada paso. Pero no es una mera práctica religiosa, sino una expresión de una naturaleza inherente para maniobrar por la vida.

וּכְמוֹ שֶׁבְּאִילָן הוֹצָאַת הָעֲנָפִים וְהַפֵּרוֹת שֶׁלּוֹ לְצָרֵף אֶת טִבְעוֹ כַּאֲשֶׁר רָאוּי, וְאִם לֹא הָיָה מוֹצִיא הָעֲנָפִים וְהֶעָלִין וְצוּרַת הַפְּרִי, בְּוַדַּאי הָיָה מְקֻלְקָל, כַּאֲשֶׁר רָאִינוּ שֶׁאֵינוּ מוֹצִיא שְׁלֵמוּת שֶׁלּוֹ אֶל הַפֹּעַל. כָּךְ הוּא דָּבָר זֶה: אִם לֹא הָיָה מוֹצִיא פְּעֻלַּת הַמִּצְווֹת אֶל הַפֹּעַל, הָיָה נִשְׁאָר בְּכֹחַ מֻטְבָּע בְּחֹמֶר, וְדָבָר זֶה – קִלְקוּל אֵלָיו, כַּאֲשֶׁר נַפְשׁוֹ מִלְמַעְלָה וְהִיא מֻטְבַּעַת בַּגּוּף. אִם כֵּן הַנֶּפֶשׁ הִיא נִשְׁאָר בְּכֹחַ, וְצָרִיךְ שֶׁתֵּצֵא נַפְשׁוֹ אֶל הַפֹּעַל מִן הַחָמְרִית, וְאֵין זֶה רַק עַל יְדֵי מִצְווֹת אֱלוֹהִיּוֹת.

Artículo 10: Mitzvót: Los símbolos del retorno

כְּמוֹ שֶׁיֵּצֵא לַפֹּעַל זֶרַע הַנָּטוּעַ בָּאָרֶץ. וְדָבָר זֶה צֵרוּף נַפְשׁוֹ כַּאֲשֶׁר יוֹצֵאת לַפֹּעַל.
[...] לְפִיכָךְ מִצְווֹת הַתּוֹרָה אֲשֶׁר נִתַּן לָאָדָם כְּנֶגֶד הָאָדָם וְעוֹלָמוֹ אֲשֶׁר דָּר בּוֹ הָאָדָם וְהוּא מְקוֹמוֹ. וְהָאָדָם בְּעַצְמוֹ יֵשׁ לוֹ רמ"ח אֵבָרִים שֶׁהֵם שְׁלֵמוּת הָאָדָם, וּכְנֶגֶד זֶה נִתַּן לוֹ רמ"ח מִצְווֹת עֲשֵׂה שֶׁהֵם שְׁלֵמוּת הָאָדָם, וְיֵשׁ לוֹ מָקוֹם אֲשֶׁר הוּא בּוֹ, אֲשֶׁר הַמָּקוֹם מַגְבִּיל הַדָּבָר שֶׁלֹּא יֵצֵא. וּכְבָר אָמַרְנוּ כִּי מְקוֹמוֹ שֶׁל אָדָם הוּא תַּחַת הַחַמָּה, וְכָךְ נִתַּן לָאָדָם שס"ה מִצְווֹת לֹא תַעֲשֶׂה כְּנֶגֶד הַחַמָּה שֶׁיֵּשׁ לָהּ שס"ה יָמִים. וְאֵלּוּ שס"ה מִצְווֹת מַגְבִּילִין אֶת הָאָדָם שֶׁלֹּא יֵצֵא חוּצָה וְיַעֲבֹר אֵלּוּ שס"ה מִצְווֹת, וְהֵם מְקוֹמוֹ, כְּמוֹ שֶׁהַחַמָּה שס"ה יָמִים, הוּא מְקוֹמוֹ שֶׁל אָדָם.

(מהר"ל, תפארת ישראל, פרק ז')

Del mismo modo que para el árbol producir ramas y frutos es el perfeccionamiento de su propia naturaleza, ser como debe ser, y si no estuviera produciendo ramas, hojas y frutos, se tendría la certeza de que algo no está funcionando bien, pues claramente, no está expresando todo su potencial. Lo mismo ocurre aquí: Si [una persona] no llevara las *mitzvót* a la acción, permanecería como potencial, incrustada en la materia. Y esto se considera un mal funcionamiento, cuando su alma es elevada y sin embargo está incrustada en el cuerpo, pues de esta manera, el alma permanece como un mero potencial, mientras que debería actualizarse desde la materia. Esta [actualización] es posible solo a través de las *mitzvót* divinas, de la misma manera que la semilla actualiza su potencial cuando es plantada en la tierra. Y cuando el alma está actualizando su potencial, está siendo refinada....

Por lo tanto, las *mitzvót* de la Torá, que fueron dadas a los seres humanos, corresponden al ser humano y al mundo, que es su lugar de residencia. Un ser humano tiene 248 miembros, y en correspondencia con ello, recibió 248 *mitzvót* positivas [acciones a realizar], que son su perfección. Este ser humano también tiene un lugar, y un lugar implica límites que no se deben cruzar. Ya mencionamos que el lugar del ser humano está bajo el sol, y, por lo tanto, el ser humano recibió 365 *mitzvót* negativas [acciones que deben evitarse] correspondientes al sol que tiene

365 días [en su ciclo]. Estas 365 *mitzvót* ponen límites al ser humano para que no salga y las transgreda y, por lo tanto, son su lugar, de la misma manera que el sol, el año de 365 días, es el lugar del ser humano.

(Maharal, *Tif'eret Israel*, Capítulo 7)

En el *Bhagavad-gītā*, Arjuna, el legendario guerrero, le preguntó a Kṛṣṇa:

अर्जुन उवाच -
स्थितप्रज्ञस्य का भाषा समाधिस्थस्य केशव ।
स्थितधीः किं प्रभाषेत किमासीत व्रजेत किम् ॥

arjuna uvāca -
sthita-prajñasya kā bhāṣā
samādhi-sthasya keśava
sthita-dhīḥ kiṁ prabhāṣeta
kim āsīta vrajeta kim

Arjuna dijo: «¡Oh, Kṛṣṇa!, ¿cuáles son las señas de aquel cuya consciencia está absorta así en la trascendencia? ¿Cómo habla y qué lenguaje usa? ¿Cómo se sienta y cómo camina?».

(*Bhagavad-gītā*, 2.54)

El comportamiento de cada ser humano refleja su nivel de consciencia. Mientras que los seres ordinarios ejecutan meras actividades, los sabios se sumergen en acciones. La acción y la actividad parecen sinónimos, pero son radicalmente diferentes.

אָמַר רַבָּה בַּר בַּר חָנָה אָמַר רַבִּי יוֹחָנָן: "מַאי דִּכְתִיב: כִּי יְשָׁרִים דַּרְכֵי ה' וְצַדִּיקִים יֵלְכוּ בָם וּפשְׁעִים יִכָּשְׁלוּ בָם' (הושע י"ה, י') – מָשָׁל לִשְׁנֵי בְּנֵי אָדָם שֶׁצָּלוּ אֶת פִּסְחֵיהֶן, אֶחָד אֲכָלוֹ לְשׁוּם מִצְוָה, וְאֶחָד אֲכָלוֹ לְשׁוּם אֲכִילָה גַּסָּה. זֶה שֶׁאֲכָלוֹ לְשׁוּם מִצְוָה – 'וְצַדִּיקִים יֵלְכוּ בָם'. וְזֶה שֶׁאֲכָלוֹ לְשׁוּם אֲכִילָה גַּסָּה – 'וּפשְׁעִים יִכָּשְׁלוּ בָם'".

(תלמוד בבלי, מסכת נזיר, כ"ג, א')

ARTÍCULO 10: MITZVÓT: LOS SÍMBOLOS DEL RETORNO

> Rabba Bar Bar Hanna dijo en nombre de Rabí Yojanán: «¿Cuál es el significado de: "Porque las sendas del Señor son rectas, y los justos andarán por ellas, mientras que los transgresores tropiezan en ellas (Oseas, 14:10)?" [¿Cómo es posible que el mismo camino conduzca a resultados tan diferentes?]. Esto es comparable a dos personas que asaron sus ofrendas de Pésaj [en la víspera de Pascua]. Uno lo comió por el cumplimiento de la *mitzvá* y el otro por glotonería. El que la comió para cumplir con la *mitzvá*, ha cumplido la primera parte del versículo: "Y los justos andarán en ellos", mientras que el otro, que lo comió glotonamente, es descrito por el final del versículo: "Pero los transgresores tropiezan en ellos"».
>
> (*Talmud Babilónico*, «*Nazir*», 23a)

La acción surge en el momento oportuno, respondiendo a las necesidades del presente, mientras que la actividad está impulsada por experiencias pasadas. La acción nace como una respuesta orgánica a las demandas inmediatas del entorno y de la vida misma. La actividad, por otro lado, surge desde nuestras inquietudes y utiliza las circunstancias como mero pretexto para expresarlas. Por lo tanto, la actividad, en lugar de responder a un requerimiento existencial del presente, constituye una liberación de angustias, un desahogo de ansiedades acumuladas desde el pasado expresadas en el momento presente. El origen de la acción es la serenidad. Las actividades reflejan nuestro agitado y alterado estado mental y revelan desasosiego y nerviosismo. La acción aflora en el instante pertinente, mientras que la actividad se caracteriza por su irrelevancia e insignificancia. La acción brota desde el ahora, pero la actividad está enraizada en la memoria, en el ayer.

El objetivo de la actividad reside en el futuro y por eso pertenece intrínsecamente a un pasado proyectado en un mañana, a una memoria que mira hacia el momento siguiente. El único marco que la existencia reconoce es el aquí y el ahora, pero al realizar una actividad, nos ausentamos de la realidad presente. La auténtica acción mitzvótica no se proyecta sobre expectativas futuras ni alberga objetivos subyacentes o motivos ulteriores.

אָמַר רַב נַחְמָן בַּר יִצְחָק: גְּדוֹלָה עֲבֵרָה לִשְׁמָהּ מִמִּצְוָה שֶׁלֹּא לִשְׁמָהּ.
(תלמוד בבלי, מסכת נזיר, כ"ג, ב')

Rav Najman bar Yitzják dijo: «Una transgresión (*aveirá*) cometida por su propia causa es mejor que una *mitzvá* no ejecutada por su propia causa».

(*Talmud Babilónico*, «*Nazir*», 23b)

La acción surge como respuesta espontánea y directa a una situación inmediata en el contexto presente, libre de motivaciones egoístas. Mediante ocupaciones superficiales, o lo que Heidegger denomina «hacedurías», dilapidamos nuestra energía y vitalidad. Solo quienes mantienen la serenidad y la relajación conservan la energía esencial necesaria para canalizarla hacia la acción. La mera actividad surge de la ignorancia y la falta de discernimiento, mientras que la acción emerge de la luminosidad cognitiva o la plena claridad. Inmersos en la acción, las tareas laboriosas se tornan deliciosas, el esfuerzo se convierte en juego, las cargas en felicidad y la pesadez en alegría.

מִצְווֹת צְרִיכוֹת כַּוָּנָה.
(תלמוד בבלי, מסכת ברכות, י"ג, א')

Las *mitzvót* requieren intención.

(*Talmud Babilónico*, «*Berajot*», 13a)

La actividad es tan automática e inconsciente que el ejecutor ni siquiera se percata de su propio comportamiento. Ejemplos de actividades son morderse las uñas, comer excesivamente, consumir sustancias nocivas, hablar desmesuradamente y fumar. Al alinearnos al marco dictado por la *halajá*, sacralizamos nuestra existencia dado que incluso las acciones más simples y triviales cobran relevancia trascendental. La intención no es infundir un matiz superficial de religiosidad o espiritualidad en nuestros días mediante el sentimentalismo, sino enriquecer nuestras vidas con una estructura sagrada, sólida y tangible.

וְכִי מָה אִכְפַּת לוֹ לְהַקָּדוֹשׁ־בָּרוּךְ־הוּא, בֵּין שֶׁשּׁוֹחֵט אֶת הַבְּהֵמָה וְאוֹכֵל אוֹ אִם
נוֹחֵר וְאוֹכֵל? כְּלוּם אַתָּה מוֹעִילוֹ אוֹ כְּלוּם אַתָּה מַזִּיקוֹ? אוֹ מָה אִכְפַּת לוֹ, בֵּין
אוֹכֵל טְהוֹרוֹת לְאוֹכֵל נְבֵלוֹת? אָמַר שְׁלֹמֹה, 'אִם חָכַמְתָּ – חָכַמְתָּ לָךְ' וגו' (משלי
ט', י"ב). הָא לֹא נִתְּנוּ הַמִּצְוֹת אֶלָּא לְצָרֵף בָּהֶן אֶת הַבְּרִיּוֹת וְיִשְׂרָאֵל, שֶׁנֶּאֱמַר:
'אִמְרַת־ה' צְרוּפָה' (תהילים י"ח, ל"א). לָמָּה? שֶׁיְּהֵא מָגֵן עָלֶיךָ, שֶׁנֶּאֱמַר: 'מָגֵן
הוּא לְכָל הַחוֹסִים בּוֹ' (תהילים י"ח, ל"א).

(מדרש תנחומא, פרשת שמיני, סימן ח')

¿Y qué le importa al Santo, bendito sea Él, si uno sacrifica ritualmente al ganado y come [la carne] o si uno sacrifica al ganado apuñalándolo y lo come? ¿Acaso tal cosa Le beneficiará [es decir, al Santo, bendito sea Él,] o Le perjudicará? ¿O qué Le importa a Él si uno come cadáveres o come animales sacrificados ritualmente? Salomón dijo [sobre esto] (Proverbios, 9:12): «Si has obtenido sabiduría, has obtenido sabiduría para ti mismo». Así, los mandamientos fueron dados solo para refinar a los vivientes y a Israel a través de ellos, como se afirma (Salmos, 18:31), «la palabra del Señor es refinada». ¿Por qué? Para que Él sea un escudo sobre ti, [como se afirma] (cont.), «Él es un escudo para todos los que se refugian en Él».

(*Midrásh Tanjuma, Parashát* «*Sheminí*», 8)

En este sentido, la revelación hebrea ofrece una manera profunda y perdurable de conectar y reintegrar lo humano y lo divino.

"הָאֵל תָּמִים דַּרְכּוֹ אִמְרַת־ה' צְרוּפָה מָגֵן הוּא לְכָל הַחוֹסִים בּוֹ" (תהילים י"ח,
ל"א). אִם דְּרָכָיו תְּמִימִים, הוּא – עַל אַחַת כַּמָּה וְכַמָּה. רַב אָמַר: "לֹא נִתְּנוּ
הַמִּצְוֹת אֶלָּא לְצָרֵף בָּהֶן אֶת הַבְּרִיּוֹת. וְכִי מָה אִכְפַּת לֵיהּ לְהַקָּדוֹשׁ בָּרוּךְ הוּא
לְמִי שֶׁשּׁוֹחֵט מִן הַצַּוָּאר אוֹ מִי שֶׁשּׁוֹחֵט מִן הָעֹרֶף? הֱוֵי – לֹא נִתְּנוּ הַמִּצְוֹת אֶלָּא
לְצָרֵף בָּהֶם אֶת הַבְּרִיּוֹת."

(בראשית רבה, מ"ד, א')

«En cuanto a Dios — Su camino es perfecto; la palabra del Señor es refinada, Él es un escudo para todos los que se refugian en Él». (Salmos, 18:31) Si Su camino es perfecto, ¡cuánto más lo es Él mismo! Rav dijo: Las *mitzvót* fueron dadas para que el hombre pudiera ser refinado por ellas. ¿Realmente crees que, al Santo, bendito sea Él, le importa si un animal es sacrificado por delante o por detrás del cuello? Por lo tanto, las *mitzvót* fueron dadas solo para refinar a los humanos».

(*Bereshít Raba*, 44.1)

Las *mitzvót* no son meras herramientas, instrumentos o mecanismos que facilitan nuestra relación con lo trascendente; son el proceso mismo de alineación con la divinidad. El término *mitzvá*, traducido como 'precepto', está íntimamente relacionado con la palabra *tzavta* (צוותא), que significa 'conexión' o 'vínculo'. Así, cada precepto bíblico es como un símbolo que fusiona lo individual y lo divino.

וְגַם אֶת־שַׁבְּתוֹתַי נָתַתִּי לָהֶם לִהְיוֹת לְאוֹת בֵּינִי וּבֵינֵיהֶם לָדַעַת כִּי אֲנִי ה' מְקַדְּשָׁם:
(יחזקאל כ', י"ב)

Y diles también Mis *sabbaths* [el séptimo día de la semana] para que sirvan de símbolo entre Yo y ellos, a fin de que supiesen que Yo, el Señor, soy el que los santifico.

(Ezequiel, 20:12)

En numerosos versículos y párrafos de la Torá, se alude a las *mitzvót* como símbolos.

וּקְשַׁרְתָּם לְאוֹת עַל־יָדֶךָ וְהָיוּ לְטֹטָפֹת בֵּין עֵינֶיךָ:
(דברים ו', ח')

Y los atarás [los *tefillín*] por símbolo sobre tu mano y que sirvan como *totafót* (frontales) en tu frente.

(Deuteronomio, 6:8)

Los sabios iluminados de la antigüedad señalan un paralelismo entre las *mitzvót* y la estructura física del ser humano.

Artículo 10: Mitzvót: Los símbolos del retorno

דָּרַשׁ רַבִּי שִׂמְלַאי: "שֵׁשׁ מֵאוֹת וּשְׁלֹשׁ עֶשְׂרֵה מִצְוֹות נֶאֶמְרוּ לוֹ לְמֹשֶׁה, שְׁלֹשׁ מֵאוֹת וְשִׁשִּׁים וְחָמֵשׁ לָאוִין כְּמִנְיַן יְמוֹת הַחַמָּה, וּמָאתַיִם וְאַרְבָּעִים וּשְׁמוֹנָה עֲשֵׂה כְּנֶגֶד אֵיבָרָיו שֶׁל אָדָם".

(תלמוד בבלי, מסכת מכות, כ"ג, ב')

Rabí Simlai expuso: «613 *mitzvót* fueron declaradas a Moisés en la Torá, consistentes en 365 prohibiciones correspondientes al número de días del año solar y 248 *mitzvót* positivas correspondientes al número de miembros de una persona».

(*Talmud Babilónico*, «*Makkót*», 23b)

בְּגִין דְּאִית בְּבַר־נָשׁ רמ"ח שַׁיְפִין, לָקֳבֵל רמ"ח פִּקּוּדִין דְּאוֹרַיְיתָא דְּאִינּוּן לְמֶעְבַּד אִתְיְהִיבוּ, וְלָקֳבֵל רמ"ח מַלְאָכִין דְּאִתְלַבְּשַׁת בְּהוֹן שְׁכִינְתָּא וּשְׁמָא דִּלְהוֹן כְּשָׁמָא דְּמָארֵיהוֹן, וְאִית בְּבַר־נָשׁ שס"ה גִּידִין, וְלָקֳבְלֵהוֹן שס"ה פִּקּוּדִין דְּלָאו אִינּוּן אִתְיְהִיבוּ לְמֶעְבַּד, וְלָקֳבֵל שס"ה יוֹמֵי שַׁתָּא.

(ספר הזוהר, פרשת וישלח, ז')

Porque hay 248 miembros en una persona, que corresponden a los 248 preceptos de la Torá dados para cumplir (*mitzvót* positivas) y a los 248 ángeles que la *Shejiná* (la presencia de Dios) está encerrada en ellos y su nombre es como el de su Señor. Y hay 365 ligamentos en una persona que corresponden a 365 perceptos dados para evitar (*mitzvót* negativas) y a los 365 días del año.

(*Zohar*, «*Vayishláj*», 7)

Este verso dice que los 248 preceptos positivos corresponden a los 248 miembros del cuerpo humano. Del mismo modo, los 365 preceptos prohibitivos se equiparan con los 365 ligamentos de la anatomía humana.

El mundo objetual está presente constantemente como lo percibido. Sentidos como la vista, el tacto o el olfato permiten una experiencia sensible directa. A través de nuestras acciones, nos vinculamos de manera directa con dicha plataforma. Si bien podemos experimentar la realidad tangible mediante acciones como caminar, bailar, pintar, comer, escribir o hablar, es imposible procesarla o entenderla a través del pensar. A diferencia de las acciones, el pensamiento carece de acceso directo e inmediato a la realidad.

Cuando usamos la conceptualización mental, el acceso a la realidad queda obstruido por ideas abstractas. El pensamiento conlleva una cierta alienación porque interactuamos con la realidad conceptualmente. El acto de pensar no establece un vínculo directo con la vida ni alcanza para procesarla de manera completa. Por el contrario, por su naturaleza inherente instaura una demarcación, una separación, un distanciamiento. En este mismo sentido Hans-Georg Gadamer sostiene que la Verdad implica una pertenencia y una aproximación al Ser, mientras que la metodología impone distanciamiento y separación. Por ende, si hay deseo de acceder a la Verdad auténtica y genuina, debemos prescindir de los métodos.

Al someter la realidad al análisis o la deducción, inevitablemente nos distanciamos de ella. Cuando reflexionamos «sobre» esta o razonamos «acerca» suyo, erigimos una brecha insalvable. «Sobre» o «acerca de» sugieren un vínculo mediato o una relación indirecta; denotan que no experimentamos ni interactuamos con las cosas en el momento presente. Dichas preposiciones impiden una conexión genuina con los árboles, las flores y demás.

La disertación «sobre» o «acerca de» la realidad nos desvincula, nos separa y nos excluye intrínsecamente de la misma. Los intelectuales, por eminentes que sean, se distancian de la acción, puesto que el pensamiento es esencialmente indirecto y mediato, pero la acción solo puede ser directa e inmediata. De hecho, pensar hace que actuar sea impracticable e inalcanzable. A diferencia de los pensadores, los artistas genuinos logran una relación directa y no conceptualizada con el mundo.

En el mundo que habitamos, muchas personas utilizan sus capacidades cognitivas para especular y rumiar, pero carecen de la energía necesaria para concretar sus ideas y lograr algo tangible con sus vidas. En contraparte, muchos individuos poco reflexivos, poseen un considerable vigor e ímpetu para obrar. Aunque no se detienen a pensar y evaluar, sus deseos los impulsan a hacer mucho. Por desgracia, muchos de estos seres irreflexivos pero de fuerte voluntad han generado considerables conflictos y devastación, causando dolorosos desastres y estragos a lo largo de la historia. Solo la indagación auténtica de la realidad interrumpirá el círculo vicioso del parloteo mental. Cuando la actividad conceptual cesa, la consciencia despierta. Entonces, la facultad cognitiva se metamorfosea y se manifiesta como mayor claridad mental. La energía que alimenta el pensamiento se reformula, convirtiéndose en lucidez.

El proceso purificatorio comienza cuando cesa la actividad mental; no obstante, esto no implica suspender la consciencia misma. Por el contrario, la consciencia persiste, ganando mayor claridad y lucidez, llevándonos a la acción. Acercarse a la realidad, a la esencia de las cosas tal como son, requiere una combinación equilibrada de acción y consciencia.

וַיִּקַּח סֵפֶר הַבְּרִית וַיִּקְרָא בְּאָזְנֵי הָעָם וַיֹּאמְרוּ כֹּל אֲשֶׁר־דִּבֶּר ה' נַעֲשֶׂה וְנִשְׁמָע:
(שמות כ"ד, ז')

Tomó Moshé el libro del Pacto y lo leyó a oídos del pueblo. Ellos dijeron: «Todo lo que ha dicho el Señor haremos (*na'asé*) y escucharemos (*nishmá*)».

(Éxodo, 24:7)

En hebreo, *shemá* significa 'oír' o 'escuchar', pero también puede significar 'prestar atención', que es el aspecto activo de la consciencia, como cuando un profesor pide a los alumnos que centren su atención. *Shemá* es más que una petición de escuchar, ya que insta a centrarse. El mantra principal de la tradición hebrea, «*Shemá* Israel», es una exhortación íntima al pueblo de Israel para que no solo escuche, sino que preste atención. Cuando decimos *shemá*, estamos pidiendo a las personas que escuchen y a la vez estén atentas, por lo que está claro que la palabra *shemá* evoca la toma de consciencia.

Por lo tanto, la expresión *na'asé venishmá* (נַעֲשֶׂה וְנִשְׁמָע), o 'haremos y escucharemos', directamente vinculada a las *mitzvót*, está conectada con las dimensiones de acción y consciencia. Por lo tanto, una contemplación más profunda de *na'asé venishmá* nos revela que es una llamada dual a la acción y a la observación consciente. No solo representa la dimensión de actuar, sino también la de mantenerse atento durante la acción en lo que se denomina «acción meditativa».

Sin embargo, hay quienes malinterpretan esta noción de mantenerse atento durante la acción, asociándola con la necesidad de aislamiento. Esto resulta evidente en la conocida afirmación de Patañjali en su *Yoga Sūtra*:

योगश्चित्तवृत्तिनिरोधः ।

yogaś citta-vṛtti-nirodhaḥ

Yoga es la detención de la actividad mental.

(*Yoga Sūtra*, 1.2)

Si estas conocidas y sabias palabras no se entienden correctamente, pueden llevar a muchos a concluir que la clave para apaciguar la mente radica en aislarse de la sociedad. Es un grave error creer que la mera abstención de las actividades mundanas garantiza la verdadera paz. Enclaustrarse en monasterios mientras se mantiene el mismo bullicio mental solo puede llevar a una desvinculación de la realidad. Como diría Kant, la fe auténtica no pertenece a la razón teórica, sino a la razón práctica.

וְעַתָּה יִשְׂרָאֵל שְׁמַע אֶל הַחֻקִּים וְאֶל הַמִּשְׁפָּטִים אֲשֶׁר אָנֹכִי מְלַמֵּד אֶתְכֶם לַעֲשׂוֹת לְמַעַן תִּחְיוּ וּבָאתֶם וִירִשְׁתֶּם אֶת הָאָרֶץ אֲשֶׁר ה' אֱלֹהֵי אֲבֹתֵיכֶם נֹתֵן לָכֶם: לֹא תֹסִפוּ עַל הַדָּבָר אֲשֶׁר אָנֹכִי מְצַוֶּה אֶתְכֶם וְלֹא תִגְרְעוּ מִמֶּנּוּ לִשְׁמֹר אֶת מִצְוֹת ה' אֱלֹהֵיכֶם אֲשֶׁר אָנֹכִי מְצַוֶּה אֶתְכֶם:[...] וְאַתֶּם הַדְּבֵקִים בַּה' אֱלֹהֵיכֶם חַיִּים כֻּלְּכֶם הַיּוֹם:

(דברים ד', א', ב', ד')

Y ahora Israel, *shemá* (escucha) los fueros y las leyes que yo os enseño a vosotros para cumplir; para que hayáis de vivir y podáis venir y heredéis la tierra que el Señor, Dios de vuestros patriarcas, os concede a vosotros. No habréis de añadir sobre la palabra que yo os ordeno a vosotros, ni habréis de menguar de ella; para observar las *mitzvót* del Señor, vuestro Dios, que yo os ordeno a vosotros [...]. Empero vosotros, los que estáis adheridos al Señor vuestro Dios, estáis vivos, todos vosotros hoy.

(Deuteronomio, 4:1,2,4)

La milenaria revelación hebrea no exige renunciar a la acción para acceder a la realidad. Al contrario, afirma que la acción es un camino hacia la Verdad. Las acciones halájicas, realizadas con plena consciencia, actúan como puente entre lo aparente y lo real, conduciéndonos de lo relativo a lo absoluto. Los preceptos bíblicos poseen un carácter simbólico, pues nos reintegran con nuestra fuente original. El término *símbolo* deriva del griego *sýmbolon* (σύμβολον), que a su vez se compone de *sýn* (σύν), que quiere decir 'junto', y *bállō* (βάλλω), que es 'lanzar' o 'arrojar'. Originalmente, el verbo *symbállo* significaba 'reunir', 'juntar' o 'unir'. En numerosas tradiciones espirituales, los símbolos se consideran mediadores entre el mundo visible y el invisible. Así, el simbolismo presente en las *mitzvót* nos reconecta con nuestra dimensión absoluta, elevándonos hacia significados y experiencias que trascienden lo perceptible. Las *mitzvót* permiten la divinización de lo humano mediante la acción consciente. Las *mitzvót* permiten a la humanidad entrar en la divinidad y a la divinidad entrar en la humanidad.

Na'asé venishmá (נַעֲשֶׂה וְנִשְׁמָע), que significa 'haremos conscientemente o atentamente', no surge de una mente limitada, sino que es una expresión de la consciencia pura. Significa entregarse a la acción sin que intervengan los conceptos, dado que la mente nos desconecta de la praxis, de lo que es factual o real, y nos sumerge en el reino teórico de las ideas, las opiniones y las conclusiones. Según la revelación sinaítica, lo sagrado trasciende la mera conceptualización al manifestarse en las múltiples facetas de nuestra cotidianidad. Dios está presente en el agua que bebemos, los alimentos que comemos, la música que oímos, la ropa que vestimos y nuestras interacciones con familiares y amigos.

Aquellos que se sumergen exclusivamente en reflexiones y especulaciones se convierten meramente en entidades pensantes, confinadas a un cosmos de teorías, postulados, nociones, abstracciones, inferencias, deducciones, conceptos y conclusiones. Sin embargo, no deben inhibir el razonamiento, ya que su agudeza intelectual podría atrofiarse. Por lo tanto, el ideal no es evadir la acción, sino dotarla de mayor lucidez y presencia, infundiéndola con más consciencia y claridad, combinando así acción y consciencia.

Na'asé venishmá (נַעֲשֶׂה וְנִשְׁמָע) encapsula la esencia de la meditación, sugiriendo la transición de la mente a la lucidez, el retiro del pensamiento y el avivamiento de la consciencia. El secreto reside en sumergirse en la acción, permitiendo que la mente fluya libremente como un río siguiendo su curso natural sin resistencia. Al trascender la mente, la potencia del pensamiento se redirige hacia su origen: la consciencia pura y genuina. A medida que la actividad mental disminuye y los pensamientos se desvanecen, evolucionamos hacia una existencia lúcida y profundamente consciente. En este estado de quietud mental, no prevalece ningún pensamiento, independientemente de su naturaleza o cualidad. Aunque la mente pueda fluctuar, la conoceidad persiste, constante e inafectada. Aun así, es posible realizar acciones cotidianas como caminar, hablar, oler, trabajar, comer o dormir mientras se permanece plenamente consciente.

La inherente diafanidad de la consciencia trasciende y supera con creces las capacidades del poder mental. Incluso cuando emergen entidades ideacionales, nocionales y conceptuales en el panorama cognitivo, la observación atenta permanece independiente. Finalmente, la actividad mental queda eclipsada por el lumen irradiante de la consciencia. Esta luminiscencia disipa la oscuridad a medida que las siluetas mentales se desvanecen y desaparecen gradualmente, cediendo ante la preeminencia de la consciencia ascendente.

Gradualmente, ingresamos en un proceso de metamorfosis, transmutando de seres pensantes a seres conscientes. Al realizar la consciencia cristalina, nuestras construcciones mentales se desvanecen como sombras ante una radiante luz. La vigorosa lucidez de la observación agudiza la percepción e intensifica la sensibilidad acústica y olfativa. Aunque las acciones en sí mismas permanecen inalteradas, indudablemente se revisten de una cualidad singular y renovada. Estas acciones manifestadas se elevan al ámbito de lo sacro, alineándose con la trascendencia inherente de las *mitzvót*.

El individuo común vive fragmentado, con una separación entre sus palabras y acciones, entre sus pasos e intenciones. En contraste, cada palabra pronunciada por un ser plenamente presente en cada sílaba posee una esencia única, una singularidad innata. En el comportamiento diario de la mayoría de las personas, observamos un claro automatismo, como si actuaran por mera costumbre, desconectados de sus actividades. Sin embargo, cuando alguien que es solo una sombra de existencia actúa, cada mirada, palabra, gesto y movimiento constituye en una extensión plena de su presencia. El ser humano promedio vive ajeno de su propia percepción visual, pero cuando alguien que es nadie nos mira, nos sentimos agujereados, como si todo el cosmos estuviera enfocando su atención en nosotros a través de esos ojos penetrantes.

En el núcleo de los seres simbólicos, no hay fragmentación, disociación, división, disyunción ni fractura, sino una cohesión integradora absoluta que elimina cualquier distinción entre ellos mismos y sus acciones. Siendo el Ser, se tornan la manifestación pura de sus acciones. Las *mitzvót* aspiran, en su esencia, a unir acción y consciencia en una totalidad coherente e indivisible.

La palabra *experiencia* se origina del término latín compuesto de tres partes: el prefijo *ex*, que significa 'separación'; la raíz verbal *peri*, que puede traducirse como 'intentar'; y el sufijo *entia*, que equivale a *qualitas agentis*, o 'calidad de un agente'. Una experiencia o vivencia consiste en presenciar, percibir, sentir o conocer algo. En consecuencia, podemos afirmar que el término *experiencia* se refiere a eventos, interacciones o percepciones que engloban un sujeto y un objeto, es decir, el sujeto que experimenta y el objeto experimentado. Beber es una experiencia que implica la interacción entre un sujeto—el que bebe—y un objeto, como un vaso de agua.

También tenemos experiencias mentales y emocionales. La totalidad de la diégesis humana puede concebirse como una continua secuencia de experiencias. A simple vista, cada experiencia implica una interacción que involucra al sujeto, el objeto y la conoceidad. Esta conoceidad es aquello que conoce o aprehende las experiencias, pero que, paradójicamente, no se configura como una experiencia en sí misma. La realidad objetual, con su inherente dualidad y relatividad, consiste en una construcción ilusoria que consta solo de cuatro componentes: pensamientos, emociones, sensaciones y percepciones. Solo la conoceidad, o la consciencia pura, es verdaderamente real y ontológicamente inmutada, por lo que es identificada con el Absoluto o la divinidad. Cada *mitzvá* actúa como un símbolo que amalgama lo humano con lo divino, uniendo lo relativo con lo Absoluto, lo aparente con lo real. La finalidad de estos preceptos es construir un hogar para la consciencia en la dimensión tangible, dentro del ámbito de las experiencias. Las *mitzvót* nos permiten edificar un espacio para la consciencia en la esfera fenomenológica, en el orbe de las vivencias humanas cotidianas.

"בָּאתִי לְגַנִּי אֲחוֹתִי כַלָּה" (שיר-השירים ה', א'). אָמַר רַבִּי שְׁמוּאֵל בַּר נַחְמָן: "בְּשָׁעָה שֶׁבָּרָא הַקָּדוֹשׁ־בָּרוּךְ־הוּא אֶת הָעוֹלָם, נִתְאַוָּה שֶׁיְּהֵא לוֹ דִּירָה בַּתַּחְתּוֹנִים כְּמוֹ שֶׁיֵּשׁ בָּעֶלְיוֹנִים. בָּרָא אֶת הָאָדָם וְצִוָּה אוֹתוֹ וְאָמַר לוֹ: 'מִכֹּל עֵץ הַגַּן אָכֹל תֹּאכֵל, וּמֵעֵץ הַדַּעַת טוֹב וָרָע לֹא תֹאכַל מִמֶּנּוּ' (בראשית ב', ט"ז–י"ז) וְעָבַר עַל צִוּוּיוֹ. אָמַר לֵיהּ הַקָּדוֹשׁ־בָּרוּךְ־הוּא, 'כָּךְ הָיִיתִי מִתְאַוֶּה שֶׁיְּהֵא לִי דִּירָה בַּתַּחְתּוֹנִים כְּמוֹ שֶׁיֵּשׁ לִי בָּעֶלְיוֹנִים, וְדָבָר אֶחָד צִוִּיתִי אוֹתְךָ וְלֹא שְׁמַרְתָּ אוֹתוֹ'. מִיָּד סִלֵּק הַקָּדוֹשׁ בָּרוּךְ הוּא שְׁכִינָתוֹ לָרָקִיעַ הָרִאשׁוֹן. מִנַּיִן? דִּכְתִיב (שם ג', ח'): 'וַיִּשְׁמְעוּ אֶת קוֹל ה' אֱלֹקִים מִתְהַלֵּךְ בַּגָּן'. כֵּיוָן שֶׁעָבְרוּ עַל הַצִּוּוּי, סִלֵּק שְׁכִינָתוֹ לָרָקִיעַ הָרִאשׁוֹן. עָמַד קַיִן וְהָרַג לְהֶבֶל, מִיָּד סִלֵּק שְׁכִינָתוֹ לְרָקִיעַ שֵׁנִי כוּ'. אָמַר הַקָּדוֹשׁ־בָּרוּךְ־הוּא: 'שִׁבְעָה רְקִיעִים בָּרָאתִי, וְעַד עַכְשָׁו יֵשׁ רְשָׁעִים לַעֲמֹד בָּהּ'. מֶה עָשָׂה? קִפֵּל אֶת כָּל הַדּוֹרוֹת הָרִאשׁוֹנִים הָרְשָׁעִים וְהֶעֱמִיד אַבְרָהָם. כֵּיוָן שֶׁהֶעֱמִיד אַבְרָהָם, סִגֵּל מַעֲשִׂים טוֹבִים, יָרַד הַקָּדוֹשׁ־בָּרוּךְ־הוּא מִן רָקִיעַ שְׁבִיעִי לִשְׁשִׁי. עָמַד יִצְחָק וּפָשַׁט צַוָּארוֹ עַל גַּבֵּי הַמִּזְבֵּחַ, יָרַד מִשְּׁשִׁי לַחֲמִישִׁי כוּ'. עָמַד מֹשֶׁה וְהוֹרִידָהּ לָאָרֶץ, שֶׁנֶּאֱמַר: 'וַיֵּרֶד ה' עַל הַר סִינַי' (שמות י"ט, כ') וּכְתִיב (שיר-השירים ה', א'): 'בָּאתִי לְגַנִּי אֲחוֹתִי כַלָּה'. אֵימָתַי? כְּשֶׁהוּקַם הַמִּשְׁכָּן".
(מדרש תנחומא, פרשת נשא, ט"ז)

«He entrado en mi jardín, hermana mía, oh, esposa». (Cantar de los cantares, 5:1) Rabí Samuel bar Najman dijo: «Cuando el Santo, bendito sea, creó el mundo, anhelaba tener una morada en los mundos inferiores tal como la tiene en los mundos superiores. [Con este fin] creó a Adán, le ordenó y le dijo (Genesis, 2:16-17): 'Puedes comer libremente de cualquier árbol del jardín; pero en cuanto al Árbol del Conocimiento del bien y del mal, no puedes comer de él'. Entonces él [Adán] transgredió Su mandamiento. El Santo, bendito sea, le dijo: 'Esto es lo que yo anhelaba, que, así como tengo una morada en lo alto, también la tuviera abajo. Ahora bien, cuando te he dado una orden, no la has cumplido'. Inmediatamente el Santo, bendito sea, retiró Su Divina Presencia [hasta] el primer firmamento. ¿Dónde se muestra? Donde se dice (Génesis, 3:8): 'Entonces oyeron la voz del Señor Dios que se movía en el jardín'. Puesto que transgredieron el mandamiento, Él retiró Su presencia divina al primer firmamento [y por lo tanto solo podían oír a Dios]. [Cuando] Caín se levantó y mató a Abel, Él inmediatamente quitó Su Presencia Divina del primer firmamento al segundo firmamento y demás. El Santo, bendito sea Él, dijo: 'Yo creé siete firmamentos, y hasta ahora hay malvados [todavía] levantándose sobre [el mundo]'. ¿Qué hizo Él? Replegó todas las generaciones de malvados y resucitó a Abraham. Cuando Abraham se levantó y realizó buenas obras, el Santo, bendito sea, descendió inmediatamente del séptimo firmamento al sexto. [Luego] Isaac se levantó y extendió su cuello sobre el altar, Él descendió del sexto firmamento al quinto y demás. [Entonces] Moisés se levantó, hizo descender [la Presencia Divina] a la tierra, como está escrito (Éxodo, 19:20), 'Y el Señor descendió sobre el Monte Sinaí'. Y [así] está escrito (Cantar de los cantares, 5:1): 'He venido a mi jardín, hermana mía, oh, esposa'. ¿Cuándo? Cuando se erigió el Tabernáculo».

(*Midrásh Tanjuma*, «*Naso*», 16)

Cada *mitzvá* revela la conoceidad que ha sido subsumida en el trasfondo de la vida cotidiana, llevándola a una posición central en el teatro de nuestras experiencias. Sin ser una experiencia en sí misma, la consciencia se torna visible, desvelándose como la base de todas las experiencias. En *Pirkei Avót*, leemos sobre la recompensa por el cumplimiento de las *mitzvót*:

בֶּן עַזַאי אוֹמֵר, הֱוֵי רָץ לְמִצְוָה קַלָּה כְּבַחֲמוּרָה, וּבוֹרֵחַ מִן הָעֲבֵרָה. שֶׁמִּצְוָה גּוֹרֶרֶת מִצְוָה, וַעֲבֵרָה גוֹרֶרֶת עֲבֵרָה. שֶׁשְּׂכַר מִצְוָה, מִצְוָה. וּשְׂכַר עֲבֵרָה, עֲבֵרָה.
(פרקי אבות ד', ב')

Ben Azzai dice: «Apresúrate a cumplir una *mitzvá* 'ligera' (menor) igual que a una 'pesada' (mayor) y huye de una *averá* (transgresión); porque una *mitzvá* engendra una *mitzvá* y una *averá* engendra una *averá*; porque la recompensa de una *mitzvá* es una *mitzvá* y la recompensa de una *averá* es una *averá*».

(*Pirkei Avót*, 4.2)

Para alguien que se ha alejado de su autenticidad, las *mitzvót* parecen actividades forzadas e impuestas. Sin embargo, son acciones espontáneas y naturales para quienes han realizado su verdadera naturaleza. La *mitzvá* practicada revela la *mitzvá* inherente, dado que su aplicación práctica allana el camino hacia su esencia intrínseca. En otras palabras, las *mitzvót* naturales se descifran a través de las *mitzvót* practicadas, como describe Rabí Yehudá HaLevi:

אָמַר הֶחָבֵר: "אֲבָל יְעוּדֵנוּ – הַדְּבֵקֵנוּ בָּעִנְיָן הָאֱלֹהִי בַּנְּבוּאָה, וּמַה שֶּׁהוּא קָרוֹב לָהּ, וְהִתְחַבֵּר הָעִנְיָן הָאֱלֹהִי בָּנוּ בַּגְּדֻלָּה וּבַכָּבוֹד וּבַמּוֹפְתִים. וְעַל כֵּן אֵינֶנּוּ אוֹמֵר בַּתּוֹרָה, כִּי אִם תַּעֲשׂוּ הַמִּצְוָה הַזֹּאת, אֲבִיאֲכֶם אַחֲרֵי הַמָּוֶת אֶל גַּנּוֹת וַהֲנָאוֹת, אֲבָל הוּא אוֹמֵר: וְאַתֶּם תִּהְיוּ לִי לְעָם וַאֲנִי אֶהְיֶה לָכֶם לֵאלֹהִים מַנְהִיג אֶתְכֶם, וְיִהְיֶה מִכֶּם מִי שֶׁיַּעֲמֹד לְפָנַי וּמִי שֶׁיַּעֲלֶה לַשָּׁמַיִם כַּאֲשֶׁר הָיוּ הוֹלְכִים בֵּין הַמַּלְאָכִים, וְיִהְיוּ גַם כֵּן מַלְאָכַי הוֹלְכִים בֵּינֵיכֶם בָּאָרֶץ וְתִרְאוּ אוֹתָם יְחִידִים וְרַבִּים, שׁוֹמְרִים אֶתְכֶם וְנִלְחָמִים לָכֶם, וְתַתְמִידוּ בָּאָרֶץ אֲשֶׁר הִיא עוֹזֶרֶת עַל הַמַּעֲלָה הַזֹּאת, וְהִיא אַדְמַת הַקֹּדֶשׁ, וְיִהְיֶה שָׂבְעָהּ וְרַעֲבוֹנָהּ וְטוֹבָתָהּ וְרָעָתָהּ – בָּעִנְיָן הָאֱלֹקִי כְּפִי מַעֲשֵׂיכֶם וְיִהְיֶה נוֹהֵג כָּל הָעוֹלָם עַל הַמִּנְהָג הַטִּבְעִי – זוּלַתְכֶם. [...] וְהָיָה כָּל זֶה וְהַתּוֹרָה הַזֹּאת וְכָל יְעוּדֶיהָ מֻבְטָחִים, לֹא יִפֹּל מֵהֶם דָּבָר; וְיִעוּדֶיהָ כֻּלָּם כּוֹלֵל אוֹתָם שֹׁרֶשׁ אֶחָד וְהוּא יִחוּל קִרְבַת אֱלֹהִים וּמַלְאָכָיו".

(ספר הכוזרי, חלק א', ק"ט)

Artículo 10: Mitzvót: Los símbolos del retorno

El *javer* ('rabino', 'santo' o justo') dijo: «Ahora nuestro propósito es que nos adhiramos con la Naturaleza Divina por medio de la profecía, todo lo que está anexo a ella, y la Naturaleza Divina conectada con nosotros a través de milagros grandiosos y asombrosos. Por esta razón, no encontramos en la Torá afirmaciones tales como: "Si cumples esta *mitzvá*, te llevaré después de la muerte a hermosos jardines y grandes placeres". Pero en cambio, encontramos declaraciones como: "Vosotros seréis mi nación, y yo seré para vosotros un Dios que os guiará. Habrá algunos de vosotros que estarán ante mí, y que ascenderán al cielo, como los que se mezclan entre los ángeles, y también mis ángeles se mezclarán entre vosotros en la tierra. Los veréis solos o en huestes, velando por vosotros y luchando por vosotros. Permaneceréis siempre en la tierra que constituye un peldaño hacia este alto nivel, es decir, Tierra Santa. Su fertilidad o esterilidad, su felicidad o desgracia, dependen de la influencia divina que merecerá vuestra conducta, mientras que el resto del mundo seguiría su curso natural"...

... Todo esto, esta Torá y sus propósitos están prometidos, nada quedará sin cumplirse. Todos estos propósitos tienen una base, a saber, la anticipación de la proximidad de Dios y Sus huestes».

(Rabí Yehudá HaLevi, *El Kuzari*, 1.99)

Consecuentemente, mediante la meticulosa observancia de los preceptos como actos simbólicos, nos alineamos con el carácter divino o la consciencia. La revelación hebrea posee diversas facetas interpretativas, desde el *pshat* (simple) hasta el *sod* (secreto). Cada *mitzvá* desvela el secreto de que nuestra intrínseca naturaleza es divina. Los preceptos no son meros decretos o leyes, sino que restituyen al individuo fracturado por el concepto a su esencia simbólica primigenia; actúan como eslabones que reintegran lo que creemos ser con lo que somos en verdad.

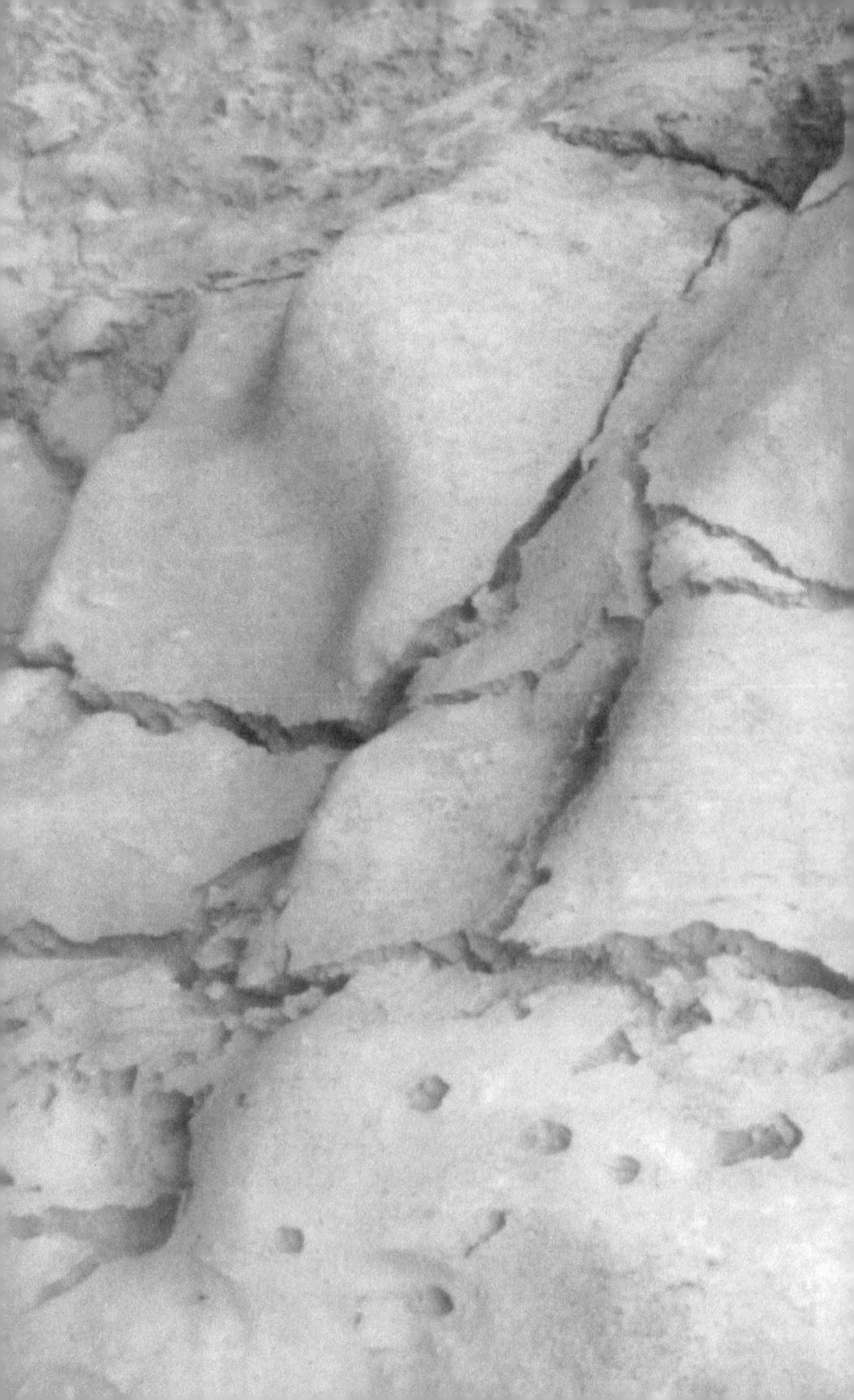

ARTÍCULO II
EL RECONOCIMIENTO DE LA CONSCIENCIA

Somos presencia consciente carente de cualidades objetuales. El pensamiento no puede percibir una consciencia sin atributos. Por eso, aunque nos buscamos a través de diferentes métodos y técnicas, no logramos encontrarnos. Desde la perspectiva mental, nos percibimos como vacuidad porque no podemos reconocer una subjetividad que carece de atributos objetivos. Podemos observar pensamientos, emociones, sensaciones y percepciones, pero no somos estos pensamientos, emociones, sensaciones o percepciones. Ya que no somos objetos mentales, emocionales o físicos, concluimos que no somos nada.

La mente percibe solo aquello que posee cualidades. Si existe algo desprovisto de atributos, la mente no puede percibirlo, sino que solo puede creer en su existencia. En lugar de conformarnos con la mera creencia, deberíamos abrazar la fe. La palabra hebrea *emuná*, o 'fe', incluye la idea de *emún*, o 'confianza'; significa confiar sin necesidad de evidencia sobre la veracidad de nuestras experiencias. La creencia no es equivalente a la fe. La creencia es una capacidad mental, mientras que la fe reside en el corazón. La fe es supralógica y trasciende al intelecto. Podemos sostener creencias con sinceridad, pero carecer de la fe necesaria para integrar esas creencias en nuestra vida cotidiana.

La palabra fe deriva del latín *fides*, que significa 'lealtad' o 'fidelidad', compartiendo su raíz con *affidavit* (declaración jurada), que es un documento que certifica la veracidad de una declaración. Más allá de los confines de la religión, la fe es un valor fundamental en las interacciones humanas. Toda relación interpersonal se inicia sobre la premisa de la fe. Al encontrarnos con nuevas personas, depositamos nuestra fe en sus autorrepresentaciones; por ejemplo, confiamos en que nuestro médico y dentista sean profesionales simplemente porque afirman serlo.

La fe es una de las formas de relacionarnos con algo a lo que no podemos asignar cualidades objetuales.

יִרְאַת ה' רֵאשִׁית אַהֲבָתוֹ, וּדְבֹק בּוֹ תְּחִלַּת אֱמוּנָה:

(ספר בן-סירא, כ"ה, ט"ו)

Artículo 11: El reconocimiento de la consciencia

La reverencia a Dios es el principio de amarle, y dedicarse a Él es el principio de confiar en Él.

(Eclesiástico, 25:15)

Al comenzar el Sendero Retroprogresivo, o la *teshuvá*, podemos apoyarnos en la fe para relacionarnos con la consciencia de alguna manera. Si tan solo pudiéramos percibirnos directamente como consciencia por un instante fugaz, sembraríamos la semilla de la fe en el corazón. Esta fe no es una creencia, producto de una convicción intelectual. La fe emana y evoluciona a partir de la experiencia directa, aunque sea ilógica. Si apelamos solo a la razón, las experiencias místicas podrían parecer inaceptables. Sin embargo, la fe gradualmente nos proporciona la confianza necesaria para abrazar estados meditativos, incluso sin más explicaciones, justificaciones o razones. Esta fe se fortalece a través de experiencias repetidas de nuestra verdadera naturaleza. No estoy hablando de la creencia en una entidad sobrenatural que gobierna el universo desde los cielos. Me refiero a la confianza en que detrás de cada nombre y forma, yace una realidad singular e indivisa. Como está escrito en la Biblia:

אַתָּה הָרְאֵתָ לָדַעַת כִּי ה' הוּא הָאֱלֹהִים אֵין עוֹד מִלְבַדּוֹ:

(דברים ד', ל"ה)

Se te ha mostrado para que sepas que el Señor, Él es Dios; no hay más que solo Él.

(Deuteronomio, 4:35)

"לָדַעַת כִּי ה' הוּא הָאֱלֹהִים". דָּא אִיהוּ כְּלָלָא דְּכָל רָזָא דִּמְהֵימְנוּתָא, דְּכָל אוֹרָיְיתָא, כְּלָלָא דְּעֵילָא וְתַתָּא, וְרָזָא דָּא אִיהוּ כְּלָלָא דְּכָל רָזָא דִּמְהֵימְנוּתָא, וְהָכִי הוּא וַדַּאי. כְּלָלָא דְּכָל אוֹרָיְיתָא, דָּא אִיהוּ רָזָא דְּתוֹרָה שֶׁבִּכְתָב, וְדָא אִיהוּ רָזָא דְּתוֹרָה שֶׁבְּעַל פֶּה, וְכֹלָּא חַד, כְּלָלָא דְּרָזָא דִּמְהֵימְנוּתָא, בְּגִין דְּאִיהוּ שֵׁם מָלֵא, דְּאִיהוּ רָזָא דִּמְהֵימְנוּתָא, וּמַאן אִיהוּ? "ה' אֶחָד וּשְׁמוֹ אֶחָד" (זכריה י"ד, ט'). "ה' אֶחָד", "שְׁמַע יִשְׂרָאֵל ה' אֱלֹהֵינוּ ה' אֶחָד" (דברים ו', ד'), דָּא אִיהוּ יְחוּדָא חַד. "וּשְׁמוֹ אֶחָד", "בָּרוּךְ שֵׁם כְּבוֹד מַלְכוּתוֹ לְעוֹלָם וָעֶד" (משנה, יומא, ג', ח'), הָא יְחוּדָא אַחֲרָא לְמֶהֱוֵי שְׁמֵיהּ חַד וְרָזָא דָּא: "ה' הוּא הָאֱלֹהִים" (מלכים א', י"ח, ל"ט), דָּא כְּתִיב, דָּא אִנּוּן בְּיִחוּדָא חֲדָא.

(ספר הזוהר, שמות, פרשת תרומה, דף קס"א, ב')

«Se te ha mostrado para que sepas que el Señor, Él es Dios»: Esta es la totalidad de todo el secreto de la fe, de toda la Torá, la totalidad que comprende lo superior y lo inferior. En este secreto yace la totalidad de todo el secreto de la fe, y ciertamente es así. Siendo la totalidad de toda la Torá, es el secreto de la Torá Escrita, y es el secreto de la Torá Oral, y todo es uno. Es la totalidad del secreto de la fe, pues es el Nombre completo, que es el secreto de la fe. ¿Y qué es? «El Señor [será] uno, y Su Nombre Uno» (Zacarías, 14:9). «El Señor [será] uno» [es reflejado en la primera parte de la bendición del *Shemá*]: «Escucha, Israel, el Señor es nuestro Dios, el Señor es uno» (Deuteronomio, 6:4) —esto es una unión— en la que Él es uno. [Ahora, la segunda parte del versículo] «y Su Nombre es uno» [es reflejado en la segunda parte de la bendición del *Shemá*]: «Bendito sea el nombre de la gloria de Su reino por siempre jamás» (*Mishná*, «*Yoma*», 3.8), se trata de otra unión, en la que Su Nombre es uno. Pero el secreto de «El Señor, Él es Dios» (1 Reyes, 18:39) se refiere a cuando ambos están en una unión.

(*Zohar*, «*Terumá*», 161b)

La mente define a través de un proceso de comparación de lo que percibe con la información almacenada en la memoria. Lo que realmente se percibe es un espacio consciente, desprovisto de cualidades objetuales, donde cada experiencia surge y desaparece. Comparar eso con nuestra información mental acumulada hace que la meditación sea imposible, porque meditar es simplemente percibir nuestra autenticidad original sin comparación mental.

Silencio y paz

La Biblia narra las contiendas del pueblo de Israel. El *Bhagavadgītā* relata el célebre diálogo entre Kṛṣṇa y Arjuna en el campo de batalla de Kurukṣetra. Puede parecer paradójico que textos sagrados aborden temas bélicos, ya que se espera que transmitan la palabra de Dios. Incluso se me ha preguntado por qué practiqué y enseñé karate durante muchos años. Para la mayoría, la búsqueda de la Verdad es inherentemente un camino de paz, perspectiva con la que estoy completamente de acuerdo. Sin embargo, tales objeciones a menudo no reconocen que la paz, ya sea como primera metáfora (paz mental) o como segunda metáfora (paz verbal), es profundamente frágil. Los retiros de meditación ofrecen solo una paz-idea, también vendida en clases de yoga y entrenamientos de tai chi. Esta idea de paz es tenue, incierta y artificial. No es intrínseca sino adquirida o incluso comprada. Cultivada únicamente bajo luces tenues y palabras suaves, se evapora en el momento en que uno busca las llaves del coche para regresar a casa. Es una tranquilidad experimentada mientras se está en una postura de relajación, escuchando música meditativa, pero desaparece al sonar un teléfono o al grito de un vecino.

Así como el cielo permanece inafectado por la lluvia o el movimiento de las nubes, la consciencia se mantiene intacta ante las experiencias transitorias que surgen y se disipan. Al igual que el espacio y el vacío son inherentes al firmamento, el silencio y la paz no son atributos que adquirimos, sino más bien nuestra naturaleza original. La paz, o *shalom* en hebreo, es nuestra esencia en su completitud, o *shlemút*.

La verdadera paz no puede adquirirse de otros; florece desde las profundidades de la consciencia. La noción de «paz mental» es intrínsecamente contradictoria. Mientras exista la mente, solo puede haber una paz-idea al igual que silencio-idea, amor-idea, iluminación-idea, verdad-idea o Dios-idea. La paz genuina no se adquiere, sino que se descubre. Revelada junto a nuestra verdadera naturaleza, es duradera y lo incluye todo. Al reconocer tu realidad como silencio y paz, puedes mantener esta calma incluso en situaciones agitadas y tensas, pues nada externo puede perturbarla. Las batallas de Israel demuestran que es posible permanecer sereno y en paz, como lo que realmente somos, incluso en medio del combate más feroz. Como acertadamente señaló Vincent van Gogh en sus cartas, «Hay paz incluso en la tormenta». Si observamos detenidamente, notaremos la profunda paz que subyace todo tipo de experiencia.

Muchos buscadores espirituales que aspiran a reconocer la consciencia creen que deben primero alcanzar un estado mental de quietud y calma. Esta creencia perpetúa el mito de que la iluminación requiere una mente tranquila o silenciosa, confundiendo la consciencia con una experiencia o estado mental. Esta concepción errónea sustenta gran parte de la industria pseudo-espiritual, que comercializa diversos métodos y técnicas para adquirir tales estados de calma. La consciencia siempre presente permanece inalterada tanto en estados de silencio y paz como en medio del ruido y la inquietud. Es crucial abandonar los esfuerzos por alcanzar estos estados de calma. Aunque los estados de serenidad son atractivos, son meras experiencias, mientras que la consciencia observa cada ocurrencia dentro de sí misma y las trasciende todas. El espacio consciente permanece indiferente a la actividad o inactividad mental, a la belleza o defectos del cuerpo. Cada experiencia es percibida con completa imparcialidad. Nuestra verdadera naturaleza no reside en experimentar, sino en ser.

En el nivel de la consciencia, la actividad mental y emocional no me afecta realmente. Como espacio consciente, permanezco distinto de los atributos de las experiencias variables, tal como el agua del mar no comparte la forma ni la temporalidad de sus olas. No me afectan las cualidades que surgen y desaparecen dentro de mí: alegrías y tristezas, atracciones y aversiones, honores y humillaciones. En efecto, ni disfruto ni sufro, ni resisto ni cedo, ni tampoco me muevo al ritmo de la actividad experiencial.

La mente conceptualiza la consciencia como un sujeto separado que experimenta. Desde esta perspectiva mental, las experiencias son objetos, y el espacio consciente es un sujeto independiente que percibe experiencias apareciendo y desapareciendo. En realidad, las experiencias surgen en la consciencia como las olas surgen en el mar. Sería absurdo considerar una ola separada del mar. Del mismo modo, las experiencias no pueden existir independientemente de la consciencia. Así como una ola es la actividad del agua, la experiencia es la consciencia en movimiento.

Artículo 11: El reconocimiento de la consciencia

Un préstamo de la consciencia

Para la filosofía moderna, el contenido de la consciencia se limita a lo que reside en la mente. Sin embargo, en esta discusión, señalamos que el contenido de la consciencia abarca todas las experiencias que ocurren dentro de ella, lo que incluye tanto el contenido mental como la mente misma. Observando superficialmente, cada ola podría parecer tener su propia existencia o realidad separada, cada una con su forma única e historia individual: nace de las profundidades, crece y finalmente muere en la playa. No obstante, ninguna ola existe por derecho propio; es intrínsecamente parte del océano. Cada ola deriva su existencia del océano. Aunque cada ola exhibe un aspecto individual o personal, su existencia es contingente y es parte integral de su esencia oceánica. Ninguna ola puede considerarse independiente del océano. De manera similar, ninguna experiencia puede considerarse independiente de la consciencia. Así como un rayo de sol nunca se separa del sol, nuestra verdadera naturaleza es la luz de la consciencia, que ilumina cada experiencia, tanto interna como externa. Así lo explica Rabi Shneur Zalman de Liadi:

וְהַמָּשָׁל לָזֶה הוּא, אוֹר הַשֶּׁמֶשׁ "הַמֵּאִיר לָאָרֶץ וְלַדָּרִים", שֶׁהוּא זִיו וְאוֹר הַמִּתְפַּשֵּׁט מִגּוּף הַשֶּׁמֶשׁ וְנִרְאָה לְעֵין כֹּל, מֵאִיר עַל הָאָרֶץ וּבַחֲלַל הָעוֹלָם, וְהִנֵּה, זֶה פָּשׁוּט, שֶׁאוֹר וְזִיו הַזֶּה יֶשְׁנוֹ גַּם כֵּן בְּגוּף וְחוֹמֶר כַּדּוּר הַשֶּׁמֶשׁ עַצְמוֹ שֶׁבַּשָּׁמַיִם, שֶׁאִם מִתְפַּשֵּׁט וּמֵאִיר לְמֵרָחוֹק כָּל כָּךְ, כָּל שֶׁכֵּן שֶׁיּוּכַל לְהָאִיר בִּמְקוֹמוֹ מַמָּשׁ, רַק שֶׁשָּׁם, בִּמְקוֹמוֹ מַמָּשׁ, נֶחְשָׁב הַזִּיו הַזֶּה לְאַיִן וָאֶפֶס מַמָּשׁ, כִּי בָּטֵל מַמָּשׁ בִּמְצִיאוּת לְגַבֵּי גּוּף כַּדּוּר הַשֶּׁמֶשׁ, שֶׁהוּא מְקוֹר הָאוֹר וְהַזִּיו הַזֶּה, שֶׁהַזִּיו וְהָאוֹר הַזֶּה, אֵינוֹ רַק הָאָרָה מְאִירָה מִגּוּף וְעֶצֶם כַּדּוּר הַשֶּׁמֶשׁ; רַק בַּחֲלַל הָעוֹלָם, תַּחַת כָּל הַשָּׁמַיִם וְעַל הָאָרֶץ, שֶׁאֵין כָּאן גּוּף כַּדּוּר הַשֶּׁמֶשׁ בִּמְצִיאוּת – נִרְאָה כָּאן הָאוֹר וְהַזִּיו הַזֶּה לְיֵשׁ מַמָּשׁ לְעֵין כֹּל, וְנוֹפֵל עָלָיו כָּאן שֵׁם "יֵשׁ" בֶּאֱמֶת, מַה-שֶּׁאֵין־כֵּן כְּשֶׁהוּא בִּמְקוֹרוֹ בְּגוּף הַשֶּׁמֶשׁ – אֵין נוֹפֵל עָלָיו שֵׁם "יֵשׁ" כְּלָל, רַק שֵׁם "אַיִן" וָ"אֶפֶס", כִּי בֶּאֱמֶת, הוּא שָׁם לְאַיִן וָאֶפֶס מַמָּשׁ, שֶׁאֵין מֵאִיר שָׁם רַק מְקוֹרוֹ לְבַדּוֹ, שֶׁהוּא גוּף הַשֶּׁמֶשׁ הַמֵּאִיר, וְאֶפֶס בִּלְעָדוֹ.

(ספר התניא, חלק שני; שער היחוד והאמונה, ג')

Una analogía de esto es la luz del sol que «ilumina a la tierra y sus habitantes». [Esta iluminación] es la radiación y la luz que se expande del cuerpo del sol y es visible a todos mientras da luz a la tierra y [brilla] en la extensión del universo. Ahora bien, resulta obvio que esta luz y radiación están presentes también en el cuerpo y materia mismos del globo solar en el cielo, pues si puede extenderse e iluminar a tan gran distancia puede por cierto arrojar luz en su propio lugar. Sin embargo, allí, en su propio sitio, la radiación es considerada nada y nulidad absoluta, pues es totalmente inexistente en relación con el cuerpo del globo solar que es la fuente de esta luz y radiación, ya que esta radiación y luz es solo la iluminación que irradia del cuerpo del globo solar mismo. Es solo en el espacio del universo, bajo los cielos y sobre la tierra, donde no está presente el cuerpo del globo solar, que esta luz y radiación parece tener, al ojo de todos [los que la perciben], verdadera existencia. Y aquí, el término *iésh*, o 'existencia', puede legítimamente serle aplicado, mientras que cuando [esta luz y radiación] está en su fuente, en el cuerpo del sol, el término «existencia» no puede serle aplicado en absoluto; solo puede ser llamada nada y nulidad absoluta. Allí es verdaderamente nula y absolutamente no existente, pues allí solo su fuente, el cuerpo lumínico del sol, da luz, y no hay más que solo Él.

(*Tania*, parte 2, «*El portal de la unidad y la creencia*», capítulo 3)

El *Bhagavad-gītā* destaca:

नासतो विद्यते भावो नाभावो विद्यते सत: ।
उभयोरपि दृष्टोऽन्तस्त्वनयोस्तत्त्वदर्शिभि: ॥

> *nāsato vidyate bhāvo*
> *nābhāvo vidyate sataḥ*
> *ubhayor api dṛṣṭo 'ntas*
> *tv anayos tattva-darśibhiḥ*

No hay existencia de lo irreal, ni inexistencia de lo real. La verdad final de ambas es conocida por el sabio.

(Bhagavad-gītā, 2.16)

Así como la luna carece de luz propia y solo refleja la luz del sol, también la realidad objetual toma su existencia aparente de la realidad absoluta. Desde la plataforma mental, la realidad a menudo se percibe como nuestra propiedad independiente. Puede parecer que tanto el complejo mente-cuerpo como el universo poseen su propia existencia inherente. Sin embargo, su realidad es meramente un préstamo de la consciencia. La sensación de ser entidades individuales vivas es ilusoria porque nuestra existencia pertenece a la consciencia.

רַבִּי אֶלְעָזָר אִישׁ בַּרְתּוֹתָא אוֹמֵר: "תֶּן לוֹ מִשֶּׁלוֹ, שֶׁאַתָּה וְשֶׁלְּךָ שֶׁלוֹ. וְכֵן בְּדָוִד הוּא אוֹמֵר: 'כִּי מִמְּךָ הַכֹּל, וּמִיָּדְךָ נָתַנּוּ לָךְ' (דברי-הימים א' כ"ט, י"ד)".
(פרקי אבות ג', ז')

Rabí El'azar de Bartota dijo: «Dale a Él de lo que es Suyo, porque tú y lo que es tuyo es Suyo; y así lo dice David: "Porque todo viene de Ti, y de Tu propia mano te lo hemos dado" (I Crónicas, 29:14).».

(Pirkei Avót, 3.7)

Conociendo el conocer

Durante nuestra vida, creemos estar familiarizados con diversos objetos mentales, emocionales y físicos, tales como ideas, sentimientos, personas, animales, cosas y lugares. Desde una perspectiva mental, la consciencia permanece inadvertida, objetivada como el cuerpo, la mente y el universo. Sin embargo, no podemos afirmar con certeza que realmente hemos conocido una mente, un cuerpo o un universo como tales; solo sabemos que hemos conocido el conocer.

A lo largo de nuestra existencia, solo percibimos el percibir, o solo conocemos el conocer. El pensamiento extrae tanto al conocedor como al conocido de las profundidades de la consciencia. Dentro de este conocer, la mente crea una dualidad aparente, formando la base de nuestra realidad relativa. En cada experiencia, la única certeza es el acto de conocer en sí mismo, y este conocer es la consciencia o esencia de nuestro ser.

En el discurso contemporáneo, frases como «Dios está en todas partes» han sido trivializadas por el movimiento New Age. Tales afirmaciones son engañosas porque no es que Dios resida en todas partes; todo es Dios. En realidad, solo la consciencia o Dios **es**, fuera de Dios, no hay nada más.

La consciencia no solo impregna toda experiencia, sino que, de hecho, **es** toda experiencia. Maurice Merleau-Ponty, el filósofo fenomenológico francés, afirmó: «No debemos preguntarnos si realmente percibimos el mundo. Al contrario, debemos decir que el mundo es aquello que percibimos». De manera similar, Sayyiduna 'Ali ibn Abi Talib señala: «La gente está dormida y cuando mueren, despiertan». Haciendo eco de este concepto, el místico y filósofo musulmán Ibn Arabi describió la realidad empírica como un mero sueño: «En realidad, toda la existencia terrenal del Profeta (Mahoma) transcurrió así, como un sueño dentro de un sueño».

Aunque muchos creen que a través de los sentidos perciben objetos, en realidad, solo hay una percepción de diferentes modulaciones de la consciencia. El universo tridimensional que captamos a través de nuestros sentidos y creemos real es meramente un juego ilusorio de colores y sonidos. Se trata de un espejismo mantenido por los nervios y la mente. Así como los colores que vemos son solo modulaciones de la luz, de igual manera los objetos son solo modulaciones del conocer.

Un pensamiento no puede ser consciente, ni tampoco una emoción, una sensación o una percepción; solo la consciencia sabe. Solo el conocer puede ser verdaderamente conocido, y solo el conocer puede conocer. Por lo tanto, la realidad es el autoconocimiento de la conoceidad o la conoceidad conociéndose a sí misma. La consciencia consciente de sí misma es la máxima devoción, intimidad, cercanía, unión y el amor profundo que ardientemente buscamos.

Artículo 11: El reconocimiento de la consciencia

La consciencia aparentemente está oscurecida por la proyección de una supuesta dualidad sujeto-objeto. Desde la intimidad de este olvido, surge un yo-pensamiento, creyéndose parte de los atributos aparentes de las experiencias. Dentro de este velo mental, la consciencia parece olvidada. Los cabalistas hebreos llamaron a esta restricción ilusoria *tzimtzúm*. Así, gradualmente emanan las *sefirót* (ספירות). Primero tenemos las *sefirót* relacionadas con el pensamiento: *jojmá* (חכמה - sabiduría), *biná* (בינה - entendimiento) y *da'at* (דעת - conocimiento). Luego, aquellas *sefirót* relacionadas con las emociones y los sentimientos: *jesed* (חסד - gracia), *gueburá* (גבורה - heroísmo) y *tif'éret* (תפארת - gloria). A continuación, las *sefirót* relacionadas con las acciones o el movimiento: *netsaj* (נצח - eternidad), *hod* (הוד - majestad) y *iesod* (יסוד - fundación). Finalmente, la *sefirá* de *maljút* (מלכות - reino) que es la receptora de la influencia de todas las sefirót anteriores. Profundizar en este tema requeriría, en efecto, un libro entero.

Este yo-idea es semejante a una ola en el océano de la consciencia. Desde tal entidad imaginaria, se expresa una identificación con las propiedades aparentes de diversas experiencias. Este sujeto ilusorio se esfuerza por reclamar su estado original como consciencia. Su principal empeño es volver al estado primordial. Sintiendo que su realidad está velada, el «yo» imaginario cree erróneamente que ha perdido su naturaleza de paz absoluta, silencio y dicha. La gota de lluvia busca incansablemente agua, ajena al hecho de que ya encarna lo que busca. La frustración de preguntas sin respuestas lo impulsa hacia diversas prácticas «espirituales» dirigidas a alcanzar la iluminación o liberación. Solo cuando los esfuerzos del «yo» imaginario finalmente cesen, se darán las condiciones adecuadas para que la presencia pueda ser reconocida.

Encontrar la consciencia comienza renunciando a los esfuerzos por descubrirla. Solo entonces veremos que nunca estuvo perdida. Al dejar de buscar el camino de regreso, reconocemos que nunca nos hemos alejado. Al detener nuestros esfuerzos por convertirnos en lo que realmente somos, veremos que es imposible ser algo diferente: solo podemos ser lo que somos.

Nuestra percepción del mundo material

¡Qué hermoso es sentarse a observar un atardecer de primavera, deleitarse con el verde de los árboles, el azul del cielo y el cantar de los pájaros! Nos deleita beber jugo fresco de naranja, palpar la corteza de un árbol e inhalar la fragancia de las flores. Sin embargo, la verdad es que los árboles no son realmente verdes, el cielo no es azul, y el jugo no es dulce. En generaciones pasadas, era bastante más difícil explicar que el mundo no es como lo percibimos a través de nuestros sentidos. En la actualidad, solo uno o dos años de educación secundaria basta para entender que nuestras percepciones sensoriales no proporcionan una representación precisa del universo.

En general, consideramos nuestras percepciones sensoriales como puertas y ventanas a un universo externo. Creemos que nuestros sentidos nos permiten explorar y aprender sobre nuestro entorno para recopilar información esencial para poder sobrevivir. Sin embargo, nuestros sentidos no son portales de acceso a lo que asumimos como realidad, sino más bien transformadores de fotones en imágenes, vibraciones en sonidos y reacciones químicas en olores y sabores.

Es razonable suponer que la realidad misma y las percepciones recreadas por el cerebro son completamente distintas. Parece que el cerebro intenta proporcionar una representación de algo real que, en realidad, permanece desconocido para nosotros. Sin embargo, la ciencia nos enseña que lo que percibimos no es el universo real, sino simplemente una presunción de nuestro cerebro, una simulación interna de una supuesta realidad externa. Vivimos dentro de esta realidad percibida como si fuera real.

Nuestra comprensión del universo parece depender por completo del cerebro, que filtra la información recibida de los sentidos y la procesa a su manera. Experimentamos imágenes y colores que, en realidad, son ondas electromagnéticas; los olores y sabores son simplemente compuestos químicos disueltos en el aire o el agua. Estas experiencias sensoriales son simplemente creaciones de la mente.

¿Y si no existe algo así como la luz, sino solo energía electromagnética? ¿Y si los olores no existen, sino que son solo partículas volátiles? ¿Y si lo que consideramos como realidad es la actividad de nuestro cerebro percibiendo su entorno? ¿Y si todo lo que percibimos como realidad objetual está moldeado por nuestras capacidades y limitaciones mentales? ¿Y si la mente opera en planos completamente virtuales y transforma realidades?

La ciencia moderna ha demostrado que lo que percibimos como materia sólida es mayormente espacio vacío. Si dividimos la materia en partes cada vez menores, en algún momento llegaremos al átomo. Los átomos, pueden ser comparados con sistemas solares en miniatura: con un núcleo en el centro y electrones orbitando como planetas alrededor del Sol. Si escaláramos el núcleo al tamaño de una moneda, la corteza de electrones se extendería hasta las dimensiones de un estadio de fútbol, con los propios electrones tan pequeños como mosquitos.

Expandiendo aún más esta analogía, si el núcleo fuera del tamaño del planeta Tierra, los electrones estarían tan distantes como las estrellas. Residiendo en el núcleo, actualmente nos resultaría imposible viajar a un electrón debido al vasto espacio vacío de la corteza, que constituye la mayor parte del átomo. Aunque percibimos un mundo objetivo de materia sólida, la ciencia nos dice que este universo está casi enteramente vacío.

Podemos preguntarnos por qué los objetos sólidos no simplemente pasan unos a través de otros. Consideremos el ejemplo de un ventilador: cuando está apagado, es fácil pasar un lápiz entre sus aspas. Pero cuando las aspas están girando crean una barrera impenetrable. De manera similar, la cáscara de electrones de un átomo actúa como este ventilador encendido. El rápido movimiento de los electrones genera un campo de fuerza, haciendo que la materia se sienta densa e impenetrable. Cuando dos objetos entran en contacto, la interacción ocurre no entre sus átomos sino entre los campos de fuerza que generan. Tu mano no toca realmente la mesa; en cambio, los campos magnéticos alrededor de la mano repelen los de la mesa, dando la ilusión de tacto. A pesar de lo que nuestros sentidos puedan sugerir, en realidad, nadie ha tocado físicamente nada.

Los colores son una parte integral de nuestra vida cotidiana, pero no existen por sí mismos. Son meras percepciones creadas por el cerebro. Provienen de una interpretación de las señales de los ojos, que detectan la luz reflejada en los objetos. El cerebro colorea las imágenes y nos muestra un mundo colorido. Por ejemplo, las bananas no son inherentemente amarillas, las manzanas no son rojas y los árboles no son verdes. El cielo no es azul, y no existen caballos inherentemente blancos o negros. El color no pertenece a los objetos, sino que depende de la luz que ilumina las cosas y de la manera en que nuestros ojos y cerebro responden a esa luz. Isaac Newton explicó que los colores resultan de la interpretación del cerebro de las señales enviadas por el nervio óptico cuando se expone a diferentes longitudes de onda de luz.

Cuando los objetos son iluminados, absorben algunas longitudes de onda de la luz y reflejan otras, dependiendo de su composición material. Los bastones y conos en la retina capturan estas longitudes de onda reflejadas y las transmiten al cerebro, que interpreta cada longitud de onda como un color específico. Aunque los humanos generalmente perciben los colores de manera similar, no hay dos personas que tengan exactamente los mismos ojos o cerebro, lo que resulta en ligeras variaciones en la percepción del color entre individuos.

La luz misma es una onda que viaja en el espacio y cada color corresponde a una longitud de onda diferente. Los humanos solo vemos una banda estrecha del espectro electromagnético. El color que percibimos de un objeto está determinado por las longitudes de onda de luz que el objeto refleja. Por ejemplo, una manzana roja absorbe todos los otros colores y solo refleja las longitudes de onda rojas. Curiosamente, absorbe todos los colores excepto rojo. Una ampolleta de vidrio azul parece azul porque absorbe casi todas las longitudes de onda que componen la luz blanca y rechaza solo la del azul.

En esencia, el color es una construcción de nuestro cerebro. Los objetos no poseen color por sí mismos; simplemente reflejan ciertas longitudes de onda que nuestros cerebros interpretan y a las que asignan sensaciones. A pesar del papel significativo del color en el arte y la cultura humana, es un fenómeno perceptual, no una cualidad inherente a los objetos.

Artículo 11: El reconocimiento de la consciencia

Puede parecer extraño, pero es ciertamente imposible ver algo en el momento presente. Nunca hemos observado a nadie ni nada en tiempo real; en cambio, siempre los vemos como eran en el pasado. Este retraso ocurre porque la luz, que transporta la información visual desde los objetos hasta nuestros ojos, viaja a una velocidad finita. Por lo tanto, cuanto mayor es la distancia de un objeto, más tiempo tarda la luz en llegar hasta nosotros, aunque esta diferencia de tiempo suele ser minúscula. En consecuencia, todo lo que percibimos como presente en realidad ocurre en momentos ligeramente diferentes—siempre estamos observando el pasado de cada objeto.

Además, nunca vemos realmente «algo» directamente; más bien, percibimos fotones de luz que estimulan nuestra retina y generan imágenes en nuestro cerebro de lo que asumimos son objetos o cuerpos. Nuestros ojos en realidad no «ven»; simplemente transmiten información. Es el cerebro el que procesa e interpreta esta información, creando finalmente las imágenes que vemos. La información visual desencadena impulsos nerviosos en la retina, que viajan a lo largo del nervio óptico hacia el cerebro. A pesar de nuestra creencia de que estamos observando directamente la forma de un objeto, en realidad estamos experimentando una simulación creada por nuestro cerebro basada en estos impulsos nerviosos. El cerebro solo dispone de pequeñas chispas para recrear la realidad, lo que significa que no vemos el mundo tal como existe afuera, sino como está representado dentro de nuestro cerebro. Este principio también se aplica a otros sentidos como el olfato y el gusto, aunque no los detallaremos aquí.

Cuando dos personas observan un dado, típicamente concuerdan en que parece ser un cubo. Del mismo modo, si lanzamos una pelota de tenis, esta vuela predeciblemente por el aire y luego cae al suelo. Esta consistencia forma nuestra comprensión de la «realidad». Sin embargo, la física cuántica introduce complejidad en escalas diminutas, donde las leyes que gobiernan nuestra supuesta realidad cambian significativamente. Según la teoría cuántica, los hechos objetivos no existen inherentemente, sino que dependen del observador. Las propiedades de los objetos, como la forma de un dado, pueden diferir: algunos pueden verlo como un cubo, mientras que otros como una esfera, debido al comportamiento peculiar de las partículas a nivel cuántico, que pueden entrelazarse y mutar según el observador.

Así, la mecánica cuántica sugiere que nuestra percepción de la realidad está influida por nuestra observación; no percibimos los objetos tal como son inherentemente. Experimentamos fenómenos sin realmente entender o conocer su realidad subyacente. Esta perspectiva desafía nuestra comprensión convencional de la existencia y sugiere una concepción más fluida y mutable de lo que es real.

Nuestros sentidos no nos otorgan acceso a la realidad externa. Para ilustrar este concepto, consideremos una metáfora: la cabina de un avión, que está equipada con un panel de instrumentos que muestra diales que indican la altitud y la presión atmosférica, entre otros. Estos diales proporcionan a los pilotos información sobre las condiciones fuera de la aeronave. Sin embargo, este panel de instrumentos no presenta la realidad externa; ofrece simplemente una representación analógica diseñada para garantizar la seguridad. Imagina pasar toda tu vida dentro de la cabina de un avión sin ventanas; naturalmente, llegarías a creer que lo que muestra el tablero es la realidad en sí. De manera similar, confinados dentro de nuestros propios cerebros, consideramos las percepciones que este recrea como la realidad misma. Sin embargo, lo que el cerebro proporciona es simplemente una representación de una realidad desconocida. Aunque un mapa puede ilustrar fielmente el territorio de una ciudad, el mapa no es la realidad sino una mera representación.

Existencia, presencia y consciencia

La mayoría de los seres humanos cree que los objetos existen de manera independiente. Pero en realidad, la existencia no es una cualidad de los objetos, sino que es la existencia la que posee los objetos. Desde la perspectiva mental, la realidad pareciera estar dividida en innumerables existencias que cada cosa y ser humano posee. Pero la existencia no puede ser fragmentada porque es una e indivisible.

Artículo 11: El reconocimiento de la consciencia

Hemos crecido en una tradición que sitúa al objeto en un lugar previo a la consciencia. Debido a este simple error, concluimos que primero existe una realidad objetual y luego aparece una entidad consciente que se percata de ella. Pensamos que el mundo existe y nacemos en este, para observarlo y darse cuenta de su existencia.

El ser humano piensa que el universo existe independientemente de la consciencia. Para percatarse de la realidad absoluta, es necesario observar los objetos en relación con la consciencia y no como independientes a esta.

Precisamente a esto se refiere Rabi Najman de Breslov cuando escribe:

כִּי אִישׁ הַיִּשְׂרְאֵלִי צָרִיךְ תָּמִיד לְהִסְתַּכֵּל בְּהַשְׂכֵּל שֶׁל כָּל דָּבָר, וּלְקַשֵּׁר עַצְמוֹ אֶל הַחָכְמָה וְהַשֵּׂכֶל שֶׁיֵּשׁ בְּכָל דָּבָר, כְּדֵי שֶׁיָּאִיר לוֹ הַשֵּׂכֶל שֶׁיֵּשׁ בְּכָל דָּבָר לְהִתְקָרֵב לְהַשֵּׁם יִתְבָּרַךְ עַל־יְדֵי אוֹתוֹ הַדָּבָר, כִּי הַשֵּׂכֶל הוּא אוֹר גָּדוֹל, וּמֵאִיר לוֹ בְּכָל דְּרָכָיו, כְּמוֹ שֶׁכָּתוּב: "חָכְמַת אָדָם תָּאִיר פָּנָיו" (קהלת ח', א').

(לקוטי מוהר"ן, א')

> Pues el israelita debe mirar siempre la inteligencia (*sejel*) de cada cosa y conectarse con la sabiduría (*jojmá*) y la inteligencia que hay en cada cosa, para que el cerebro que hay dentro de cada cosa, arroje luz sobre él, para que pueda acercarse a la divinidad, bendito sea, por medio de esa cosa. Porque la inteligencia es una gran luz, que ilumina todos sus caminos, como está escrito: «La sabiduría de una persona ilumina su rostro» (Eclesiastés, 8:1).
>
> (*Likkutei Moharán*, 1)

Con la *jojmá*, o 'sabiduría', y *sejel*, o 'inteligencia', Rabeinu se refiere a aquello que conoce, o a la consciencia. Él nos sugiere dirigirnos a la percepción de los objetos en lugar de vivir según simples teorías. Investigando nuestra experiencia, no encontramos ninguna evidencia que apoye la teoría de que el objeto antecede a la consciencia. Sin duda, nuestra experiencia directa confirma que la presencia de la consciencia es previa a los objetos. Cuando experimentamos un objeto, percibimos su forma, color, textura, pero también el elemento de la conoceidad. Para percatarnos de esto, es necesario prestar atención no solo a los objetos, ya sean mentales, emocionales o físicos, sino a la conoceidad que conoce la experiencia.

«Pues el israelita debe (1) mirar siempre la inteligencia (*sejel*) de cada cosa y (2) conectarse con la sabiduría (*jojmá*) y la inteligencia que hay en cada cosa»: la presencia y la consciencia son las dos condiciones indispensables para que una experiencia ocurra. Dicha conoceidad, o la consciencia, consiste en nuestra auténtica naturaleza o lo que realmente somos.

Si exploramos la realidad inmediata de nuestra propia experiencia, veremos que es posible eliminar cualquier elemento de la experiencia sin afectarla. Por ejemplo, si la experiencia es observar nuestra habitación, podemos retirar libros, sillas, mesas o cualquier objeto. Sin embargo, en el momento en que no estemos presentes y carezcamos de consciencia, sería absolutamente imposible experiencia alguna. Por lo tanto, los únicos elementos fundamentales de la experiencia son la presencia y la consciencia.

Si caminamos por el bosque, aunque quitemos diferentes elementos de la experiencia como árboles, flores o pájaros, la experiencia permanecerá. Solo si retiramos tanto la presencia como la consciencia, la experiencia se desvanecerá. Estos son los dos elementos esenciales previos a cualquier experiencia mental, emocional o física. Por lo tanto, analizando nuestra propia experiencia, es evidente que la consciencia es anterior a los objetos.

Esto lo aprendemos de la Biblia, donde repetidamente se responde a la llamada de Dios con la palabra hebrea *hineni* (הנני), o 'heme yo', 'heme aquí'.

וַיְהִי אַחַר הַדְּבָרִים הָאֵלֶּה וְהָאֱלֹהִים נִסָּה אֶת אַבְרָהָם וַיֹּאמֶר אֵלָיו אַבְרָהָם וַיֹּאמֶר הִנֵּנִי:

(בראשית כ"ב, א')

Algún tiempo después, Dios puso a Abraham a prueba, diciéndole: «Abraham». Y él respondió: «Heme aquí».

(Génesis, 22:1)

Artículo 11: El reconocimiento de la consciencia

וַיִּקְרָא ה' אֶל־שְׁמוּאֵל, וַיֹּאמֶר הִנֵּנִי.

(שמואל א' ג', ד')

Y el Señor llamó a Samuel, y él respondió: «Heme aquí».

(I Samuel, 3:4)

Como comentamos en el artículo 1, el término *hineni* encierra importantes enseñanzas. Se compone de dos palabras: *hine* (הנה), que significa 'heme'; y *aní* (אני), que significa 'yo'. *Hine* indica conoceidad o consciencia capaz de percibir; y *aní* se refiere a la presencia, ser o estar. Por lo tanto, esta palabra hebrea señala las condiciones básicas para la experiencia.

Decimos «mi consciencia» porque poseemos la falsa impresión de que cada uno tiene una porción de consciencia. En nuestra ilusión, cada ser humano es un pedazo independiente de consciencia o una entidad separada. Dicha sensación de un «yo» aislado es lo que denominamos el «fenómeno egoico» o «ego».

Sin embargo, la consciencia es indivisible. Toda experiencia mental, emocional o física emana en y desde la consciencia. Al situar la consciencia como fundamento de las experiencias, comprobamos que no es dividida por nada de lo que surge en y desde esta. El cielo no puede ser rasgado por las nubes que lo cruzan. Asimismo, nunca hemos fragmentado la consciencia con una idea, pensamiento, emoción, sensación o percepción. Quizás hemos experimentado alguna fractura física o emocional, pero jamás de consciencia. En el *Bhagavad-gītā*, Kṛṣṇa dice:

नैनं छिन्दन्ति शस्त्राणि नैनं दहति पावकः ।
न चैनं क्लेदयन्त्यापो न शोषयति मारुतः ॥

nainaṁ chindanti śastrāṇi
nainaṁ dahati pāvakaḥ
na cainaṁ kledayanty āpo
na śoṣayati mārutaḥ

Ningún arma puede cortarla en pedazos, ni puede el fuego quemarla, ni el agua humedecerla, ni el viento marchitarla.

अच्छेद्योऽयमदाह्योऽयमक्लेद्योऽशोष्य एव च ।
नित्यः सर्वगतः स्थाणुरचलोऽयं सनातनः ॥

acchedyo 'yam adāhyo 'yam
akledyo 'śosya eva ca
nityaḥ sarva-gataḥ sthāṇur
acalo 'yaṁ sanātanaḥ

El Ser es irrompible e insoluble, y no se lo puede quemar ni secar. Es eterno, omnipresente, inmutable, inmóvil y eternamente el mismo.

अव्यक्तोऽयमचिन्त्योऽयमविकार्योऽयमुच्यते ।
तस्मादेवं विदित्वैनं नानुशोचितुमर्हसि ॥

avyakto 'yam acintyo 'yam
avikāryo 'yam ucyate
tasmād evaṁ viditvainaṁ
nānuśocitum arhasi

Se dice que el Ser es inmanifestado, inconcebible e inmutable. Sabiendo esto, no debes afligirte.

(*Bhagavad-gītā*, 2.23-25)

Varios expertos en neurociencia sostienen que la consciencia es un producto del cerebro. La creencia popular es que la consciencia es lo último en manifestarse en la evolución. Sin embargo, según nuestra propia experiencia, carecemos de toda evidencia de que algo o alguien pueda existir fuera de la consciencia. Es absolutamente imposible que alguna experiencia, incluso un cerebro, exista fuera de esta.

La fragmentación nunca ha sido experimentada al nivel de la consciencia porque la consciencia es indivisible. Su indivisibilidad no se debe a su resistencia, sino a su vacuidad. Esta carece de algo objetivo que pueda ser dividido, destrozado, roto o destruido. Toda experiencia emana en la consciencia desde un *tzimtzúm*, o 'aparente restricción'. La existencia de todo lo que puede surgir es posible únicamente a partir de su restricción y emanación en y desde la consciencia.

דַּע, כִּי טֶרֶם שֶׁנֶּאֱצְלוּ הַנֶּאֱצָלִים וְנִבְרְאוּ הַנִּבְרָאִים, הָיָה אוֹר עֶלְיוֹן פָּשׁוּט מְמַלֵּא אֶת כָּל הַמְּצִיאוּת. וְלֹא הָיָה שׁוּם מָקוֹם פָּנוּי בִּבְחִינַת אֲוִיר רֵיקָנִי וְחָלָל, אֶלָּא הַכֹּל הָיָה מָלֵא אוֹר הָאֵין־סוֹף הַפָּשׁוּט הַהוּא. וְלֹא הָיָה לוֹ לֹא בְּחִינַת רֹאשׁ וְלֹא בְּחִינַת סוֹף, אֶלָּא הַכֹּל הָיָה אוֹר אֶחָד פָּשׁוּט שָׁוֶה בְּהַשְׁוָאָה אַחַת, וְהוּא הַנִּקְרָא "אוֹר־אֵין־סוֹף".

(רבי חיים ויטאל, עץ חיים א', ב')

Has de saber que, antes de que las emanaciones emanaran y las criaturas fueran creadas, había una luz suprema simple [*Pashút*, luz omnipresente, sin cualidades ni atributos] llenando toda la existencia. Y no había ningún lugar vacío en el sentido de aire o espacio desocupado, sino que todo estaba lleno de esa luz infinita y omnipresente. Y no tenía ni aspecto de principio ni aspecto de fin, sino que todo era una luz uniforme y omnipresente, y se denomina *Or Ein Sof*, o 'La Luz Infinita'.

(Rabí Hayyim Vital, *El Árbol de la Vida*, 1,2)

La autorrestricción de la consciencia

Todo pensamiento emana en la consciencia. Solo hay consciencia antes de que emerja desde sus profundidades, mientras aparece lo único que existe es la consciencia y esta perdurará después de su desaparición. Por lo tanto, no hay otra materia prima de la que pueda estar hecho el pensamiento. Sin embargo, debido a su apariencia cualitativa, el pensamiento es objetivado. Sus atributos aparentes lo diferencian de la consciencia, creando una ilusoria realidad objetual. De hecho, no se trata de un objeto real, sino de la inadvertencia voluntaria de la consciencia de sí misma que se expresa como una percepción objetual.

Al igual que los pensamientos, las percepciones surgen desde la restricción de la consciencia. Todo lo que conocemos como universo objetivo consiste solo en percepciones que surgen desde las profundidades de la consciencia debido a su autoomisión. Los pensamientos, las emociones, las sensaciones y las percepciones y, por ende, el universo, aparecen en la consciencia, son conocidos por ella y están hechos de ella.

דַּע, כִּי תְחִלַּת הַכֹּל הָיָה כָּל הַמְצִיאוּת אוֹר פָּשׁוּט וְנִקְרָא אֵי"ן סוֹ"ף וְלֹא הָיָה שָׁם שׁוּם חָלָל וְשׁוּם אֲוִיר פָּנוּי, אֶלָּא הַכֹּל הָיָה אוֹר הָאֵין־סוֹף. וּכְשֶׁעָלָה בִּרְצוֹנוֹ הַפָּשׁוּט לְהַאֲצִיל הַנֶּאֱצָלִים לְסִבָּה נוֹדַעַת וְהִיא לְהִקָּרֵא "רַחוּם וְחַנּוּן אֶרֶךְ אַפַּיִם" וְכַיּוֹצֵא (שמות ל"ה, ו'), כִּי אִם אֵין בָּעוֹלָם מִי שֶׁיְּקַבֵּל רַחֲמִים מִמֶּנּוּ אֵיךְ יִקָּרֵא רַחוּם, וְכֵן עַל דֶּרֶךְ זֶה בְּכָל הַכִּנּוּיִים. וְאָז צִמְצֵם עַצְמוֹ בְּאֶמְצַע הָאוֹר שֶׁלּוֹ בִּנְקֻדַּת הַמֶּרְכָּז אֶמְצָעִית שֶׁבּוֹ, וְשָׁם צִמְצֵם עַצְמוֹ אֶל הַצְּדָדִין וְהַסְּבִיבוֹת וְנִשְׁאַר חָלָל בֵּינְתַיִם, וְזֶה הָיָה צִמְצוּם הָרִאשׁוֹן שֶׁל הַמַּאֲצִיל הָעֶלְיוֹן. וְזֶה מְקוֹם הֶחָלָל הוּא עָגֹל בְּהַשְׁוָאָה אַחַת מִכָּל צְדָדָיו, עַד שֶׁנִּמְצָא עוֹלָם הָאֲצִילוּת וְכָל הָעוֹלָמוֹת נְתוּנִים תּוֹךְ הֶחָלָל הַזֶּה. וְאוֹר הָאֵין־סוֹף מַקִּיפוֹ בְּשָׁוֶה מִכָּל צְדָדָיו. וְהִנֵּה כַּאֲשֶׁר צִמְצֵם עַצְמוֹ אָז דֶּרֶךְ צַד אֶחָד מִן הֶחָלָל הָעָגֹל הַזֶּה, הִמְשִׁיךְ אוֹר דֶּרֶךְ קַו אֶחָד יָשָׁר, דַּק כְּעֵין צִנּוֹר אֶחָד, אוֹר הַנִּמְשָׁךְ הָאֵין־סוֹף אֶל תּוֹךְ הֶחָלָל הַזֶּה וּמְמַלֵּא אוֹתוֹ. אֲבָל נִשְׁאַר מָקוֹם פָּנוּי בֵּין הָאוֹר שֶׁבְּתוֹךְ חָלָל זֶה וּבֵין אוֹר הָאֵין־סוֹף הַמַּקִּיף אֶת זֶה הֶחָלָל כַּנִּזְכָּר, שֶׁנִּתְצַמְצְמוּ אֶל צְדָדָיו. וְסִיּוּם הַקַּו הַזֶּה לְמַטָּה אֵינוֹ נוֹגֵעַ גַּם כֵּן בְּאוֹר הָאֵין־סוֹף עַצְמוֹ שֶׁאִם לֹא כֵן יַחֲזוֹר הַדָּבָר לִכְמוֹת שֶׁהָיָה וְיַחֲזוֹר וְיִתְחַבֵּר הָאוֹר הַזֶּה שֶׁבְּתוֹךְ הֶחָלָל עִם אוֹר הָאֵין־סוֹף יַחַד כְּבָרִאשׁוֹנָה. וְעַל־כֵּן לֹא נִתְפַּשֵּׁט וְנִמְשַׁךְ הָאוֹר הַזֶּה בְּרֹחַב אֶל תּוֹךְ הֶחָלָל – רַק דֶּרֶךְ קַו אֶחָד דַּק לְבַד כַּנִּזְכָּר. וְדֶרֶךְ הַקַּו הַזֶּה נִמְשַׁךְ וְיוֹרֵד אוֹר הָאֵין־סוֹף הַמַּאֲצִיל אֶל תּוֹךְ הֶחָלָל הֶעָגוֹל הַזֶּה שֶׁהוּא הַנֶּאֱצָל, וְעַל־יְדֵי כֵן מִתְדַּבְּקִים הַמַּאֲצִיל בַּנֶּאֱצָל יַחַד וְלֹא עוֹד. וְאַף־עַל־פִּי שֶׁכָּל הָאֲצִילוּת הוּא עָגֹל וְהָאֵין־סוֹף מַקִּיפוֹ בְּשָׁוֶה מִכָּל צְדָדָיו, עִם כָּל זֶה, אוֹתוֹ הַמָּקוֹם שֶׁנִּשְׁאַר דָּבוּק בּוֹ וְנִמְשַׁךְ מִמֶּנּוּ רֹאשׁ הַקַּו הַזֶּה שָׁם נִקְרָא רֹאשׁ הָאֲצִילוּת וְעֶלְיוֹנוּ וְכָל מַה שֶּׁמִּתְפַּשֵּׁט וְנִמְשַׁךְ לְמַטָּה נִקְרָא תַּחְתּוֹנִיּוּת הָאֲצִילוּת. וְעַל־יְדֵי כָּךְ נִמְצָא שֶׁיֵּשׁ בְּחִינַת מַעְלָה וּמַטָּה בָּאֲצִילוּת, שֶׁאִם לֹא כֵן לֹא הָיָה בְּחִינַת מַעְלָה וּמַטָּה וְרֹאשׁ וְרַגְלַיִם בָּאֲצִילוּת.

(רבי חיים ויטאל, אוצרות חיים, שער העיגולים)

Sabe que, al principio de todo, toda la existencia consistía en una luz «simple» [*pashut*, omnipresente y sin cualidades] conocida como *Ein Sof*, o «infinito, sin fin», y no había ningún espacio ni aire vacío. Más bien, todo era esa luz infinita. Entonces, cuando surgió en Él la simple voluntad de emanar emanaciones, con el propósito conocido de ser llamado «compasivo y misericordioso, lento para la ira» (Éxodo, 34:6) y demás. Porque, si no hubiera nadie en el mundo para recibir Su compasión, ¿cómo podría ser llamado compasivo? Y así es para todos los otros pronombres.

Luego, Él se contrajo en el centro de Su propia luz. Allí, se contrajo hacia los lados y periferias, dejando un espacio vacío en el medio.

Esta fue la primera contracción del Emanante supremo. Este espacio vacío es redondo y perfectamente simétrico, abarcando en su interior el «mundo de las emanaciones» y todos los otros mundos, mientras que la luz infinita lo rodea simétricamente desde todos los lados.

Así fue, cuando Él se contrajo, luego extendió una luz a través de una línea recta delgada, como una tubería, una luz que se extiende desde el infinito hacia este espacio y lo llena. Sin embargo, quedó un espacio vacío entre la luz dentro del espacio y la luz infinita que rodea este espacio, que se contrajo hacia todos los lados como se mencionó. El extremo inferior de esta línea de luz no toca la luz infinita misma, porque si lo hiciera, todo volvería a ser como era inicialmente, y esta luz que está dentro del espacio volvería a conectarse con la luz infinita, como era al principio.

Por lo tanto, esa luz no se expandió y difundió por el espacio, sino que se extendió solo en una línea delgada, como se mencionó. A través de esta línea, la luz infinita, o «El Emanante», desciende a este espacio redondo, o «el emanado». De esta manera, «El Emanante» y «el emanado» se adhieren juntos y nada más. Aunque la emanación es redonda y el infinito la rodea simétricamente por todos lados, ese lugar en el que la línea se adhiere al infinito, y desde el cual se extiende, ese lugar se denomina «la cabeza» de la emanación, o su parte superior, y todo lo que se extiende desde ella hacia abajo se denomina la parte inferior de la emanación. Así, los aspectos de «arriba» y «abajo» se encuentran en la emanación. De lo contrario, no podrían existir los aspectos de arriba y abajo, y cabeza y pies en la emanación.

(Rabí Jaim Vital, Otzrot Jaím, o 'Tesoros de vida', «La puerta de los círculos»)

Cada idea, libro, mesa, botella o persona parece poseer su propia existencia separada. Sin embargo, la realidad y el ser de cada objeto, ya sea mental, emocional, astral o físico, se derivan de la consciencia. La aparente retirada de la consciencia permite la percepción de una multiplicidad objetual. Así, la distinción que observamos a nuestro alrededor no es una cualidad inherente a los objetos, sino un producto del enmascaramiento de una unidad subyacente.

Observando el mar, vemos una diversidad de olas, cada una con su aparente existencia separada, pero dentro de la inmensidad del mar, no existe una verdadera división o fractura: independientemente del número de olas, el mar permanece unificado. Antes de que cualquier objeto exprese algo sobre sí mismo, en realidad nos habla de su naturaleza y origen. Observar una ola nos informará sobre su forma y altura, pero ante todo nos dirá algo sobre su realidad como el mar, tal como podría dilucidar el Rambam:

יְסוֹד הַיְסוֹדוֹת וְעַמּוּד הַחָכְמוֹת לֵידַע שֶׁיֵּשׁ שָׁם מָצוּי רִאשׁוֹן. וְהוּא מַמְצִיא כָּל נִמְצָא. וְכָל הַנִּמְצָאִים מִשָּׁמַיִם וָאָרֶץ וּמַה שֶׁבֵּינֵיהֶם לֹא נִמְצְאוּ אֶלָּא מֵאֲמִתַּת הִמָּצְאוֹ: וְאִם יַעֲלֶה עַל הַדַּעַת שֶׁהוּא אֵינוֹ מָצוּי אֵין דָּבָר אַחֵר יָכוֹל לְהִמָּצְאוֹת.
(משנה תורה, ספר המדע, הלכות יסודי התורה , א', א'-ב')

El fundamento de todos los fundamentos y el pilar de toda sabiduría es saber que hay una Existencia Primaria que trajo a la existencia todo lo que existe. Todo lo que existe, desde los cielos hasta la tierra, y todo lo que hay entre ellos, vino

a la existencia solo por la verdad de Su existencia. Y si uno imaginara que Él no existe, ninguna otra cosa podría existir.
(Mishné Torá, «Sefer HaMaddá», «Los fundamentos de la Torá», 1,1-2)

El gran maestro vedántico Śrī Bhagavan Ramaṇa Maharṣi de Tiruvanmalai, India, presentó el excelente ejemplo de la pantalla, que aparece en libro *Be as you are* de David Godman. En una teleserie de vaqueros, vemos caballos, pistoleros, indios, vacas y carretas, pero en realidad, solo tenemos un televisor delante. Para identificar cada forma, la diferenciamos de la pantalla mientras ignoramos por completo la propia pantalla. Obviamente, estos objetos carecen de una existencia independiente y toman prestada su seidad de la pantalla existente. En esencia, para observar el mundo en una película, se necesitaría un televisor que hipotéticamente careciera de pantalla. Del mismo modo, para manifestar un mundo, la consciencia omnipresente crea un espacio que, hipotéticamente, carece de consciencia.

Desde la perspectiva de los personajes de la película, los objetos y las personas que aparecen en la pantalla parecen tener una existencia real y separada. Al mirar a su alrededor, no perciben la pantalla en sí, sino una multitud de objetos y entidades independientes. Piensan que el espacio es el contenedor de sus experiencias. Aunque el espacio es pantalla, no pueden percibirlo desde dentro de la película. Asimismo, el complejo mente-cuerpo ignora u omite el trasfondo real del que está hecho. Creemos percibir una diversidad de objetos y seres; sin embargo, lo que realmente percibimos no es más que la percepción misma, no entidades u objetos reales. Así como la película no es real, tampoco lo es el universo, una realidad aparente creada a través de la percepción. Puesto que nada puede existir aparte de la consciencia, el universo es aparente, dado que no es independiente de la consciencia.

כָּל דָּבָר שֶׁהָיָה בִּכְלָל וְיָצָא מִן הַכְּלָל לְלַמֵּד, לֹא לְלַמֵּד עַל עַצְמוֹ יָצָא, אֶלָּא לְלַמֵּד עַל הַכְּלָל כֻּלּוֹ יָצָא.

(ספרא, ברייתא דרבי ישמעאל)

Cualquier cosa que estaba subsumida en una categoría general y se apartó de esa categoría para enseñar (algo), no se apartó para enseñar sobre sí misma, sino que se apartó para enseñar sobre toda la categoría.

(*Sifra, Baraita DeRabbi Yishma'él*)

Esta *baraita* ilustra que cualquier objeto, ya sea mental, emocional o físico, primero revela conocimientos sobre la consciencia antes de hablar de sus propios atributos. Sin percibir cosas, se hace muy difícil percatarse del conocer. Sin embargo, este conocer no confirma la existencia de objetos, sino que los objetos señalan la existencia del conocer. Así como el calor no podría percibirse sin la presencia del fuego, los objetos no podrían percibirse sin la conoceidad subyacente. Por lo tanto, más importante que la mera observación de los objetos es el esfuerzo más profundo de conectar con la esencia del conocer.

Investigar nuestra experiencia

Si investigamos nuestra experiencia, reconoceremos el elemento conocedor. Es el factor que permite que la experiencia sea sabida y es la presencia consciente de toda experiencia objetual. Cuando no despertamos nuestra curiosidad ni nos esforzamos por explorar este elemento conocedor, solemos etiquetarlo «yo». Sin embargo, al observar más de cerca este «yo», se hace evidente que no es ni la mente ni el cuerpo, dado que ambos son observables. El complejo mente-cuerpo es parte de lo que se observa, no el observador mismo. Al reconocer esta conoceidad, descubro que soy la observación de todas las apariencias sin ser realmente ninguna de ellas. Dejo de pensar que soy un objeto observable porque me descubro como espacio consciente desprovisto de atributos.

Profundizando en la esencia de una chispa, descubrimos que es fuego. Del mismo modo, al observar en las profundidades de nosotros mismos, reconocemos el océano ilimitado de la consciencia. Nuestra verdadera naturaleza no acepta descripciones. Si fuera descriptible,

Artículo 11: El reconocimiento de la consciencia

se convertiría en otro objeto observable. A menudo se la denomina Luz Infinita; iluminación es realizarla.

אֵין יְדִיעָתֵנוּ בּוֹ אֶלָּא שֶׁהוּא אוֹר פָּשׁוּט מֵאִיר, רוֹצֶה לוֹמַר מֵאִיר, שֶׁמַּגִּיעַ הֶאָרָתוֹ עַל הָאֲחֵרִים, אַךְ שֶׁנָּבִין מַהוּ הָאוֹר הַזֶּה לֹא יַעֲלֶה בְּדַעְתֵּנוּ, כִּי עַל כֵּן נִקְרָאֵהוּ אוֹר פָּשׁוּט, מִפְּנֵי שֶׁלֹּא נוּכַל לְדַבֵּר מִמַּהוּתוֹ כְּלָל, רַק נֵדַע שֶׁהוּא מֵאִיר וּנְדַבֵּר מֵהֶאָרָתוֹ, וְלַהֶאָרָה הַזֹּאת נִקְרָאֵהוּ אֵין סוֹף, כִּי בֶּאֱמֶת אֵין לָהּ גְּבוּל, כְּמוֹ שֶׁאֵין גְּבוּל לְעַצְמוּתוֹ [...].

(רמח"ל, אדיר במרום, עמוד נ"ט)

Todo lo que sabemos al respecto es que es una luz omnipresente e iluminadora (sin cualidades ni atributos). «Iluminadora» significa que su luz alcanza a los demás, pero ni siquiera se nos ocurre pensar que podemos entender qué es esta luz, y por esta razón la llamamos «luz omnipresente», ya que no podemos hablar en absoluto de Su esencia. Solo sabemos que es iluminadora, y podemos hablar sobre Su iluminación. Y llamamos a esta iluminación *Ein Sof* (La Infinidad), porque en realidad, no tiene límite, así como no hay límite para Su esencia...

(Ramjal, *Adir BaMaróm*, página 59)

A lo largo de nuestra vida, acumulamos conocimientos y recopilamos información, y a este proceso lo llamamos «educación». Este conocimiento suele proceder de fuentes intermediarias como libros y personas. Sin embargo, estos conocimientos no nos cambian fundamentalmente; la información que no se adquiere a través de la experiencia directa carece de poder transformador. Por muchos conocimientos que poseamos, seguimos sin saber quiénes somos. Nos identificamos con el fenómeno egoico, que no es más que la información que otros nos han proporcionado sobre nosotros.

El conocimiento mental almacenado perpetúa en realidad la ignorancia. Al intentar conocer a través de la mente, debemos recordar que todo conocimiento es relativo, dado que la mente misma es relativa y distorsiona la Verdad. Por lo tanto, cualquier conocimiento obtenido a través de la mente es necesariamente erróneo, lo que hace que el conocimiento y la ignorancia sean igualmente engañosos, siendo ambos construcciones del mundo mental.

La sociedad a menudo no distingue entre conocimiento y sabiduría. La sabiduría no llega a través de intermediarios, sino que florece de las profundidades de la consciencia. El conocimiento y la ignorancia están desconectados de la Verdad y la realidad. La verdadera comprensión surge solo cuando se trasciende la mente. Cuando nos movemos más allá de la mente, la falsedad queda atrás y se despierta la sabiduría, que opera en el ámbito de lo verdadero y real, sin mediación mental. La realización de la Verdad no requiere conocimiento sino sabiduría. El conocimiento es producto del esfuerzo mental, mientras que la sabiduría nos llega en la relajación y el silencio. Solo trascendiendo el plano mental y su supuesto conocimiento podemos despertar a la realidad absoluta o Dios. Se necesita inocencia para superar la ignorancia. El propósito de abandonar todo conocimiento sobre Dios es conocer lo que Dios es realmente.

Rabí Avraham Isaac HaCohen Kook escribió lo siguiente:

דַּעַת הַקֹּדֶשׁ מִמְּקוֹר הַחַיִּים – הַיְדִיעָה מִן הָעוֹלָם וְהַמְּצִיאוּת, שֶׁבָּאָה מִצַּד הַחֹל, אֵינָהּ עוֹלָה אֲפִלּוּ לְחֵלֶק אֶחָד מִנֵּי רְבָבָה בְּעֶרֶךְ הָאֱמֶת, לְעֻמַּת הַיְדִיעָה הָעֲמֻקָּה שֶׁל הָעוֹלָם וְהַיֵּשׁוּת בִּכְלָל, שֶׁבָּאָה מִצַּד הַקֹּדֶשׁ. כִּי אֲמִתַּת הַמְּצִיאוּת וְהַיֵּשׁ הַגָּמוּר שֶׁל הַכֹּל הִיא רַק בִּהְיוֹת הַכֹּל בָּא מִצַּד הַהוֹפָעָה הָאֱלֹהִית, מִצַּד הִסְתַּעֲפוּת חַיִּים וְיֵשׁוּת מִמְּקוֹר הַחַיִּים וְהַיֵּשׁ. שֶׁכָּל מָה שֶׁמִּתְגַּלֶּה בְּתוֹר עוֹלָם וַהֲוָיָה הוּא רַק כְּעֵין צֵל קָלוּשׁ לְגַבֵּי הַיֵּשׁוּת הַטְּהוֹרָה וְהָאַדִּירָה שֶׁבַּמָּקוֹר הָאֱלֹהִי.

El conocimiento de lo sagrado, desde la fuente de la vida. El conocimiento del mundo y de la realidad, cuando proviene de la dirección de lo mundano, no se acerca ni a 1/10,000 del valor de la verdad cuando se compara con el conocimiento profundo del mundo y de toda la existencia, cuando proviene de la dirección de la Santidad. Porque la verdadera y absoluta realidad de todo es solo cuando todo proviene de la manifestación divina, donde la vida y la existencia se ramifican desde la fuente de vida y existencia. Pues todo lo que se revela como mundo y existencia no es más que una

Artículo 11: El reconocimiento de la consciencia

sombra desvaída en comparación con la existencia pura y poderosa que se encuentra en la Fuente divina.

וְנִמְצָא שֶׁכָּל הַהוֹן הַמַּדָּעִי שֶׁל הָאָדָם יַעֲלֶה בְּרוֹמְמוּת פְּאֵר גָּדְלוֹ רַק כְּשֶׁיֵּאָצֵר וְיֵחָסֵן בִּמְקוֹר הֲוָיָתוֹ, שֶׁהִיא דַעַת ה' וְעֻזּוֹ, הַכָּרַת הַכֹּל מִצַּד מְקוֹר הַכֹּל. אָז יִתְיַשְּׁרוּ כָּל הַהֲדוּרִים, מִצַּד שֶׁרֶק אָז, בִּהְיוֹת הַגֹּבַהּ הָעֶלְיוֹן שֶׁל הַמַּדָּע מִתְגַּלֶּה, יַחַשׁ הַמַּדָּע נֶעֱרָךְ בְּטִבְעוֹ. וְכָל זְמַן שֶׁהָעוֹלָם מִתְגַּלֶּה רַק עַל יְדֵי צְלָלָיו הַכֵּהִים, שֶׁהֵם הַשְׁעָרַת הַכָּרָתוֹ מִצַּד צְבָעָיו הַבּוֹדְדִים וְהַכְּרוֹתָיו הַחִיצוֹנִיּוֹת, כְּלֹא נֶחְשָׁב, לְעֻמַּת הַקִּנְיָן הַמַּדָּעִי הַמֻּחְלָט, שֶׁהוּא דַעַת ה', הַמִּתְבַּלֵּט עַל-יְדֵי דַעַת הָעוֹלָם בְּתוֹר פֹּעַל ה', שֶׁאֶל זֶה נְשׂוּאוֹת הֵן עֵינֵי כָּל חַי.

Por lo tanto, toda la riqueza de conocimiento del hombre se manifestará en su gloriosa y majestuosa grandeza solo cuando se guarde y almacene en la fuente de su existencia, que es el conocimiento del Señor y Su poder; el reconocimiento de todo desde la dirección de la Fuente de Todo.

Entonces todas las dificultades se resolverán, pues solo entonces, cuando se revele la máxima altitud del conocimiento, el conocimiento podrá ser evaluado relativamente.

Mientras el mundo se revele solo a través de las sombras oscuras del conocimiento, que son solo su percepción estimada por sus colores apagados y pocos atributos externos, se considera como nada comparado con la adquisición del conocimiento absoluto, que es el conocimiento del Señor. Un conocimiento que se manifiesta al ver el mundo como la creación del Señor. Este es el objetivo hacia el que se dirigen todas las miradas.

וְזֶה כָּל הָאָדָם, כָּל הַמָּצוּי, כָּל הַמֻּכָּר וְהַנּוֹדָע. וְכָל עֲמַל הָעוֹלָם וְעִלּוּיֵי מַדְרֵגוֹתָיו הוּא מְכֻוָּנָן רַק כְּדֵי שֶׁיָּבֹא הָאוֹר הָעֶלְיוֹן שֶׁל הַמַּדָּעִיּוּת לְהִתְגַּלּוֹת בְּשֶׁטַח מְקוֹר אֲמִתָּתוֹ. וְכָל הַמּוּסָר הַכְּלָלִי וְהַפְּרָטִי, כָּל הֲטָבַת אָרְחוֹת הַחַיִּים, אֹרַח הַצְּדָקָה וְהַיַּשְׁרוּת בְּחַיֵּי הַיָּחִיד וְהַכְּלָלִיּוּת, הַכֹּל תָּלוּי הוּא וְעוֹמֵד לְהַגִּיעַ אֶל מְכוֹן תַּמּוּתוֹ, עַל-יְדֵי הַהִתְוַדְּעוּת שֶׁל הַהַכָּרָה בִּמְקוֹרִיּוּתָהּ, שֶׁהִיא הוֹלֶכֶת וּמִתְנַשֵּׂאת לְפִי אוֹתָהּ

הַמִּדָּה שֶׁיֶּחֱשֹׂף הַהוֹד שֶׁל אוֹר הַחַיִּים שֶׁבִּמְקוֹר הַקֹּדֶשׁ, שֶׁהוּא זֹהַר הָאֱמֶת, אוֹר ה', מְחוֹלֵל כֹּל.

(הרב אברהם יצחק הכהן קוק, אורות הקודש א', ב')

Y esto es todo lo que los seres humanos son, todo lo que existe, todo lo familiar y conocido. Todo el esfuerzo y progreso del mundo están dispuestos solo para que la luz suprema del conocimiento se revele, rebosando desde la fuente de su verdad. Y toda la moral —general y personal— toda la rectitud, los caminos de la piedad y la honestidad de la vida individual y colectiva, todo está aún pendiente y alcanzará su meta final cuando la consciencia reconozca su fuente. Este reconocimiento irá aumentando en la medida en que la gloria de la Luz de la Vida, de la Fuente Sagrada, el Esplendor de la Verdad, la Luz del Señor, la causa de todo, se exponga.

(Rabí Abraham Isaac HaCohen Kook, *Orot HaKodesh*, 1.2)

El pensamiento ofrece a la consciencia una trilogía de posibilidades: ser sujeto, objeto o la consciencia tal como es. Puede ser el conocedor, lo conocido o la conoceidad. Sin embargo, en ninguna de las tres alternativas, la consciencia deja de ser consciente de nada aparte de sí misma.

כָּל הַנִּמְצָאִים – חוּץ מִן הַבּוֹרֵא – מִצּוּרָה הָרִאשׁוֹנָה עַד יַתּוּשׁ קָטָן שֶׁיִּהְיֶה בְּטַבּוּר הָאָרֶץ, הַכֹּל מִכֹּחַ אֲמִתָּתוֹ נִמְצָאוּ. וּלְפִי שֶׁהוּא יוֹדֵעַ עַצְמוֹ וּמַכִּיר גְּדֻלָּתוֹ וְתִפְאַרְתּוֹ וַאֲמִתָּתוֹ, הוּא יוֹדֵעַ הַכֹּל וְאֵין דָּבָר נֶעְלָם מִמֶּנּוּ: הַקָּדוֹשׁ־בָּרוּךְ־הוּא מַכִּיר אֲמִתּוֹ וְיוֹדֵעַ אוֹתָהּ כְּמוֹ שֶׁהִיא. וְאֵינוֹ יוֹדֵעַ בְּדֵעָה שֶׁהִיא חוּץ מִמֶּנּוּ כְּמוֹ שֶׁאָנוּ יוֹדְעִין. שֶׁאֵין אָנוּ וְדַעְתֵּנוּ אֶחָד, אֲבָל הַבּוֹרֵא יִתְבָּרַךְ הוּא וְדַעְתּוֹ וְחַיָּיו אֶחָד מִכָּל צַד וּמִכָּל פִּנָּה וּבְכָל דֶּרֶךְ יִחוּד. שֶׁאִלְמָלֵי הָיָה חַי בַּחַיִּים וְיוֹדֵעַ בְּדֵעָה חוּץ מִמֶּנּוּ – הָיוּ שָׁם אֱלֹהוּת הַרְבֵּה: הוּא וְחַיָּיו וְדַעְתּוֹ, וְאֵין הַדָּבָר כֵּן, אֶלָּא אֶחָד מִכָּל צַד וּמִכָּל פִּנָּה וּבְכָל דֶּרֶךְ יִחוּד. נִמְצֵאתָ אַתָּה אוֹמֵר: הוּא הַיּוֹדֵעַ וְהוּא הַיָּדוּעַ וְהוּא הַדֵּעָה עַצְמָהּ – הַכֹּל אֶחָד.

(רמב"ם, משנה תורה, ספר המדע, הלכות יסודי התורה, ב', ט'–י')

Toda la existencia, aparte del Creador —desde la primera forma hasta un pequeño mosquito en las profundidades de la tierra—, todo existe por el poder de Su Verdad. Y puesto que Él se conoce a Sí mismo y Su grandeza, esplendor y verdad, lo sabe todo y nada se le oculta.

El Santo, bendito sea, reconoce Su Verdad y la conoce tal como es; no la conoce con una inteligencia separada de Sí mismo, como nosotros la conocemos. Porque nosotros no somos uno con nuestra inteligencia, pero el Creador, Su Inteligencia y Su Vida son todo uno desde todos los aspectos, ángulos y maneras de unidad. Porque si Él viviera una vida y entendería con una inteligencia separada de Sí mismo, entonces habría muchos dioses: Él, Su vida y Su Inteligencia; pero esto no es así, porque Él es Uno desde todos los aspectos, ángulos y las maneras de unidad. Por lo tanto, debes decir: «Él es el conocedor, Él es lo conocido y Él es el conocimiento. Todo es Uno».

(Maimónides, *Mishné Torá*, «*Sefer HaMaddá*», «*Los fundamentos de la Torá*», 2.9-10)

Ya sea como perceptor, objeto percibido o la percepción, la consciencia es y se percibe solo a sí misma. Así como para el soñador el despertar implica el fin del sueño, el fin del ego es su desaparición como alguien. Lo que denominamos «iluminación» es la evaporación tanto del sujeto como del objeto porque es la disolución de la dualidad.

וַיֹּאמֶר לֹא תוּכַל לִרְאֹת אֶת פָּנָי כִּי לֹא יִרְאַנִי הָאָדָם וָחָי:

(שמות ל"ג, כ')

[Y Dios] dijo: «Pero tú no puedes ver Mi rostro, porque un ser humano no puede verme y vivir».

(Éxodo, 33:20)

La existencia puede dividirse en tres categorías: lo conocido, lo desconocido y lo incognoscible. El conocimiento es aquello que en un pasado fue desconocido, pero del que hemos oído o leído, haciéndolo conocido. Encontramos esta actitud en las religiones organizadas, siempre rindiendo culto a un pasado glorioso y recordando cuando lo desconocido se hizo conocido.

La segunda categoría pertenece a lo desconocido, que tarde o temprano se convertirá en conocido. Esta es la actitud de la ciencia, en su esfuerzo por transformar lo desconocido en conocido. El objetivo de la ciencia es un mundo en el que todo se conoce.

Por último, lo incognoscible es inaccesible para la mente, porque nunca podrá tocarlo ni poseerlo de ninguna manera. De hecho, la consciencia atemoriza a la mente porque representa su fin; por eso, la mente intenta permanecer inconsciente. Lo incognoscible puede ser vivido, experimentado, pintado, bailado o cantado, pero su naturaleza incógnita permanecerá eternamente. Si lo conocido atrae al religioso y lo desconocido al científico, lo incognoscible es del místico, quien es un artista del enigma y un aventurero del misterio.

Cautivados por el brillo de las estrellas, dejamos de percibir la inmensidad del cielo que les sirve de fondo. La obra de teatro solo puede atraparnos si olvidamos el escenario. Reconocer la realidad de todos los personajes es prestar atención al escenario, que es el fondo que permite su representación. Asimismo, vivimos seducidos por nuestras experiencias. Solo trascendiendo nuestra fascinación es posible reconocer la consciencia como nuestra autenticidad.

La naturaleza de la consciencia es ser consciente; nunca deja de serlo, ni siquiera por un momento. Pero jamás es consciente de entidades u objetos separados. Desde la perspectiva absoluta, el ego no existe. De tal manera que el fenómeno egoico es problemático solo desde su propia perspectiva. La iluminación solo es un problema del ego. Para la consciencia, el ego carece de existencia real, así que no es necesario olvidarlo, omitirlo, restringirlo o transcenderlo.

Percibir una diversidad es una consecuencia de omitir la consciencia. Por lo tanto, realizar la consciencia conlleva ineludiblemente la evaporación de la multiplicidad. Conociendo la conoceidad, el

Artículo 11: El reconocimiento de la consciencia

conocimiento acumulado se evapora. Sabiendo lo que somos realmente desaparece todo lo que creíamos saber acerca de nosotros.

שְׁלִילַת הַיְדִיעָה הִיא מֻכְרַחַת, מִפְּנֵי שֶׁכָּל יְדִיעָה הִיא מְטַשְׁטֶשֶׁת אֶת הַיָּדוּעַ, כְּשֵׁם שֶׁהִיא מְבָרֶרֶת אוֹתוֹ, מִפְּנֵי הַטִּשְׁטוּשׁ הַנִּמְצָא בְּמַדָּע הָאָדָם, וְהוּא הַדִּין בְּכָל מַדָּע שֶׁל כָּל הֲוָיָה מֻגְבֶּלֶת שֶׁיֵּשׁ לָהּ רֵאשִׁית. וְעֶצֶם הַחַיִּים הֲרֵי הֵם הַיַּחַשׂ הָאֱלֹהִי שֶׁל הַהֲוָיָה, וְזֶה אָצוּר בַּיְדִיעָה הַנֶּעֱלֶמֶת, הַנִּתְפֶּסֶת רַק בִּרְעוּתָא דְלִבָּא הַיּוֹתֵר כְּמוּסָה. וְאִי־אֶפְשָׁר לָהּ לִהְיוֹת מְגֻלֶּמֶת בִּידִיעָה מְבֻלֶּטֶת, מִפְּנֵי שֶׁתִּתְטַשְׁטֵשׁ עַל־יְדֵי הַהַגְבָּלָה, וּבָזֶה יְבֻטַּל קֶשֶׁר הַמְּצִיאוּת. עַל־כֵּן אִי־אֶפְשָׁר לְשׁוּם הֲוָיָה שֶׁתִּתְפֹּס אֶת הַהֲוָיָה הָאֱלֹהִית, כְּדֵי שֶׁלֹּא תִּתְבַּטֵּל מְצִיאוּתָהּ, וְתַכְלִית הַיְדִיעָה מַמְשֶׁכֶת הַחַיִּים וְהַהֲוָיָה, שֶׁאֵין בֵּינָהּ וּבֵין מְקוֹר חַיֵּי הַחַיִּים וַהֲוַיַת הַהֲוָיוֹת שׁוּם מָסָךְ מַבְדִּיל, שׁוּם דָּבָר חוֹצֵץ, הוּא דַּוְקָא מַה שֶׁלֹּא נֵדַע, כְּלוֹמַר לֹא הַצִּיּוּר שֶׁל הֶעְדֵּר יְדִיעָתֵנוּ, כִּי־אִם עַצְמוּתָהּ שֶׁל שְׁלִילַת הַיְדִיעָה, שֶׁבְּחָשְׁכָּהּ הָעֶלְיוֹן עַצְמוּת הַיְדִיעָה הָאֲמִתִּית מֻנַּחַת הִיא בְּלֹא שׁוּם מַגַּע יָד מֵהַגְבָּלָה, הַמְמַעֶטֶת אֶת דְּיוֹקָנָהּ. "הֲלֹא אֶת הַשָּׁמַיִם וְאֶת הָאָרֶץ אֲנִי מָלֵא נְאֻם ה'" (ירמיהו כ"ג, כ"ד).

(הרב אברהם יצחק הכהן קוק, מידות הראי"ה, יראה)

Es necesario negar el «conocimiento» porque, todo conocimiento desdibuja lo conocido en la misma medida en que lo aclara, y esto se debe a la naturaleza nebulosa del conocimiento de los seres humanos, así como de cualquier ser limitado que tenga un principio.

La esencia misma de la vida es la relación divina del ser, que se oculta en el conocimiento invisible, que solo puede percibirse en la voluntad más oculta del corazón. No puede manifestarse como conocimiento externo porque se volvería borroso a causa de esta limitación, y esto desharía el «lazo de la existencia» (el vínculo de la materia y el espíritu). Por lo tanto, ningún ser puede captar el ser divino porque de lo contrario se anularía su existencia. El conocimiento último y vivificante, que ningún velo, ni ninguna barrera se interpone entre él y La Fuente Vital de lo Viviente y la Existencia de la Existencia, es, de hecho, el conocimiento que no podemos conocer. No se refiere a la idea de que carecemos de conocimiento de ello, sino a la esencia misma de la negación del conocimiento:

que el verdadero conocimiento, en su esencia, reside en su elevada oscuridad, inalcanzable por cualquier mano limitada que pudiera reducir su imagen. «Porque yo lleno el cielo y la tierra —declara el Señor—» (Jeremías, 23:24).

(Rabí Avraham Isaac HaCohen Kook,
Middot HaRa'ayah, «Sobrecogimiento»)

No recomiendo la renuncia, sino la meditación. No aconsejo abandonar el mundo, sino cultivar una atenta observación. En proporción a la observación, la mente se desvanece junto con el universo. Meditar es esperar, pero lo que esperamos solo llega cuando el que espera desaparece. Al llegar lo esperado, el expectante se disuelve. La revelación de la conoceidad destruye al conocedor. Lo que tanto esperabas esfuma al falso «yo» separado. Entonces, dejas de estar y comienzas a ser. Te vuelves una consciencia cada vez menos localizada para revelar la autenticidad de ser solo consciencia sin límites.

Al llegar la luz, la oscuridad desaparece; ambas no conviven jamás. La noche puede desear y esperar al día, pero con el amanecer, mueren las tinieblas. La aparente contracción egoica de la consciencia se esfuma con la relajación de la seidad en su estado indeterminado original. Cuando aparece la Verdad, se evapora la mente junto con su mundo.

El que es bendecido y agraciado con esta revelación no es lo que tú conoces como tú mismo. Si así lo fuera, sería solo una experiencia. La verdad es la peor amenaza para la mente, la cual está enraizada en la falsedad. Mientras conocemos, permanecemos en la ignorancia; solo conociendo la conoceidad nos liberamos de lo que conocemos. Todo lo que conoces acerca de ti se desvanece, mientras que lo que perdura es inexplicable e imposible de definir.

וְתַכְלִית מָה שֶׁנַּשִּׂיג מִמֶּנּוּ יִתְבָּרַךְ – שֶׁאִי אֶפְשָׁר לְהַשִּׂיגוֹ כְּמַאֲמַר הֶחָכָם: "תַּכְלִית מָה שֶׁנֵּדַע בְּךָ – שֶׁלֹא נֵדָעֵךְ".

(רבי יוסף אלבו, ספר העיקרים, מאמר שני, פרק ל')

El conocimiento supremo de Él, bendito sea, es que es imposible comprenderlo. Como dijeron los sabios: «La culminación de nuestro conocimiento de Ti es que no podemos conocerte».

(Rabí Yosef Albo, *Sefer Ha'Ikarím*, 2.30)

Un enfoque interdisciplinar sobre la consciencia

La idea de que la consciencia constituye el fundamento esencial y omnipresente de la existencia, y no un mero derivado de los procesos materiales, resuena en diversas disciplinas filosóficas y científicas. Esta concepción fomenta un intercambio transdisciplinario que podría profundizar nuestra comprensión de la realidad y sus fenómenos asociados.

En la física cuántica, la interacción entre la consciencia y la realidad percibida sugiere que nuestra observación podría alterar el estado de lo observado. Esta noción se refleja en teorías como el «colapso de la función de onda» y el «entrelazamiento cuántico», que podrían interpretarse como evidencia de que la consciencia desempeña un papel activo en la conformación de la realidad física, desafiando las ideas tradicionales de objetividad y la distinción entre observador y observado.

En la neurociencia, analizar cómo surge la consciencia del cerebro, o considerar que es una propiedad inherente y fundamental, abre amplias posibilidades para el debate. Este enfoque podría explicar por qué ciertos patrones neuronales están asociados con experiencias conscientes específicas, cuestionando la noción de que la consciencia es simplemente el resultado de la complejidad neuronal.

La psicología transpersonal resuena con la noción de una consciencia universal al explorar cómo las experiencias de estados alterados o unitarios trascienden los marcos explicativos de la psicología tradicional. Tales experiencias podrían indicar que la consciencia individual es en realidad una expresión de una consciencia más amplia e interconectada.

En la filosofía de la mente, interactuar con teorías como el panpsiquismo proporciona un marco para visualizar la consciencia como una característica universal y fundamental, omnipresente en todo el cosmos. Este enfoque amplía nuestra visión de la consciencia y ofrece un modelo más integrado de la realidad.

El diálogo interreligioso también se beneficia de esta perspectiva, ya que muchas tradiciones espirituales han percibido y enseñado que el fundamento de todo ser es una forma de consciencia o realidad espiritual. Examinar estos puntos de convergencia puede enriquecer nuestra comprensión filosófica y espiritual de la consciencia.

Además, las implicaciones éticas y sociales de considerar la consciencia como el fundamento de toda realidad son significativas. Aceptar que todos los seres son manifestaciones de la misma consciencia podría fomentar una mayor empatía, compasión y un renovado sentido de responsabilidad hacia los demás y nuestro planeta.

Este enfoque interdisciplinario no solo sintetiza diversos campos del conocimiento, sino que también abre nuevas vías para comprender y vivir nuestra existencia. Sugiere que la consciencia, lejos de ser un fenómeno secundario, constituye la verdadera esencia de nuestra realidad.

ARTÍCULO 12
LA VOZ DEL SILENCIO

Pregunta:

¿Por qué algunos libros se refieren al estado de iluminación como ser nada o nadie, mientras que otros lo describen como ser todo o todos? ¿Acaso ser nadie o ser todos corresponden a dos estados diferentes de iluminación? De ser así, ¿en qué se diferencian? Debo admitir que ser nada no suena muy atractivo.

Respuesta:

El origen etimológico de la palabra *vacuidad* se remonta al término latín *vacuitas*, que se compone del adjetivo *vacuus*, que significa 'aquello que carece de contenido', y el sufijo *dad*, que indica 'cualidad'. Buda se refiere a la vacuidad como *śūnyatā*, o 'aquello que carece de identidad o existencia separada'. La vacuidad puede verse desde dos perspectivas: negativamente, como la nada, o positivamente, como la plenitud.

> «¿Por qué algunos libros se refieren al estado de iluminación como ser nada o nadie...?».

En su aspecto negativo, la vacuidad es una falta, deficiencia o ausencia. La nada parece amenazar una desolación que nos asusta e intimida. Pero, de hecho, es meramente una ausencia de objetos o cosas, mientras la presencia pura de la consciencia permanece. A medida que la densidad de la realidad objetual disminuye, la presencia del fondo se torna más evidente, al igual que una llama se percibe con mayor claridad cuando no está rodeada de humo. Nuestra excesiva gravitación hacia la realidad objetual nos impide apreciar la belleza de la consciencia.

El sueño profundo y la anestesia general son estados de inexistencia para la mente. Estamos tan seducidos por las experiencias y la actividad objetual que creemos que la consciencia deja de existir si carece de objetos mentales, emocionales o físicos. La consciencia se oculta de sí misma bajo el disfraz de una mente abarrotada de contenido objetivo. Pero la consciencia se reconoce fácilmente en el estado meditativo trascendental o en la vacuidad absoluta.

Creemos en un universo compuesto de varios objetos sutiles que son mentales, emocionales o físicos. Para definir la «nada», creamos una réplica mental de la vacuidad dentro de la existencia objetual. Sin embargo, la nada como idea o concepto sigue siendo un objeto mental. Por lo tanto, la conceptualización de la consciencia como «nada» es solo para aquellos que la conciben como un objeto. Afirmaciones como «la realidad es la nada» o «la consciencia es vacuidad» provienen del dogma de la existencia de algo; son solo conceptualizaciones reactivas a la creencia en una realidad objetual.

El miedo a la muerte surge de malinterpretar la realidad y creer en la existencia objetual. Nos aterroriza que nuestros logros desaparezcan y se conviertan en nada. Creemos que morir es desaparecer. En verdad, solo nuestra identidad ilusoria desaparece; aquel que se disuelve nunca ha existido. El «yo» se evapora, pero nunca fue más que un pronombre personal.

«…mientras que otros lo describen como ser todo o todos».

Existe una concepción positiva de la vacuidad que puede llamarse «plenitud». En la total ausencia de objetos o cosas, la consciencia permanece como un espejo sin nada que reflejar: solo la presencia del espejo lleno de sí mismo. Al vaciarnos de todo sonido, incluso del ruido mental o emocional, alcanzamos la plenitud del silencio. Aquellos que se vacían a sí mismos realizan el desbordante contenido de existencia, consciencia y dicha. Aun así, buscan asociarse con otros, pero sin intenciones egoicas. El otro no es perseguido por necesidad imperiosa y como huida desesperada de la soledad. La necesidad de ser amado no es lo mismo que la necesidad de amar. Aquellos que se han realizado a sí mismos como nadeidad, colmados de amor y rebosante dicha, buscan a los demás porque se sienten demasiado llenos y quieren compartir y servir.

יוֹתֵר מִמַּה שֶׁהָעֵגֶל רוֹצֶה לִינַק פָּרָה רוֹצָה לְהָנִיק.
(תלמוד בבלי, מסכת פסחים, קי"ב, א')

La vaca quiere amamantar más de lo que el ternero quiere mamar.

(*Talmud Babilónico*, «*Pesajím*», 112a)

Sentarse inmóvil en la postura de meditación con los ojos cerrados no es lo mismo que el vacío interior. Puedes estar quieto y repetir el mantra *Oṁ* durante horas, incluso cuando persiste una profusa actividad mental y emocional. Como dice Kṛṣṇa, el pensamiento es dinámico por naturaleza:

न हि कश्चित्क्षणमपि जातु तिष्ठत्यकर्मकृत् ।
कार्यते ह्यवशः कर्म सर्वः प्रकृतिजैर्गुणैः ॥

*na hi kaścit kṣaṇam api
jātu tiṣṭhaty akarma-kṛt
kāryate hy avaśaḥ karma
sarvaḥ prakṛti-jair guṇaiḥ*

Nadie puede abstenerse de actuar, ni siquiera por un momento; porque, todos estamos obligados a actuar indefectiblemente de acuerdo con las cualidades que uno ha adquirido de las modalidades de la naturaleza material.

(*Bhagavad-gītā*, 3.5)

La actividad mental es constante e ininterrumpida. La mente genera interminablemente conclusiones, teorías, emociones y sentimientos. Si desaparecen las viejas cadenas, inmediatamente aparecen nuevas, listas para perpetuar nuestra esclavitud. Vemos el mundo a través de contenido antiguo y simultáneamente creamos contenido nuevo.

רַבִּי אוֹמֵר: אַל תִּסְתַּכֵּל בַּקַּנְקַן, אֶלָּא בְּמַה שֶׁיֵּשׁ בּוֹ. יֵשׁ קַנְקַן חָדָשׁ מָלֵא יָשָׁן, וְיָשָׁן שֶׁאֲפִלּוּ חָדָשׁ אֵין בּוֹ.

(פרקי אבות ד', כ')

Artículo 12: La voz del silencio

> Dijo Rabí: no mires el cántaro, sino lo que hay dentro: hay un cántaro nuevo lleno de añejo, y otro añejo en el que no hay ni siquiera nuevo.
>
> (*Pirkei Avót*, 4.20)

Nuestra vida se desarrolla superficialmente. Pero tarde o temprano, la observación nos llevará a mirar hacia adentro. Entonces, nos daremos cuenta de que el espacio dentro del frasco es el mismo que el espacio fuera de este. Los espacios no son diferentes. Al transportar el frasco de un lugar a otro, su espacio interior permanece inmóvil y estático. De hecho, este no tiene un espacio interior; está dentro de un espacio infinito. Asimismo, se cree que todos poseemos nuestra propia consciencia como si residiera dentro de nosotros, como el espacio dentro del frasco. Sin embargo, la consciencia no reside dentro de nosotros; en cambio, nosotros residimos dentro de la consciencia.

El vidrio del frasco es su naturaleza periférica. Realizar su vacío interior significa encontrar el centro. Del mismo modo, nuestra actividad mental, emocional y física solo ocurre en la periferia, no en el centro. Dado que pasamos nuestras vidas absortos por el frasco, el rabino recomienda que miremos hacia adentro y descubramos que somos la vacuidad. Entonces, nos daremos cuenta de que nuestra esencia trasciende lo viejo y no crea nuevo contenido mental o emocional. En mi juventud como principiante, estaba desbordante, cargado y lleno de pasado. Ahora, en mi vejez, me he vaciado incluso de lo nuevo.

Nunca te relaciones con la nada desde una perspectiva negativa como si fuera una ausencia. Esta vacuidad no implica carencia. Solo desaparecen los nombres y las formas mientras que la presencia consciente permanece. La esencia que yace detrás de todas las experiencias es imperecedera e inmutable. Sin embargo, esta realidad es inaccesible para la mente, la cual solo funciona dentro del campo relativo y dual de los opuestos.

«¿Acaso ser nadie o ser todos corresponden a dos estados diferentes de iluminación? De ser así, ¿en qué se diferencian?».

Los seres iluminados a lo largo de la historia solo han conceptualizado la consciencia para explicar las enseñanzas espirituales. Las definiciones varían según la capacidad y experiencia de los portadores y receptores de la revelación. Además, dado que todos estos mensajes aclaran conceptos previos, están influidos por ideas preestablecidas. Si no existieran creencias erróneas, las nuevas enseñanzas serían innecesarias.

Conceptualizar la realidad como «nada» era necesario para contrarrestar la idea previa de que era objetual. Aunque es imposible conceptualizar la consciencia, no hay nada de malo en intentar simplificarla. La conceptualización es una etapa importante del proceso evolutivo, y sin ella, nos estancaríamos en el nivel instintivo. En el nivel absoluto, la realidad última se revela cuando negamos que no es ni algo ni nada. Se trasciende su objetividad, así como su no objetividad.

הַנְּשָׁמָה לוֹמֶדֶת תּוֹרָה מֵהקב"ה בִּמְתִיבְתָּא דִּרְקִיעַ וְהקב"ה שׁוֹלֵחַ לְמַטָּה אֶת הַנְּשָׁמָה אֶל הָעוֹלָם לֹא רַק כְּדֵי לִלְמֹד תּוֹרָה אֶלָּא גַם כְּדֵי לַהֲפֹךְ אֶת הָאנ"י לְאי"ן (לַעֲשׂוֹת מֵהָאֲנִי אַיִן). אֲפִלּוּ מִי שֶׁהוּא בֶּאֱמֶת אנ"י שֶׁל תּוֹרָה וּמִצְווֹת צָרִיךְ לַהֲפֹךְ אֶת הָאנ"י הַזֶּה לְאי"ן.

(בעל-שם-טוב, כתר שם-טוב, הוספות, רי"ג)

El alma aprende Torá del Santo Bendito en la academia celestial y el Santo Bendito envía el alma al mundo no solo para aprender Torá, sino también para convertir el *ani* («yo») en *ain* (nada), incluso si alguien es verdaderamente un «yo» de Torá y *mitzvót* (un «yo» religioso), tiene que convertir ese *ani* («yo») en *ain* (nada)».

(Ba'al Shem Tov, *Keter Shem Tov, Adiciones*, 213)

Incluso si somos un «yo» de Torá y *mitzvót*, solo seremos completos cuando nos disolvamos en todos los niveles. No importa cuán religiosos, espirituales, santos o puros devotos seamos, la realización de nuestra naturaleza auténtica es la vacuidad misma.

«Debo admitir que ser nada no suena muy atractivo».

Tendemos a reaccionar negativamente a la vacuidad. Pasar del ego a la vacuidad es un salto de lo conocido a lo incognoscible. Lo incognoscible existe fuera de los límites mentales, profundo dentro de nosotros, siempre listo para revelarse cuando realmente lo deseamos.

La vida de la mayoría de las personas se basa en el fenómeno egoico. Se identifican con el complejo mente-cuerpo. Se describen a sí mismos con un nombre, edad, profesión, nacionalidad y estado civil. Después de que la idea de ser (1) «algo o alguien», se evapora, emerge la experiencia de ser (2) «nada o nadie». Luego, esto da paso a la experiencia de ser (3) «todo o todos», y finalmente, solo (4) conocer.

(1) Algo o alguien

En el estado egoico, nos consideramos una entidad personal e individual que existe dentro de los confines de un cuerpo y una mente. Creemos que somos «algo» que existe. Curiosamente, la etimología del término *existir* está relacionada con el verbo *aparecer*. Si exploramos sus raíces, descubrimos que está formado por *ex* y *sisto*. *Ex* refleja el abandono de un entorno y *sisto* es un verbo latino que significa 'permanecer' o 'estar'. Por lo tanto, *existir* se refiere a algo que no era parte de esta realidad y que, para manifestarse, tuvo que abandonar su estado original.

Creemos que somos parte de una realidad temporal y objetual. A medida que evolucionamos y progresamos en el Sendero Retroprogresivo, nos reconocemos como la presencia consciente que conoce el complejo mente-cuerpo. Advertimos que nuestra naturaleza no es objetual, sino aquello que observa y conoce los objetos.

(2) Nada o nadie

Desde el nivel relativo de consciencia en el que nos consideramos «algo o alguien», avanzamos percatándonos de que carecemos de atributos y somos «nada o nadie». Nuestra naturaleza es la observación no cualificada. Desde la perspectiva mental, que solo conoce la realidad objetual, la realidad no calificada se interpreta como nada. La mente solo puede percibir objetos con atributos; por lo tanto, piensa que la esencia no objetual es vacuidad.

Luego, indagamos en la relación entre la consciencia y la aparente realidad objetual de nuestra mente, cuerpo y universo. Al observar nuestra experiencia, notamos que la consciencia es mucho más que la observación de diversos objetos a distancia o un fondo que observa una multiplicidad de objetos. Asombrosamente, nos percatamos de que la consciencia, la observación y todos los objetos comparten una única sustancia esencial. Este es un paso adelante después de la realización de nuestra naturaleza no objetual. Nos lleva de considerarnos como nada a reconocer que somos la sustancia esencial de todo.

(3) Todo o todos

El proceso retroprogresivo nos lleva de considerarnos algo, luego nada, y finalmente realizar que somos la esencia de todo. Tanto la observación como lo observado están compuestos de la misma sustancia. Cuando un joyero fabrica collares, anillos, aretes o pulseras, el oro permanece inalterado. Y si todas estas piezas de joyería se funden eventualmente, seguirán siendo oro.

Asimismo, la sustancia esencial de la observación y lo observado es una y la misma. La percepción del universo es también el perceptor; son uno. Este despertar conduce a la realización de que somos la sustancia de toda la diversidad objetual. En lugar de ser el fondo testigo de una realidad objetual, soy la esencia de cada objeto en el aparente universo empírico.

Estos diferentes niveles están relacionados con los objetos de diversas maneras. Inicialmente, pensamos que los poseemos. Luego viene la experiencia de la desaparición de los objetos. Obviamente, desde la perspectiva mental acostumbrada solo a la realidad objetual, la nada es poco atractiva. Para la mente que solo conoce una realidad de objetos, la ausencia de estos se asemeja a la muerte. Luego, nos consideramos todos los objetos, pero si las cosas no existen y solo existe la percepción, la afirmación de ser todo y todos sería contradictoria.

Nos definimos a nosotros mismos basándonos en nuestra creencia en la realidad de la materia. Nuestra concepción de la realidad supone que los objetos existen. Estos son niveles relativos de consciencia, cada uno más real que el anterior. El nivel de realización en el que nos consideramos todo también es relativo y corresponde a una ilusión, ya que los objetos no existen de forma independiente. Simplemente no hay objetos para observar con los que compartir la misma sustancia.

(4) El conocer

La realidad de nuestra propia experiencia nos dice claramente que nunca hemos conocido un objeto, sino solo el conocer. Todo nuestro conocimiento de la mente, el cuerpo y el universo consiste solo en el conocer. En realidad, nunca hemos conocido nada. El conocedor y lo conocido no son dos factores diferentes, sino que ambos son lo que denominamos la «conoceidad».

La consciencia reconoce su naturaleza no cualificada, imperceptible para los sentidos; es intemporal, ilimitada y siempre presente. Después de la desaparición de todos los objetos físicos, energéticos, mentales y emocionales, solo encontramos silencio. Al trascender las cosas físicas, ideas, pensamientos, sentimientos, conclusiones, recuerdos, sueños y anhelos, tendremos un encuentro íntimo con la vida. Esto se debe a que el silencio es un encuentro cara a cara con la realidad y la existencia, con lo que es, tal como es.

La explicación del siguiente nivel de consciencia se da en el silencio. Pocos lo escuchan y aún menos lo entienden. Por supuesto, no me refiero al silencio percibido en las clases de yoga o tai chi, sino al silencio que surge desde las profundidades de nuestro interior. No es una ausencia de sonidos, pensamientos o emociones, sino un silencio que es una presencia. No es una falta de preocupaciones, problemas o tensiones, sino una presencia dichosa y amorosa.

וַיֹּאמֶר צֵא וְעָמַדְתָּ בָהָר לִפְנֵי ה' וְהִנֵּה ה' עֹבֵר וְרוּחַ גְּדוֹלָה וְחָזָק מְפָרֵק הָרִים. וּמְשַׁבֵּר סְלָעִים לִפְנֵי ה' לֹא בָרוּחַ ה' וְאַחַר הָרוּחַ רַעַשׁ לֹא בָרַעַשׁ ה':
וְאַחַר הָרַעַשׁ אֵשׁ לֹא בָאֵשׁ ה' וְאַחַר הָאֵשׁ קוֹל דְּמָמָה דַקָּה:
(מלכים א' י"ט, י"א—י"ב)

> Y él dijo: «Sal fuera, y ponte en el monte delante del Señor». Y he aquí que el Señor pasaba, y un grande y poderoso viento que rompía los montes y quebraba las peñas delante del Señor: mas el Señor no estaba en el viento. Y tras el viento un terremoto: mas el Señor no estaba en el terremoto. Y tras el terremoto un fuego: mas el Señor no estaba en el fuego. Y tras el fuego un sonido de sutil silencio.
>
> (I Reyes 19:11-12)

Si nos observamos, podemos notar momentos en los que olvidamos nuestras ambiciones y anhelos, el ayer y el mañana, lo que fue y lo que será, nuestro pasado y futuro. Puede sucedernos mientras observamos una gaviota al atardecer junto al mar, contemplamos la luna llena reflejada en un lago o vemos a un niño feliz corriendo hacia los brazos de su madre. La belleza de las estrellas puede unificarnos con nosotros mismos, fusionando lo subjetivo y lo objetivo. En momentos como estos, nos vaciamos de conceptos como el tiempo y el espacio y nos inundamos de eternidad e infinitud. Desaparecemos, pues dejamos de percibirnos como sujetos separados de lo observado. Incluso si nos vaciamos de nuestro contenido mental y emocional por un momento, nuestra cobardía nos impedirá vivir desde la vacuidad. Sin valentía, nuestro contenido mental se renovará instantáneamente.

Dices que ser nada no te resulta atractivo. Atrévete a realizar tu vacuidad, observando al mundo sin permitir que te distorsione. Si por un momento sientes que lo que observas te desfigura, resintonízate con la vacuidad. Gradualmente, se revelará como una plenitud completamente desconocida que trasciende la nada y el algo. Al principio, parecerá como nada, luego como todo, y eventualmente se mostrará como un silencio desprovisto de cualidades, no porque falten, sino porque son innecesarias. No es un silencio que carece de palabras. Es un silencio que lo dice todo. No es el silencio de un cementerio, sino el silencio de la luna y las estrellas bañándose en el lago.

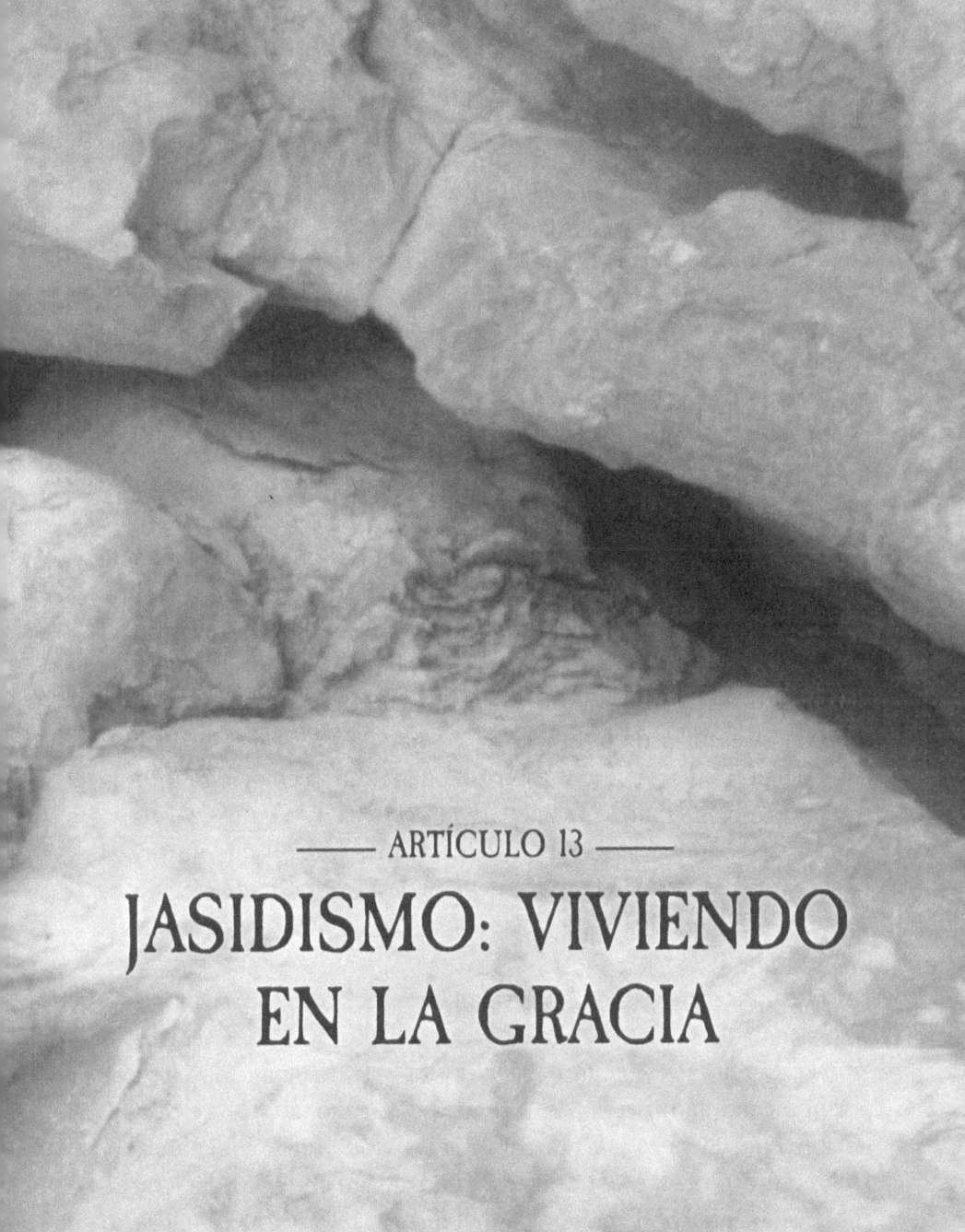

ARTÍCULO 13

JASIDISMO: VIVIENDO EN LA GRACIA

Si la Cabalá es el alma de la Torá, el jasidismo correspondería a las profundidades internas de su alma. Es la esencia más íntima de la revelación hebrea. Esta sabiduría fue transmitida por maestros jasídicos iluminados directamente a sus discípulos. El jasidismo es una vía de liberación que apunta a la realidad, a lo que es, tal como es.

El jasidismo surgió en Ucrania y Bielorrusia en el siglo 18 n. e. Es una visión que emana desde la revelación sinaítica y fue expuesta por el destacado ser iluminado el Rabí Israel ben Eliezer, conocido como el Ba'al Shem Tov (1698-1760 n. e.). Hijo de Eliezer y Sara, nació en Okopy, una localidad ucraniana que a lo largo de la historia ha formado parte de Polonia, Rusia y Galitzia. Falleció en la ciudad ucraniana de Medzhybizh, que fue parte de Lituania, Turquía, Polonia y Rusia. Si este gran maestro iluminado hubiera nacido en India, con toda seguridad sería considerado un *avatāra*, o 'una encarnación de Dios'. Aunque no estableció una nueva religión, ha bendecido a la humanidad con el movimiento jasídico.

El Besht (sigla de Ba'al Shem Tov) no inventó nada, sino que nos recordó la esencia de la religión. Los maestros como él devuelven a la religión su frescura y espiritualidad. Sin rechazar su propia tradición, revolucionó a la sociedad de su época, revelando la esencia de la vida religiosa de forma práctica. La revolución que inspiró el Besht también provocó la resistencia de destacados líderes religiosos contemporáneos. Estos detractores y oponentes se denominan *mitnagdim* en hebreo.

El término hebreo *jasíd* (חסיד) significa 'misericordioso' o 'piadoso', y se deriva de la raíz *j.s.d.* (ח.ס.ד.), que es 'piedad', 'misericordia' o 'gracia', fuente del término *jasidút* (חסידות) cuyo significado es 'vivir por la piedad, la misericordia y la gracia'. El español carece de una palabra equivalente a *jesed* que transmita la amplitud de su significado. Diferentes autores la han traducido como piedad, misericordia, gracia, compasión, fidelidad, bondad, amabilidad, amor, justicia, gloria o favor, pero ninguno de estos términos abarca su significado completo. El jasidismo consiste en la presencia constante del *jesed* en nuestras vidas, considerado tan importante como las *mitzvót*, o 'los preceptos'.

Juzgando solo por sus manifestaciones, es difícil diferenciar entre la falsa piedad y la auténtica misericordia. La primera nace a partir del ego, mientras que la segunda florece desde la ausencia de ego. Se requiere cierta sensibilidad para evaluar y reconocer la calidad de cada una, porque externamente son muy similares. Si movemos la cubierta de la piedad egoica, descubrimos que debajo se esconden la política y los negocios, pero si profundizamos en la misericordia genuina, encontramos felicidad y dicha. Para el jasidismo, la dicha es como un mandamiento sagrado, mientras que la tristeza se considera casi un pecado.

La misericordia y la piedad son la luz y el calor de la llama de dicha que arde en nuestra alma. La felicidad compartida con nuestros semejantes sale del corazón y atrae a los demás porque es misericordia genuina. Al compartir la felicidad que habita en nuestra alma con los demás, otros lo experimentan como *jesed*. Sus versiones falsas se encuentran en la política, los negocios, el mercado espiritual y la religión institucionalizada. Cuando los políticos de un país ayudan a los de otro con dinero o armas, no están motivados por la misericordia. Muchos ayudan a la humanidad motivados por el beneficio monetario o razones egoístas. Incluso algunas organizaciones religiosas ayudan a los pobres para asegurar a sus voluntarios un lugar en el paraíso. Si los altruistas pretenden conseguir billetes para la vida eterna, no son más que codiciosos. La verdadera misericordia procede de la bienaventuranza, como una expresión desinteresada de felicidad y plenitud. En realidad, estas personas no desean erradicar la pobreza, porque si el mundo se quedara sin pobres, los voluntarios no tendrían forma de acercarse a Dios. Por supuesto, el jasidismo apoya la caridad, pero su énfasis no está en la caridad en sí, sino en la felicidad y la dicha. La misericordia o *jesed* no se puede practicar, pero si somos bendecidos con la dicha, se manifestará sin esfuerzo.

En el jasidismo, las palabras *misericordia* y *gracia* tienen significados muy diferentes. Por misericordia, somos perdonados tras un arrepentimiento sincero; la gracia, en cambio, es un don gratuito para nuestro beneficio. En la terminología vedántica del karma, la misericordia sería recibir reacciones karmáticas de menor gravedad que las merecidas, mientras que la gracia se refiere a la ayuda inmerecida para acercarnos a la santidad. La gracia es el amor divino que actúa sobre la naturaleza humana. La gracia lleva a los humanos a la revelación, pero debe ser descubierta. Los que la han recibido sienten que es inmerecida, pero para ser dignos de ella deben hacer todo lo posible por merecerla. Es un apoyo divino gratuito, pero solo se concede a quienes se han esforzado lo suficiente. Es como buscar agua subterránea: siempre está ahí, pero encontrarla requiere esfuerzo. Aunque la gracia está disponible, no la reconoceremos si estamos demasiado ocupados en asuntos triviales. La gracia descendió en el monte Sinaí, donde lo humano hizo esfuerzos por elevarse a la cima y lo divino se inclinó para hacer posible el encuentro y la revelación.

Quienes se enamoran a menudo lo atribuyen a una relación con la otra persona. Pocos notan que no nos enamoramos, sino que nos reconectamos con nuestra esencia, que es amor. Tal amor no proviene de una relación, sino que emana desde nuestras profundidades. Al principio, es una experiencia de amor; posteriormente se percibe como gracia, y al final, se revela como lo divino.

Lamentablemente, la mayoría de quienes han encontrado el amor malinterpretan la llamada en sus corazones como una invitación al disfrute y al placer, desviándose hacia el plano objetivo. Cometen el error de relacionarlo con alguien, satisfaciéndose a sí mismos, y quedándose estancados en el preámbulo. El amor es el preámbulo de la gracia y la gracia es el preámbulo de la revelación. Para evitar este error, debemos al menos entender que el amor no depende de una relación, sino que es la luz de nuestro propio ser. Cuanto más amas, más cerca estás de la revelación del Ser. Cuanto más te sumerges en las profundidades de ti mismo, más crece el amor. La gracia desciende sobre aquellos que no se conforman con el amor de una relación. Los agraciados no se estancan en el mundo objetivo, sino que se aventuran a las profundidades de la subjetividad.

El placer experimentado en el plano objetivo es sufrimiento, mientras que incluso el dolor procedente de Dios es dicha. Mejores que las sonrisas por los logros mundanos son las lágrimas causadas por la añoranza de Dios. Fue la gracia, no la miseria, lo que hizo llorar sin consuelo a las *gopīs* de Vrindavan, Mīra y Chaitanya. Cuando Chaitanya suplica llorar por Dios en su poema *Śikṣāṣṭakam*, está pidiendo gracia, no sufrimiento.

नयनं गलदश्रुधारया वदनं गद्गदरुद्धया गिरा ।
पुलकैर्निचितं वपुः कदा तव नामग्रहणे भविष्यति ॥

> *nayanaṁ galad-aśru-dhārayā*
> *vadanaṁ gadgada-ruddhayā girā*
> *pulakair nicitaṁ vapuḥ kadā*
> *tava nāma-grahaṇe bhaviṣyati*

¡Oh, mi Señor! ¿Cuándo se adornarán mis ojos con lágrimas de amor que fluyan constantemente al cantar tu santo nombre? ¿Cuándo se me ahogará la voz y se erizarán los vellos de mi cuerpo al recitar tu nombre?

(Śikṣāṣṭakam, 6)

El jasidismo es vivir en la gracia. La gracia cambia radicalmente la calidad de nuestra vida, descendiendo como una llamada desde las profundidades del alma. Nos jala a una búsqueda irresistible de lo incognoscible. La necesidad de Dios es gracia inmerecida porque es Dios llamándose a sí mismo.

Para encontrar a Dios no debemos buscar en una otredad, sino en nuestras profundidades. Es un encuentro en la dimensión absoluta con aquello que es nuestra realidad más profunda. En esta búsqueda, llegamos a percatarnos de que la consciencia nunca estuvo confinada a un lugar específico, sino que no hay lugar alguno que carezca de ella.

Nos cuesta reconocer la consciencia, al igual que a los peces de las profundidades marinas les resulta difícil reconocer el agua. La comparación es una habilidad básica de pensamiento que utilizamos para reconocer cosas. Nos permite gestionar la información y organizar nuestras percepciones. Forma parte de la base del pensamiento analítico, crítico y creativo. La comparación surge espontáneamente y nos ayuda a identificar objetos específicos en nuestra vida diaria. Cuando buscamos a un amigo en un grupo grande, comparamos nuestra memoria de él con cada rostro que vemos. Buscamos un objeto perdido comparando la imagen memorizada con cada objeto percibido. Sin embargo, estas capacidades mentales no pueden ser utilizadas en el ámbito de la consciencia.

וְאֶל־מִי תְדַמְּיוּנִי וְאֶשְׁוֶה יֹאמַר קָדוֹשׁ:

(ישעיהו מ', כ"ה)

«¿A qué, pues, me haréis semejante o me compararéis?», dice el Santo.

(Isaías, 40:25)

Ya que solo la consciencia es y, por ende, no puede ser comparada con ningún objeto porque estos, en esencia, son inexistentes. Toda la realidad del universo objetivo pertenece a la consciencia carente por completo de cualidades objetuales.

Muchos creen que la Torá enseña el monoteísmo. Versículos como como *ein od milvadó*, o «no hay más que solo Él» (Deuteronomio, 4:35), en general se interpretan como expresiones que proclaman la existencia de un solo Dios. Aunque la Torá no argumenta a favor de una multitud de dioses, tampoco afirma que haya solo uno. La esencia de la revelación sinaítica, transmitida por generaciones a través de maestros iluminados, nos enseña que aparte de Dios, no existe nada más. *Ein od milvadó* afirma categóricamente la inexistencia de nada excepto Dios. Solo Dios **es** y, además de Dios, es decir la consciencia, nada ni nadie realmente **es**.

אֲנִי ה' וְאֵין עוֹד זוּלָתִי אֵין אֱלֹהִים אֲאַזֶּרְךָ וְלֹא יְדַעְתָּנִי:
לְמַעַן יֵדְעוּ מִמִּזְרַח־שֶׁמֶשׁ וּמִמַּעֲרָבָה כִּי־אֶפֶס בִּלְעָדָי אֲנִי ה' וְאֵין עוֹד:

(ישעיהו מ"ה, ה'-ו')

Yo soy el Señor, y ninguno más hay; no hay Dios fuera de mí. Yo te ceñiré, aunque tú no me conociste, para que se sepa desde el nacimiento del sol, y hasta donde se pone, que no hay más que yo; yo el Señor, y ninguno más que yo.

(Isaías, 45:5-6)

Siguiendo la afirmación bíblica, el Rambam, Rabí Moshé Ben Maimón, dice que solo la consciencia es y que nada excepto la consciencia es real y verdadero.

לְפִיכָךְ אֵין אֲמִתָּתוֹ כַּאֲמִתַּת אֶחָד מֵהֶם. הוּא שֶׁהַנָּבִיא אוֹמֵר: "וַה' אֱלֹהִים אֱמֶת" (ירמיהו י', י'). הוּא לְבַדּוֹ הָאֱמֶת וְאֵין לְאַחֵר אֱמֶת כַּאֲמִתָּתוֹ. וְהוּא שֶׁהַתּוֹרָה אוֹמֶרֶת: "אֵין עוֹד מִלְּבַדּוֹ" (דברים ד', ל"ה). כְּלוֹמַר, אֵין שָׁם מָצוּי אֱמֶת מִלְּבַדּוֹ כְּמוֹתוֹ.

(משנה תורה, ספר המדע, הלכות יסודי התורה, א', ג'-ד')

Por lo tanto, la verdad de Su [ser] no se parece a la verdad de ninguno de sus [seres]. Y esto es lo que afirmó el profeta (Jeremías, 10:10): «Y el Señor, Dios, es verdadero», lo que significa que Él solo es verdadero, y nadie más posee una verdad que se compare con Su verdad. Y esto es lo que significa la afirmación de la Torá «no hay más que solo Él» (Deuteronomio, 4:35), lo que significa que, aparte de Él, no hay existencia verdadera como la Suya.
(*Mishné Torá*, «*Sefer HaMaddá*», «*Los fundamentos de la Torá*», 1.3-4)

El *jasíd* trasciende la creencia en un único Dios que reside en el cielo y que pasa sus días juzgando a los seres humanos. Va más allá del concepto de un Dios cuya única función es recompensar y castigar. El *jasíd* despierta a la realidad de que solo Dios es.

לֵית אֲתַר פָּנוּי מִנֵּיהּ, כְּנִשְׁמָתָא דְּאִשְׁתַּכְּחַת בְּכָל אֵבָר וְאֵבָר דְּגוּפָא.

(תיקוני זוהר, קכ"ב, ב')

No hay ningún lugar vacío de Él, al igual que el alma que impregna todos y cada uno de los miembros del cuerpo.
(*Tikkunei HaZohar*, 122b)

לֵית אֲתַר דְּלָאו אִיהוּ תַּמָּן, לְעֵילָא עַד אֵין סוֹף, וּלְתַתָּא עַד אֵין תַּכְלִית, וּלְכָל סִטְרָא לֵית אֱלוֹהַּ בַּר מִנֵּיהּ.

(זוהר חדש, פרשת יתרו, מאמר ז ימי בראשית)

No hay lugar donde Él no esté, hacia arriba, infinitamente; y hacia abajo, sin fin; y hacia todos los lados, no hay otro Señor más que Él.
(*Zohar Hajadásh, Parashát Yithró*, discurso 7, «*Los siete días de la Creación*»)

En otras palabras, fuera de Dios aquí no hay nada. El universo ha sido creado a través de palabras o expresiones verbales trascendentales. Dios habló, y la diversidad objetual emanó desde sus alocuciones trascendentales.

כִּי הוּא אָמַר וַיֶּהִי הוּא צִוָּה וַיַּעֲמֹד:

(תהילים ל"ג, ט')

Porque él dijo, y fue hecho; Él mandó, y existió.

(Salmos, 33:9)

Dios no solo habló en un pasado lejano para crear la realidad objetual, sino que continúa creando a través del habla en todo momento.

הַמְחַדֵּשׁ בְּטוּבוֹ בְּכָל־יוֹם תָּמִיד מַעֲשֵׂה בְרֵאשִׁית:

(סידור התפילה, תפילת שחרית, ברכת יוצר אור)

El que renueva en Su bondad cada día perpetuamente el acto de la creación.

(*Sidúr*, Oración matutina diaria, bendición *Yotzér Or*)

אָמְנָם אֲמִתַּת הָאֱמוּנָה הַנּוֹרָאָה בְּעֵינַי הִיא: ה' יִתְבָּרַךְ מְחַדֵּשׁ בְּטוּבוֹ בְּכָל יוֹם תָּמִיד אָמְנָם אֲמִתַּת הָאֱמוּנָה הַנּוֹרָאָה בְּעֵינַי הִיא: ה' יִתְבָּרַךְ מְחַדֵּשׁ בְּטוּבוֹ בְּכָל יוֹם תָּמִיד מַעֲשֵׂה בְרֵאשִׁית, בְּכַוָּנָה מְכֻוֶּנֶת שׁוֹפֵעַ שִׁפְעוֹ, וְאִלּוּ הָיָה מוֹנֵעַ רֶגַע אֶחָד הָיָה הַכֹּל כְּלֹא הָיָה, בָּטֵל הַמְּצִיאוּת. וְהוּא פֵּרוּשׁ הַפָּסוּק: "וְיָדַעְתָּ הַיּוֹם וַהֲשֵׁבֹתָ אֶל לְבָבֶךָ כִּי ה' הוּא הָאֱלֹהִים בַּשָּׁמַיִם מִמַּעַל וְעַל הָאָרֶץ מִתַּחַת אֵין עוֹד" (דברים ד', ל"ט). אֵין הַפֵּרוּשׁ כִּי אֵין אֱלוֹהַּ זוּלָתוֹ, כִּי זֶהוּ פְּשִׁיטָא, וּכְבָר גִּלָּה זֶה בְּפָסוּק "שְׁמַע יִשְׂרָאֵל ה' אֱלֹהֵינוּ ה' אֶחָד" (דברים ו', ד'), אֶלָּא ר"ל שֶׁאֵין עוֹד מְצִיאוּת בָּעוֹלָם זוּלַת מְצִיאוּתוֹ יִתְבָּרַךְ, כִּי בְּהֶסְתֵּרוֹ יֹאבַד הַכֹּל.

(רבי ישעיה הלוי הורוביץ, שני לוחות הברית, עשרה מאמרות, מאמר א')

Pero la verdadera fe, tal como la veo yo, es que el Señor, bendito sea, renueva en Su bondad cada día perpetuamente el acto de la creación. Con intención directa, está extendiendo su bendita abundancia, y si se abstuviera por un momento, todo volvería a ser como si nunca hubiera sido. La realidad se anularía. Y este es el significado del verso: «Sabed, pues, hoy y tened presente que solo el Señor es Dios en lo alto del cielo y en lo bajo de la tierra; no hay otro» (Deuteronomio, 4:39). El significado no es que no hay otro Dios, porque esto es obvio, y fue revelado ya en el versículo «Escucha, oh, Israel, el Señor es nuestro Dios, el Señor es uno» (Deuteronomio, 6:4). Más bien, el versículo enfatiza que aparte de Su existencia, bendito sea Él, no hay otra existencia en el mundo, y si Él se ocultara, todo desaparecería.

(Rabí Isaiah HaLevi Horowitz, *Shnei Lujót HaBrít*, '*Diez expresiones*', primera expresión)

La existencia de un universo objetivo es un milagro o un fenómeno supranatural. Sin embargo, deberíamos esperar que las aguas del mar vuelvan a su estado natural después de haber sido retenidas, por ejemplo, cuando el Mar Rojo se partió para que el pueblo de Israel pudiera cruzarlo. Si se lanza una piedra hacia arriba, no es de esperar que permanezca en el aire. Debido a la inercia, en cuanto la energía del lanzamiento se debilite, volverá a su estado natural. De igual manera, no es natural esperar que la mente, el cuerpo y el universo continúen existiendo. En cambio, deberíamos prever que volverán a su estado natural de inexistencia. La existencia de la mente, el cuerpo y el universo depende enteramente de la consciencia. La creación toma prestada su existencia y realidad de lo único que existe en el plano absoluto. La existencia de la realidad objetual no es independiente. Así como las piedras no pueden volar, lo que parece objetivo no se convierte en realidad absoluta. Así lo explica el gran maestro, Rabi Schneur Zalman de Liadi:

אִלּוּ הָיוּ מִסְתַּלְּקוֹת מִמֶּנָּה [מן הארץ] כְּרֶגַע חַס וְשָׁלוֹם הָאוֹתִיּוֹת מֵעֲשָׂרָה מַאֲמָרוֹת שֶׁבָּהֶן נִבְרֵאת הָאָרֶץ בְּשֵׁשֶׁת יְמֵי בְרֵאשִׁית, הָיְתָה חוֹזֶרֶת לְאַיִן וָאֶפֶס מַמָּשׁ, כְּמוֹ לִפְנֵי שֵׁשֶׁת יְמֵי בְרֵאשִׁית מַמָּשׁ.

(ספר התניא, שער היחוד והאמונה, פרק א')

Si las letras de las diez expresiones por las que el mundo fue creado durante los Seis Días de la Creación se apartaran de ella [de la tierra], aunque fuera por un instante, Dios no lo permita, volvería a la nulidad y a la nada absoluta, exactamente como antes de los Seis Días de la Creación...

(*Tania*, «*El portal de la unidad y la creencia*», capítulo 1)

וְהִנֵּה, אַחֲרֵי הַדְּבָרִים וְהָאֱמֶת הָאֵלֶּה, כָּל מַשְׂכִּיל עַל דָּבָר יָבִין לַאֲשׁוּרוֹ, אֵיךְ שֶׁכָּל נִבְרָא וְיֵשׁ הוּא בֶּאֱמֶת נֶחְשָׁב לְאַיִן וָאֶפֶס מַמָּשׁ לְגַבֵּי כֹּחַ הַפּוֹעֵל וְרוּחַ פִּיו שֶׁבַּנִּפְעָל, הַמְהַוֶּה אוֹתוֹ תָּמִיד וּמוֹצִיאוֹ מֵאַיִן מַמָּשׁ לְיֵשׁ.

(ספר התניא, שער היחוד והאמונה, פרק ג')

Ahora, siguiendo estas palabras y las verdades [respecto a la naturaleza de la Creación], toda persona inteligente entenderá claramente que cada criatura y ser es considerado en realidad como la nulidad y la nada absoluta en relación con la Fuerza Creadora y el «Aliento de Su boca» dentro de lo creado, que continuamente lo llama a la existencia y lo lleva de la nada absoluta al ser.

(*Tania*, «*El portal de la unidad y la creencia*», capítulo 3)

Si Dios callara, el universo dejaría de existir. El silencio divino sería la desaparición de la realidad objetual.

'הַמְחַדֵּשׁ בְּטוּבוֹ בְּכָל יוֹם תָּמִיד מַעֲשֵׂה בְרֵאשִׁית', שֶׁבְּכָל יוֹם מִתְחַדֵּשׁ חִדּוּשׁ הַבְּרִיאָה מֵאַיִן לְיֵשׁ, וּכְמוֹ שֶׁהָיְתָה תְּחִלַּת הַבְּרִיאָה בְּשֵׁשֶׁת יְמֵי בְרֵאשִׁית מֵאַיִן לְיֵשׁ מַמָּשׁ, כְּמוֹ כֵן עַתָּה מִתְחַדֶּשֶׁת הַבְּרִיאָה יֵשׁ מֵאַיִן מַמָּשׁ כו'.

(האדמו"ר הזקן, ליקוטי תורה, פרשת ראה, י"ט, ג')

«El que renueva en Su bondad cada día perpetuamente el acto de la creación», sugiere que la creación *ex-nihilo* (de la nada a algo) se está renovando cada día, y así como el principio de la creación, durante los Seis Días de la Creación, fue verdaderamente *ex-nihilo*, así es ahora, la creación se está renovando verdaderamente *ex-nihilo*.

(El Alter Rebe, *Likutei Torá, Parashát Re'eh*, 19, 3)

Nada existe fuera de la consciencia. El Alter Rebe afirma que la existencia del universo objetivo depende en su totalidad de la consciencia. El universo constantemente toma prestada su aparente realidad y existencia de la consciencia. Si dejara de ser así por un momento todo el universo dejaría de existir como si nunca hubiera existido.

אֲבָל אִלּוּ נִתְּנָה רְשׁוּת לָעַיִן לִרְאוֹת וּלְהַשִּׂיג אֶת הַחַיּוּת וְרוּחָנִיּוּת שֶׁבְּכָל נִבְרָא הַשּׁוֹפֵעַ בּוֹ מִמּוֹצָא פִּי ה' וְרוּחַ פִּיו, לֹא הָיָה גַּשְׁמִיּוּת הַנִּבְרָא וְחָמְרוֹ וּמַמָּשׁוֹ נִרְאֶה כְּלָל לְעֵינֵינוּ, כִּי הוּא בָּטֵל בִּמְצִיאוּת מַמָּשׁ לְגַבֵּי הַחַיּוּת וְהָרוּחָנִיּוּת שֶׁבּוֹ, מֵאַחַר שֶׁמִּבַּלְעֲדֵי הָרוּחָנִיּוּת הָיָה אַיִן וָאֶפֶס מַמָּשׁ כְּמוֹ קֹדֶם שֵׁשֶׁת יְמֵי בְּרֵאשִׁית מַמָּשׁ, וְהָרוּחָנִיּוּת הַשּׁוֹפֵעַ עָלָיו מִמּוֹצָא פִּי ה' וְרוּחַ פִּיו הוּא לְבַדּוֹ הַמּוֹצִיאוֹ תָּמִיד מֵאֶפֶס וְאַיִן לְיֵשׁ וּמְהַוֶּה אוֹתוֹ, אִם כֵּן אֶפֶס בִּלְעָדוֹ בֶּאֱמֶת.

(ספר התניא, שער היחוד והאמונה, פרק ג')

Pero si al ojo se le permitiera ver y percibir la fuerza vital y el espíritu que hay dentro de cada ser creado, que fluye en él desde la expresión y el aliento de la boca de Dios, entonces la corporeidad y tangibilidad del ser creado no serían percibidas en absoluto por nuestros ojos. Porque, en relación con la vida y el espíritu que contiene, es esencialmente nulo, dado que sin el espíritu, sería literalmente nada, una nulidad, tal como era antes de los Seis Días de la Creación. El espíritu que fluye en ella desde la boca de Dios es lo único que la saca constantemente de la nulidad y la nada y lo trae a la existencia y lo hace ser. Por lo tanto, verdaderamente no hay nada más que Él.

(*Tania*, «*El portal de la unidad y la creencia*», capítulo 3)

Encontramos el siguiente versículo en los Salmos.

לְעוֹלָם ה' דְּבָרְךָ נִצָּב בַּשָּׁמָיִם:

(תהילים קי"ט, פ"ט)

Por siempre, Señor, Tu palabra permanece firme en los cielos.

(Salmos, 119:89)

En relación con este verso, el fundador del jasidismo, el Ba'al Shem Tov, citó el siguiente *midrásh*:

"דְּבָרְךָ נִצָּב בַּשָּׁמַיִם" (תהילים קי"ט, פ"ט). אֵיזֶה דָבָר הַנִּצָּב בַּשָּׁמַיִם? אֶלָּא אָמַר הקב"ה: "עַל מָה הַשָּׁמַיִם עוֹמְדִים? עַל אוֹתוֹ דָּבָר שֶׁאָמַרְתִּי 'יְהִי רָקִיעַ בְּתוֹךְ הַמַּיִם [וְגוֹ'] וַיְהִי כֵן' (בראשית א', ו'—ז')", וּכְתִיב "כִּי הוּא אָמַר וַיֶּהִי" וְגוֹ' (תהילים ל"ג, ט'), אוֹתוֹ הַדָּבָר שֶׁאָמַר – הוּא עָשָׂה. לְכָךְ נֶאֱמַר: "הוּא צִוָּה וַיַּעֲמֹד" (שם), "בִּדְבַר ה' שָׁמַיִם נַעֲשׂוּ" (תהילים ל"ג, ו'), וּבְאוֹתוֹ הַדָּבָר שֶׁבָּרָא אוֹתָן – בּוֹ הֵם עוֹמְדִים לְעוֹלָם. לְכָךְ נֶאֱמַר: "לְעוֹלָם ה' דְּבָרְךָ נִצָּב בַּשָּׁמַיִם".

(אוצר מדרשים, מדרש תהילים, הוספה למזמור קי"ט, מ"א)

«Tu palabra permanece firme en los cielos» (Salmos, 119:89). ¿Qué palabra es la que permanece en los cielos? El Santo Bendito dijo: «¿En qué se apoyan los cielos?». Sobre lo mismo que he dicho: «Que haya un firmamento en medio de las aguas, y demás... y así fue» (Genesis, 1:6). Y está escrito: «Porque Él habló, y fue». (Salmos, 33:9). Lo mismo que Él habló, Él creó. Por eso, se dice: «Él mandó, y fue así». Y «Por la palabra del Señor fueron hechos los cielos». Con la misma palabra que Él creó, se mantienen para siempre. Por eso se dijo: «Por siempre, Señor, Tu palabra permanece firme en los cielos».

(*Midrásh Shojer Tov* sobre Salmos, 119:89)

Las enseñanzas jasídicas no son accesibles únicamente a través del estudio intelectual. Solo la gracia puede darnos acceso a los tesoros jasídicos. La gracia puede provenir de Dios, las escrituras, del gurú y demás. Cuando recibimos la gracia de las sagradas escrituras, estas se nos desvelan directamente. Cuando recibimos la gracia de un gurú, accedemos a la sabiduría trascendental que solo puede transmitirse de maestro a discípulo. Para elevarnos a las alturas a las que nos invita el jasidismo, es indispensable aceptar la guía de un maestro auténtico que haya realizado directamente la realidad absoluta. Después, debemos intentar adoptar la visión de nuestro maestro. Los discípulos miran, pero los maestros ven. Un *admór* es un ser que está profundamente arraigado en la realidad y puede guiarnos a la realización de que solo Dios existe. Al final, no revelaremos la existencia de Dios, sino que Dios es la existencia misma.

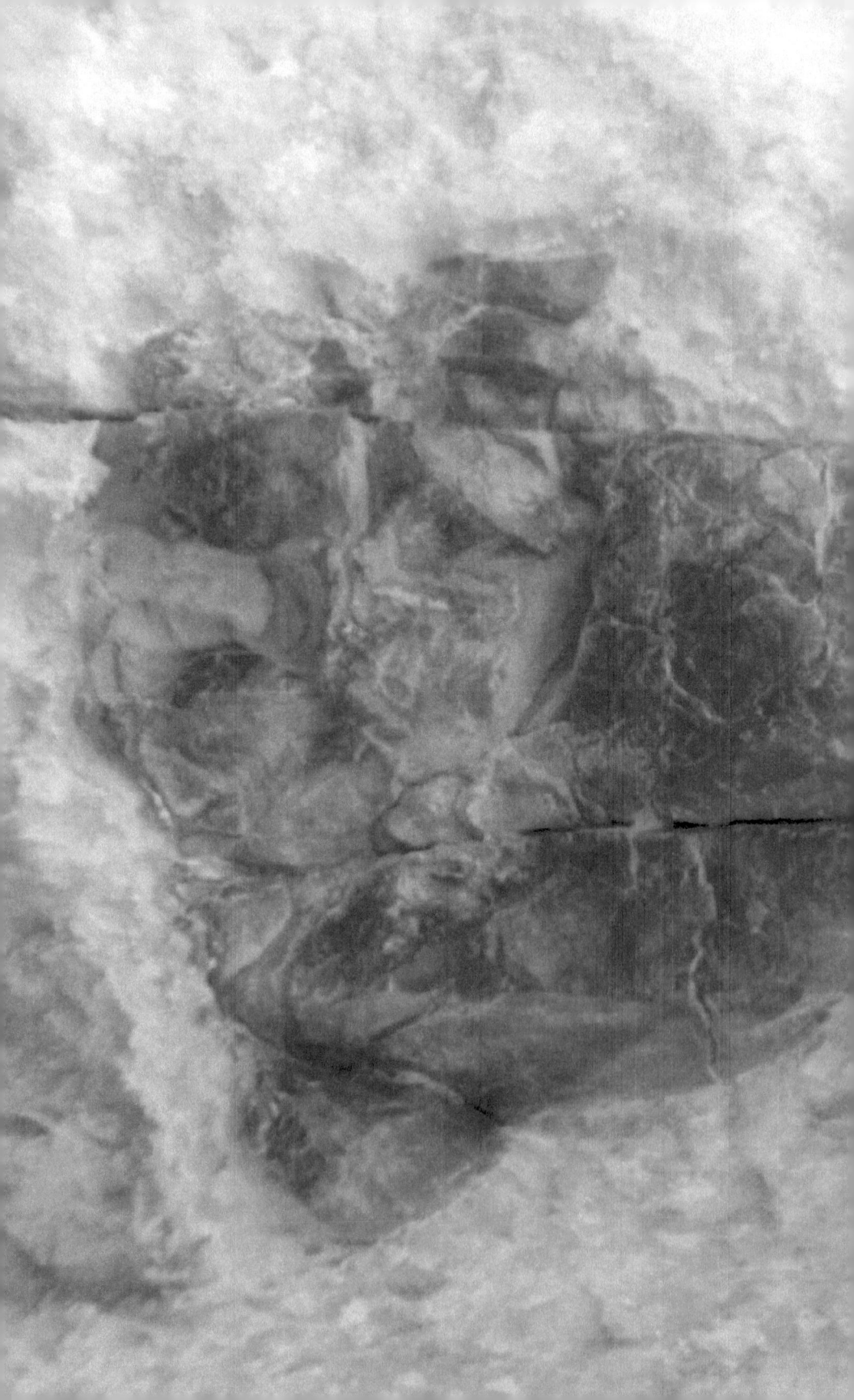

ARTÍCULO 14
¡AQUÍ ARDE FUEGO!

מוהרנ"ת הַקָּדוֹשׁ ז"ל אָמַר שֶׁמָּה שֶׁזָּכָה לֵידַע מֵרַבֵּנוּ ז"ל יוֹתֵר מִשְּׁאָר תַּלְמִידֵי רַבֵּנוּ ז"ל הָיָה רַק מֵהַלֵּילֵי שַׁבָּתוֹת שֶׁבַּחֹרֶף (שֶׁהִתְנוֹצְצוּת הַקְּדֻשָּׁה וְהַיִּרְאָה שֶׁהָיוּ עַל פְּנֵי רַבֵּנוּ ז"ל בְּלֵילֵי שַׁבָּתוֹת הָיָה אֵין לְשַׁעֵר כְּלָל, כַּמּוּבָא בְּחַיֵּי מוהר"ן, וּמִי שֶׁהָיָה אֶצְלוֹ אָז הָיָה נוֹפֵל יִרְאָה וּבוּשָׁה גְדוֹלָה מְאֹד עַל פָּנָיו עַד שֶׁרַבֵּנוּ ז"ל הָיָה מֻכְרָח אָז לִהְיוֹת בְּמַסְוֶה עַל פָּנָיו וְהָיָה אוֹמֵר אָז תּוֹרָה בְּיִרְאָה גְדוֹלָה). וְכָל הַתַּלְמִידִים ז"ל אַף-עַל-פִּי שֶׁהָיָה לָהֶם הִתְנוֹצְצוּת וְכוּ' כנ"ל אַף עַל פִּי כֵן הָיוּ הוֹלְכִים אַחַר כָּךְ לִישֹׁן וּמוֹהרנ"ת ז"ל מֵחֲמַת בּוֹעֲרוּת לִבּוֹ לֹא הָיָה יָכֹל לִישֹׁן, וְהָיָה יוֹצֵא חוּץ לָעִיר בְּרֶסְלָב תַּחַת הָהָר אֵצֶל הַנָּהָר ביק, וְהָיָה צוֹעֵק כָּל הַלַּיְלָה (בְּנִגּוּן הַמְעוֹרֵר הַלֵּב): "רִבּוֹנוֹ שֶׁל עוֹלָם, אַז דָּא אַ בְּרֶענְט אַ פַּייעֶר אַזַא פַּייעֶר פַּייעֶר אַרַיין דָאס פַּייעֶר מִיר אִין הַאַרְץ אַרַיין", "קַאן בּוֹעֶר אֵשׁ כָּזוֹ, הַבְּעֵר נָא אֵשׁ זוֹ בְּלִבִּי".
(רבי אברהם נחמן שמחה וייצהנדלר, שיח שרפי קודש, א', תרס"ד)

Nuestro santo maestro, el Rabi Nathan, dijo que la gracia que tuvo —de conocer a nuestro maestro (Rabi Najman) mejor que otros discípulos— fue solo debido a las noches de sábado invernales (en las que el resplandor de santidad y reverencia en el rostro de nuestro Rabi Najman eran completamente inimaginables, como se describe en el libro *La Vida de Rabeinu Najman*, y quien estuviera entonces en su presencia experimentaría gran temor y timidez. Tanto es así que el Rabi Najman se veía obligado a cubrirse el rostro. Luego pronunciaba un discurso sobre la Torá con gran reverencia). Y todos los discípulos, bendita sea su memoria, aunque habían experimentado este resplandor, como se mencionó, aun así, luego se iban a dormir. Pero el corazón de nuestro Rabí Nathan ardía tanto que no podía dormir y salían de la ciudad de Breslow, al pie de la montaña junto al río Byk, y cantaba toda la noche (en una melodía que despierta el corazón): «¡Señor del Universo! ¡Qué fuego arde aquí! Por favor, enciende este fuego en mi corazón».

(Rabí Abraham Najman Simja Weitzhendler,
Siaj Sarfei Kodesh, 1.664)

Las mariposas nacen como diminutas orugas. En un proceso holometabólico, las larvas experimentan una metamorfosis, cambiando radicalmente su apariencia y comportamiento. Al alcanzar la adultez, se transforman en bellas mariposas. Al igual que las larvas, los humanos nacen con un potencial latente inconcebible. Son similares a frutos inmaduros o panes sin hornear que deben someterse al proceso de transformación adecuado para actualizar su potencial.

En nuestra inmadurez, deambulamos por la vida con una insatisfacción insaciable. Ni siquiera los éxitos más grandiosos pueden aliviar esta inquietud. Hasta que descubramos nuestro verdadero hogar, nos sentiremos como extraños, incluso dentro de nuestro propio hogar. Seguiremos encontrando limitaciones mientras no hayamos realizado nuestra verdadera naturaleza: la libertad.

En esencia somos diamantes, pero estamos cubiertos de barro; por eso sentimos la necesidad de limpiarnos. Deseamos imperiosamente deshacernos de todo elemento extraño. Sin embargo, el proceso de limpieza puede ser sumamente desagradable e incómodo. El sendero de retorno hacia nuestra fuente es como entrar en un fuego que consume todo menos lo real y auténtico en nosotros. Puede ser doloroso quemar nuestros más preciados sueños, ilusiones, expectativas, esperanzas, anhelos y apegos. En el arduo proceso involutivo, uno abandona lo más querido o aquello que se ha habituado a querer. Hemos vivido aferrados a ideas, conceptos, puntos de vista, costumbres, actitudes, considerándolas ser nuestras posesiones. En la medida en que avanzamos en el sendero involutivo, nos vamos percatando de que son de hecho impurezas.

El mercado pseudoespiritual actual ofrece una abundante variedad de métodos, técnicas y disciplinas para obtener determinados beneficios. Se publicita el *haṭha-yoga* para lograr salud y flexibilidad, el tai chi para intensificar la energía vital y técnicas de meditación para desarrollar creatividad y superar el estrés. La proliferación de cursos de certificación para instructores es realmente notable. Los cursos se han industrializado tanto que parece haber más docentes que estudiantes. Además, cada día aparecen nuevos satsangistas iluminados que distribuyen iluminación a los participantes en sus encuentros y retiros.

También se ofrecen cursos y libros para promover negocios espirituales. Desde el punto de vista comercial, es legítimo publicitar los beneficios de los productos que se venden. Como en cualquier negocio, el cliente que compra una mercancía espera recibir algo a cambio del dinero desembolsado. No criticamos en absoluto el comercio, ni siquiera en la industria religiosa, mística, esotérica o espiritual. Solo señalamos que la relación entre los comerciantes y su clientela es muy diferente de aquellas entre maestros y sus discípulos.

Las transacciones del mercado tienen una dinámica radicalmente diferente de aquellas que requieren un verdadero esfuerzo involutivo. En los negocios, como todos sabemos, el cliente siempre tiene la razón. El deber del comerciante es entregar la mercancía a cambio de dinero. Incluso hay comerciantes que no van tras nuestro dinero, sino que sus egos se alimentan de nuestra atención y energía. Muchos guías y profesores buscan el aprecio y la admiración de su clientela a cambio de mercancía gratuita y promesas de salud, conocimiento e iluminación. En cambio, la relación maestro-discípulo se basa en el servicio y en las preguntas de las almas conscientes de su ignorancia.

Al igual que los clientes, los buscadores neófitos buscan con una sensación de carencia y, por lo tanto, quieren adquirir algo. Esperan recibir lo que creen que les falta. Pero si creen que la labor del maestro los completará, se sentirán decepcionados. El gran servicio que presta el gurú es, de hecho, despojarles de la posesividad. No les otorgará algo, sino que les llevará de la mano a la realización directa de que no les falta nada y ya son todo lo que buscan. El maestro no añade ni adhiere nada a lo que somos, sino que nos quita lo que creemos que es nuestro. Mientras el comerciante nos ofrece un dulce consuelo y soluciones eficaces, el verdadero maestro, solo fuego.

אֲבָל מָה אֶעֱשֶׂה וְנַפְשִׁי חָשְׁקָה בַּתּוֹרָה. וְהִיא בְּלִבִּי כְּאֵשׁ אוֹכֶלֶת בּוֹעֶרָה.
(רמב"ן, הקדמה לתורה)

> Pero ¿qué puedo hacer que mi alma anhela la Torá y ella está en mi corazón como un fuego consumidor y ardiente?
> (Rambám sobre Génesis, Introducción)

Se cuenta que un niño fue a visitar el taller de escultura de su vecino. Al entrar, el niño vio un gran bloque de piedra. Se dirigió al artista y preguntó: «¿Por qué trajiste esa roca gigantesca? El escultor respondió: «Porque contiene un precioso ángel». Al cabo de unos meses, el pequeño regresó y se encontró con una hermosa estatua de un ángel. Le preguntó al escultor: «¿Y cómo sabías que este encantador ángel vivía dentro de esta roca?».

La pregunta del niño encierra una gran verdad, pues el ángel ya estaba dentro de la piedra. El talento del escultor le permitió verlo y eliminar gradualmente lo que sobraba. No añadió nada a la escultura; al contrario, eliminó la piedra que impedía a los demás apreciar al ángel en su interior. El arte del escultor consiste en ver lo que otros no ven. Este proceso se asemeja al arte de educar. El término *educar* proviene del latín *educare*; compuesto del prefijo *e* de *ex*, que significa 'fuera', y *ducare* el tema frecuentativo de *ducere*, que significa 'conducir'. En otras palabras, muchos entienden *educar* como 'extraer desde dentro'.

Los maestros se asemejan más a escultores que a pintores; no añaden color a un lienzo, eliminan artísticamente el exceso.

הֲלוֹא כֹה דְבָרִי כָּאֵשׁ נְאֻם־ה' וּכְפַטִּישׁ יְפֹצֵץ סָלַע:

(ירמיהו כ"ג, כ"ט)

¿No es Mi palabra como el fuego, dice el Señor, y como martillo que quebranta la piedra?

(Jeremías, 23:29)

La capacidad de los maestros auténticos es ver el potencial en las profundidades de los discípulos. Ven lo divino en cada uno, que se ha visto cubierta por mucha mundanalidad, vulgaridad, apegos y confusión. Por doloroso que sea, el arte del maestro genuino es utilizar con destreza su llama para quemar las impurezas del discípulo.

Somos diamantes sucios. Aunque nos identificamos mucho con nuestra suciedad, necesitamos higiene. Todas nuestras posesiones están mugrientas. La identificación con la inmundicia es tan profunda que nos duele cuando por fin nos bañamos.

Muchos se preguntan por qué tantos santos han sido perseguidos, desprestigiados, encarcelados, torturados e incluso asesinados a través de la historia. Ha habido muchos supuestos discípulos en todas las tradiciones que llegaron a aborrecer a sus maestros. Es difícil encontrar un gurú genuino que no haya sido desprestigiado. El motivo es que el verdadero maestro iluminado nunca cumple con las expectativas del aspirante. No trae consuelo sino quemaduras con fuego vivo.

"דּוֹר הֹלֵךְ וְדוֹר בָּא וְהָאָרֶץ לְעוֹלָם עֹמָדֶת" (קהלת א', ד'). וְנִרְאֶה עוֹד, עִם מַאֲמַר "טוֹבָה קְלָלָה שֶׁקִּלֵּל אֲחִיָּה הַשִּׁלֹנִי אֶת יִשְׂרָאֵל מִבִּרְכָתוֹ שֶׁבֵּרְכָן בִּלְעָם" (תענית כ"ה, א'). וְזֶה אָר רָץ שֶׁהוּא רִיצָה נֶגֶד הַקְּלָלָה שֶׁל צַדִּיקִים, שֶׁתּוֹכָן רָצוּף אַהֲבָה מְסֻתֶּרֶת, כְּמַאֲמַר רשב"י (מועד קטן, ט', ב'): "זִיל גַּבַּיְיהוּ דְּלִיבָרְכוּךְ". וּבֵרְכוּ אוֹתוֹ: "יְהֵא רַעֲוָא דְּתִזְרַע וְלָא תֶּחֱצַד". וְחָשַׁב שֶׁזֶּה קְלָלָה וּלְבַסּוֹף רָאָה שֶׁזֶּה בְּרָכָה שֶׁיִּהְיֶה לוֹ בָּנִים וְלֹא יִקְבֹּר אוֹתָם. כֵּן אָר רָץ שְׁרָצִים נֶגֶד קַלְלוֹתֵיהֶם שֶׁל צַדִּיקִים וְלֹא אַחַר בִּרְכָתָם שֶׁל רְשָׁעִים מִפְּנֵי שֶׁאֵין בִּפְנִימִיּוּת מָה שֶׁבַּתּוֹכִיּוּת [חִיצוֹנִיּוּת] אֲבָל הַצַּדִּיק לְהֶפֶךְ, רַק בְּרָכָה כַּוָּנָתוֹ.
(הרב נח גד וויינטראוב, ספר אש המזבח על קהלת, א', ד')

«Generación va, y generación viene; mas la tierra (*aretz*) permanece para siempre» (Eclesiastés, 1:4). Otra manera de explicar este versículo es con el dicho: «La maldición de Ajías el Silonita sobre el pueblo de Israel es mejor que la bendición de Balaam el malvado» (*Talmud Babilónico*, «*Ta'anít*», 20a). Y esta es [la etimología de la palabra *aretz* (tierra)]: *ar ratz* (ar viene de la palabra 'maldición', y *ratz* significa 'correr' o 'desear'), es decir, 'corriendo hacia o deseando las maldiciones de los santos'. Porque estas maldiciones están, en esencia, llenas de amor oculto. Como dijo el Rabi Shim'ón, hijo de Yojai, [a su hijo] (*Mo'ed Katan*, 9b): «Ve a estas personas respetadas y pídeles una bendición», y fue y obtuvo su bendición: «Sea que aserrarás, pero no cosecharás (y demás)» y pensó que era una maldición, pero finalmente entendió que era una bendición que significaba que tendrá hijos y no tendrá que enterrarlos. De la misma manera: *ar ratz*, buscando las maldiciones de los justos en lugar de las bendiciones de los malvados, porque en esencia los malvados quieren decir algo diferente de lo que dicen. Pero el santo, por otro lado, solo pretende bendecir.

(Rabí Noaj Gad Waintraub, *Eish HaMizbeaj* sobre Eclesiastés, 1.4)

Artículo 14: ¡Aquí arde fuego!

Los discípulos pueden sentirse a menudo decepcionados cuando las acciones de sus maestros no cumplen con sus expectativas. En algún momento del proceso, pueden tener el impulso de huir como si el maestro fuera fuego. En el Kṛṣṇa Yajur Veda, encontramos un *śanti-mantra* para que el maestro y el discípulo reciten juntos al comienzo de cada clase:

ॐ सह नावववतु ।
सह नौ भुनक्तु ।
सह वीर्यं करवावहै ।
तेजस्विनावधीतमस्तु मा विद्विषावहै ।
ॐ शान्तिः शान्तिः शान्तिः ॥

oṁ saha nāvavatu
saha nau bhunaktu
saha vīryaṁ karavāvahai
tejasvināvadhītamastu
mā vidviṣāvahai
oṁ śāntiḥ śāntiḥ śāntiḥ

Oṁ

Que nosotros (maestro y alumnos) estemos protegidos.
Que seamos nutridos.
Que trabajemos juntos con energía y vigor.
Que nuestro estudio sea esclarecedor.
Que no haya animosidad entre nosotros.
Oṁ, paz, paz, paz.

(*Śānti-mantra* del *Taittirīya Upaniṣad*, *Kaṭha Upaniṣad* y *Śvetāśvatara Upaniṣad*)

El término *vidviṣ* en sánscrito significa 'hostilidad' u 'odio'. Puede parecer extraño para un occidental rezar para que no surja el odio. Rezan para ello porque el odio siempre está latente en los discípulos. Tras un corto tiempo de convivencia con un verdadero maestro, nuestras ideas preconcebidas sobre la iluminación y el gurú quedarán totalmente reducidas a cenizas. Con el tiempo, comprenderemos que es imposible controlar lo divino. Solo los osados, los arriesgados, los valientes permanecen el tiempo necesario para que se produzca la metamorfosis. Solo los enamorados perseveran lo suficiente para ser consumidos por las llamas.

וּכְכַלּוֹת שְׁלֹמֹה לְהִתְפַּלֵּל וְהָאֵשׁ יָרְדָה מֵהַשָּׁמַיִם וַתֹּאכַל הָעֹלָה וְהַזְּבָחִים וּכְבוֹד
ה' מָלֵא אֶת הַבָּיִת:
וְלֹא יָכְלוּ הַכֹּהֲנִים לָבוֹא אֶל בֵּית ה' כִּי מָלֵא כְבוֹד ה' אֶת בֵּית ה':
וְכֹל בְּנֵי יִשְׂרָאֵל רֹאִים בְּרֶדֶת הָאֵשׁ וּכְבוֹד ה' עַל הַבָּיִת וַיִּכְרְעוּ אַפַּיִם אַרְצָה עַל
הָרִצְפָה וַיִּשְׁתַּחֲווּ וְהוֹדוֹת לַה' כִּי טוֹב כִּי לְעוֹלָם חַסְדּוֹ:
(דברי הימים ב', ז', א'-ג')

Y cuando Salomón terminó de orar, el fuego descendió de los cielos y consumió los holocaustos y las ofrendas de paz, y la gloria de Dios llenó la casa. Y los sacerdotes no pudieron entrar en la casa del Señor, porque la gloria del Señor llenaba la casa del Señor. Y todos los hijos de Israel presenciaron el descenso del fuego y la gloria del Señor sobre la casa. Y se arrodillaron en el suelo con el rostro en tierra y adoraron, confesando al Señor y diciendo: «Que es bueno, que su misericordia es para siempre».

(II Crónicas, 7:1-3)

Si los maestros actuaran de una manera que fuera fácil amarlos, entonces tu confianza tendría muy poco valor. Rendirse a maestros lógicos sería ordinario. Cuando tu maestro ha destruido todo, pero tú te quedas; cuando es imposible amarlo, pero tú lo amas; cuando parece un desatino confiar, pero tú confías; cuando es una locura creer, pero tú crees... entonces ocurre el milagro.

Es entonces cuando nos encontramos muy cerca del fuego, pero un peligro seductor nos impide huir. Nuestra cabeza nos advierte del peligro y nos pide protección, pero una vulnerabilidad irresistible nos llama. Nuestra mente grita para escapar y salvarnos, pero el corazón quiere que arriesguemos todo. Cuando, en lugar de temer al fuego, sentimos la necesidad de quemar todos los puentes que nos ataña lo conocido, lo sido, lo añejo, lo deseado, lo logrado, lo perdido, lo que creo ser y lo que he sido. Es entonces cuando sentimos el impulso de quemar nuestros patrones, costumbres, creencias, miedos, apegos y lo aprendido hasta convertirlos en cenizas. Cuando sentimos un deseo inexplicable de introducir estas llamas en lo más profundo de nuestro ser y renunciamos a todas las soluciones y solo deseamos que el fuego consuma nuestros conflictos y egoísmos, en ese estado, en lugar de huir, decimos:

כָּאן בּוֹעֵר אֵשׁ כָּזוֹ, הַבְעֵר נָא אֵשׁ זוֹ בְּלִבִּי.

¡Aquí arde fuego! Por favor, enciende este fuego en mi corazón.

Solo cuando este fuego consume el «yo» y «lo mío» y todo lo que queda es Dios, se dan las condiciones necesarias para que ocurra el milagro. Entonces, una pequeña e insignificante oruga despliega sus coloridas alas y se convierte en la más hermosa reina del jardín.

ARTÍCULO 15
EL PRÍNCIPE-PAVO: QUITÁNDOSE LOS ROPAJES ILUSORIOS

El Rabi Najman de Breslev fue un maestro judío iluminado. Nació en Medzhybizh, entonces parte del Imperio Ruso, el 4 de abril de 1772 y falleció en Uman, ahora parte de Ucrania, el 16 de octubre de 1810. Fue el bisnieto del fundador del movimiento jasídico, el Rabí Israel ben Eliezer, conocido como el Ba'al Shem Tov. Continuó el movimiento jasídico a través de enseñanzas basadas en estudios de la Torá y la cábala, y enfatizó la oración y la alegría. Simplificó el lenguaje del camino hebreo y lo hizo más accesible. Durante su vida, fue seguido por cientos de sedientos buscadores de la Verdad. Hasta el día de hoy, su movimiento sigue vivo y activo. En este capítulo, profundizaremos en una de sus historias más conocidas: *El cuento del Príncipe Pavo*.

> **Se dice que el hijo de un rey enloqueció. Creyendo ser un pavo se sentía compelido a desnudarse, sentarse bajo la mesa y hurgar entre las migajas de pan y huesos como un pavo. Todos los médicos del reino se rindieron en su intento de ayudarle y curarle. Toda la situación entristeció muchísimo al monarca. En una ocasión, apareció un sabio que dijo que podía curarlo. Condujeron al sabio al comedor real junto al rey, su familia y algunos ministros invitados. Allí se encontraba la familia sentada a la mesa con los ministros y el príncipe desnudo bajo la mesa. Al llegar allí, el sabio inesperadamente se quitó sus vestimentas y, al igual que el príncipe, se sentó desnudo a su lado bajo la mesa. El sabio se puso a hurgar migajas y huesos al igual que el hijo del rey. ¿El príncipe miró al sabio y le preguntó: «¿Quién eres? y ¿qué haces aquí?»... ante lo cual el sabio respondió: «¿y tú quién eres? y ¿qué haces aquí?». El príncipe respondió: «Soy un pavo», ante lo cual el sabio contestó: «Yo también soy un pavo». Por largo rato, ambos permanecieron juntos bajo la mesa desnudos hasta que el príncipe se sintió a gusto en compañía del sabio. Repentinamente, el sabio hizo una señal**

y les arrojaron camisas. El sabio le dijo al príncipe: «¿Crees que un pavo no puede usar una camisa como los seres humanos? Es perfectamente posible vestir una camisa como ellos y continuar siendo un pavo. He visto pavos vistiendo camisas en algún lugar». Entonces, ambos vistieron sus respectivas camisas. Al cabo de un rato, el sabio hizo otra señal solicitando pantalones. Nuevamente, el sabio, dirigiéndose al hijo del monarca, le dijo: «¿Crees que por usar pantalones como los seres humanos serás menos pavo?" Y procedieron a ponerse ambos sus pantalones. Así continuó hasta que finalmente ambos estaban vestidos con todas sus prendas. De pronto, el sabio hizo una señal, y les bajaron platos con comida bajo la mesa. El sabio le dijo al príncipe: «¿Piensas que si te alimentas con comida de seres humanos dejarás de ser pavo?... No es así, es posible alimentarse con la misma comida que se alimentan los seres humanos y continuar siendo un pavo». Ambos comieron juntos debajo de la mesa. Entonces, el sabio le dijo al joven príncipe: «¿Crees que siendo un pavo debes sentarte solo bajo la mesa?... No, puedes continuar siendo un pavo y sentarte en una silla a la mesa con todos los seres humanos». Fue así como el sabio logró curar al hijo del rey por completo.

Comentario:

פַּעַם־אַחַת נָפַל בֶּן־מֶלֶךְ אֶחָד לְשִׁגָּעוֹן, שֶׁהוּא תַּרְנְגוֹל הוֹדוּ הַנִּקְרָא "הִינְדִּיק", וְצָרִיךְ הוּא לֵישֵׁב עָרֹם תַּחַת הַשֻּׁלְחָן וְלִגְרֹר חֲתִיכוֹת לֶחֶם וַעֲצָמוֹת כְּמוֹ הִינְדִּיק...

Se dice que el hijo de un rey enloqueció. Creyendo ser un pavo se sentía compelido a desnudarse, sentarse bajo la mesa y hurgar entre las migajas de pan y huesos como un pavo.

Muchas familias asignan asientos específicos en la mesa en función de los roles familiares. En mi familia, mi padre se sentaba en la cabecera de la mesa, mi madre a su derecha y mi hermana pequeña y yo a su izquierda. Estos lugares permanecían fijos; sin embargo, durante las visitas de mi abuelo, mi padre le cedía su sitio y se trasladaba al de mi madre. La mayoría de los estudios sociológicos y psicológicos afirman que la familia es la unidad fundamental sobre la cual se construye la sociedad, sirviendo como componente esencial en todas las culturas. El príncipe de nuestra historia se despoja simbólicamente de toda condición social al abandonar su asiento designado. Es crucial entender lo que el joven príncipe declara mediante sus acciones. Su elección de sentarse bajo la mesa significa una renuncia a sus vínculos familiares y sociales.

El marco familiar constituye la base de la personalidad, proporcionando la estructura sobre la cual los individuos construyen sus patrones egóicos y concepciones del mundo y de sí mismos. Por eso, el *vedānta* postula que nacer en una familia virtuosa es resultado de buen karma, mientras que lo opuesto es consecuencia de mal karma. En la parábola, el hijo del rey se distancia de su familia y se despoja de toda vestimenta. De este modo, opta por permanecer desnudo como un simple animal como un pavo.

Si comparamos a los humanos con árboles, las raíces representan los instintos. El tronco, las ramas, las hojas y los frutos serían el intelecto, mientras que las flores simbolizan la intuición, el florecimiento de la consciencia. Los instintos, cruciales para la supervivencia, son el legado de millones de años de evolución. Regulados por instintos biológicos, nuestros sistemas corporales funcionan a la perfección sin nuestra intervención consciente. El instinto controla todas las funciones vegetativas involuntarias, incluidos los latidos del corazón y los movimientos diafragmáticos, esenciales para la respiración. A pesar de los notables avances científicos, seguimos siendo incapaces de reproducir artificialmente todas las funciones que nuestro cuerpo realiza de forma natural.

El intelecto marca un punto de inflexión donde el proceso evolutivo de la consciencia pasa a una fase involutiva. Esta es la etapa en la que la consciencia alcanza su estado más oculto y comienza a revelarse. En este salto de animal a humano, emerge la autoconsciencia.

El intelecto humano, intrínsecamente impulsado por el ego, forma la base de nuestras culturas, tradiciones, ideologías y creencias. No tiene sentido condenar al fenómeno egóico, ya que constituye una fase natural dentro del gran proceso evolutivo. Debemos minimizar la duración de esta etapa y centrarnos en avanzar hacia el reconocimiento de la consciencia.

El comportamiento en los animales está totalmente impulsado por el instinto. Identifican sustancias comestibles e instintivamente ayunan cuando están enfermos para expulsar toxinas. En contraste, los humanos se han alejado de la red de seguridad del instinto. Aunque el intelecto denota un estado de consciencia más evolucionado, los desarrollos sociales y el supuesto progreso han desconectado gradualmente al ser humano del instinto. Esta desconexión se extiende incluso a los animales domésticos, como perros y gatos, que, por su estrecha asociación con los humanos, han empezado a padecer trastornos psicológicos similares a los que se observan en los humanos.

El instinto corresponde a nuestra existencia física, el intelecto al ámbito mental y la intuición a la realidad de la consciencia. Un humano impulsado principalmente por el instinto podría asemejarse a figuras como Tarzán o Robinson Crusoe. Estos personajes ficticios, creados por Edgar Rice Burroughs y Daniel Defoe respectivamente, dependen de sus instintos primarios para sobrevivir. Por otra parte, una representación típica del intelecto es Sherlock Holmes. Este astuto detective londinense, un personaje creado por el autor y médico escocés Sir Arthur Conan Doyle, ejemplifica la aplicación de la lógica, astucia y destreza intelectual.

El intelecto sirve como una fase de transición, como un pasaje de ser una bestia a la trascendencia. Es un estado intermedio para la transición de lo humano a lo divino. La intuición es nuestro potencial, lo que podemos llegar a ser. A diferencia del plano intelectual e intuitivo, el nivel instintivo es un experimentar indiferenciado, accesible a través de la meditación. Ubicado en el extremo opuesto del espectro, el instinto es el estado preegóico innato mientras que la intuición señala el estado posegóico trascendental.

Darwin propuso la teoría de que las nuevas especies biológicas evolucionan de forma natural en lugar de ser creadas por Dios. Esta idea provocó resistencia, particularmente de las religiones organizadas, donde la noción de que los humanos y los simios comparten ancestros comunes a menudo causa miedo y a veces hostilidad. Ya sea que Darwin tenga razón o que no, es cierto que nuestras raíces instintivas son una parte integral de nosotros. El respeto por el instinto es una de las principales enseñanzas de la sabiduría tántrica.

El intelecto solo puede ser utilizado sabiamente cuando el instinto trabaja en armonía con la intuición. Abrazar nuestros instintos allana el camino para desarrollar la intuición, dado que los dos son esencialmente lo mismo: el instinto es la manifestación material de la intuición, y la intuición es la dimensión espiritual del instinto. Nuestro condicionamiento mental y las interpretaciones personales de la experiencia a menudo provienen de un prolongado estancamiento en el nivel intelectual. La experiencia simple, pura e indiferenciada pertenece al instinto, mientras que la pura consciencia pertenece a la iluminación. Las similitudes entre instinto e intuición son reconocidas en varias tradiciones. Por ejemplo, el *Talmud* dice que la profecía se ha dado a los tontos y a los recién nacidos. El recién nacido solo percibe una experiencia indiferenciada, al igual que el ser despierto que es solo consciencia.

Los maestros hebreos del jasidismo describen al ser humano como dotado de dos almas: una animal y otra divina. El alma animal, o *néfesh behemít* (נפש בהמית) en hebreo, impulsa la supervivencia y la preservación. Es nuestro aspecto instintivo, que vitaliza el cuerpo físico y percibe solo la realidad objetual. Cuanto más poder posee el alma animal, más se intensifica nuestro instinto negativo (*ietzer hará*), que se encuentra en la base de cada individuo. Sin embargo, el alma animal no es intrínsecamente mala, pero sí es negativa si controla nuestros deseos y acciones, retrasando así nuestro proceso evolutivo.

En contraste, el alma divina, conocida en hebreo como *néfesh elohít* (נפש אלוהית), anhela reconectarse con su fuente y origen. Se caracteriza por *ietzer hatóv*, o el 'instinto positivo', que se manifiesta como un impulso a sacrificarse en la búsqueda de la Verdad. La sabiduría cabalística cita un versículo, donde el rey Salomón pregunta: «¿Quién sabe si el alma de los seres humanos asciende, y si el alma de los animales desciende a la tierra?». (Eclesiastés, 3:21). El versículo describe las dos inclinaciones del alma humana: ascendiente y descendiente. Ascender requiere la nutrición del alma divina para asegurar que el alma animal no conduzca a un declive espiritual. Si adoptamos la actitud apropiada, podremos elevar incluso el alma animal y dirigir sus instintos hacia la búsqueda de lo trascendental.

El Rabbi Yitsják Luria, conocido como HaArí HaKadósh, profundiza en esto al enseñar que los humanos poseen cinco niveles del alma, siendo la *néfesh behemít* la más baja. Rabi Shneur Zalman de Liadi explica en el *Tania* (capítulo 9) que, aunque la *néfesh behemít* se inclina hacia los placeres físicos, no es mala simplemente porque busca disfrute. Sin embargo, para aspirar a lo trascendental, debe ser transmutada mediante la sublimación. Una vez refinada, el alma animal se convierte en la *néfesh jiyunít*, o 'alma vital', energizando y vivificando el cuerpo. Las enseñanzas jasídicas enfatizan que el alma animal debe ponerse al servicio del alma divina, o *néfesh elohít*, como se articula en la Torá:

וְאָהַבְתָּ אֵת ה' אֱלֹהֶיךָ בְּכָל לְבָבְךָ וּבְכָל נַפְשְׁךָ וּבְכָל מְאֹדֶךָ׃
(דברים ו', ה')

Y amarás al Señor tu Dios con todo tu corazón, con toda tu alma y con toda tu fuerza.

(Deuteronomio, 6:5)

El texto hebreo original, en lugar de usar la palabra *libjá* (tu corazón), usa de manera intrigante el plural *levavjá* (duplicando la letra *bet* ב e insinuando así que es plural), sugiriendo la participación de ambas inclinaciones, positiva y negativa, en el servicio de lo divino, como explica la *Mishná*:

"בְּכָל לְבָבְךָ", בִּשְׁנֵי יְצָרֶיךָ, בְּיֵצֶר טוֹב וּבְיֵצֶר רָע.
(משנה, ברכות, ט', ה')

«Con todos tus corazones» significa con tus dos inclinaciones, tanto la positiva (la humana) como la negativa (la instintiva).
(Mishná «Berajót», 9.5)

En el cuento, el príncipe se aparta de su familia y se sienta desnudo en el suelo a comer migajas como un animal; corta lazos con el clan y se aísla de la sociedad en busca de soledad. Vistiendo ropa, nos hemos distanciado de nuestra naturaleza animal y del mundo natural. La sociedad moderna Occidental que hemos construido se avergüenza de su animalidad y condena sus raíces. Como humanos, nos esforzamos por distinguirnos de las bestias, hasta rechazar incluso nuestros propios cuerpos. En occidente hemos creado una sociedad tan antinatural que preferimos las prendas artificiales fabricadas por humanos sobre los recubrimientos naturales proporcionados por Dios.

Si camináramos desnudos por una calle de la ciudad, seríamos considerados locos y se reirían de nosotros. Por el contrario, si nos aventuramos en un bosque vestidos con ropa, los pájaros, los osos, los lobos, los ciervos y los pueblos originarios y etnias ancestrales encontrarían divertido nuestro atuendo. Los árboles y las flores, en su estado natural, están desnudos. Aunque silenciosos, seguramente se burlarían de la locura de la humanidad. En una sociedad sana, la desnudez pública sería vista como completamente apropiada; sin embargo, en la nuestra, tal acto llevaría a un arresto por exposición indecente.

Así como la ropa oculta nuestra forma física, las vestiduras mentales tejidas por el condicionamiento humano cubren nuestro cuerpo original, que es la consciencia misma. Embarcarse en un camino involutivo implica despojarse gradualmente de toda vestimenta egóica y permanecer en nuestro estado primal de desnudez. Mientras algunos practican el nudismo físico, yo personalmente recomiendo ser un nudista mental que se despoja de las cubiertas egoicas para revelar el verdadero ser.

Enfrentar la soledad puede ser difícil. A menudo escapamos de ella viendo televisión, acudiendo a amigos o sumergiéndonos en otras distracciones porque, en ausencia de otros, nuestras identidades construidas comienzan a disolverse. Solo, debemos enfrentar nuestra propia desnudez y estar con nosotros mismos tal como somos. La vacilación para exhibir el cuerpo proviene de un miedo más profundo a exponer nuestra consciencia. En la soledad, nuestra identidad ilusoria se desvanece, revelando la realidad de nuestra verdadera esencia.

La teoría de Darwin a menudo ha provocado antagonismo porque nos recuerda nuestros orígenes animales. Avergonzados de nuestra animalidad, en nuestra sociedad Occidental moderna tendemos a condenar y reprimir nuestros instintos. En un intento por distanciarnos de estos impulsos primarios, hemos inventado vestimentas, camas, sillas y mesas, y cubierto paisajes naturales con ladrillos y hormigón.

Sin embargo, aunque podemos trascender el plano intelectual, es imposible ignorar, negar o eliminar nuestras raíces instintivas. Cuando los aspectos humano y animal entran en conflicto, el aspecto animal suele prevalecer debido a su abrumador poder. Errar es inherentemente humano, pero es el intelecto el que se equivoca; por contraste, el instinto no erra jamás.

Ignorar nuestra naturaleza animal significa descuidar un componente fundamental de nuestra existencia. El desprecio por este aspecto puede fomentar una actitud autodestructiva y causar una fractura interna que conduzca al desorden. Conflictos internos obstaculizan la observación clara. Por lo tanto, en lugar de rechazar nuestros instintos, deberíamos asimilarlos, reconociendo que son partes integrales de nuestras raíces. En el cuento, las acciones del príncipe simbolizan esta aceptación de nuestro aspecto animal.

וְכָל הָרוֹפְאִים נוֹאֲשׁוּ מִלַּעֲזֹר לוֹ וּלְרַפְּאוֹתוֹ מִזֶּה, וְהָיָה הַמֶּלֶךְ בְּצַעַר גָּדוֹל מִזֶּה...

Todos los médicos del reino se rindieron en su intento de ayudarle y curarle. Toda la situación entristeció muchísimo al monarca.

A pesar de nuestra fachada civilizada y moderna, todos albergamos un «pavo» interior, que nos recuerda que la sociedad moderna no es nuestro entorno natural original. La sociedad mecaniza a los individuos, tratándolos como si fueran robots, y los moldea en objetos funcionales enjaulados en patrones de conducta considerados «normales». En lugar de criar a nuestros hijos para que abracen la libertad, los condicionamos para que engranen en los mecanismos sociales.

El estado domina la sociedad organizada y organizadora, confeccionada y confeccionista, manufacturada y manufacturera, estructurada y estructurante. Los humanos, a su vez, construyen la sociedad y se convierten en simples engranajes de su maquinaria. La sociedad dicta códigos de vestimenta, estructuras familiares, marcos educativos y las ambiciones que se espera que alberguemos. Desde la infancia temprana, se nos inculca la creencia de que el dinero equivale a poder, éxito, estatus, seguridad, recompensa, admiración, amor y felicidad. Mediante una observación cuidadosa, podemos reconocer la farsa: el dinero puede comprar médicos pero no salud, gente pero no amistad, compañía pero no amor, y posesiones pero no felicidad.

La preocupación de la sociedad por el futuro nos lleva a enseñar a las masas a pasar por alto el presente. En lugar de permitir que los individuos determinen sus propias vidas, la sociedad nos impone «estilos de vida» prefabricados. Los ciudadanos son tratados más como sujetos, condicionados a perseguir deseos y ambiciones externamente impuestos como el éxito profesional, la riqueza, el honor y la fama. Cegados por nuestro condicionamiento, vivimos frustrados, tratando de alcanzar estas aspiraciones artificiales.

Los gobiernos han infiltrado incluso los aspectos más íntimos de la vida de los ciudadanos, influyendo en los valores transmitidos por los sistemas educativos. A menudo, las escuelas se parecen más a prisiones que a centros de aprendizaje. Es asombroso que la esclavitud alguna vez fue legal, y es probable que las generaciones futuras se sientan igualmente desconcertadas por nuestra participación en un sistema educativo que sofoca la expresión individual y limita la libertad.

Artículo 15: El príncipe-pavo: Quitándose los ropajes ilusorios

La sociedad debería facilitar la expresión personal, permitiendo que los individuos realicen su máximo potencial: beneficiarlos y no explotarlos. La educación en su forma más verdadera no puede restringir al individuo, ya que la inteligencia solo florece en la libertad.

Debido a su rigidez inherente, la sociedad no concede a los individuos la libertad necesaria para su evolución. Las leyes, reglas y regulaciones rigurosas son estáticas, mientras que los individuos sometidos a ellas requieren dinamismo para prosperar. La discordia entre la sociedad y los seres humanos refleja el conflicto entre lo mecánico y lo biológico, lo inerte y lo orgánico, lo artificial y lo natural, lo muerto y lo vivo. La sociedad representa el aspecto superficial o externo de los humanos, destacando un choque entre nuestro mundo interior y su periferia. Trascender la mente y acceder a la consciencia es el único camino para resolver este conflicto.

Cada individuo desempeña dos roles: el de súbdito y el de humano. Los gobiernos, evidentemente, prefieren que nos conformemos siendo súbditos, disminuyendo nuestra humanidad para aumentar el control y el cumplimiento. Asimismo, es más fácil para nosotros encajar en el papel de ciudadanos, actuando simplemente dentro de los límites de los marcos sociales establecidos. Exigir lealtad de por vida a una única pareja, soportar años de escolarización, luchar en guerras y otras expectativas sociales son imposiciones desafiantes para el espíritu humano.

Los buenos ciudadanos no siempre son humanos conscientes, pero los humanos conscientes son invariablemente ciudadanos ejemplares, no solo de su propio país sino del universo entero. Nunca dañan a otros ni a su entorno; evitan comportamientos antisociales y cooperarán con los demás. Se esfuerzan por evitar la vulgaridad, la trivialidad, la superficialidad, la mentalidad de rebaño y la tontería de la simple ciudadanía. Por lo tanto, a menudo los gobiernos temen que estos individuos desafíen su autoridad. Sin embargo, una sociedad que ignora a sus componentes humanos en favor de la ciudadanía masiva está condenada al fracaso. Meramente buenos ciudadanos no pueden fomentar una sociedad inteligente. En un sistema donde prevalecen los súbditos, los conflictos son inevitables. Para que la sociedad moderna prospere, debería cambiar el enfoque de nutrir súbditos superficiales en favor de fomentar el crecimiento de individuos conscientes, reconociendo y abrazando sus realidades psicológicas.

A diferencia de los animales, los humanos se alimentan a través de la mente, y sus deseos parecen insaciables. Incluso después de consumir todo lo que sus estómagos les permiten, la necesidad del placer persiste. Orientados hacia un mañana imaginario de disfrute sin fin, intentan maximizar los placeres actuales, plenamente conscientes de que sus días están contados. Incapaces de garantizar la satisfacción futura, explotan la gratificación inmediata, incluso a costa de la salud. Sus ansias de placer los deja perpetuamente insatisfechos. Con sus sentidos insensibilizados por tanto estímulo, necesitan incrementar sus dosis, lo que finalmente daña sus cuerpos y conduce a comportamientos autodestructivos.

La sociedad moderna nos incentiva a perseguir un futuro que nunca se materializa. Los gobiernos priorizan la supervivencia a largo plazo sobre las condiciones actuales, pero para el individuo consciente, lo único que importa es el ahora y no el mañana. La realidad de lo que es tal como es solo puede realizarse cuando los pensamientos del futuro se disipan, facilitando una reconciliación entre el ciudadano sujeto y el ser humano individual.

En la implacable búsqueda de placeres futuros, nos parecemos a un perro persiguiendo su propia cola, con la satisfacción siempre fuera de alcance. La sociedad civilizada corre sin cesar, empujando a sus miembros a buscar más placer en lugar de apreciar los logros conseguidos. No encontramos la felicidad prometida en objetos sólidos, sino en ideas abstractas. Los objetos sustanciales no nos proporcionan dicha y las realidades que anhelamos son teóricas. El mercado se capitaliza en esto, ofreciendo placeres fugaces a través de la excitación sensual y las constantes distracciones.

A menudo consideramos el sueño como una pérdida de tiempo, eligiendo en su lugar perseguir placeres soñados. Dado que la vida es corta, alargamos nuestro estado de vigilia para maximizar el placer, incluso si desarrollamos insomnio. La búsqueda de disfrute futuro tiene prioridad sobre la necesidad de sueño restaurador, llevándonos a sacrificar experiencias de vida genuinas por horas de entretenimiento trivial. Esta estimulación interminable nos desensibiliza a las verdaderas alegrías de la vida.

Los ciudadanos persiguen alcanzar éxito, dinero, pareja, familia, honor, atención y demás, pero estas cosas son meras sombras. Una pareja o familia es solo un símbolo del verdadero amor, y el dinero es solo una sombra de la verdadera riqueza. Erróneamente elegimos correr tras metas esquivas que son solo pálidas reflexiones de lo real. Dado que son insustanciales, cuando las adquirimos, nos sentimos vacíos. De hecho, somos adictos a las fantasías, mientras ignoramos lo que realmente es, tal como es.

Para realmente realizar la vida tal como es, debemos abandonar las rutinas convencionales y liberarnos de las tradiciones robóticas de la sociedad. Nuestra realidad nos llama a alejarnos del rebaño, rechazar el juego social y liberarnos de las definiciones, conceptos y costumbres restrictivas que definen la «sociedad humana». Según los estándares sociales, aquellos que viven en verdadera observación pueden parecer necesitar ayuda psiquiátrica.

La realización de que nuestra auténtica naturaleza trasciende todas las etiquetas, enciende un deseo de existir libre e intensamente, sin estar ligado por ninguna clasificación. Dejamos de aspirar a ser definidos por roles como príncipes, doctores, presidentes o profesores. La sociedad humana puede ver a los individuos que desafían estas categorías como necesitados de intervención psiquiátrica, pero es precisamente a través de esta rebelión que podemos descubrir que nuestra naturaleza auténtica es la libertad absoluta.

עַד שֶׁבָּא חָכָם אֶחָד וְאָמַר: אֲנִי מְקַבֵּל עַל עַצְמִי לְרַפְּאוֹתוֹ! וְהָלַךְ וְהִפְשִׁיט גַּם־כֵּן אֶת עַצְמוֹ עָרֹם וְיָשַׁב תַּחַת הַשֻּׁלְחָן אֵצֶל בֶּן־הַמֶּלֶךְ הַנַּ"ל וְגַם כֵּן גָּרַר פֵּרוּרִים וַעֲצָמוֹת.

En una ocasión, apareció un sabio que dijo que podía curarlo. Condujeron al sabio al comedor real junto al rey, su familia y algunos ministros invitados. Allí se encontraba la familia sentada a la mesa con los ministros y el príncipe desnudo bajo la mesa. Al llegar allí, el sabio inesperadamente se quitó

sus vestimentas y, al igual que el príncipe, se sentó desnudo a su lado bajo la mesa. El sabio se puso a hurgar migajas y huesos al igual que el hijo del rey.

El sabio revela al príncipe que él tampoco disfruta en la compañía de estos seres «humanos». Él también ha perdido su sentido de pertenencia a una sociedad que valora a uno por lo que tiene y no por lo que es.

En esta sociedad, los seres humanos no son valorados por sus cualidades inherentes, sino por su adherencia a las normas y las imposiciones sociales. Inicialmente, se nos presenta un conjunto de reglas y regulaciones, y la apreciación está condicionada a nuestro cumplimiento. Este sistema no fomenta un verdadero aprecio por la autenticidad, sino por nuestra capacidad de fingir.

וְשָׁאֲלוֹ בֶּן־הַמֶּלֶךְ: "מִי אַתָּה? וּמַה אַתָּה עוֹשֶׂה פֹּה"? וְהֵשִׁיב לוֹ: "מִי אַתָּה? וּמַה אַתָּה עוֹשֶׂה פֹּה?"

El príncipe miró al sabio y le preguntó: «¿Quién eres? y ¿qué haces aquí?»… ante lo cual el sabio respondió: «¿tú quién eres? y ¿qué haces aquí?».

Lo que realmente somos es observación o consciencia y todo lo que vemos a nuestro alrededor es ilusión, fantasía, un sueño y a veces una pesadilla.

אָמַר לוֹ: "אֲנִי הִינְדִיק"! אָמַר לוֹ: "אֲנִי גַּם־כֵּן הִינְדִיק"!

El príncipe respondió: «Soy un pavo», ante lo cual el sabio contestó: «Yo también soy un pavo».

El sabio del cuento no es simplemente un hombre sabio, sino un santo, un *tzaddík*. Inherentemente veraz, no podría engañar al príncipe. Entonces, ¿cómo lo persuadió para que se vistiera y se sentara en la mesa? El *tzaddík* eligió unirse al príncipe bajo la mesa, despojándose de sus propias vestiduras para encontrarse con el príncipe donde él estaba. Allí, le dijo al príncipe: «¿Quieres que te confiese algo, amigo mío? ¿Puedo compartir un secreto contigo? Te entiendo perfectamente porque puedo percibir la melodía de tu presencia. Cuando veo ese rayo de luz en tus ojos, lo reconozco. Dos borrachos pueden reconocerse con facilidad. Puedo identificar tu silencio porque veo lo que tú ves. Soy lo que tú eres. Yo también amo despojarme de mis vestimentas. Somos aves del mismo plumaje y, no importa a dónde volemos, siempre volamos juntos, fusionados».

וּכְמוֹ שֶׁנֶּאֱמַר בְּשָׁאוּל שֶׁהָלַךְ וּמִתְנַבֵּא עָרוֹם (שמואל א' י"ט, כ"ד). פֵּרוּשׁוֹ שֶׁהַגּוּף הוּא לְבוּשׁ לַנֶּפֶשׁ כַּנּוֹדָע, וְהִתְפַּשְׁטוּתוֹ נִקְרָא עָרוֹם, וְתַרְגּוּם יוֹנָתָן שָׁם בְּרִשָׁן. פֵּרוּשׁוֹ מְשֻׁגָּע שֶׁאֵינוֹ פּוֹנֶה כְּלָל לְגוּפוֹ, וּפְעֻלַּת הַגּוּף הֵם כִּמְעַט בְּלֹא יְדִיעָתוֹ כְּלָל וּכְמוֹ מְשֻׁגָּע.

(רבי צדוק הכהן מלובלין, צדקת הצדיק, ר"י)

Como se menciona con Saúl, que estaba profetizando mientras estaba desnudo (1 Samuel, 19:24). Es decir, que como se sabe, el cuerpo es ropa para el alma, y desvestirlo se denomina desnudez. Y la traducción del arameo de Jonathan aquí es *birshan*, que significa loco, porque, como un loco, está absolutamente desatento de su cuerpo y casi completamente inconsciente de lo que hace su cuerpo.

(Rabí Tzadok HaCohen de Lublin, *Tzedekat HaTzadík*, 210)

Disfruto de mi seidad en su más pura y prístina desnudez.

וְיָשְׁבוּ שְׁנֵיהֶם יַחַד כָּךְ אֵיזֶה זְמַן, עַד שֶׁנַּעֲשׂוּ רְגִילִים זֶה עִם זֶה. וְאָז רָמַז הֶחָכָם לִבְנֵי־הַבַּיִת לְהַשְׁלִיךְ לָהֶם כֻּתָּנוֹת, וְאָמַר הֶחָכָם "הָאִינְדִיק" לְבֶן־הַמֶּלֶךְ: "אַתָּה חוֹשֵׁב, שֶׁהָאִינְדִיק אֵינוֹ יָכוֹל לֵילֵךְ עִם כֻּתֹּנֶת? יְכוֹלִים לִהְיוֹת לָבוּשׁ כֻּתֹּנֶת, וְאַף־עַל־פִּי־כֵן יְהֵא הִינְדִיק כִּי בְּמָקוֹם אֶחָד רָאִיתִי הִינְדִיקְעס לְבוּשִׁים בְּכֻתָּנוֹת..." וְלָבְשׁוּ שְׁנֵיהֶם הַכֻּתֹּנֶת, וְאַחַר אֵיזֶה זְמַן רָמַז וְהִשְׁלִיכוּ לָהֶם גַּם מִכְנָסַיִם. וְאָמַר לוֹ הֶחָכָם גַּם־כֵּן כַּנִּזְכַּר לְעֵיל: "אַתָּה חוֹשֵׁב, שֶׁעִם מִכְנָסַיִם לֹא יְכוֹלִים לִהְיוֹת הִינְדִיק?! וְכוּ'", עַד שֶׁלָּבְשׁוּ הַמִּכְנָסַיִם, וְכֵן עִם שְׁאָר הַבְּגָדִים. וְאַחַר־כָּךְ רָמַז וְהִשְׁלִיכוּ לָהֶם מַאַכְלֵי אָדָם מֵהַשֻּׁלְחָן, וְאָמַר לוֹ: "אַתָּה חוֹשֵׁב שֶׁאִם אוֹכְלִים מַאֲכָלִים טוֹבִים כְּבָר אֵינְךָ הִינְדִיק?! אֶפְשָׁר לֶאֱכֹל כְּאָדָם וְלִהְיוֹת הִינְדִיק!" "אִיז מֶען שׁוֹין קֵיין הִינְדִיק נִישְׁט?! מֶען קֶען עֶסֶן אוּן אוֹיךְ זַיְין אַ הִינְדִיק!". וְאָכְלוּ. וְאַחַר־כָּךְ אָמַר לוֹ: "אַתָּה חוֹשֵׁב,

שֶׁהִינְדִיק מֻכְרָח לִהְיוֹת דַּוְקָא תַּחַת הַשֻּׁלְחָן? יְכוֹלִים לִהְיוֹת הִינְדִיק וְלִהְיוֹת אֵצֶל הַשֻּׁלְחָן"!. וְכֵן הִתְנַהֵג עִמּוֹ, עַד שֶׁרִפֵּא אוֹתוֹ לְגַמְרֵי.

Por largo rato, ambos permanecieron juntos bajo la mesa desnudos hasta que el príncipe se sintió a gusto en compañía del sabio. Repentinamente, el sabio hizo una señal y les arrojaron camisas. El sabio le dijo al príncipe: «¿Crees que un pavo no puede usar una camisa como los seres humanos? Es perfectamente posible vestir una camisa como ellos y continuar siendo un pavo. He visto pavos vistiendo camisas en algún lugar». Entonces, ambos vistieron sus respectivas camisas. Al cabo de un rato, el sabio hizo otra señal solicitando pantalones. Nuevamente, el sabio, dirigiéndose al hijo del monarca, le dijo: «¿Crees que por usar pantalones como los seres humanos serás menos pavo?" Y procedieron a ponerse ambos sus pantalones. Así continuó hasta que finalmente ambos estaban vestidos con todas sus prendas. De pronto, el sabio hizo una señal, y les bajaron platos con comida bajo la mesa. El sabio le dijo al príncipe: «¿Piensas que si te alimentas con comida de seres humanos dejarás de ser pavo?... No es así, es posible alimentarse con la misma comida que se alimentan los seres humanos y continuar siendo un pavo». Ambos comieron juntos debajo de la mesa. Entonces, el sabio le dijo al joven príncipe: «¿Crees que siendo un pavo debes sentarte solo bajo la mesa?... No, puedes continuar siendo un pavo y sentarte en una silla a la mesa con todos los seres humanos». Fue así como el sabio logró curar al hijo del rey por completo.

Soy un pavo como tú, amigo mío. Hace muchos años dejé de ser alguien, para ser solo una sombra de la existencia. Ya no creo en

Dios, porque un día, mirando a mi alrededor, me di cuenta de que, aparte de Dios aquí no hay nada.

אַתָּה הָרְאֵתָ לָדַעַת כִּי ה' הוּא הָאֱלֹהִים אֵין עוֹד מִלְבַדּוֹ.
(דברים ד', ל"ה)

Se te ha mostrado para que sepas que el Señor, Él es Dios; no hay más que solo Él.

(Deuteronomio, 4:35)

El sabio dijo: «Sé de la vacuidad consciente, de la conoceidad que yace tras todo y todos. Sin embargo, tú eres joven y más sabe el diablo por viejo que por diablo, entonces déjame decirte que la nada también es todo. Así como el contenido del océano es de la misma sustancia que el océano, es decir agua, el contenido de la consciencia es consciencia. La multiplicidad de experiencias mentales, emocionales y físicas es nuestra realidad. Esta diversidad de pensamientos, emociones, sensaciones y percepciones también es lo que realmente somos. Por lo tanto, amigo mío, ¿qué importa si nos adaptamos a las normas sociales, usando ropa y comiendo en mesas? Podemos navegar las convenciones de la sociedad mientras en nuestras profundidades sabemos quiénes somos realmente. Incluso como pavos, podemos participar en una sociedad que es humana y quizás demasiado humana. Es posible interactuar con la comunidad sin sacrificar nuestra individualidad. La sociedad intentará sofocarte de muchas maneras, pero si mantienes tu propio engranaje, no podrá aniquilar tu autenticidad. La sociedad intentará hacerte obedecer, domesticarte, encajarte en un arquetipo de padre, madre, hermano, hermana, profesional, soldado o príncipe, sin permitirte ser como eres. El mundo espera que seas otro imitador, que vivas tu vida como si fueras un príncipe. Pero es posible ser parte del mundo sin pertenecer al mundo. Vistámonos, sentémonos a la mesa y participemos en el baile social, pero nunca permitamos que la sociedad nos compre y nos altere. En la vida, muchas puertas permanecen cerradas solo por el miedo a atravesarlas. Muchas jaulas permanecen cerradas solo por el temor a volar. ¡Sé valiente!».

— ARTÍCULO 16 —
LA UNIDAD Y LA EXPRESIÓN HUMANA
TANIA CAPÍTULO 20

Si deseamos adentrarnos en las profundidades más íntimas de la revelación hebrea, debemos excavar en los fecundos terrenos del jasidismo. Allí descubriremos la manera adecuada de digerir las verdades de la Torá. Aunque el jasidismo puede considerarse una extensión de la Cábala, la diferencia fundamental es que, mientras que la Cábala aspira a elevarnos hacia lo divino, el jasidismo dirige nuestra atención a las profundidades de la realidad. La primera eleva a los humanos hasta Dios; la segunda nos invita a buscar lo divino en lo humano y a descubrir que ya somos lo que estamos buscando.

El Rabi Shneur Zalman de Liadi (1745-1812 n. e.), apodado el Alter Rebbe ('rabino anciano' en yiddish) fue el discípulo más joven del Maguid de Mezeritch, quien a su vez fuera discípulo del Ba'al Shem Tov. Es el fundador del movimiento Jabad-Lubavitch. Su profuso legado literario es notable. Sus exquisitas obras comprenden prácticamente todos los campos del saber hebreo: la ley judía (*halajá*), filosofía judía, cábala y ética.

Su libro *Likkutei Amarím*, o '*Colección de discursos*', más conocido como el *Tania*, fue publicado en 1797. Fue escrito en hebreo y su traducción puede resultar difícil de entender para quien no sabe el idioma original de la revelación sinaítica. Cada página revela que este gigante del espíritu no declama conocimientos intelectuales, sino que comparte una experiencia trascendental. La luz de su sabiduría se vierte generosamente desde cada uno de sus escritos. Creo que todos podemos beneficiarnos de estudiar sus palabras. Estudiaremos partes del capítulo 20.

> [...] A fin de elucidar este tema con claridad, debemos recordar primero brevemente la idea y esencia de la unidad de Dios, quien es llamado «Uno y Único». «Todos creen que Él es uno solo» (plegaria de *Rosh Hashaná*), exactamente como lo era antes de la creación del mundo, como está escrito: «Tú eres Aquel que eras antes de que fuera creado el mundo, y Tú eres aquel que es desde que fue creado el mundo» (plegaria matutina). Lo cual significa que Él realmente no cambia, tal como está escrito: «Yo, Dios, no he

cambiado» (Malaquías, 3:6). Porque este mundo, al igual que todos los mundos superiores, no provocan cambio alguno en Su unidad al crearlos de la nada. Tal como Dios era Uno solo, único y singular, antes de que ellos fueran creados, así Él es Uno solo, único y singular, después de que Él los creara. Porque todo, ante Él, es como nada, como si fuera absolutamente inexistente.

Porque la manifestación de todos los mundos, tanto superiores como inferiores, desde la nadeidad a la existencia, con su vida y existencia, aquello que los sostiene para que no vuelvan a la nadeidad y nulidad o a su estado anterior, no es sino la palabra de Dios y el aliento de Su boca que se encuentra investida en ellos.

Para ilustrar esto a partir del alma de un ser humano: cuando la persona pronuncia una palabra, solo dicha palabra es insignificante comparada con la capacidad de hablar de su alma. Su facultad de expresión verbal es capaz de emitir un infinito número de palabras y esta es solo su vestimenta media. [Dicha palabra] carece aún más de valor, al ser comparada con la vestimenta más interior del alma, que es su facultad de pensar, que es el origen de las palabras y su fuerza vital. Demás está decir [que dicha palabra es insignificante] al ser comparada con la esencia y ser del alma, cuyos diez atributos han sido mencionados con anterioridad: *jojmá* (sabiduría), *biná* (entendimiento), *dáat* (conocimiento), etcétera, de los cuales se derivan las «letras» del pensamiento que están investidas en la palabra al ser expresada. Porque también el pensamiento, al igual que la palabra, consiste en letras, solo que las letras del pensamiento son más espirituales y refinadas.

Pero los diez atributos — *jojmá* (sabiduría), *biná* (entendimiento), *dáat* (conocimiento), etcétera— constituyen la raíz y fuente del pensamiento y aún carecen de letras, antes de vestirse con el atuendo del pensamiento.

Por ejemplo, cuando un determinado amor o deseo aparece en el corazón de la persona, antes de que se eleve desde el corazón al cerebro para recapacitar acerca de este, aún no tiene letras y se trata solo de un puro deseo y un apetito en el corazón por el objeto que le parece atractivo.

Y es así como antes de haber comenzado a sentir en su corazón un anhelo y deseo por esa cosa, cuando [dicho impulso] aún estaba restringido al plano de su sabiduría, intelecto y conocimiento, es decir, que él sabía que aquello era deseable y gratificante, algo bueno y placentero de alcanzar y de apegarse a ello — como, por ejemplo, estudiar un cierto conocimiento o comer cierta exquisitez.

Solo después de que el deseo y anhelo han descendido al corazón por el estímulo de su sabiduría, entendimiento y comprensión, y solo después de haber ascendido nuevamente del corazón al cerebro para pensar y planear cómo implementar dicho deseo en la práctica, obtener esa comida o estudiar ese tema en concreto, es solo después de alcanzar dicha etapa que nacen las «letras» en su mente, letras de acuerdo con el idioma que emplea cada nación al hablar y pensar acerca de los asuntos del mundo.

Vamos a referirnos al tema parte por parte.

Artículo 16: La unidad y la expresión humana

וּלְבָאֵר הֵיטֵב עִנְיָן זֶה, צָרִיךְ לְהַזְכִּיר תְּחִלָּה בִּקְצָרָה עִנְיַן וּמַהוּת אַחְדּוּתוֹ שֶׁל הַקָּדוֹשׁ־בָּרוּךְ־הוּא, שֶׁנִּקְרָא יָחִיד וּמְיֻחָד.

A fin de elucidar esta cuestión con claridad, debemos recordar primero brevemente la idea y esencia de la unidad de Dios, quien es llamado «Uno y Único».

El Alter Rebbe se refiere brevemente al tema de la no dualidad. El término *biktsará* (בקצרה), o 'brevemente', denota que este asunto será tratado con mayor amplitud en la sección del libro llamada *Sha'ar HaIjúd VeHa'Emuná*, o '*El portal de la unidad y la creencia*', que estudiaremos más adelante. Allí, analiza con detalle los términos *Uno* y *Único* (יחיד ומיוחד).

El *Shemá* se considera la plegaria más sagrada del judaísmo y expresa su visión elemental de la unidad absoluta. Su nombre se deriva de las primeras palabras: *Shemá Israel* (שמע ישראל).

שְׁמַע יִשְׂרָאֵל ה' אֱלֹהֵינוּ ה' אֶחָד:

(דברים ו', ד')

Shemá Israel, HaShém eloheínu, HaShém ejád

Escucha Israel, el Señor es nuestro Dios, el Señor es Uno.

(Deuteronomio, 6:4)

En el *Midrásh Rabbah* encontramos:

רַבָּנָן אָמְרֵי: "אָמַר הַקָּדוֹשׁ בָּרוּךְ הוּא לְיִשְׂרָאֵל: 'בָּנַי, כָּל מַה שֶּׁבָּרָאתִי בְּרָאתִי זוּגוֹת, שָׁמַיִם וָאָרֶץ זוּגוֹת, חַמָּה וּלְבָנָה זוּגוֹת, אָדָם וְחַוָּה זוּגוֹת, הָעוֹלָם הַזֶּה וְהָעוֹלָם הַבָּא זוּגוֹת, אֲבָל כְּבוֹדִי אֶחָד וּמְיֻחָד בָּעוֹלָם', מִנַּיִן? מִמַּה שֶּׁקָּרִינוּ בָּעִנְיָן: 'שְׁמַע יִשְׂרָאֵל ה' אֱלֹהֵינוּ ה' אֶחָד' (דברים ו', ד')".

(דברים רבה, פרשת ואתחנן ב', ל"א)

Nuestros rabinos dijeron: «El Santo bendito sea dijo a Israel: "Hijos míos, todo lo que he creado, lo he creado por pares: el cielo y la tierra son un par, el sol y la luna son un par, Adán y Eva son un par, este mundo y el mundo venidero

son un par. Pero Mi gloria es una y única en el mundo".
¿De dónde [sabemos esto]? De lo que leemos al respecto:
"Escucha, Israel, el Señor es nuestro Dios, el Señor es Uno"
(Deuteronomio, 6:4).

(Devarím Raba, «Va'etjanán» 2.31)

La creación objetual se manifiesta como la realidad dual. Tanto los mundos materiales como los espirituales o astrales más elevados son parte de esta diversidad dual. Basándose en el texto del *Devarím Raba*, el Alter Rebbe se refiere a Dios, o la consciencia, no solo como *ejád* (אחד), o 'uno', sino como *yajíd* (יחיד), o 'el único', y *meyujád*, (מיוחד), o 'único'. Aunque el vocablo *uno* sería apropiado, no niega la existencia de otros. «Dios es uno» puede interpretarse como que es un dios entre muchos otros. Expresiones como «la consciencia es una» podrían indicar que es una entre muchas. Si decimos que alguien tiene un hijo, no significa que sea hijo único. «Compré un chocolate» no significa que sea el único que jamás he adquirido. El Alter Rebbe elige el término *meyujád*, o 'único', para invalidar toda existencia ajena. El término sánscrito *advaita*, o 'no dos', fue adoptado por una razón similar por el no dualismo vedántico (*kevalādvaita* o *dvaita-vāda-pratiṣedha*). Este vocablo disipa toda duda sobre una posible dualidad.

En resumen, el insigne maestro hebreo clarifica que la unidad divina no se refiere solo a la existencia de un dios persona u objeto dentro de una realidad plagada de otredades similares. No indica que existe un ser superior designado como un dios dentro del contexto de una realidad colmada de un sinfín de seres que no son dios. No postula un enunciado matemático para refutar al politeísmo. En la Torá leemos:

וְיָדַעְתָּ הַיּוֹם וַהֲשֵׁבֹתָ אֶל לְבָבֶךָ כִּי ה' הוּא הָאֱלֹהִים בַּשָּׁמַיִם מִמַּעַל וְעַל הָאָרֶץ מִתָּחַת אֵין עוֹד:

(דברים ד', ל"ט)

Y sabrás hoy, y lo pondrás en tu corazón, que el Señor, Él es Dios, arriba en los cielos, y abajo en la tierra; no hay otro.

(Deuteronomio, 4:39)

La expresión *ein od* (אין עוד) 'no hay más', establece rotundamente a Dios como la única realidad o lo Uno sin segundo. Dicha afirmación no se refiere a Dios, sino que a la existencia misma. En tal caso, negar a Dios sería tan absurdo como negar la consciencia o decir que la existencia no existe.

La experiencia empírica dual difiere por completo de la revelación bíblica, por lo que no puede conciliarse con la propuesta sinaítica. Por ejemplo, si observamos nuestra mano, veremos cinco dedos diferentes. Dicha multiplicidad consiste en el dedo pulgar, índice, medio, anular y meñique. Aunque superficialmente veamos cinco dedos separados, en realidad, todos son parte de una misma mano. A pesar de sus diferencias, pertenecen al mismo todo. Asimismo, aunque la multiplicidad aparente de nuestra realidad empírica simula pluralidad, esta comparte una fuente común. En realidad, la diversidad observada consiste en distintas expresiones de una misma naturaleza única no dual. La sustancia que constituye el universo no difiere en absoluto de la consciencia. La realidad no está dividida en divina y secular, espiritual y material. Solo existe una única realidad indivisa y carente de atributos, a la cual la Torá denomina Dios.

Contrariamente a la creencia popular, la Torá no se opone al arte, la pintura y la escultura. La idolatría es un concepto mucho más amplio y profundo que la adoración de imágenes. Un ídolo es una experiencia a la cual le otorgamos existencia separada o independiente de la consciencia y, por ende, tiene existencia propia. Es una experiencia ajena a la consciencia y a nuestra naturaleza. El ídolo que más adoramos es la idea de un «yo» separado, que en India se denomina *ahaṅkāra*, o el 'yo-hacedor', refiriéndose al fenómeno egoico. Encontramos en los Salmos el siguiente versículo:

לֹא יִהְיֶה בְךָ אֵל זָר וְלֹא תִשְׁתַּחֲוֶה לְאֵל נֵכָר:

(תהילים פ"א, י')

No habrá dios ajeno en ti, ni te inclinarás ante ningún dios extranjero.

(Salmos, 81:10)

Ante lo cual el *Talmud Babilónico* dice:

וְהָתַנְיָא, רַבִּי שִׁמְעוֹן בֶּן אֶלְעָזָר אוֹמֵר מִשּׁוּם חִילְפָּא בַּר אַגְרָא, שֶׁאָמַר מִשּׁוּם רַבִּי יוֹחָנָן בֶּן נוּרִי: "הַמְקָרֵעַ בְּגָדָיו בַּחֲמָתוֹ וְהַמְשַׁבֵּר כֵּלָיו בַּחֲמָתוֹ וְהַמְפַזֵּר מְעוֹתָיו בַּחֲמָתוֹ, יְהֵא בְּעֵינֶיךָ כְּעוֹבֵד עֲבוֹדָה זָרָה. שֶׁכָּךְ אֻמָּנוּתוֹ שֶׁל יֵצֶר הָרָע: הַיּוֹם אוֹמֵר לוֹ: עֲשֵׂה כָּךְ, וּלְמָחָר אוֹמֵר לוֹ: עֲשֵׂה כָּךְ, עַד שֶׁאוֹמֵר לוֹ: עֲבוֹד עֲבוֹדָה זָרָה, וְהוֹלֵךְ וְעוֹבֵד". אָמַר רַבִּי אָבִין: "מַאי קְרָאָה: 'לֹא יִהְיֶה בְךָ אֵל זָר וְלֹא תִשְׁתַּחֲוֶה לְאֵל נֵכָר' (תהילים פ"א, י'), אֵיזֶהוּ אֵל זָר שֶׁיֵּשׁ בְּגוּפוֹ שֶׁל אָדָם? הֱוֵי אוֹמֵר, זֶה יֵצֶר הָרָע".
(תלמוד בבלי, שבת, ק"ה, ב')

¿No aprendimos acaso en una *baraita* que Rabí Shim'on ben El'azar dice en nombre de Jilfa bar Agra, quien dijo en nombre de Rabí Yojanán ben Nuri: «Aquel que rasga sus vestiduras en su ira, o rompe sus vasijas en su ira, o esparce su dinero en su ira, debe ser considerado, a sus ojos, un adorador de ídolos, ya que esa es la habilidad del *yetzer hará* (la inclinación al mal): Hoy le dice: "haz esto", y mañana le dice: "haz aquello", hasta que finalmente, [cuando ya no se controla] le dice: "adora ídolos", e irá y adorará ídolos». Rabí Avin dijo: «¿Qué versículo alude a esto? "No habrá dios ajeno en ti, ni te inclinarás ante ningún dios extranjero" (Salmos, 81:10). ¿Cuál es el dios ajeno que está dentro del cuerpo de una persona? Decimos que es el *yetzer hará* (la inclinación al mal)».

(*Talmud Babilónico*, «Shabát», 105b)

Es un dios extranjero porque no está relacionado contigo o con lo que realmente eres. El auténtico Dios consiste en tu verdadera naturaleza, o *Da mah lemalah mimmyá* (*Mishná*, «*Pirkei Avót*», 2.1). Es decir, lo que existe arriba proviene de ti (*mimmyá*). El dios ajeno, que es el ego, proviene del otro, de la sociedad. La inclinación al mal se denomina *yetzer hará* en hebreo. *Ra*, o 'malo', corresponde a las iniciales de los términos *ratzón hatzmí*, o 'voluntad propia'.

"וְכֹל מַאֲמִינִים שֶׁהוּא לְבַדּוֹ הוּא" (פיוט לראש-השנה) כְּמוֹ שֶׁהָיָה קֹדֶם שֶׁנִּבְרָא הָעוֹלָם מַמָּשׁ, שֶׁהָיָה הוּא לְבַדּוֹ, וּכְמוֹ שֶׁנֶּאֱמַר: "אַתָּה הוּא עַד שֶׁלֹּא נִבְרָא הָעוֹלָם אַתָּה הוּא מִשֶּׁנִּבְרָא" כו' (תפילת שחרית), פֵּרוּשׁ, הוּא מַמָּשׁ בְּלִי שׁוּם שִׁנּוּי,

Artículo 16: La unidad y la expresión humana

כְּדִכְתִיב: "אֲנִי ה' לֹא שָׁנִיתִי" (מלאכי ג', ו'). כִּי עוֹלָם הַזֶּה, וְכֵן כָּל הָעוֹלָמוֹת הָעֶלְיוֹנִים, אֵינָם פּוֹעֲלִים שׁוּם שִׁנּוּי בְּאַחְדוּתוֹ יִתְבָּרֵךְ בְּהִבָּרְאָם מֵאַיִן לְיֵשׁ, שֶׁכְּמוֹ שֶׁהָיָה הוּא לְבַדּוֹ הוּא יָחִיד וּמְיֻחָד קֹדֶם הַבָּרְאָם, כֵּן הוּא לְבַדּוֹ הוּא יָחִיד וּמְיֻחָד אַחַר שֶׁבְּרָאָם, מִשּׁוּם דְּכֹלָּא קַמֵּהּ כְּלָא חָשִׁיב וּכְאַיִן וְאֶפֶס מַמָּשׁ.

«Todos creen que Él es uno solo» (plegaria de *Rosh Hashaná*), exactamente como lo era antes de la creación del mundo, como está escrito: «Tú eres Aquel que eras antes de que fuera creado el mundo, y Tú eres aquel que es desde que fue creado el mundo» (plegaria matutina). Lo cual significa que Él realmente no cambia, tal como está escrito: «Yo, Dios, no he cambiado» (Malaquías, 3:6). Porque este mundo, al igual que todos los mundos superiores, no provocan cambio alguno en Su unidad al crearlos de la nada. Tal como Dios era Uno solo, único y singular, antes de que ellos fueran creados, así Él es Uno solo, único y singular, después de que Él los creara. Porque todo, ante Él, es como nada, como si fuera absolutamente inexistente.

La inmutabilidad de Dios se menciona también en Salmos:

וְאַתָּה־הוּא וּשְׁנוֹתֶיךָ לֹא יִתָּמּוּ:

(תהילים ק"ב, כ"ח)

Pero tú eres, y tus años no se acabarán.

(Salmos, 102:28)

Antes del principio de los tiempos, solo existía Dios en su soledad primordial absoluta. Si deseamos fabricar una mesa, necesitamos madera. Para publicar un libro impreso, es imprescindible papel. Para hacer pan, debemos adquirir harina. Para construir una casa, precisamos cemento. En su soledad total, obviamente Dios no contaba con ninguna sustancia fuera de sí mismo para crear un universo. Si solo Dios era, este no contaba con nada aparte de sí mismo para crear. Por tanto, el universo es más un ocultamiento que una creación. En lugar de una revelación, es un encubrimiento que manifiesta lo indivisible en una diversidad aparente, lo absoluto en relativo, lo eterno en temporal, lo infinito en limitado. Es decir, lo Uno sin segundo es tanto la causa eficiente o efectiva como la causa material.

Evidentemente, como ocultamiento expositor que en realidad crea sin generar, el universo no afecta a Dios en absoluto. Esto nos recuerda la famosa invocación del *Īśāvāsya Upaniṣad*:

ॐ पूर्णमदः पूर्णमिदं पूर्णात्पूर्णमुदच्यते ।
पूर्णस्य पूर्णमादाय पूर्णमेवावशिष्यते ॥
ॐ शान्तिः शान्तिः शान्तिः ॥

> *oṁ pūrṇam adaḥ pūrṇam idaṁ*
> *pūrṇāt pūrṇam udacyate*
> *pūrṇasya pūrṇam ādāya*
> *pūrṇam evāvaśiṣyate*
> *oṁ śāntiḥ śāntiḥ śāntiḥ*

Eso es el Todo, esto es el Todo; desde ese Todo se manifiesta este Todo. Aquel Todo permanece siendo el Todo, cuando este Todo es extraído. *Oṁ*, paz, paz, paz.

(Īśāvāsya Upaniṣad, invocación)

En las plegarias matutinas judías diarias, o *shajrít*, la congregación ora:

אַתָּה הוּא עַד שֶׁלֹּא נִבְרָא הָעוֹלָם, אַתָּה הוּא מִשֶּׁנִּבְרָא הָעוֹלָם.
(סידור התפילה, תפילת שחרית)

Tú eres [el mismo que eras] antes de que el mundo fuera creado, y Tú eres [el mismo que eres] desde que el mundo fue creado.

(Sidúr, Oración matutina diaria, Shajarít)

Artículo 16: La unidad y la expresión humana

La repetición, aparentemente innecesaria de las palabras *ata hu*, o 'Tú eres', indica que lo que existía antes de la creación del mundo es exactamente lo mismo que permanece después. La sustancia previa y posterior a la creación permanece absolutamente inmutable. Dicha repetición enfatiza la inmutabilidad de lo Absoluto. Similarmente, las nubes no afectan la vastedad del cielo ni las películas la pantalla del cine. Aunque el agua caiga en una tormenta torrencial, fluya en un río tumultuoso o descanse en un lago tranquilo, su naturaleza no se ve afectada. La mutabilidad se manifiesta solo en la superficie y no en la esencia.

Desde nuestra infancia hasta la vejez, pasando por la adolescencia, la juventud y la madurez, nuestra superficie se transforma constantemente. Nuestro cuerpo, mente y sentimientos cambian, pero en el fondo, la consciencia permanece inalterada. En lo más profundo, nos sentimos iguales a los cinco, quince o cincuenta años. Los cambios que se manifiestan en la superficie no afectan la consciencia; esta permanece inmutable a pesar de la periferia cambiante. Las experiencias nunca alteran la consciencia.

כִּי הִתְהַוּוּת כָּל הָעוֹלָמוֹת, עֶלְיוֹנִים וְתַחְתּוֹנִים, מֵאַיִן לְיֵשׁ, וְחִיּוּתָם וְקִיּוּמָם הַמְקַיְּמָם שֶׁלֹּא יַחְזְרוּ לִהְיוֹת אַיִן וָאֶפֶס כְּשֶׁהָיָה, אֵינוֹ אֶלָּא דְּבַר ה' וְרוּחַ פִּיו הַמְלֻבָּשׁ בָּהֶם.

Porque la manifestación de todos los mundos, tanto superiores como inferiores, desde la nadeidad a la existencia, con su vida y existencia, aquello que los sostiene para que no vuelvan a la nadeidad y nulidad o a su estado anterior, no es sino la palabra de Dios y el aliento de Su boca que se encuentra investida en ellos.

Para el jasidismo, el universo y todos los mundos superiores no son una realidad separada del creador. El universo no se desprende y desconecta de Dios, pero es una manifestación de Él. Como tal, no constituye una realidad separada de su fuente. La creación no es un acontecimiento histórico ocurrido en un pasado lejano, sino que continúa acaeciendo a cada momento. El universo no constituye un fenómeno puntual, más bien requiere un mantenimiento constante. Las expresiones divinas continúan manteniendo esta contracción, este *tzimtzúm*, u 'ocultamiento cósmico'. De lo contrario, lo existente, o *iésh*, volvería a su estado natural de nadeidad, o *ain*. Si Dios dejara de enunciarlo, el mundo retornaría a su estado primordial. De tal manera que la multiplicidad es en esencia una manifestación del aliento divino. Este tema se explica con mayores detalles en la sección *Sha'ar HaIjúd VeHa'Emuná*. El cosmos continúa manifestándose debido a las constantes expresiones divinas. Dichas locuciones no solo manifiestan el mundo fenoménico a nivel general, sino también vivifica los aspectos individuales de todo lo creado a través de complicadas combinaciones o modulaciones. En *Bereshít Rabbah* leemos:

אָמַר רַבִּי סִימוֹן: אֵין לְךָ כָּל עֵשֶׂב וְעֵשֶׂב, שֶׁאֵין לוֹ מַזָּל בָּרָקִיעַ שֶׁמַּכֶּה אוֹתוֹ, וְאוֹמֵר לוֹ: גְּדַל!

(בראשית רבה, י', ו')

Rabí Simón dijo: «No hay una sola brizna de hierba que no tenga una constelación en el firmamento que la golpee y le diga: "¡Crece!"».

(*Bereshít Rabbah*, 10.6)

La existencia de todos los universos, con todo y todos los que contienen, es mantenida por el poder del creador activo en lo creado o *koaj hapo'el banif'al*. El jasidismo utiliza el ejemplo de una piedra lanzada al aire. La piedra seguirá moviéndose hasta que se agote la energía cinética. Entonces, caerá al suelo.

Aquí debemos mencionar los mundos superiores, especialmente para aquellos que creen erróneamente que las afirmaciones no duales solo son relevantes para la plataforma mundana. La creación es parte de la realidad divina. Tantos los mundos inferiores como los superiores constituyen expresiones de la divinidad. Los mundos como *assiyá* y *yetzirá*, así como los más elevados, *beri'á* y *atzilút*, son parte de la realidad dual. Aunque se trate de las dimensiones más abstractas y sutiles, ya sea astrales o energéticas, mientras exista la relación sujeto-objeto, son consideradas parte de la plataforma dual y relativa.

וּלְמָשָׁל כְּמוֹ בְּנֶפֶשׁ הָאָדָם כְּשֶׁמְּדַבֵּר דִּבּוּר אֶחָד, שֶׁדִּבּוּר זֶה לְבַדּוֹ כְּלֹא מַמָּשׁ אֲפִלּוּ לְגַבֵּי כְּלָלוּת נַפְשׁוֹ הַמְדַבֶּרֶת, שֶׁהוּא בְּחִינַת לְבוּשׁ הָאֶמְצָעִי שֶׁלָּהּ, שֶׁהוּא כֹּחַ הַדִּבּוּר שֶׁלָּהּ שֶׁיָּכוֹל לְדַבֵּר דִּבּוּרִים לְאֵין קֵץ וְתַכְלִית. וְכָל שֶׁכֵּן לְגַבֵּי בְּחִינַת לְבוּשׁ הַפְּנִימִי שֶׁלָּהּ, שֶׁהוּא הַמַּחֲשָׁבָה שֶׁמִּמֶּנָּה נִמְשְׁכוּ הַדִּבּוּרִים וְהִיא חִיּוּתָם. וְאֵין צָרִיךְ לוֹמַר לְגַבֵּי מַהוּת וְעַצְמוּת הַנֶּפֶשׁ, שֶׁהֵן עֶשֶׂר בְּחִינוֹתֶיהָ הַנִּזְכָּרוֹת לְעֵיל, חָכְמָה בִּינָה וָדַעַת כו', שֶׁמֵּהֶן נִמְשְׁכוּ אוֹתִיּוֹת הַמַּחֲשָׁבָה זוֹ הַמִּלְבָּשׁוֹת בַּדִּבּוּר זֶה כְּשֶׁמְּדַבֵּר. כִּי הַמַּחֲשָׁבָה הִיא גַּם כֵּן בְּחִינַת אוֹתִיּוֹת, כְּמוֹ הַדִּבּוּר, רַק שֶׁהֵן רוּחָנִיּוֹת וְדַקּוֹת יוֹתֵר.

Para ilustrar esto a partir del alma de un ser humano: cuando la persona pronuncia una palabra, solo dicha palabra es insignificante comparada con la capacidad de hablar de su alma. Su facultad de expresión verbal es capaz de emitir un infinito número de palabras y esta es solo su vestimenta media. [Dicha palabra] carece aún más de valor, al ser comparada con la vestimenta más interior del alma, que es su facultad de pensar, que es el origen de las palabras y su fuerza vital. Demás está decir [que dicha palabra es insignificante] al ser comparada con la esencia y ser del alma, cuyos diez atributos han sido mencionados con anterioridad: *jojmá* (sabiduría), *biná* (entendimiento), *dáat* (conocimiento), de los cuales se derivan las «letras» del pensamiento que están investidas en la palabra al ser expresada. Porque también el pensamiento, al igual que la palabra, consiste en letras, solo que las letras del pensamiento son más espirituales y refinadas.

No existe ninguna diferencia entre la expresión divina y su fuente absoluta. En otras palabras, toda expresión divina es divinidad. En este texto, el Alter Rebbe nos ofrece una explicación vívida del proceso de la creación como contracción u ocultamiento de la consciencia. Este es comparado a la expresión humana: cuando una persona pronuncia una palabra, esa única palabra es insignificante en comparación con la capacidad de su alma para hablar. La facultad de expresión verbal de una persona es capaz de emitir un número infinito de palabras. Estas palabras son irrelevantes y prácticamente inexistentes en relación con el origen de la expresión humana o 'el alma articulada' (*néfesh medaberet*). En el contexto de los 'ropajes' o 'vestimentas' (pensamiento, habla y acción), la capacidad de hablar corresponde solo al atuendo medio. No es la vestimenta más profunda, porque ciertas sensaciones no se pueden comunicar verbalmente. Experiencias muy profundas no pueden ser verbalizadas dado que pertenecen a un nivel preoratorio.

El pensamiento (*majshavá*) constituye el atuendo más profundo del alma. Al verbalizar nuestros pensamientos, estos se expresan solo parcialmente. También el pensamiento puede ser analizado en una variedad de niveles de sutileza. El pensamiento es una vestimenta que antecede a la expresión verbal (*dibbúr*). De acuerdo con la Cábala, el pensamiento surge de la relación entre los diferentes poderes del alma, o *middót hanéfesh*. Es decir, de la relación entre *jojmá* (sabiduría), *biná* (entendimiento), *dáat* (conocimiento), *jesed* (gracia), *gvurá* (fuerza), *tiferet* (belleza), *netsaj* (victoria), *hod* (esplendor), *yesód* (fundación) y *maljút* (reino). Obviamente, la palabra pierde relevancia al ser comparada con las facultades más profundas como el pensamiento, y por supuesto, con las dimensiones preoratorias del ser humano.

Tanto el pensamiento como la expresión verbal son comunicación; el primero con nosotros mismos y la segunda con los demás. El pensamiento es una actividad interna, mientras que la expresión verbal exterioriza el contenido mental. Los pensamientos son palabras sutiles. La actividad mental es más abstracta y sutil porque está más cerca de los planos metafísicos. Por lo tanto, si las palabras son insignificantes en comparación con nuestra capacidad de expresión, lo son aún más cuando se comparan con niveles más profundos. La diferencia entre el pensamiento y la locución es solo cuantitativa: es como comparar un gramo de bronce y una tonelada de bronce. Pero si comparamos las palabras del alma con el Ser o la consciencia, sería como comparar el bronce y las plumas. La primera diferencia es cuantitativa, mientras que la segunda es cualitativa o a nivel de la esencia. Porque cuando nos referimos a la consciencia, estamos hablando de algo que no es algo; está desprovisto de cualidades objetuales.

אֲבָל עֶשֶׂר בְּחִינוֹת חָכְמָה בִּינָה וְדַעַת כוּ' הֵן שֹׁרֶשׁ וּמְקוֹר הַמַּחֲשָׁבָה, וְאֵין בָּהֶם בְּחִינַת אוֹתִיּוֹת עֲדַיִן קֹדֶם שֶׁמִּתְלַבְּשׁוֹת בִּלְבוּשׁ הַמַּחֲשָׁבָה.

Pero los diez atributos —*jojmá* (sabiduría), *biná* (entendimiento), *dáat* (conocimiento), etcétera— constituyen la raíz y fuente del pensamiento y aún carecen de letras, antes de vestirse con el atuendo del pensamiento.

Los diez atributos, o *middot*, son los niveles elementales de la realidad objetual. Estos constituyen el poder que nos domina tanto a nivel mental como verbal. Sin embargo, el plano prelingüístico carece de letras. Mucho de lo que ocurre en este nivel no puede ser imaginado o expresado con palabras. Existen experiencias relacionadas con planos elementales de la realidad objetual que no pueden verbalizarse.

לְמָשָׁל, כְּשֶׁנּוֹפֶלֶת אֵיזוֹ אַהֲבָה וְחֶמְדָּה בְּלִבּוֹ שֶׁל אָדָם, קֹדֶם שֶׁעוֹלָה מֵהַלֵּב אֶל הַמֹּחַ לְחַשֵּׁב וּלְהַרְהֵר בָּהּ, אֵין בָּהּ בְּחִינַת אוֹתִיּוֹת עֲדַיִן, רַק חֵפֶץ פָּשׁוּט וַחֲשִׁיקָה בַּלֵּב אֶל הַדָּבָר הַהוּא הַנֶּחְמָד אֶצְלוֹ.

Por ejemplo, cuando un determinado amor o deseo aparece en el corazón de la persona, antes de que se eleve desde el corazón al cerebro para recapacitar acerca de este, aún no tiene letras y se trata solo de un puro deseo y un apetito en el corazón por el objeto que le parece atractivo.

Así es como el Alter Rebe describe el proceso: primero nace un impulso a nivel premental que no se manifiesta como idea aún, porque es previo al pensamiento y, obviamente, a su expresión verbal. En dicho nivel primario, dicho impulso aún no se reviste de ideas, pensamientos o letras. Este nivel es existencial, no verbalizado, y no existen diferencias basadas en la cultura o la nacionalidad. Se trata de una dimensión de silencio que yace más allá de toda definición verbal, ya que carece de charla interna. Sin embargo, no es un silencio impuesto desde fuera; nace de nuestras profundidades. En lugar de comunicación entre dos seres, hay comunión: dos corazones laten como uno solo y dos almas se dan la mano. Los malentendidos desaparecen y comparten la misma alegría y paz.

וְכָל שֵׁכֶן קֹדֶם שֶׁנָּפְלָה הַתַּאֲוָה וְהַחֶמְדָּה בְּלִבּוֹ לְאוֹתוֹ דָּבָר, רַק הָיְתָה בְּכֹחַ חָכְמָתוֹ וְשִׂכְלוֹ וִידִיעָתוֹ, שֶׁהָיָה נוֹדָע אֶצְלוֹ אוֹתוֹ דָּבָר שֶׁהוּא נֶחְמָד וְנָעִים וְטוֹב וְיָפֶה לְהַשִּׂיגוֹ וְלִדָּבֵק בּוֹ, כְּגוֹן לִלְמֹד אֵיזוֹ חָכְמָה אוֹ לֶאֱכֹל אֵיזֶה מַאֲכָל עָרֵב.

Y es así como antes de haber comenzado a sentir en su corazón un anhelo y deseo por esa cosa, cuando [dicho impulso] aún estaba restringido al plano de su sabiduría, intelecto y conocimiento, es decir, que él sabía que aquello era deseable y gratificante, algo bueno y placentero de alcanzar y de apegarse a ello — como, por ejemplo, estudiar un cierto conocimiento o comer cierta exquisitez.

Cuando la atracción por el objeto se despierta, no se expresa necesariamente en pensamientos o palabras. Solo al almacenar el recuerdo de dicho disfrute y querer repetirlo, el deseo es verbalizado. Por ejemplo, si nos sumergimos en el disfrute de un amanecer junto al mar, experimentaremos el momento presente sin actividad mental. Pero al día siguiente, al recordar ese placer, surge el deseo de repetirlo y recurrimos a pensamientos y palabras.

Ya hemos hablado de la insignificancia de las palabras en comparación con la facultad de hablar. En este texto, la comparación es cualitativa. Las palabras son prácticamente incomparables con dimensiones más profundas que carecen incluso de actividad mental. Del mismo modo, las alocuciones divinas son insignificantes si se comparan con su origen o con Dios. Por lo tanto, el universo, que se mantiene gracias a las palabras divinas, es nulo.

El Alter Rebbe utiliza aquí las palabras de una plegaria:

אֱמֶת וְיַצִּיב וְנָכוֹן וְקַיָּם וְיָשָׁר וְנֶאֱמָן וְאָהוּב וְחָבִיב וְנֶחְמָד וְנָעִים [...]
(סידור התפילה, קריאת שמע של שחרית)

Es verdadero y firme, cierto y duradero, recto y fiel, amado y apreciado, deseado y agradable...

(*Sidúr*, «*Shemá*» matutino)

Asimismo, vemos que cita las palabras utilizadas de Eva que finalmente condujeron a la caída de Adán:

וַתֵּרֶא הָאִשָּׁה כִּי טוֹב הָעֵץ לְמַאֲכָל וְכִי תַאֲוָה הוּא לָעֵינַיִם וְנֶחְמָד הָעֵץ לְהַשְׂכִּיל וַתִּקַּח מִפִּרְיוֹ וַתֹּאכַל וַתִּתֵּן גַּם לְאִישָׁהּ עִמָּהּ וַיֹּאכַל:
(בראשית ג', ו')

Y cuando vio la mujer que el árbol era bueno para comer, y que era una delicia a los ojos, y que el árbol era codiciado para alcanzar la sabiduría, tomó de su fruto, y comió; y dio también a su marido con ella, y él comió.

(Génesis, 3:6)

La enseñanza oculta tras estas frases es que la atracción puede despertarse tanto hacia lo divino como hacia lo mundano, hacia la realidad o hacia la ilusión. De tal manera que el poder de atracción puede elevarnos o degradarnos, dependiendo del objeto de nuestra atracción.

רַק לְאַחַר שֶׁכְּבָר נָפְלָה הַחֶמְדָּה וְהַתַּאֲוָה בְּלִבּוֹ בְּכֹחַ חָכְמָתוֹ וְשִׂכְלוֹ וִידִיעָתוֹ, וְאַחַר כָּךְ חָזְרָה וְעָלְתָה מֵהַלֵּב לַמֹּחַ לְחַשֵּׁב וּלְהַרְהֵר בָּהּ אֵיךְ לְהוֹצִיא תַּאֲוָתוֹ מֵהַכֹּחַ אֶל הַפֹּעַל לְהַשִּׂיג הַמַּאֲכָל אוֹ לְמִידַת הַחָכְמָה בְּפֹעַל, הֲרֵי בְּכָאן נוֹלְדוּ בְּחִינוֹת אוֹתִיּוֹת בַּמֹּחַ, שֶׁהֵן אוֹתִיּוֹת כִּלְשׁוֹן עַם וָעָם, הַמְדַבְּרִים וְהַמְהַרְהֲרִים בָּהֶם כָּל עִנְיְנֵי הָעוֹלָם.

Solo después de que el deseo y anhelo han descendido al corazón por el estímulo de su sabiduría, entendimiento y comprensión, y solo después de haber ascendido nuevamente del corazón al cerebro para pensar y planear cómo implementar dicho deseo en la práctica, obtener esa comida o estudiar ese tema en concreto, es solo después de alcanzar dicha etapa que nacen las «letras» en su mente, letras de acuerdo con el idioma que emplea cada nación al hablar y pensar acerca de los asuntos del mundo.

La primera etapa es un impulso que no puede expresarse con palabras o letras. Este deseo puede permanecer inexpresado, sin generar ninguna idea. Solo después de que el impulso se transforme en emoción, nace el pensamiento para planificar cómo satisfacerlo. Entonces, las letras se manifiestan para vestir ese impulso. En su fase primaria, el impulso trasciende la cultura y la nacionalidad. La sed no es árabe, israelí, chilena o hindú. El hambre no es musulmán, judío, católico o budista. Las diferencias lingüísticas vienen después de su expresión a nivel mental. La variedad verbal pertenece a la superficie. La unidad reside en las profundidades de la consciencia. Solo después de vestirse de pensamientos y letras, el deseo se manifiesta en el plano de la acción.

Es muy beneficioso observar a los demás, pero con la intención de aprender acerca de nosotros. Resulta más fácil ser objetivo sobre nuestros semejantes porque no sentimos que tenemos algo que defender, ganar o perder. Si deseas conocer la realidad con mayor profundidad, presta menos atención a las palabras y más a los significados. Aunque utilizamos las mismas palabras, les otorgamos sentidos muy diferentes. Si prestas atención solo a las palabras, te sentirás confundido. Intenta escuchar lo que se oculta detrás de las palabras que escuchas.

Aquí finaliza el capítulo 20 del *Tania*, que comienza con la unidad de la divinidad y termina con la expresión verbal en los humanos. Tal examinación ejemplifica la relación entre la realidad objetual y la consciencia. Nos enseña que la expresión verbal no constituye un fenómeno independiente, sino que es solo la manifestación de una esencia interior. Cuando nuestra personalidad se expresa, utiliza el lenguaje para presentar una determinada imagen, lo que le permite ocultar sus sentimientos e ideas. Cuanto más habla, más oculta. Los seres sinceros y honestos utilizan menos palabras con mayor significado.

Observa tus conversaciones y transfórmalas en meditación. Presta mayor atención a los gestos y movimientos que a las palabras. Aprenderás a comprender el lenguaje que se oculta tras ellas. Esta meditación te ayudará a prestar atención a tu propia comunicación. Si escuchas tus propias palabras, verás que son mayormente mentiras. Descubre el silencio en lo profundo de tu interior y al penetrarlo, te inundarás de paz, dicha y bienaventuranza. Eres hijo del silencio: es tu origen y tu destinación. La verdadera meditación te conduce finalmente al silencio interior. Así como te comunicas con otros mediante el sonido, el silencio es el medio idóneo para comunicarte contigo mismo o con tu realidad. En el completo silencio, desaparecen todos los caminos hacia los demás, dejando abierto solo el sendero que te conduce a ti.

— ARTÍCULO 17 —
LA UNIDAD Y LA EXPRESIÓN DIVINA
TANIA CAPÍTULO 21

En el capítulo 20 del *Tania*, el Alter Rebbe discutió brevemente la no dualidad. Señaló que el Absoluto no experimenta ningún cambio como resultado de la manifestación cósmica porque todo el universo nace solo de sus expresiones, o *ma'amarót*. Respecto a la contracción, o *tzimtzúm*, utilizó el ejemplo de las palabras, las habilidades cognitivas y la esencia de los humanos. Explicó que sus palabras eran insignificantes en comparación con su facultad de hablar, sus pensamientos y, sobre todo, la esencia misma de su alma. Dado que todo el universo consiste solo en locuciones trascendentales, básicamente en comparación con su fuente.

En la sección del *Tania* llamada *El portal de la unidad y la creencia*, que analizaremos más adelante, el Alter Rebbe sostiene que los seres creados existen en Dios al igual que los rayos del sol residen en su fuente. En su origen, no tienen una realidad separada o independiente. Tanto las sagradas locuciones como los seres creados son irrelevantes en relación con los niveles más elevados de la divinidad. A continuación, analizaremos el capítulo 21.

> **Ahora bien, «la naturaleza del orden divino no es como la de carne y sangre (como la del ser humano)». Cuando una persona dice algo, el aliento de la palabra hablada puede ser sentido y percibido como algo separado de su fuente, a saber, las diez facultades del alma misma.**

> **Pero con el Santo, bendito sea Él, su habla no está, que el Cielo nos libre, separada de Él, bendito sea Él, pues no hay nada fuera de Él y «ningún lugar está vacío de Él» (*Tikkunei HaZohar*, 122b y 92a). Por lo tanto, Su habla no es como la nuestra, Dios no lo permita [así como Su pensamiento no es como nuestro pensamiento, como está escrito: «Pues Mis pensamientos no son como vuestros pensamientos» (Isaías, 55:8) y también está escrito «Así son Mis caminos más altos que los vuestros» (Isaías, 55:9)].**

Artículo 17: La unidad y la expresión divina

La palabra de Dios es llamada «locución» solo a manera de ejemplo: así como al hablar el ser humano revela lo que se encontraba oculto en forma de pensamientos a sus auditores, asimismo, la exteriorización de la luz y la fuerza vital del *Ein Sof* (Infinidad) de Su ocultamiento [previo a la creación] hacia la revelación [en el acto de creación], con el fin de crear y animar los mundos, es llamada «locución».

Estas son las diez locuciones divinas con las cuales fue creado el mundo. También lo son (las palabras de) la Torá, los profetas y las sagradas escrituras que los profetas han percibido en su visión profética.

Por lo tanto, la palabra y el pensamiento de Dios —para decirlo de alguna manera— están unidos a Él en una unión absoluta, tal como lo están la palabra y el pensamiento del ser humano mientras aún yacen en su facultad de sabiduría e intelecto o [tal como se encuentran] en un deseo o anhelo que [aún] se encuentra en su corazón, antes de que ascienda del corazón hacia el cerebro para ser meditado con las letras del pensamiento. En aquel momento, las letras de su palabra y pensamiento, que devienen de aquel anhelo y deseo, estaban todavía en un estado potencial en el corazón, donde se encontraban absolutamente unificadas con su fuente, a saber, la sabiduría y el intelecto en el cerebro, y el anhelo y deseo en el corazón.

Precisamente así, a modo de ejemplo, la «palabra» y el «pensamiento» de Dios están absolutamente unidos con su esencia y Ser, incluso después de que Su «palabra» se haya expresado en la creación de los mundos, tal como la «palabra» y el «pensamiento» de Dios estaban unidos a Él antes de la creación de los mundos. Por lo tanto, para Dios, absolutamente nada ha cambiado, [todo cambio como resultado de la creación] existe solo en relación con los seres creados, quienes reciben su fuerza vital de Su palabra, bendito sea, cuando esta pasa [del ocultamiento] a la materialización con la creación de los mundos, cuando [Su palabra] se inviste en estos [mundos] para darles vida, [lo cual ocurre] mediante un descenso gradual de un nivel a otro y una gradación descendiente por intermedio de numerosas y variadas condensaciones, hasta que los seres creados puedan derivar su fuerza vital y existencia de ella sin perder su identidad.

Todas las condensaciones constituyen «un ocultamiento del rostro [divino]» (*hestér paním*); es decir, cubren con un velo y ocultan [la esencia de] la luz y la fuerza vital que se derivan de Su palabra, bendito sea, de manera que esta no se revele con una intensidad excesiva que los [mundos o plataformas] inferiores serían incapaces de recibir. Por eso, también, la luz y la fuerza vital que está investida en la palabra de Dios les parece aparentemente algo separado de la esencia de Dios Mismo, solo que emana de Él, tal como el habla de un ser humano proviene de su alma.

Sin embargo, con respecto a Dios, ninguna condensación, ocultamiento o velo, oculta o borra nada de Él; para Él, «la "oscuridad" y la "luz" son lo mismo», como está escrito «Tampoco la oscuridad puede oscurecer [cosa alguna] de Ti» (Salmos, 139:12) y demás. Porque las condensaciones y los «velos» no son distintos de Él, Dios libre, sino que son «como la tortuga, cuya vestimenta es parte de su cuerpo», como está escrito: «Porque Dios es el

Señor» (Deuteronomio, 4:35), como se explica en otro lugar. Por eso, en Su presencia, todo lo demás es considerado nada.

Analizaremos este texto sección por sección.

וְהִנֵּה מִדַּת הַקָּדוֹשׁ בָּרוּךְ הוּא שֶׁלֹּא כְּמִדַּת בָּשָׂר וָדָם. שֶׁהָאָדָם, כְּשֶׁמְּדַבֵּר דִּבּוּר, הֲרֵי הֶבֶל הַדִּבּוּר שֶׁבְּפִיו הוּא מֻרְגָּשׁ וְנִרְאֶה דָּבָר בִּפְנֵי עַצְמוֹ, מֻבְדָּל מִשָּׁרְשׁוֹ, שֶׁהֵן עֶשֶׂר בְּחִינוֹת הַנֶּפֶשׁ עַצְמָהּ.

Ahora bien, «la naturaleza del orden divino no es como la de carne y sangre (como la del ser humano)». Cuando una persona dice algo, el aliento de la palabra hablada puede ser sentido y percibido como algo separado de su fuente, a saber, las diez facultades del alma misma.

La comunicación verbal humana se produce en la plataforma dual, en la cual el verbo es diferente del locutor. Una vez pronunciadas, las palabras se desconectan de su origen, y como dice el dicho... se las lleva el viento. En el plano relativo, el logos posee una existencia propia, independiente del orador.

אֲבָל הַקָּדוֹשׁ בָּרוּךְ הוּא, אֵין דִּבּוּרוֹ מֻבְדָּל מִמֶּנּוּ יִתְבָּרֵךְ חַס וְשָׁלוֹם, כִּי אֵין דָּבָר חוּץ מִמֶּנּוּ וְ"לֵית אֲתַר פָּנוּי מִנֵּהּ" (תיקוני הזוהר, קכ"ב, ב' וצ"ב, א'), וְלָכֵן אֵין דִּבּוּרוֹ יִתְבָּרֵךְ כְּדִבּוּרֵנוּ חַס וְשָׁלוֹם.

Pero con el Santo, bendito sea Él, su habla no está, que el Cielo nos libre, separada de Él, bendito sea Él, pues no hay nada fuera de Él y «ningún lugar está vacío de Él» (*Tikkunei HaZohar*, 122b y 92a). **Por lo tanto, Su habla no es como la nuestra, Dios no lo permita...**

A diferencia del habla humana, la expresión verbal divina es una con su fuente trascendental. En el plano absoluto, lo interno y lo externo son uno: no hay diferencia entre el sujeto como orador y el objeto como verbo. Es imposible separar a Dios de Su expresión porque solo Dios verdaderamente es y todo está en Dios.

Desde una perspectiva relativa, el ser humano habla desde su interior hacia el exterior. Sin embargo, desde una perspectiva absoluta, las palabras ocurren en lo más profundo de la consciencia; son una experiencia íntima a nivel primario. Asimismo, cuando la mente ambiciona, desea algo externo debido a una percepción de carencia. Pero el deseo trascendental es un anhelo por lo que es interno, o inherentemente parte de uno mismo. Dado que Dios no está separado de Sus alocuciones, Su creación no es más que divinidad. No hay nada en nosotros que exista independientemente de Dios. Todos los universos pertenecen a la consciencia. Nuestra esencia es divina y nuestra existencia es un préstamo. Como expresiones divinas, somos recreados en cada instante.

[כְּמוֹ שֶׁאֵין מַחֲשַׁבְתּוֹ כְּמַחֲשַׁבְתֵּנוּ, כְּדִכְתִיב: "כִּי לֹא מַחְשְׁבוֹתַי מַחְשְׁבוֹתֵיכֶם" (ישעיהו נ"ה, ח'), וּכְתִיב: "כֵּן גָּבְהוּ דְרָכַי מִדַּרְכֵיכֶם" (ישעיהו נ"ה, ט') וְגוֹ'.]

[así como Su pensamiento no es como nuestro pensamiento, como está escrito: «Pues Mis pensamientos no son como vuestros pensamientos» (Isaías, 55:8) y también está escrito «Así son Mis caminos más altos que los vuestros» (Isaías, 55:9)].

Tal como hay una distinción entre el pensamiento divino y el humano, también hay una diferencia abismal en el verbo de la plataforma relativa y la absoluta.

וְלֹא נִקְרָא דִּבּוּרוֹ יִתְבָּרֵךְ בְּשֵׁם "דִּבּוּר", רַק עַל דֶּרֶךְ מָשָׁל, כְּמוֹ שֶׁדִּבּוּר הַתַּחְתּוֹן שֶׁבָּאָדָם הוּא מְגַלֶּה לַשּׁוֹמְעִים מַה שֶׁהָיָה צָפוּן וְנֶעְלָם בְּמַחֲשַׁבְתּוֹ, כָּךְ לְמַעְלָה, בְּאֵין־סוֹף בָּרוּךְ הוּא, יְצִיאַת הָאוֹר וְהַחִיּוּת מִמֶּנּוּ יִתְבָּרֵךְ, מֵהֶעְלֵם אֶל הַגִּלּוּי לִבְרֹא עוֹלָמוֹת וּלְהַחֲיוֹתָם, נִקְרָא בְּשֵׁם "דִּבּוּר".

La palabra de Dios es llamada «locución» solo a manera de ejemplo: así como al hablar el ser humano revela lo que se encontraba oculto en forma de pensamientos a sus auditores, asimismo, la exteriorización de la luz y la fuerza vital del *Ein Sof* (Infinidad) de Su ocultamiento [previo a la creación] hacia la revelación [en el acto de creación], con el fin de crear y animar los mundos, es llamada «locución».

A través de las expresiones verbales, exponemos nuestro mundo mental y emocional. Esta expresión, tanto a nivel humano como trascendental, consiste en un acto de contracción y desvelamiento. Dios crea el mundo mediante locuciones y, por lo tanto, revela contrayendo la propia realidad interna de Dios. Como ya se ha mencionado, a diferencia de la expresión humana, la locución trascendental permanece en su fuente. Por ende, podría considerarse pensamiento en lugar de habla. Por eso el Alter Rebbe sostiene: «**La palabra de Dios es llamada "locución" solo a manera de ejemplo**». Es decir, la expresión divina se denomina metafórica o alegóricamente así precisamente porque revela lo que está oculto.

El Alter Rebe continúa:

וְהֵן הֵן עֲשָׂרָה מַאֲמָרוֹת שֶׁבָּהֶן נִבְרָא הָעוֹלָם, וְכֵן שְׁאָר כָּל הַתּוֹרָה נְבִיאִים וּכְתוּבִים שֶׁהִשִּׂיגוּ הַנְּבִיאִים בְּמַרְאֵה נְבוּאָתָם.

Estas son las diez locuciones divinas con las cuales fue creado el mundo. También lo son (las palabras de) la Torá, los profetas y las sagradas escrituras que los profetas han percibido en su visión profética.

La Biblia es considerada trascendental; es la revelación de la existencia al profeta. La iluminación muestra lo oculto e inaccesible a niveles ordinarios de consciencia. Es posible transmitir dicha visión, pero obviamente no a través de la comunicación verbal humana.

וַהֲרֵי דִּבּוּרוֹ וּמַחֲשַׁבְתּוֹ כִּבְיָכוֹל מְיֻחָדוֹת עִמּוֹ בְּתַכְלִית הַיִּחוּד, דֶּרֶךְ מָשָׁל, כְּמוֹ דִּבּוּרוֹ וּמַחֲשַׁבְתּוֹ שֶׁל אָדָם בְּעוֹדָן בְּכֹחַ חָכְמָתוֹ וְשִׂכְלוֹ.

Por lo tanto, la palabra y el pensamiento de Dios —para decirlo de alguna manera— están unidos a Él en una unión absoluta, tal como lo están la palabra y el pensamiento del ser humano mientras aún yacen en su facultad de sabiduría e intelecto...

La expresión divina, a diferencia de la humana, se asemeja más al pensamiento que al habla. Una vez pronunciadas, las palabras tienen vida propia y una realidad independiente de su emisor. Por su parte, los pensamientos son discretos e íntimos. La actividad mental se mantiene oculta e imperceptible para entidades externas. Las experiencias no ocurren fuera de la consciencia, sino en lo más profundo de ella. Por tanto, no hay experiencia fuera de la consciencia.

אוֹ בַּתְּשׁוּקָה וְחֶמְדָּה שֶׁבְּלִבּוֹ, קֹדֶם שֶׁעָלְתָה מֵהַלֵּב לַמֹּחַ לְהַרְהֵר בָּהּ בִּבְחִינַת אוֹתִיּוֹת, שֶׁאָז הָיוּ אוֹתִיּוֹת הַמַּחֲשָׁבָה וְהַדִּבּוּר הַזֶּה, הַנִּמְשָׁכוֹת מֵחֶמְדָּה וּתְשׁוּקָה זוֹ, בְּכֹחַ בַּלֵּב, וּמְיֻחָדוֹת שָׁם בְּתַכְלִית הַיִּחוּד בְּשָׁרְשָׁן, שֶׁהֵן הַחָכְמָה וְשֵׂכֶל שֶׁבַּמֹּחַ וְחֶמְדָּה וּתְשׁוּקָה שֶׁבַּלֵּב.

... o [tal como se encuentran] en un deseo o anhelo que [aún] se encuentra en su corazón, antes de que ascienda del corazón hacia el cerebro para ser meditado con las letras del pensamiento. En aquel momento, las letras de su palabra y pensamiento, que devienen de aquel anhelo y deseo, estaban todavía en un estado potencial en el corazón, donde se encontraban absolutamente unificadas con su fuente, a saber, la sabiduría y el intelecto en el cerebro, y el anhelo y deseo en el corazón.

Según el Alter Rebbe, los deseos y temores que habitan en lo profundo del corazón pueden transformarse en palabras. Estos impulsos envían señales a la mente, donde se convierten en pensamientos, símbolos y, finalmente, en palabras. Los sentimientos, emociones y deseos yacen en potencia y, a través de la expresión verbal, se transforman en palabras. Por otro lado, la actividad mental es un diálogo con uno mismo que permanece como parte del mundo interior hasta que se comparte a través de la comunicación externa.

וְכָכָה מַמָּשׁ, דֶּרֶךְ מָשָׁל, מְיֻחָדוֹת דִּבּוּרוֹ וּמַחֲשַׁבְתּוֹ שֶׁל הַקָּדוֹשׁ־בָּרוּךְ־הוּא בְּתַכְלִית הַיִּחוּד בְּמַהוּתוֹ וְעַצְמוּתוֹ יִתְבָּרַךְ, גַּם אַחַר שֶׁיָּצָא דִּבּוּרוֹ יִתְבָּרֵךְ אֶל הַפֹּעַל בִּבְרִיאוֹת הָעוֹלָמוֹת, כְּמוֹ שֶׁהָיָה מְיֻחָד עִמּוֹ קֹדֶם בְּרִיאַת הָעוֹלָמוֹת.

Precisamente así, a modo de ejemplo, la «palabra» y el «pensamiento» de Dios están absolutamente unidos con su esencia y Ser, incluso después de que Su «palabra» se haya expresado en la creación de los mundos, tal como la «palabra» y el «pensamiento» de Dios estaban unidos a Él antes de la creación de los mundos.

La expresión verbal divina nunca se aparta de su fuente. Incluso después de manifestar el universo, sigue siendo parte integral de su origen trascendental. Estas locuciones no existen de forma independiente porque la naturaleza omnipresente de Dios no permite ninguna exteriorización. Esto requeriría un espacio exterior a la divinidad, lo que entraría en conflicto con la no dualidad hebrea.

וְאֵין שׁוּם שִׁנּוּי שָׁנוּי כְּלָל לְפָנָיו יִתְבָּרַךְ, אֶלָּא אֶל הַבְּרוּאִים, הַמְקַבְּלִים חִיּוּתָם מִבְּחִינַת דִּבּוּרוֹ יִתְבָּרַךְ, בִּבְחִינַת יְצִיאָתוֹ כְּבָר אֶל הַפֹּעַל בִּבְרִיאַת הָעוֹלָמוֹת...

Por lo tanto, para Dios, absolutamente nada ha cambiado, [todo cambio como resultado de la creación] existe solo en relación con los seres creados, quienes reciben su fuerza vital de Su palabra, bendito sea, cuando esta pasa [del ocultamiento] a la materialización con la creación de los mundos...

Así como las escenas de una película no afectan la pantalla, las experiencias no afectan la consciencia. La pantalla no se moja cuando la película muestra una inundación ni se quema cuando aparece un incendio. Solo los actores que se perciben a sí mismos como entes reales experimentan una aparente mutabilidad. Asimismo, el cambio y la temporalidad se perciben únicamente desde la perspectiva de la consciencia localizada de los seres que se consideran creados.

Las expresiones divinas descienden mediante un sistema causativo que causa condensaciones o contracciones (*tzimtzumím*) hasta que se perciben como una realidad empírica. Este es un descenso a través de causas y efectos, además de cambios y mutaciones. Las expresiones verbales ya son conocidas por el orador y son nuevas solo para el auditor. Asimismo, el proceso de creación no implica ningún cambio para lo absoluto e inmutable.

...[הָעוֹלָמוֹת] שֶׁמִּתְלַבֵּשׁ בָּהֶם [דִּבּוּרוֹ יִתְבָּרֵךְ] לְהַחֲיוֹתָם עַל יְדֵי הִשְׁתַּלְשְׁלוּת מַעְלָה לְעָלוּל וִירִידַת הַמַּדְרֵגוֹת בְּצִמְצוּמִים רַבִּים וְשׁוֹנִים, עַד שֶׁיּוּכְלוּ הַבְּרוּאִים לְקַבֵּל חִיּוּתָם וְהִתְהַוּוּתָם מִמֶּנּוּ, וְלֹא יִתְבַּטְּלוּ בִּמְצִיאוּת.

... cuando [Su palabra] se inviste en estos [mundos] para darles vida, [lo cual ocurre] mediante un descenso gradual de un nivel a otro y una gradación descendiente por intermedio de numerosas y variadas condensaciones, hasta que los seres creados puedan derivar su fuerza vital y existencia de ella sin perder su identidad.

Para muchos, lo increíble de la manifestación cósmica es que lo existente (*iésh*) fue creado de la nada (*ain*). Sin embargo, lo realmente milagroso es el ocultamiento de la Verdad y el mantenimiento constante de una existencia aparente.

וְכָל הַצִּמְצוּמִים הֵם בְּחִינַת הֶסְתֵּר פָּנִים, לְהַסְתִּיר וּלְהַעֲלִים הָאוֹר וְהַחַיּוּת הַנִּמְשָׁךְ מִדִּבּוּרוֹ יִתְבָּרֵךְ, שֶׁלֹּא יִתְגַּלֶּה בִּבְחִינַת גִּלּוּי רַב שֶׁלֹּא יוּכְלוּ הַתַּחְתּוֹנִים לְקַבֵּל.

Artículo 17 : La unidad y la expresión divina

Todas las condensaciones constituyen «un ocultamiento del rostro [divino]» (*hester panim*); es decir, cubren con un velo y ocultan [la esencia de] la luz y la fuerza vital que se derivan de Su palabra, bendito sea, de manera que esta no se revele con una intensidad excesiva que los [mundos o plataformas] inferiores serían incapaces de recibir.

El sistema de condensaciones (*tzimtzumím*) regula la intensidad de luz o consciencia que cada entidad percibe de acuerdo con su capacidad receptiva. Según el Alter Rebbe, una revelación plena de la consciencia haría desaparecer toda entidad creada. En este caso, las alocuciones trascendentales destruirían el universo en lugar de crearlo. La expresión de estas es reducida para mantener la realidad empírica y permitir que la entidad creada regule por sí misma la luz recibida. La multiplicidad objetual se compone de un sinfín de modulaciones de la consciencia.

וְלָכֵן גַּם כֵּן נִדְמֶה לָהֶם אוֹר וְחַיּוּת הַדִּבּוּר שֶׁל מָקוֹם בָּרוּךְ הוּא הַמְלֻבָּשׁ בָּהֶם כְּאִלּוּ הוּא דָּבָר מֻבְדָּל מִמַּהוּתוֹ וְעַצְמוּתוֹ יִתְבָּרַךְ, רַק שֶׁנִּמְשַׁךְ מִמֶּנּוּ יִתְבָּרַךְ, כְּמוֹ דִּבּוּר שֶׁל אָדָם מִנַּפְשׁוֹ.

Por eso, también, la luz y la fuerza vital que está investida en la palabra de Dios les parece aparentemente algo separado de la esencia de Dios Mismo, solo que emana de Él, tal como el habla de un ser humano proviene de su alma.

A diferencia de la expresión verbal humana, las alocuciones divinas no se separan de su origen. Por lo tanto, algún tipo de restricción es necesaria para diferenciar de manera aparente al orador de la expresión. La esencia del universo es el ocultamiento de su fuente. Aunque los seres creados son siempre consciencia, debido a las condensaciones (*tzimtzumím*), asumen una naturaleza aparente contraída y localizada que les impide percibir su origen. Desde su ángulo relativo, perciben una creación separada de su creador y erróneamente concluyen que, si Dios existe, debe ser una entidad totalmente separada.

אַךְ לְגַבֵּי הַקָּדוֹשׁ בָּרוּךְ הוּא אֵין שׁוּם צִמְצוּם וְהֶסְתֵּר וְהֶעְלֵם מַסְתִּיר וּמַעְלִים לְפָנָיו, וְכַחֲשֵׁכָה כָּאוֹרָה, כְּדִכְתִיב (תהילים קל"ט, י"ב): "גַּם חֹשֶׁךְ לֹא יַחְשִׁיךְ מִמֶּךָ" וגו'.

Sin embargo, con respecto a Dios, ninguna condensación, ocultamiento o velo, oculta o borra nada de Él; para Él, «la "oscuridad" y la "luz" son lo mismo», como está escrito «Tampoco la oscuridad puede oscurecer [cosa alguna] de Ti» (Salmos, 139:12) y demás.

El ocultamiento es relevante solo desde una perspectiva relativa, no absoluta. Es como una ventana polarizada de un automóvil que permite a quienes están dentro ver hacia afuera, pero impide que quienes están afuera vean hacia adentro.

מִשּׁוּם שֶׁאֵין הַצִּמְצוּמִים וְהַלְּבוּשִׁים דָּבָר נִפְרָד מִמֶּנּוּ יִתְבָּרַךְ חַס וְשָׁלוֹם, אֶלָּא "כְּהָדֵן קַמְצָא דִּלְבוּשֵׁיהּ מִנֵּהּ וּבֵהּ", כְּמוֹ שֶׁכָּתוּב (דברים ד', ל"ה): "כִּי ה' הוּא הָאֱלֹהִים", וּכְמוֹ שֶׁנִּתְבָּאֵר בְּמָקוֹם אַחֵר. וְלָכֵן קַמֵּיהּ כֹּלָּא כְּלָא חָשִׁיב מַמָּשׁ.

Porque las condensaciones y los «velos» no son distintos de Él, Dios libre, sino que son «como la tortuga, cuya vestimenta es parte de su cuerpo», como está escrito: «Porque Dios es el Señor» (Deuteronomio, 4:35), como se explica en otro lugar. Por eso, en Su presencia, todo lo demás es considerado nada.

Así como el caparazón de la tortuga forma parte de su cuerpo, las vestiduras que cubren al Absoluto son una parte integral de este. Asimismo, las condensaciones divinas son la divinidad misma. Dado que todo lo que existe es solo consciencia, lo que sea que la oculte también es consciencia. El verso 4:35 de Deuteronomio empieza

Artículo 17 : La unidad y la expresión divina

con *Ki Havaya hu Ha'Elohím*, o «El Señor, Él es Dios». *Havayá*, o 'El Señor', se refiere al revelador trascendental, el Uno sin segundo. El nombre hebreo Elohím se refiere a Dios revelado como universo y naturaleza. Elohím está en plural porque se refiere a la multiplicidad. Según la gematría, la palabra *hateva*, o 'la naturaleza', posee el mismo valor numérico que Elohím. No hay diferencia entre el Dios revelado y el Dios oculto. El *vedānta* también afirma que incluso la ilusión, o *māyā*, es Brahman, es decir, nuestra realidad objetual carece de una existencia real y absoluta independiente.

Muchos creen que para experimentar la Verdad es esencial escapar de la ilusión. Aunque respeto cada punto de vista, para mí, la vida espiritual no exige el celibato, la renuncia al mundo ni la huida a una *yeshivá*, un monasterio o un *āśram*. La ilusión es también la realidad, pues lo mundano oculta lo divino y lo material oculta lo espiritual. Podemos encontrar esta idea en las palabras del Rabi Najman de Breslev:

שֶׁזֶּה בְּחִינַת אֶסְתֵּר, בְּחִינַת "וְאָנֹכִי הַסְתֵּר אַסְתִּיר" (דברים ל"א, י"ח) שֶׁאֲפִלּוּ בְּתַכְלִית הַהַסְתָּרָה, בְּהַסְתָּרָה שֶׁבְּתוֹךְ הַסְתָּרָה גַּם שָׁם הוּא אָנֹכִי. כִּי גַּם שָׁם נִמְצָא ה' יִתְבָּרַךְ כִּי "מְלֹא כָל הָאָרֶץ כְּבוֹדוֹ" (ישעיהו ו', ג').
(ליקוטי הלכות, אורח חיים, הלכות שבת ג', י')

Esta es la naturaleza de «Ester», en el contexto de «y me esconderé, ciertamente me esconderé» (Deuteronomio, 31:18). Esto significa que incluso en el ocultamiento más profundo, en el ocultamiento dentro del ocultamiento, allí también soy yo. Porque el Señor, bendito sea, también está allí, porque «Toda la tierra está llena de Su gloria» (Isaías, 6:3).

(*Likkutei Halajót*, «*Oraj Jaím*», «*Hiljót Shabbat*», 3.10)

וַאֲפִלּוּ בְּתֹקֶף הַהַסְתָּרָה שֶׁבְּתוֹךְ הַסְתָּרָה גַּם שָׁם אַתָּה נִמְצָא, כִּי אַתָּה בְּעַצְמְךָ נִסְתָּר בְּתוֹךְ כָּל הַהַסְתָּרוֹת שֶׁבָּעוֹלָם, וַאֲפִלּוּ בַּהַסְתָּרָה שֶׁבְּתוֹךְ הַסְתָּרָה, וַאֲפִלּוּ בְּאַלְפֵי אֲלָפִים וְרִבֵּי רְבָבוֹת הַסְתָּרוֹת עַד אֵין קֵץ, גַּם שָׁם אַתָּה נִמְצָא, כִּי לֵית אֲתַר פָּנוּי מִנֵּךְ, וְאַתָּה מְחַיֶּה אֶת כֻּלָּם, וּבִלְעָדֶיךָ אֵין שׁוּם חַיּוּת לְשׁוּם דָּבָר שֶׁבָּעוֹלָם, וַאֲפִלּוּ כָּל הַקְּלִפּוֹת וְכָל הַטֻּמְאוֹת שֶׁבָּעוֹלָם, וְכָל הַסִּטְרִין אַחֲרָנִין, וְכָל הַהַסְתָּרוֹת שֶׁבָּעוֹלָם הַמַּסְתִּירִים אֱלֹהוּתְךָ, כֻּלָּם אֵין לָהֶם חַיּוּת וְכֹחַ כִּי אִם מַה שֶּׁמְּקַבְּלִים

מִמְּךָ בְּעַצְמְךָ תִּתְבָּרַךְ לָנֶצַח, וְאַתָּה מוֹשֵׁל בַּכֹּל וּמַלְכוּתְךָ בַּכֹּל מָשָׁלָה, וּבִלְעָדֶיךָ אֵין כֹּחַ לָשׂוּם הַסְתָּרָה שֶׁבָּעוֹלָם לְהַסְתִּיר וּלְהַעֲלִים אוֹתְךָ תִּתְבָּרַךְ.

(רבי נחמן מברסלב, ליקוטי תפילות, חלק א', נ"ו)

E incluso en medio del ocultamiento más profundo dentro del ocultamiento, incluso allí, tu presencia persiste. Pues, en tu misma esencia, permaneces oculto dentro de cada ocultamiento que existe en el mundo, e incluso en el ocultamiento dentro del ocultamiento *ad infinitum*, e incluso dentro de miríadas o incluso innumerables ocultamientos, incluso allí perdura tu presencia, pues no hay espacio carente de Ti, y tú eres la fuerza vital de todo, y sin ti nada tiene vitalidad en el mundo. E incluso todas las *kelipót* (cáscaras, el mal, las cubiertas oscuras que velan la luz o la santidad), todas las impurezas en el mundo, y todos los *sitrin ajranin* (los 'otros lados', lo opuesto a la santidad), así como cada ocultamiento en el mundo, que velan tu soberanía, todos estos, extraen toda su vitalidad y fuerza únicamente de Ti, por siempre bendito serás. Y Tú lo gobiernas todo, y tu soberanía lo gobierna todo, y sin Ti, ningún ocultamiento en el mundo sería capaz de ocultarte o esconderte, bendito serás.

(Rabi Najman de Breslev, *Likkutei Tefilót*, 1.56)

Por lo tanto, cualquier esfuerzo por huir de lo aparente nos alejará más de lo real. Si renunciamos al mundo, renunciamos a Dios. La realidad no se opone a lo aparente: está oculta en su interior. El alma reside oculta en el cuerpo; es la vestimenta del cuerpo y el templo donde mora la divinidad.

אֲבָל בֶּאֱמֶת אֲפִלּוּ בְּכָל הַהַסְתָּרוֹת, וַאֲפִלּוּ בְּהַהַסְתָּרָה שֶׁבְּתוֹךְ הַסְתָּרָה, בְּוַדַּאי גַּם שָׁם מְלֻבָּשׁ הַשֵּׁם יִתְבָּרַךְ, כִּי בְּוַדַּאי אֵין שׁוּם דָּבָר שֶׁלֹּא יִהְיֶה בּוֹ חַיּוּת הַשֵּׁם יִתְבָּרַךְ, כִּי בִּלְעֲדֵי חַיּוּתוֹ לֹא הָיָה לוֹ קִיּוּם כְּלָל. וְעַל־כֵּן בְּוַדַּאי בְּכָל הַדְּבָרִים, וּבְכָל הַמַּעֲשִׂים, וּבְכָל הַמַּחֲשָׁבוֹת, מְלֻבָּשׁ שָׁם הַשֵּׁם יִתְבָּרַךְ, כִּבְיָכוֹל.

(רבי נחמן מברסלב, ליקוטי מוהר"ן, נ"ו, ג')

Artículo 17 : La unidad y la expresión divina

Sin embargo, en verdad, incluso en todos los ocultamientos —incluso en un ocultamiento dentro de un ocultamiento—, Dios está ciertamente encubierto (impregnado) también allí. En efecto, no hay nada que no tenga la fuerza vital de Dios, dado que no podría existir sin Su fuerza vital. Por lo tanto, Dios ciertamente impregna todas las cosas (palabras) y todos los actos y todos los pensamientos, por así decirlo.

(Rabi Najman de Breslev, *Likutei Moharán*, 56.3)

Dios está oculto en las flores, los árboles, las montañas, el mar, las estrellas y en cada uno de nosotros. Es la divinidad la que mira a través de cada ojo y escucha a través de cada oído. Si penetras el azul del océano o el resplandor de las estrellas, encontrarás a Dios. Si te adentras en lo profundo de otro ser humano hasta tocar su alma, encontrarás a Dios. Si te sumerges en tu interior, finalmente llegarás a Dios.

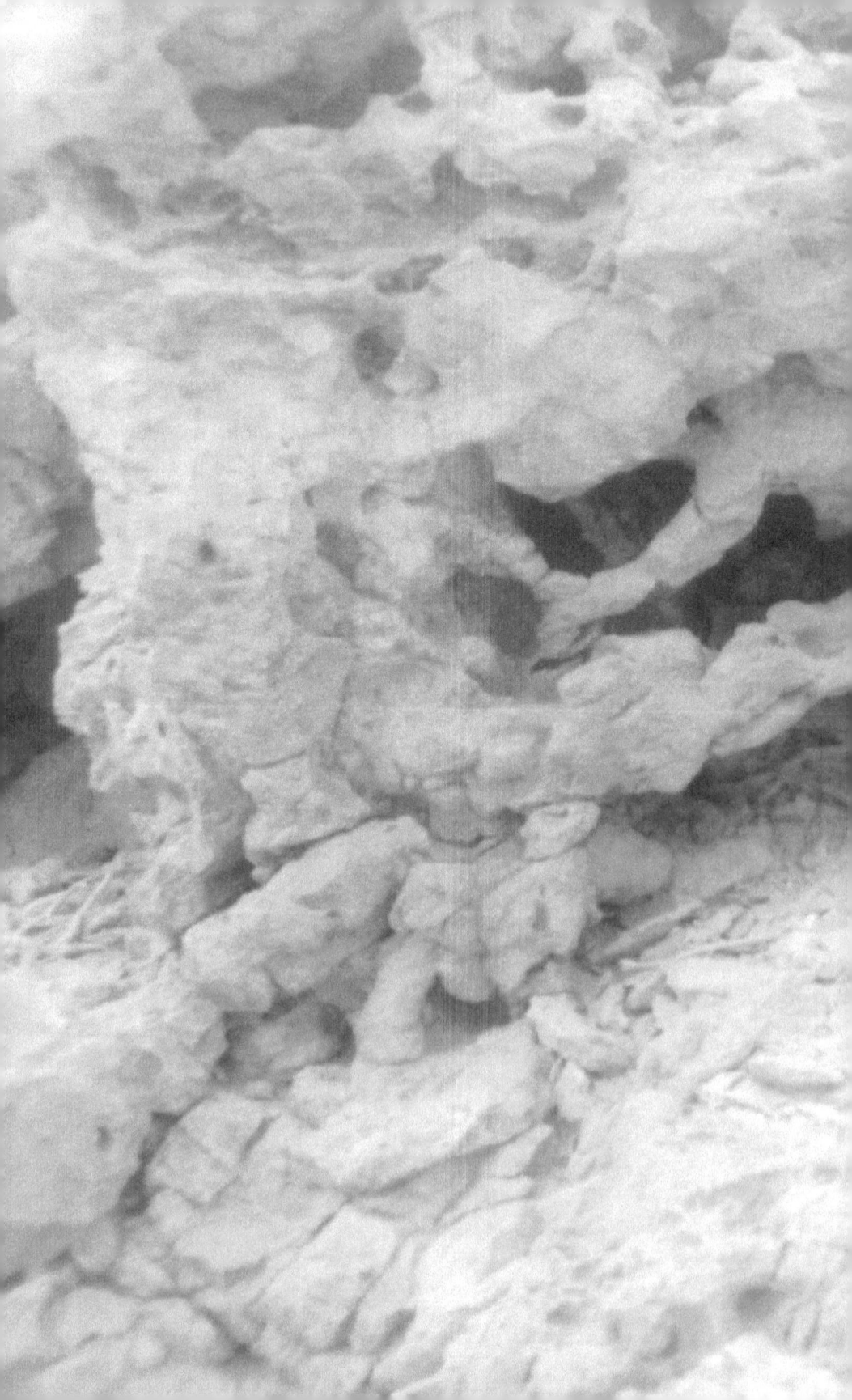

ARTÍCULO 18

EL SENDERO RETROPROGRESIVO DE LA *TESHUVÁ*

La magnífica obra *Tania*, escrita por el gran maestro iluminado judío Rabi Shneur Zalman de Liadi, presenta invalorables perlas de la sabiduría jasídica. A continuación, abordaremos el primer capítulo de su sección *Sha'ar HaIjúd VeHa'Emuná*, o '*El portal de la unidad y la creencia*'. Vamos a analizar este capítulo parte por parte.

«Sabe este día y llévalo a tu corazón, que Havaya es Elohím (El Señor, Él es Dios) en los cielos arriba y sobre la tierra abajo; no hay otro» (Deuteronomio, 4:39). Es necesario comprender. ¿Acaso podrías pensar que existe otro dios residiendo en las aguas debajo de la tierra, como para que se haga necesaria una advertencia tan enfática negando dicha idea declarando: «y llévalo a tu corazón?».

Está escrito (Salmos, 119:89): «Por siempre, Dios, Tu palabra se alza firme en los cielos». El Ba'al Shem Tov —bendita sea su memoria— explicó [este concepto en detalle, y difundió ampliamente que esto significa que] "Tu Palabra" que Tú has pronunciado, [es decir,] «Que haya un firmamento en medio de las aguas...» (Génesis, 1:6) estas [mismas] palabras y letras [mediante las cuales fueron creados los cielos] se alzan firmes por siempre dentro del firmamento del cielo y están por siempre investidas dentro de todos los cielos para darles vida; [y el que estas palabras hayan sido pronunciadas hace miles de años no presenta problema, porque es] como está escrito: «La palabra de nuestro Señor se alzará firme por siempre» (Isaías, 40:8) y [análogamente está escrito:] «Sus palabras viven y se alzan por siempre» (Plegarias Matutinas).

Pues si las letras [o expresiones creativas] partieran [incluso] por un instante, Dios libre, y regresaran a su origen, todos los cielos se volverían nulidad y nada absoluta, y serían como si jamás hubieran existido en absoluto, exactamente como antes de la afirmación «Que haya un firmamento».

Asimismo, con todas las creaciones que yacen en todos los mundos superiores e inferiores, e incluso esta tierra física y el plano de lo totalmente inanimado. Si las letras de las diez expresiones divinas mediante las cuales fue creada la tierra durante los seis días de creación fueran retiradas de ella por un instante, Dios libre, esta se volvería nulidad y nada absoluta, exactamente como antes de los seis días de creación.

Esto fue expresado por el Arizal, quien dijera que incluso en lo que aparenta ser materia inanimada, como las piedras, la tierra o el agua, existe el alma y el poder vital espiritual. Las cuales, aunque aparentemente no muestran movimiento, están investidas por las letras de las Diez expresiones que vivifican y manifiestan la materia inerte, permitiéndole surgir a la existencia a partir de la nada y nulidad que precedió a los Seis Días de la Creación.

Ahora bien, aunque el nombre *even* (piedra) no se menciona en las Diez Expresiones registradas en la Torá, sin embargo, la fuerza vital fluye hacia la piedra a través de combinaciones y sustituciones de las letras que se transponen en las «Doscientas treinta y una puertas», ya sea en orden directo o inverso, como se explica en el Sefer Yetzirá, hasta que la combinación del nombre *even* desciende de las Diez Expresiones, y se deriva de ellas, y esta es la fuerza vital de la piedra.

Y así sucede con todas las cosas creadas en el mundo: sus nombres en la Lengua Sagrada son las propias «letras del habla» que descienden, grado a grado, desde las Diez expresiones registradas en la Torá, por medio de sustituciones y transposiciones de letras a través de las «doscientas treinta y una puertas», hasta que llegan y se invisten en esa cosa creada en particular para darle vida.

[Este descenso es necesario] porque las criaturas individuales no son capaces de recibir su fuerza vital directamente de las Diez Expresiones de la Torá, ya que la fuerza vital que emana directamente de Ellas es mucho mayor que la capacidad de las criaturas individuales. Ellas [las criaturas individuales] pueden recibir la fuerza vital solo cuando esta desciende y es disminuida progresivamente, de grado en grado, por medio de sustituciones y transposiciones de las letras, y [por medio de] *guematriot* (valor numérico), hasta que pueda ser condensada e investida como una criatura particular. Y el nombre por el cual dicha criatura sea llamada en hebreo será un recipiente para la fuerza vital condensada en las letras de su nombre que ha descendido de las Diez Expresiones de la Torá, poseedoras del poder y vitalidad para manifestar a partir de la nadeidad y vitalizarlo eternamente, porque «la Torá y el Santo, bendito sea, son uno».

Comienza con las enseñanzas clásicas del Ba'al Shem Tov y cita un famoso verso del Pentateuco:

"וְיָדַעְתָּ הַיּוֹם וַהֲשֵׁבֹתָ אֶל לְבָבֶךָ, כִּי ה' הוּא הָאֱלֹהִים בַּשָּׁמַיִם מִמַּעַל וְעַל הָאָרֶץ מִתָּחַת אֵין עוֹד" (דברים ד', ל"ט). וְצָרִיךְ לְהָבִין: וְכִי תַעֲלֶה עַל דַּעְתְּךָ שֶׁיֵּשׁ אֱלֹהִים נִשְׂרָה בַּמַּיִם מִתַּחַת לָאָרֶץ, שֶׁצָּרִיךְ לְהַזְהִיר כָּל־כָּךְ "וַהֲשֵׁבֹתָ אֶל לְבָבֶךָ"?

«Sabe este día y llévalo a tu corazón, que Havaya es Elohím (El Señor, Él es Dios) en los cielos arriba y sobre la tierra abajo; no hay otro» (Deuteronomio, 4:39). Es necesario comprender. ¿Acaso podrías pensar que existe otro dios residiendo en las aguas debajo de la tierra, como para que se haga necesaria una advertencia tan enfática negando dicha idea declarando: «y llévalo a tu corazón?».

(Tania, «El portal de la unidad y la creencia», capítulo 1)

El Alter Rebbe no habla como un pedagogo sino como un maestro. No es solo otro guía, instructor o declamador de información reciclada o conocimiento de segunda mano. No comparte solo información de libros, sino también sabiduría nacida de su propia experiencia directa. En el versículo original, se nos advierte de que no se trata solo de **entender** algo, sino de **recibirlo** en las profundidades de nuestro corazón. Más allá de comprender intelectualmente una teología, se nos invita a despertar a la realidad que: «Dios es el Señor en los cielos arriba y sobre la tierra abajo; no hay otro» (Deuteronomio, 4:39).

Mediante su pregunta, el Alter Rebe rechaza una interpretación superficial de este verso. La comprensión simple es que no existe otro dios ni en los cielos ni en la tierra debajo de las aguas. Sin embargo, la luminaria del jasidismo se pregunta si corresponde siquiera imaginar otro dios en algún lugar del universo. Resulta claro que la sola idea de otro dios bajo el suelo o en un planeta lejano resultaría innecesaria y superflua.

El versículo bíblico señala a Dios como la realidad exclusiva y única. Por supuesto, esta afirmación corresponde a la Verdad absoluta o la realidad última. Existen distintos niveles de realidad, por lo tanto, aunque la Verdad es una, es percibida diferente según el propio nivel de consciencia. A pesar de que nuestro cuerpo siempre necesita alimentación, el tipo de alimento que consumimos en cada etapa de la vida depende de lo que podemos digerir. Asimismo, el método rabínico clásico denominado *pardés* indica que la revelación hebrea puede asimilarse en cuatro diferentes niveles de consciencia. *Pardés* (פרדס) es una palabra compuesta por la primera letra hebrea de cada nivel: *peshát, rémez, derásh* y *sod*:

- *Peshát* (פשט) significa 'simple' y corresponde al significado más obvio del texto.
- *Rémez* (רמז) es una interpretación alegórica o simbólica.
- *Derásh* (דרש) trata de la búsqueda de significados metafóricos o midráshicos y la comparación con fuentes bíblicas similares.
- *Sod* (סוד) significa 'secreto', está relacionado con el significado más elevado del texto.

La revelación hebrea contiene más de una sola Torá:

אֵלֶּה הַחֻקִּים וְהַמִּשְׁפָּטִים וְהַתּוֹרֹת אֲשֶׁר נָתַן ה' בֵּינוֹ וּבֵין בְּנֵי יִשְׂרָאֵל בְּהַר סִינַי בְּיַד מֹשֶׁה:

(ויקרא כ"ו, מ"ו)

Estos son los estatutos y las ordenanzas y las enseñanzas (*torót*) que el Señor estableció entre Él y los hijos de Israel en el monte Sinaí por mano de Moisés.

(Levítico, 26:46)

El *Midrásh* explica este verso de la siguiente manera:

"אֵלֶּה הַחֻקִּים וְהַמִּשְׁפָּטִים וְהַתּוֹרֹת": הַחֻקִּים – אֵלּוּ הַמִּדְרָשׁוֹת. וְהַמִּשְׁפָּטִים – אֵלּוּ הַדִּינִים. וְהַתּוֹרֹת – מְלַמֵּד שֶׁשְּׁתֵּי תוֹרוֹת נִתְּנוּ לָהֶם לְיִשְׂרָאֵל אֶחָד בִּכְתָב וְאֶחָד בְּעַל פֶּה. אָמַר רַבִּי עֲקִיבָא: "וְכִי שְׁתֵּי תוֹרוֹת הָיוּ לָהֶם לְיִשְׂרָאֵל? וַהֲלֹא תוֹרוֹת הַרְבֵּה נִתְּנוּ לָהֶם לְיִשְׂרָאֵל: 'זֹאת תוֹרַת הָעוֹלָה' (ויקרא ו', ב'), 'זֹאת תוֹרַת הַמִּנְחָה' (ויקרא ו', ז'), 'זֹאת תּוֹרַת הָאָשָׁם' (ויקרא ז', א'), 'זֹאת תּוֹרַת זֶבַח הַשְּׁלָמִים' (ויקרא ז', י"א), 'זֹאת הַתּוֹרָה אָדָם כִּי יָמוּת בְּאֹהֶל' (במדבר י"ט, י"ד)".

(ספרא, בחוקותי, ב', ח')

«Estos son los estatutos, los juicios y las Torás»: «Los estatutos»: Estos son los *midrashót* (exégesis); «Y los juicios»: Estos son los *diním* (leyes); «Y las Torás»: Esto nos enseña que se dieron dos Torás a Israel, una escrita y otra oral. Rabí Akiva dijo: «¿Acaso Israel tuvo solo dos Torás? ¿No se les dieron muchas Torás?». «Esta es la Torá de los holocaustos», (Levítico, 6:2). «Esta es la Torá de las ofrendas de comida», (Levítico, 6:7). «Esta es la Torá de las ofrendas por culpa», (Levítico, 7:1). «Esta es la Torá del sacrificio de las ofrendas de paz». (Levítico, 7:11). «Esta es la Torá cuando un hombre muere en la tienda», (Números, 19:14).

(*Sifra*, «*Bejukotai*», 2.8)

La revelación sinaítica desciende sobre todo el pueblo de Israel. Pero un colectivo se compone de individuos con diferentes niveles de consciencia. Por lo tanto, la Torá revela la misma Verdad en una variedad de realidades. La Verdad se viste con ropajes apropiados para cada uno, según su ubicación en el Sendero Retroprogresivo. Debido a las concesiones a quienes residen en la plataforma ilusoria, se acepta la realidad de un universo objetivo. Sin embargo, a medida que progrese la búsqueda de lo real, se cuestionará la existencia de la realidad relativa.

Si nos despertamos a medianoche y vemos un gorila en la esquina de nuestra habitación que se desvanece en unos instantes, sin duda concluiremos que se trataba de una alucinación. En general, cuando una experiencia dura un poco tiempo y luego se evapora, se considera un sueño. Las experiencias temporales suelen considerarse existentes, pero no se consideran reales. De manera similar, aunque la realidad objetual puede percibirse como existente, carece de verdadera realidad. Si bien los objetos y la materia carecen de realidad independiente, no pueden calificarse de falsos.

Obviamente, no puede haber ninguna parte de una existencia mutable que sea verdaderamente real. Para mayor claridad, recurriremos a la clásica analogía advaítica de la soga y la serpiente. Caminando al atardecer por el bosque, vemos una cuerda a un lado del camino. Debido a la falta de visibilidad, la confundimos con una culebra y nos invade el miedo. Cuando por fin percibimos la cuerda, el miedo desaparece. Aunque el reptil era solo aparente, el miedo era real. Solo cuando vemos la cuerda, la serpiente pierde por completo su realidad. La serpiente nunca nació, ni jamás murió; no tuvo un comienzo en el tiempo. No salió de la cuerda ni desapareció en ella porque, aunque existió, nunca fue real. Fue la oscuridad la que no nos permitió percibir que era solo una cuerda. Cuando alguien prende una linterna, logramos reconocer nuestro error y disipar la ignorancia. La sabiduría permite el reconocimiento de la realidad tal como es. En la analogía, la serpiente es nuestra existencia empírica y la cuerda es la consciencia absoluta. Hablamos de más de una Torá porque esta se comunica con tres niveles de realidad: la realidad real, la irreal y la no real. Lo real existe siempre, mientras que lo falso nunca ha existido.

Śaṅkara, el máximo exponente del *vedānta advaita*, ofrece una explicación brillante acerca del fenómeno del mundo y su relación con la realidad última. En sus escritos, menciona tres órdenes o niveles de realidad: la realidad absoluta (*pāramārthika*), la realidad relativa (*vyāvahārika*) y la realidad ilusoria (*prātibhāsika*), que distingue de la inexistencia (*alīka*).

यद्वा त्रिविधं सत्त्वम्पारमार्थिकं व्यावहारिकं प्रातिभासिकञ्चेति। पारमार्थिकं सत्त्वं ब्रह्मणः, व्यावहारिकं सत्त्वमाकाशादेः, प्रातिभासिकं सत्त्वं शुक्तिरजतादेः।

yad vā tri-vidhaṁ sattvam—pāramārthikaṁ vyāvahārikaṁ pratibhāsikañ ceti. pāramārthikaṁ sattvaṁ brahmaṇaḥ, vyāvahārikaṁ sattvam ākāśādeḥ, prātibhāsikaṁ sattvaṁ śukti-rajatādeḥ.

[O podríamos decir que] hay tres tipos de existencia: absoluta, convencional e ilusoria. La existencia absoluta pertenece a Brahman, la existencia convencional al éter y demás, y la existencia ilusoria de la plata en el nácar.

(Dharmarāja Adhvarīndra, *Vedānta-paribhāṣā*, capítulo 1)

La realidad absoluta o *pāramārthika-sattā*: Se refiere a Brahman o la consciencia, que es la única realidad existente. Es pura, inmutable y eterna. Los fenómenos objetivos son superposiciones irreales sobre el trasfondo de la realidad absoluta. Desde el punto de vista de *pāramārthika-sattā*, tanto la realidad empírica como la aparente son irreales. Las diferencias entre ambas son relevantes solo para quienes aún están cegados por la ignorancia. Quien ha realizado la consciencia trascendental percibe que la pluralidad es una manifestación de la realidad única. La pluralidad se esfuma junto con la desaparición de la ignorancia. *Pāramārthika* se refiere a la realidad absoluta tras la diversidad objetual de nombres y formas. Tal como una persona ordinaria sabe que la luna reflejada en el lago no es la verdadera luna, un ser realizado percibe que los objetos son irreales. El sabio se relaciona con el mundo objetual al igual que con un espejo: sabe que la realidad que percibe a través de sus sentidos no es más que un reflejo.

La realidad relativa o *vyāvahārika-sattā*: Se refiere a la realidad empírica, práctica, relativa y temporal, la cual implica la relación sujeto-objeto. Śaṅkara sostiene en su comentario al *Vedānta Sūtra* que *vyāvahārika-sattā* proviene de la mutua superimposición de lo real y lo irreal, del Ser y el no Ser, causada por la ignorancia. Todo fenómeno existente combina realidad e irrealidad. Ya que *vyāvahārika-sattā* está sujeta a categorías como el tiempo, el espacio y la causalidad, muta constantemente. Su naturaleza temporal la diferencia de la realidad absoluta, que es eterna. Sin embargo, aunque el mundo objetual es solo una realidad empírica, en la vida práctica debemos relacionarnos con el mundo como si fuera real.

La realidad ilusoria o *prātibhāsika-sattā*: *Prātibhāsika* es solo una apariencia de *vyāvahārika*. Se refiere a la realidad aparente de los fenómenos ilusorios, como las alucinaciones, los espejismos, los sueños y demás. Aceptamos esta realidad como real mientras dura la ilusión, pero su condición cambia cuando uno toma consciencia de la realidad empírica (*vyāvahārika*). Estas ilusiones se originan en *avidyā*, o 'ignorancia', y se esfuman cuando la base real que ha originado las apariencias es reconocida. La ilusión se disipa solo a través del conocimiento de la esencia, o *adhiṣṭhana*.

Prātibhāsika incluye fenómenos como el reflejo de la luna en un lago tranquilo y apacible. Aunque solo es una apariencia, el reflejo puede parecer la luna misma. El reflejo de la luna es perceptible, pero no es real. En comparación con su reflejo, la luna misma es considerada real.

La inexistencia o *alīka*: Se refiere a la inexistencia absoluta. Los tres niveles de realidad mencionados son diferentes de *alīka*. Es imposible percibir *alīka* tanto en el pasado, como en el presente o el futuro. Por ejemplo, el hijo de una mujer estéril es imperceptible.

Para Śaṅkara, solo la realidad absoluta (*pāramārthika*) existe, mientras que la realidad relativa (*vyāvahārika*) es no real, o *mithyā*. Sin embargo, la realidad relativa (*vyāvahārika*) es diferente de la realidad ilusoria (*prātibhāsika*) y, por supuesto, de la inexistencia absoluta (*alīka*). Si bien difiere de la realidad absoluta, la realidad relativa (*vyāvahārika*), que es el universo objetivo (*mithyā*), es de hecho perceptible.

अवाच्छिन्नश्चिदाभासस्तृतीयन्स्वप्नकल्पितः ।
स्विज्ञेयस्त्रिविधोजीवस्तत्राद्यः पारमार्थिकः ॥

avācchinnaś cid-ābhāsas
tritīyan svapna-kalpitaḥ
svijñeyas tri-vidho jīvas
tatrādyaḥ pāramārthikaḥ

Hay tres concepciones de la *jīva* (consciencia): como aquel limitado por el *prāṇa* (energía vital); como aquel que está presente en la mente, mientras que la tercera es la consciencia tal como se imagina en el sueño [asumiendo las formas del hombre, y demás]... La primera de estas es la verdadera naturaleza.

(Śrī Vidyāraṇya, *Dṛg-dṛsya-viveka*, 32)

De los niveles mencionados, la realidad *prātibhāsika* se ve superada por *vyāvahārika*; esta a su vez es trascendida por *pāramārthika*. *Prātibhāsika* es una realidad privada, *vyāvahārika* es común a todos los seres humanos y *pāramārthika* pertenece al iluminado. Solo el sabio tiene derecho a relacionarse con el mundo como *mithyā*, o 'no real', pero no así quienes aún se encuentran cegados por la ilusión.

Lo real existe (*sat*) en el presente, el pasado y el futuro. Lo irreal no existe (*asat*) en el pasado, el presente ni en el futuro. Finalmente, lo no real (*mithyā*) se encuentra entre *sat* y *asat*: a veces existe y otras no.

सदसद्विलक्षणत्वम्मिथ्यात्वम् ।

sad-asad-vilakṣaṇatvam mithyātvam.

Mithyātva (la no realidad) no es ni real ni irreal.
(Madhusūdana Sarasvatī, *Advaita-siddhi, pariccheda* 1)

En el ejemplo que mencionamos de la cuerda y la serpiente, la serpiente no es real (*sat*) en el presente, en el pasado o el futuro. Por otro lado, la serpiente no es irreal (*asat*) porque nos causa miedo. La serpiente es no real (*mithyā*): tiene existencia para la persona asustada, pero deja de existir cuando se esfuma la ignorancia.

El ignorante percibe diferentes objetos y acepta separaciones entre ellos como si fuesen reales. Siente atracción por algunos objetos y rechazo hacia otros. Se asemeja a la persona que va a comprar una vasija de porcelana y se concentra solo en la forma, pero se olvida de que todas las vasijas en el negocio están hechas de porcelana. Por su parte, para el iluminado con experiencia trascendental, la realidad múltiple carece de sentido. Sabe que es solo debido a los *upādhis*, o 'limitaciones', que los objetos del mundo fenoménico parecen estar separados. Ve a todo y a todos sin atracción ni rechazo. Gracias a su visión trascendental, identifica la esencia y no ama ni odia nada en particular: nada es *priya* o *apriya*.

En otras palabras, el iluminado no presta atención a la diversidad de este mundo, pero es consciente de su verdadera identidad. No ignora la variedad objetual existente, aunque sabe que las diferencias son falsas, temporales e ilusorias. El despierto se mueve en el mundo respetando la realidad dual *vyāvahārika*, pero consciente de la realidad trascendental *pāramārthika*.

Por lo tanto, la Torá contiene textos destinados a diferentes dimensiones de realidad. Las sagradas escrituras encierran pasajes para referirse a la realidad ilusoria, a la relativa y a la absoluta. La Torá hace misericordiosas concesiones para comunicarse con cada uno en su nivel de consciencia. Al ser una revelación, no se confina a la realidad absoluta. El mismo párrafo puede comprenderse en diferentes niveles según *peshát*, *rémez*, *derásh* y *sod*. Al dirigirse a un nivel de realidad ilusoria, la Torá rechaza enfáticamente el politeísmo o la creencia en la existencia de una diversidad de dioses. Al hablar sobre la base de la realidad relativa, enfatiza la existencia de un Dios personal u óntico, un Dios que es alguien, un Dios objetivo. Sin embargo, cuando se dirige a la humanidad en términos de la realidad absoluta, la Torá afirma que la realidad objetual es esencialmente solo Dios. En un primer nivel, no existe una multiplicidad de dioses, luego, hay solo un Dios y, finalmente, solo Dios es.

Aunque tal afirmación no contrasta con nuestra experiencia, sí difiere de nuestra interpretación de la realidad, teñida de nuestra propia narrativa. Pensamos que el mundo está hecho de objetos. Pero cuando los percibimos, incluimos el condicionamiento y, por tanto, nos cerramos a las infinitas probabilidades instantáneas. Dado que incluimos la memoria en la percepción, reducimos las probabilidades potenciales a una sola, que aceptamos como la única real. Leemos en el Génesis:

[...] וַיִּקְרָא הָאָדָם שֵׁמוֹת לְכָל הַבְּהֵמָה וּלְעוֹף הַשָּׁמַיִם וּלְכֹל חַיַּת הַשָּׂדֶה
(בראשית, ב', כ')

Y el hombre nombró a toda bestia y ave de los cielos y a todo ganado del campo...

(Génesis, 2:20)

Para la mente, la realidad depende del lenguaje. La realidad de los objetos es determinada por pensamientos, comparaciones, memoria, conceptos y definiciones. Al caminar la senda retroprogresiva en búsqueda de la realidad última, podemos cometer la misma falencia. La mayoría de los aspirantes «espirituales» buscan la Verdad absoluta como si fuera objetual. Esperan percibir la iluminación como algo o alguien con cualidades objetuales. Creen que debe ser una experiencia muy especial con luces, colores y energías. Sin embargo, la condición esencial de la realidad última es la permanencia, la invariabilidad y la inmutabilidad.

Artículo 18: El Sendero Retroprogresivo de la Teshuvá

כִּי אֲנִי ה' לֹא שָׁנִיתִי [...]

(מלאכי ג', ו')

Porque yo, el Señor, no cambio [...].

(Malaquías, 3:6)

Las personas bajo los efectos del alcohol o las drogas experimentan «realidades» diferentes. Existen tantas realidades como niveles de consciencia. No obstante, la realidad absoluta no es una variante en sí, sino una que abarca todas las demás. Porque la consciencia absoluta no consiste en un estado determinado o especial, sino que es un estado que incluye a todos los estados de consciencia. Solo puede ser real la percepción indiferenciada, en la que el conocedor conoce, pero sin diferenciarse de lo conocido. De este modo, la realidad objetual percibida puede considerarse última solo cuando incluye al sujeto perceptor.

הִנֵּה, כְּתִיב: "לְעוֹלָם, ה', דְּבָרְךָ נִצָּב בַּשָּׁמַיִם" (תהילים קי"ט, פ"ט), וּפֵירֵשׁ הַבַּעַל־שֵׁם־טוֹב זִכְרוֹנוֹ לִבְרָכָה: כִּי "דְּבָרְךָ" שֶׁאָמַרְתָּ "יְהִי רָקִיעַ בְּתוֹךְ הַמָּיִם וְגוֹ'" (בראשית א', ו') – תֵּיבוֹת וְאוֹתִיּוֹת אֵלּוּ, הֵן נִצָּבוֹת וְעוֹמְדוֹת לְעוֹלָם בְּתוֹךְ רְקִיעַ הַשָּׁמַיִם, וּמְלוּבָּשׁוֹת בְּתוֹךְ כָּל הָרְקִיעִים לְעוֹלָם לְהַחֲיוֹתָם, כְּדִכְתִיב: "וּדְבַר אֱלֹהֵינוּ יָקוּם לְעוֹלָם" (ישעיהו מ', ח'), "וּדְבָרָיו חָיִים וְקַיָּימִים לָעַד כו'" (תפילת שחרית).

Está escrito (Salmos, 119:89): «Por siempre, Dios, Tu palabra se alza firme en los cielos». El Ba'al Shem Tov —bendita sea su memoria— explicó [este concepto en detalle, y difundió ampliamente que esto significa que] "Tu Palabra" que Tú has pronunciado, [es decir,] «Que haya un firmamento en medio de las aguas...» (Génesis, 1:6) estas [mismas] palabras y letras [mediante las cuales fueron creados los cielos] se alzan firmes por siempre dentro del firmamento del cielo y están por siempre investidas dentro de todos los cielos para darles vida; [y el que estas palabras hayan sido pronunciadas hace miles de años no presenta problema, porque es] como

está escrito: «La palabra de nuestro Señor se alzará firme por siempre» (Isaías, 40:8) y [análogamente está escrito:] «Sus palabras viven y se alzan por siempre» (Plegarias Matutinas).
(*Tania*, «*El portal de la unidad y la creencia*», capítulo 1)

El versículo citado por el Alter Rebe es del libro Salmos:

לְעוֹלָם ה' דְּבָרְךָ נִצָּב בַּשָּׁמָיִם:

(תהילים קי"ט, פ"ט)

Por siempre, Dios, Tu palabra se alza firme en los cielos.
(Salmos, 119:89)

De acuerdo con la Biblia, el universo empírico consiste en una expresión divina manifestada a través de locuciones. Leemos lo siguiente en el Génesis, el primer libro de la Torá.

וַיֹּאמֶר אֱלֹהִים יְהִי רָקִיעַ בְּתוֹךְ הַמָּיִם [...]
וַיֹּאמֶר אֱלֹהִים יִקָּווּ הַמַּיִם מִתַּחַת הַשָּׁמַיִם אֶל־מָקוֹם אֶחָד וְתֵרָאֶה הַיַּבָּשָׁה [...]
וַיֹּאמֶר אֱלֹהִים תַּדְשֵׁא הָאָרֶץ דֶּשֶׁא עֵשֶׂב מַזְרִיעַ זֶרַע [...]
וַיֹּאמֶר אֱלֹהִים יְהִי מְאֹרֹת בִּרְקִיעַ הַשָּׁמַיִם [...]

(בראשית א', פסוקים ו', ט', י"א, י"ד)

Y dijo Dios: «Que haya un firmamento en medio de las aguas» [...].
Y dijo Dios: «Júntense las aguas que están debajo de los cielos» [...].
Y dijo Dios: «Produzca la tierra hierba verde, hierba que dé semilla» [...].
Y dijo Dios: «Haya lumbreras en el firmamento de los cielos» [...].

(Génesis, 1:6, 9, 11, 14)

La misma expresión se repite en otros días de la creación. Por eso, *Pirkei Avót*, o '*La ética de los ancestros*', afirma:

בַּעֲשָׂרָה מַאֲמָרוֹת נִבְרָא הָעוֹלָם.

(פרקי אבות ה', א')

En diez alocuciones el mundo fue creado.

(*Pirkei Avót*, 5.1)

Para crear una obra de arte, se deben obtener los materiales apropiados. Esta creación artística necesitará sustancias para ser producida. Pero Dios, siendo todo lo existente, carece de una sustancia diferente de sí mismo para crear el universo. Siendo la única realidad, solo se tiene a sí mismo como materia prima. Ya que solo la consciencia es, toda realidad creada puede solo ser consciencia. Dios es tanto la causa material como la eficiente de su creación. Por ende, el *tzimtzúm*, o 'contracción', el espacio libre, la línea, el *Adam Kadmón*, las tres líneas, los recipientes, las letras o sonidos divinos son necesariamente divinidad.

בְּרֵאשִׁית בָּרָא אֱלֹהִים אֵת הַשָּׁמַיִם וְאֵת הָאָרֶץ:

(בראשית א', א')

En el principio creó Dios los cielos y la tierra.

(Génesis, 1:1)

El término arameo *go* (גו) significa adentro, mientras que *bar* (בר) significa afuera. La palabra hebrea *bará* (ברא) implica una externalización o expresión desde lo interior.

Asimismo, la palabra *existir* deriva del latín *exsistō* o *exsistere*, compuesta de *ex* (afuera) y *sistō, sistere, stitī/stetī* o *statum* (colocar, parar); es causativo de *stō* o *stāre*, de la raíz indoeuropea *sti-sth*, cuyo significado es 'estar de pie'. El griego clásico para 'estar de pie' ($\H{\iota}\sigma\tau\eta\mu\iota$ - *hístēmi*) también deriva de esta raíz. La creación es una expresión divina; al crear Dios simplemente se expresa a sí mismo.

כִּי הוּא אָמַר וַיֶּהִי הוּא צִוָּה וַיַּעֲמֹד:

(תהילים ל"ג, ט')

Porque habló, y fue; Él ordenó y se mantuvo.

(Salmos, 33:9)

בִּדְבַר ה' שָׁמַיִם נַעֲשׂוּ וּבְרוּחַ פִּיו כָּל צְבָאָם:

(תהילים ל"ג, ו')

Por la palabra de Dios fueron hechos los cielos; y todo su ejército por el aliento de su boca.

(Salmos, 33:6)

La ontología del sonido es una de las incógnitas de la filosofía del sonido. No está del todo claro qué es el sonido, dado que parece carecer de una cualidad física, así como el fenómeno de un arcoíris es solo una apariencia. A diferencia de los objetos que requieren espacio y tiempo, el sonido parece requerir solo tiempo. Los sonidos no se perciben por el lugar de su origen, sino por el patrón de transformación que provocan a lo largo del tiempo. La palabra *sonido* se utiliza en dos sentidos diferentes: científico y fisiológico. La física investiga el sonido en sí. Para los físicos, el sonido es cualquier fenómeno que se propaga en forma de ondas elásticas audibles, que se generan a partir del movimiento vibratorio de un cuerpo. Sin embargo, para los fisiólogos, el sonido es la sensación auditiva producida por tales ondas. Las ondas sonoras son estímulos que activan nuestro mecanismo auditivo. Las vibraciones se transmiten a través del aire, estimulan las fibras nerviosas del oído, generan impulsos que viajan a lo largo de las vías auditivas y alcanzan su zona de proyección en los lóbulos temporales. Los sonidos se perciben por medio del aparato auditivo, que transforma las ondas sonoras en movimiento de los estereocilios óticos. Las ondas se perciben en el oído interno, que las transmite a través del sistema nervioso al cerebro, haciendo posible la audición.

La audición se considera uno de los sentidos principales de los seres humanos, ya que nos permite relacionarnos con nuestro entorno y es esencial para la comunicación con otros seres humanos. Tenemos esta capacidad incluso antes de nacer; los fetos en el vientre también pueden oír. El oído humano es sensible solo a vibraciones con frecuencias de 16–20.000 Hz, por lo que en nuestra vida cotidiana solo podemos captar un porcentaje infinitesimal de las vibraciones cósmicas.

Según fuentes místicas judías, védicas y de muchas otras tradiciones, el universo es una materialización del espíritu a través del sonido. Diversos caminos esotéricos, durante miles de años, han accedido a la revelación de que el origen del universo son las vibraciones sonoras.

Al alcanzar los niveles más profundos de la meditación, se accede al verdadero silencio. En dicho nivel, se escucha el sonido en su nivel primordial que surge desde lo más profundo de nuestro interior. El *vedānta* se refiere a dicho sonido primordial como *Oṁkāra* y su expresión más cercana es el *Oṁ* sánscrito, sonido que justamente está incluido en el *shalom* hebreo. Su sonido es de tal sutileza que incluso el ruido mental nos impide oírlo. Por lo tanto, el requisito básico para acceder a él es una total quietud y silencio tanto mental como emocional. Desde las profundidades del *sanātana-dharma*, los yoguis compartieron su experiencia trascendental sobre el tema del sonido creando, hace miles de años, importantes vías de liberación como el *nāda-yoga* y el *mantra-yoga*. Desde tales vías yóguicas clásicas, nacieron términos esotéricos, como *śabda-brahman* o *nāda-brahman*, que se refieren al sonido en sus niveles más sutiles.

Śabda-brāhman es el sonido que se genera cuando el Uno se convierte en muchos. Se expresa junto con el despliegue de la energía creativa, o *śakti*, en una diversidad de nombres y formas. Es el sonido del Ser que abarca desde lo ultrasutil, pasando por lo sutil, hasta lo burdo. No es casualidad que la comunidad científica moderna llame Big Bang al principio del universo

Los *ṛṣis* védicos explicaron que todo el universo proviene del sonido y está en un estado pulsante llamado *spanda*. El término sánscrito *spanda* se refiere a la pulsación creativa del universo que se manifiesta como ondas creativas espontáneas. Todo lo que nos rodea vibra. Todas las expresiones de la naturaleza emiten constantemente vibraciones.

El *nāda-brahman* proviene del sonido causado por *spanda*: la vibración, pulsación, movimiento o agitación producida por el reflejo de Brahman sobre sí mismo o sobre su *vimarṣa*. El *vimarṣa* es ese gran espejo, por así decirlo, sobre el que Śiva observa su propio esplendor.

El sonido trasciende tanto a la creación como el origen de la creación. Según la sabiduría milenaria del *sanātana-dharma*, la manifestación cósmica descansa de manera potencial como sonido en el sueño de Viṣṇu después de cada disolución (*layam*). Luego, cada vez que el Señor vuelve a despertar, la potencialidad que yace oculta en el silencio se manifiesta de nuevo como pensamiento-sonido, y se expresa como el universo físico de nombres y formas.

Tanto *śabda-brahman* como *nāda-brahman* se traducen como 'sonido', pero se refieren a diferentes aspectos del sonido. Dado que estos conceptos son similares, es importante aclarar sus diferencias para evitar confusiones.

Śabda-brahman es la palabra eterna, el verbo divino, *nāda-brahman* es el sonido eterno, la melodía trascendental que es el Ser mismo reflejado en la música. El primero se relaciona con las letras, el segundo con la música. El primero se origina en la boca misma de Dios, el segundo en el corazón de Dios.

Śabda-brahman se refiere a Brahman como sonido lingüístico: mantras, himnos, oraciones y *yajñas*; está relacionado con *mantra-yoga* y *mantra-śāstra*. *Nāda-brahman* se refiere a la vibración o el sonido en un sentido musical y, por lo tanto, está más relacionado con *nāda-yoga*.

Para aclarar mejor el punto, diría que en ambos casos se trata de la comunicación entre la parte y el Todo, entre el alma y lo absoluto. En *mantra-yoga* es una transmisión, mientras que en *nada-yoga* es una recepción de ciertas señales cósmicas.

Según las enseñanzas del Ba'al Shem Tov, el versículo «Por siempre, Dios, Tu palabra se alza firme en los cielos» (Salmos, 119:89), significa que las expresiones provenientes del Absoluto permanecen estables e inalterables en las alturas. Estas alocuciones del firmamento emanan constantemente para mantener la creación. Estas expresiones trascendentales no solo se emitieron en el momento de la creación en el pasado, sino que continúan manifestándose y vivificando lo creado en cada momento. Para ser más precisos, debemos decir que, aunque la explicación de este versículo se atribuye aquí al Ba'al Shem Tov, en realidad es del *Midrásh Tehilím* (Salmos):

"דְּבָרְךָ נִצָּב בַּשָּׁמַיִם" (תהילים קי"ט, פ"ט). אֵיזֶה דָּבָר הַנִּצָּב בַּשָּׁמַיִם? אֶלָּא אָמַר הקב"ה: "עַל מָה הַשָּׁמַיִם עוֹמְדִים? עַל אוֹתוֹ דָּבָר שֶׁאָמַרְתִּי 'יְהִי רָקִיעַ בְּתוֹךְ הַמַּיִם [וְגוֹ'] וַיְהִי כֵן' (בראשית א', ו'–ז')", וּכְתִיב "כִּי הוּא אָמַר וַיֶּהִי" וְגוֹ' (תהילים ל"ג, ט'), אוֹתוֹ הַדָּבָר שֶׁאָמַר – הוּא עָשָׂה. לְכָךְ נֶאֱמַר: "הוּא צִוָּה וַיַּעֲמֹד" (שם), "בִּדְבַר ה' שָׁמַיִם נַעֲשׂוּ" (תהילים ל"ג, ו'), וּבְאוֹתוֹ הַדָּבָר שֶׁבָּרָא אוֹתָן – בּוֹ הֵם עוֹמְדִים לָעוֹלָם. לְכָךְ נֶאֱמַר: "לְעוֹלָם ה' דְּבָרְךָ נִצָּב בַּשָּׁמַיִם".

(מדרש שוחר-טוב על תהילים קי"ט, פ"ט)

«Tu palabra permanece firme en los cielos» (Salmos, 119:89). ¿Qué palabra es la que permanece en los cielos? El Santo Bendito dijo: «¿En qué se apoyan los cielos?». Sobre lo mismo que he dicho: «Que haya un firmamento en medio de las aguas, y demás... y así fue» (Genesis, 1:6). Y está escrito: «Porque Él habló, y fue». (Salmos, 33:9). Lo mismo que Él habló, Él creó. Por eso, se dice: «Él mandó, y fue así». Y «Por la palabra del Señor fueron hechos los cielos». Con la misma palabra que Él creó, se mantienen para siempre. Por eso se dijo: «Por siempre, Señor, Tu palabra permanece firme en los cielos».

(*Midrásh Shojer Tov* sobre Salmos, 119:89)

Aunque la cita es de *Midrásh Shojer Tov*, se le atribuye al Ba'al Shem Tov por la sencilla razón de que él la citó en repetidas ocasiones para explicar sus enseñanzas. En el *Talmud*, encontramos muchas situaciones similares en las que versículos de las escrituras se les atribuyen a maestros determinados que recurrían a ellos con frecuencia. Además, dicho *midrásh*, o 'comentario', no era famoso antes de que el Ba'al Shem Tov lo hiciera conocido entre sus discípulos y el público en general.

El Besht dice que, en el plano absoluto, a diferencia del relativo, la expresión divina es permanente. Dichas alocuciones se mantienen investidas en los cielos, otorgándoles vida constantemente. La expresión trascendental es eterna, tal como afirma la Torá:

[...] וּדְבַר־אֱלֹהֵינוּ יָקוּם לְעוֹלָם:

(ישעיהו מ', ח')

[...] más la palabra del Dios nuestro permanece para siempre.

(Isaías, 40:8)

כִּי אִילּוּ הָיוּ הָאוֹתִיּוֹת מִסְתַּלְּקוֹת כְּרֶגַע חַס וְשָׁלוֹם וְחוֹזְרוֹת לִמְקוֹרָן, הָיוּ כָּל הַשָּׁמַיִם אַיִן וָאֶפֶס מַמָּשׁ, וְהָיוּ כְּלֹא הָיוּ כְּלָל, וּכְמוֹ קוֹדֶם מַאֲמַר "יְהִי רָקִיעַ" כו' מַמָּשׁ.

Pues si las letras [o expresiones creativas] partieran [incluso] por un instante, Dios libre, y regresaran a su origen, todos los cielos se volverían nulidad y nada absoluta, y serían como si jamás hubieran existido en absoluto, exactamente como antes de la afirmación «Que haya un firmamento».

(*Tania*, «*El portal de la unidad y la creencia*», capítulo 1)

Si las expresiones o letras creativas retornaran a su fuente, el universo volvería a un estado como si nunca hubiera existido, a su estado original inexistente. «Todos los cielos se volverían nulidad y nada absoluta». El estado previo a la manifestación cósmica no es la destrucción, la deconstrucción de algo o la muerte de alguien, sino un estado en el cual lo creado nunca existió. El término hebreo *mamásh*, o 'absoluto', enfatiza la naturaleza aparente de la realidad empírica.

וְכֵן בְּכָל הַבְּרוּאִים שֶׁבְּכָל הָעוֹלָמוֹת עֶלְיוֹנִים וְתַחְתּוֹנִים, וַאֲפִילוּ אֶרֶץ הַלֵּזוּ הַגַּשְׁמִית וּבְחִינַת דּוֹמֵם מַמָּשׁ, אִילּוּ הָיוּ מִסְתַּלְּקוֹת מִמֶּנָּה כְּרֶגַע חַס וְשָׁלוֹם הָאוֹתִיּוֹת מֵעֲשָׂרָה מַאֲמָרוֹת שֶׁבָּהֶן נִבְרֵאת הָאָרֶץ בְּשֵׁשֶׁת יְמֵי בְרֵאשִׁית, הָיְתָה חוֹזֶרֶת לְאַיִן וָאֶפֶס מַמָּשׁ, כְּמוֹ לִפְנֵי שֵׁשֶׁת יְמֵי בְרֵאשִׁית מַמָּשׁ.

Asimismo, con todas las creaciones que yacen en todos los mundos superiores e inferiores, e incluso esta tierra física y el plano de lo totalmente inanimado. Si las letras de las diez expresiones divinas mediante las cuales fue creada la tierra durante los seis días de creación fueran retiradas de ella por un instante, Dios libre, esta se volvería nulidad y nada absoluta, exactamente como antes de los seis días de creación.

(*Tania*, «*El portal de la unidad y la creencia*», capítulo 1)

En otras palabras, esta afirmación es válida para cada criatura y objeto en el universo, incluyéndonos a nosotros. La expresión divina simboliza el acto de objetualización de todo lo que es físico, mental y emocional. Sin tal actividad, lo creado volvería a su estado original de nulidad.

Al referirse a la nada absoluta anterior a los seis días de la creación, muchos se preguntan cómo es posible que algo surja de la nada. El problema con esta pregunta es que parte de una conjetura errónea. Es como intentar resolver un problema matemático cuando una de las cifras es incorrecta. Es imposible que logremos un resultado correcto si partimos de cifras erróneas. Del mismo modo, la pregunta surge de una suposición incorrecta sobre la existencia objetual. Esta indagación se basa en la creencia de que las cosas existen y explora cómo surgen a partir de una inexistencia objetual. Es decir, esta perspectiva supone que los objetos existen y proceden de un algo que no es un algo o que no es un objeto. Pero desde la perspectiva absoluta, los objetos no existen como tales y, por lo tanto, la idea de un algo no objetivo carece de sentido. No existe algo, ni nada, ni todo, ni todos, sino solo lo que es. Lo que es no surge de algo, ni nada surge de ello. En realidad, solo existe lo que es, modulándose a sí mismo en una diversidad de formas aparentes sin dejar nunca de ser lo que es.

De esta modulación surge la diversidad objetual aparente que la Torá divide en *domém* (inerte), *tsoméaj* (vegetal), *jai* (animal) y *medabér* (hablante). Es obvio que *tsoméaj*, *jai* y *medabér* son consciencia, porque podemos ver el movimiento a simple vista. Sin embargo, la consciencia como *domém* no nos resulta evidente. Según el Alter Rebe, la tierra, las piedras y los minerales, aunque parezcan inanimados, también son consciencia.

וְזֶהוּ שֶׁאָמַר הָאַרִ"י זִכְרוֹנוֹ לִבְרָכָה, שֶׁגַּם בְּדוֹמֵם מַמָּשׁ, כְּמוֹ אֲבָנִים וְעָפָר וּמַיִם, יֵשׁ בְּחִינַת נֶפֶשׁ וְחַיּוּת רוּחָנִית. דְּהַיְינוּ, בְּחִינַת הִתְלַבְּשׁוּת אוֹתִיּוֹת הַדִּבּוּר מֵעֲשָׂרָה מַאֲמָרוֹת הַמְחַיּוֹת וּמְהַוּוֹת אֶת הַדּוֹמֵם, לִהְיוֹת יֵשׁ מֵאַיִן וָאֶפֶס שֶׁלִּפְנֵי שֵׁשֶׁת יְמֵי בְּרֵאשִׁית.

Esto fue expresado por el Arizal, quien dijera que incluso en lo que aparenta ser materia inanimada, como las piedras, la tierra o el agua, existe el alma y el poder vital espiritual. Las cuales, aunque aparentemente no muestran movimiento, están investidas por las letras de las Diez expresiones que vivifican y manifiestan la materia inerte, permitiéndole surgir a la existencia a partir de la nada y nulidad que precedió a los Seis Días de la Creación.

וְאַף שֶׁלֹּא הוּזְכַּר שֵׁם "אֶבֶן" בַּעֲשָׂרָה מַאֲמָרוֹת שֶׁבַּתּוֹרָה, אַף־עַל־פִּי־כֵן, נִמְשָׁךְ חַיּוּת לָאֶבֶן עַל יְדֵי צֵירוּפִים וְחִילּוּפֵי אוֹתִיּוֹת, הַמִּתְגַּלְגְּלוֹת בְּרל"א שְׁעָרִים פָּנִים וְאָחוֹר, כְּמוֹ שֶׁכָּתוּב בְּסֵפֶר יְצִירָה, עַד שֶׁמִּשְׁתַּלְשֵׁל מֵעֲשָׂרָה מַאֲמָרוֹת וְנִמְשָׁךְ מֵהֶן צֵירוּף שֵׁם "אֶבֶן", וְהוּא חַיּוּתוֹ שֶׁל הָאֶבֶן.

Ahora bien, aunque la palabra *even* (piedra) no se menciona en las Diez Expresiones registradas en la Torá, sin embargo, la fuerza vital fluye hacia la piedra a través de combinaciones y sustituciones de las letras que se transponen en las «Doscientas treinta y una puertas», ya sea en orden directo o inverso, como se explica en el *Sefer Yetzirá*, hasta que la combinación del nombre *even* desciende de las Diez Expresiones, y se deriva de ellas, y esta es la fuerza vital de la piedra.

וְכֵן בְּכָל הַנִּבְרָאִים שֶׁבָּעוֹלָם, הַשֵּׁמוֹת שֶׁנִּקְרָאִים בָּהֶם בִּלְשׁוֹן הַקֹּדֶשׁ – הֵן הֵן אוֹתִיּוֹת הַדִּבּוּר, הַמִּשְׁתַּלְשְׁלוֹת מִמַּדְרֵגָה לְמַדְרֵגָה מֵעֲשָׂרָה מַאֲמָרוֹת שֶׁבַּתּוֹרָה, עַל יְדֵי חִילוּפִים וּתְמוּרוֹת הָאוֹתִיּוֹת בְּרל"א שְׁעָרִים, עַד שֶׁמַּגִּיעוֹת וּמִתְלַבְּשׁוֹת בְּאוֹתוֹ נִבְרָא לְהַחֲיוֹתוֹ.

Y así sucede con todas las cosas creadas en el mundo: sus nombres en la Lengua Sagrada son las propias «letras del habla» que descienden, grado a grado, desde las Diez expresiones registradas en la Torá, por medio de sustituciones y transposiciones de letras a través de las «doscientas treinta y una puertas», hasta que llegan y se invisten en esa cosa creada en particular para darle vida.

(*Tania*, «El portal de la unidad y la creencia», capítulo 1)

Cabe señalar que inerte, vegetal, animal y hablante son niveles en el descenso de la luz, o la consciencia, en su proceso de *tzimtzúm*, o 'contracción'. Como fenómeno egoico, somos consciencia contraída. Aunque en nuestro nivel actual sea difícil de aceptar, todo este universo es consciencia en diferentes niveles, incluso los pilares y las piedras. Si aquello que ha permitido la manifestación del universo abandonara la realidad objetual, volvería a la nulidad total. Si el agua abandonara las olas, estas volverían a un estado absolutamente inexistente.

שִׁבְעָה בָּנִים הָיוּ לְקִמְחִית וְכֻלְּהֶם שִׁמְּשׁוּ בִּכְהֻנָּה גְדוֹלָה. שָׁלְחוּ חֲכָמִים וְאָמְרוּ לָהּ: "מַה מַּעֲשִׂים טוֹבִים יֵשׁ בְּיָדֵךְ?" אָמְרָה לָהֶן: "יָבוֹא עָלַי אִם רָאוּ קוֹרוֹת בֵּיתִי שַׂעֲרוֹת רֹאשִׁי וְאִמְרַת חֲלוּקִי מִיָּמַי". אָמְרִין: "כָּל קִמְחַיָּא קֶמַח וְקִמְחָא דְּקִמְחִית סֹלֶת". וְקָרוֹן עֲלָהּ: "כָּל כְּבוּדָּה בַת מֶלֶךְ פְּנִימָה מִמִּשְׁבְּצוֹת זָהָב לְבוּשָׁהּ". (תהילים מ"ה, י"ד).

(תלמוד ירושלמי, מגילה, א', י')

Quimjit tuvo siete hijos; y todos ellos fueron Sumos Sacerdotes. Los sabios enviaron a preguntarle a Kimjit: «¿qué buenas obras haz hecho? [que todos tus hijos fueran

Sumos Sacerdotes]». Ella les dijo: «juro que las vigas del techo de mi casa nunca vieron el cabello de mi cabeza o la costura de mi ropa interior». Ellos dijeron: «Todas las harinas son harina, pero la harina de Quimjit es harina fina». [El nombre Kimjit procede de la raíz *kemaj*, que significa 'harina']. Recitaron acerca de ella: «Todo el honor de la hija del rey está en el interior; de oro son los engastes de sus vestiduras» (Salmos, 45:14).

(*Talmud de Jerusalén*, «*Megilá*», 1, 10)

Y por eso se dice en el *Talmud Babilónico*.

וְשֶׁמָּא יֹאמַר אָדָם מִי מֵעִיד בִּי? אַבְנֵי בֵיתוֹ שֶׁל אָדָם וְקוֹרוֹת בֵּיתוֹ שֶׁל אָדָם מְעִידִים בּוֹ. שֶׁנֶּאֱמַר (חבקוק ב׳, י"א): "כִּי אֶבֶן מִקִּיר תִּזְעָק וְכָפִיס מֵעֵץ יַעֲנֶנָּה".
(תלמוד בבלי, תענית, י"א, א')

Y no sea que una persona diga: «(He actuado en secreto) ¿quién testificará contra mí (en el Día del Juicio)?». El *tanna* explica: «las piedras de la casa de una persona y las vigas de la casa de una persona testificarán contra él, como está escrito (*Habacuc*, 2:11): "Porque la piedra clamará desde el muro y la viga desde el madero le responderá"».

(*Talmud Babilónico*, «*Ta'anít*», 11a)

Para conocer o saber, la consciencia se diversifica en pensamiento y percepción. A través del primero, se conoce la mente y mediante la segunda, se conoce la materia. Estos son los dos únicos medios que existen para experimentar una realidad objetual. La realidad objetual existe solo dentro de los parámetros de la concepción y la percepción, fuera de los cuales no existe ningún universo ni multiplicidad objetual. Nunca hemos experimentado nada que no sea pensamiento o percepción y, por ende, no existe prueba alguna de la existencia de un universo fuera de estos. No vivimos la vida según lo que nuestra propia experiencia de la realidad nos dice, sino según la interpretación que le hemos otorgado durante generaciones. De acuerdo con esta, los objetos poseen una existencia propia, independientemente de la consciencia. Sin embargo, la existencia no es un atributo propio de los objetos. Pues, si lo fuera, significaría que es posible fracturar la existencia en innumerables partes. Cada pilar, piedra y objeto poseería su propia existencia, que tendría que ser fraccionable.

La revelación hebrea se refiere a Dios como un Dios vivo y existente, relacionando íntimamente a Dios con la vida y la existencia:

[...] דִּי־הוּא אֱלָהָא חַיָּא וְקַיָּם לְעָלְמִין [...]
(דניאל ו', כ"ז)

Porque él es el Dios vivo y existe por siempre.
(Daniel, 6:27)

A veces, el término Dios suena distante o demasiado teológico; no obstante, términos como la vida o la existencia resultan familiares a todos.

אָדָם יְסוֹדוֹ מֵעָפָר וְסוֹפוֹ לֶעָפָר. בְּנַפְשׁוֹ יָבִיא לַחְמוֹ. מָשׁוּל כְּחֶרֶס הַנִּשְׁבָּר, כְּחָצִיר יָבֵשׁ, וּכְצִיץ נוֹבֵל, כְּצֵל עוֹבֵר, וּכְעָנָן כָּלָה, וּכְרוּחַ נוֹשָׁבֶת, וּכְאָבָק פּוֹרֵחַ, וְכַחֲלוֹם יָעוּף. וְאַתָּה הוּא מֶלֶךְ אֵל חַי וְקַיָּם.
(תפילת "ונתנה תוקף", מוסף לראש השנה)

El origen del ser humano es el polvo y su destino es volver al polvo, arriesgando su vida se gana el pan; se le compara con un fragmento roto, hierba marchita, una flor que se desvanece, una sombra pasajera, una nube que se disipa, un viento que sopla, polvo que vuela y un sueño fugaz. Pero Tú eres el Rey, el Dios viviente y existente.
(Oración «*Unetaneh Tokef*», Musaf de *Rosh Ha'Shaná*)

Dios es la existencia misma, indivisible e inseparable, que presta generosamente de sí mismo a todo y a todos.

אֵל חַי וְקַיָּם תָּמִיד יִמְלוֹךְ עָלֵינוּ לְעוֹלָם וָעֶד.
(סידור התפילה, תפילת ערבית, ברכת "המעריב ערבים")

Que el Dios viviente y existente reine sobre nosotros continuamente, por toda la eternidad.
(*Sidúr*, Bendición de «*Hama'ariv Aravim*», Oración Vespertina)

Los primeros vestigios de las doctrinas materialistas datan de fines del tercer y comienzos del segundo milenio a. n. e., en las culturas egipcia y babilónica. Allí encontramos los primeros escritos sobre concepciones materialistas espontáneas. Más tarde, la encontramos en algunas filosofías de China y la India antigua. En nuestra sociedad actual, la actitud materialista ha alcanzado su apogeo: lo físico es más importante que el carácter. El envase prevalece por encima del contenido.

A lo largo de generaciones, la humanidad ha desarrollado una interpretación incuestionablemente materialista de la experiencia. Según esta, las cosas se componen a partir de sus elementos materiales. La realidad solo se comprende a través de la materia. En consecuencia, los cimientos se construyen sobre el mundo objetual y no sobre la consciencia. Según la interpretación materialista de la experiencia, los objetos se manifiestan primero y solo después surge la consciencia. Sin embargo, en nuestra propia experiencia, no encontramos ninguna prueba de ello.

De hecho, lo prístino, fundamental y primordial es la consciencia. El requisito básico y elemental de la experiencia es la consciencia, porque sin ella, ninguna experiencia sería posible. Podemos extraer cualquier objeto de la experiencia o incluso sacarlos todos sin destruirla, pero sin la presencia consciente, no hay experiencia. La experiencia no necesita objetos, pero sí la presencia de la consciencia. En el sueño profundo sin sueños, se experimenta un estado de consciencia pura carente de contenido. Esto nos muestra que la consciencia constituye el fundamento de toda experiencia, en el sueño o en la vigilia. Asimismo, el trasfondo esencial sobre el cual puede existir una experiencia es *hineni* o 'heme aquí'.

El contenido de la experiencia no puede cortar ni fracturar la presencia consciente. Es posible ver los rayos de luz proyectados a través de la sala, pero las imágenes solo pueden percibirse después de que los fotones interactúan con la pantalla. Asimismo, la consciencia es la pantalla donde se proyectan los objetos.

El fundamento de la cognición es un conocer que se conoce a sí mismo. El universo es la sustancialidad de la consciencia única, que surge como individualidad solo en niveles donde se expresa una diferenciación entre sujeto observador y objeto observado. La unidad de la presencia consciente es absoluta, imposible de fragmentar o fracturar. Pero la causa de su indivisibilidad no reside en su durabilidad, sino en su vacuidad. Solo «algo» puede romperse; la nadeidad no puede partirse.

Carecemos de pruebas de que pueda existir algo fuera de la consciencia. Nadie lo ha experimentado y ni siquiera podemos imaginar cómo sería. Al darnos cuenta de que la presencia consciente es la base y el fundamento de la experiencia, reconocemos que la consciencia es indestructible. El contenido objetivo de la experiencia no puede dividir la consciencia. Nadie ha experimentado una consciencia fragmentada, porque su contenido no la afecta de modo alguno.

קֹדֶם כֹּל נֶאֱצַל הָיָה אֵין־סוֹף לְבַדּוֹ וְהוּא הוּא כָּל הַמְּצִיאוּת, וְגַם אַחַר שֶׁהִמְצִיא הַנִּמְצָאִים – אֵין בִּלְתּוֹ. וְאֵין לְךָ דָּבָר שֶׁיִּהְיֶה מִבַּלְעָדָיו חָס־וְחָלִילָה, שֶׁאֵין שׁוּם נִמְצָא שֶׁלֹּא יִהְיֶה כֹּחַ הָאֱלוֹהַּ בּוֹ, שֶׁאִם לֹא כֵן, אַתָּה נוֹתֵן לוֹ גְּבוּל וּשְׁנִיּוּת חָס וְחָלִילָה. אֶלָּא הָאֱלוֹהַּ כָּל נִמְצָא, וְאֵין כָּל נִמְצָא הָאֱלוֹהַּ, בְּעִנְיָן שֶׁסֵּדֶר הַמְּצִיאוּת הוּא עַל הַסֵּדֶר הַזֶּה, כָּל מָה שֶׁהוּא בִּמְצִיאוּת הוּא הָאֱלוֹהַּ, שֶׁהֲרֵי הוּא כָּל הַמְּצִיאוּת, וְכֵן בְּכָל הַנִּבְרָא וְכֵן בְּכָל הַנּוֹצָר, וְכֵן בְּכָל הַנַּעֲשֶׂה, הוּא נִמְצָא בַּכֹּל, וְהַכֹּל נִמְצָא מֵאִתּוֹ, וְאֵין דָּבָר רֵיק מֵאֱלֹהוּתוֹ חָס־וְחָלִילָה, הַכֹּל בּוֹ וְהוּא בַּכֹּל וְחוּץ הַכֹּל וְאֵין מִבַּלְעָדָיו.

(רבי משה קורדוברו, אילימה, מעין א', תמר ד', פרק א')

Antes de todas las emanaciones, solo existía el *Ein Sof* (el Infinito) solo, y Él es, de hecho, toda la existencia. Incluso después de que Él diera existencia a todo lo que existe, no hay nada más que Él, y no se puede encontrar nada que exista aparte de Él, Dios no lo permita, pues no hay nada que exista sin el poder de Dios en su interior. Porque si lo hubiera, implicaría que Dios tiene límites y dualidad, Dios no lo permita. Pero Dios es todo lo que existe, mientras que ninguna entidad existente es Dios. Este es el orden de la existencia: Todo lo que existe es Dios porque Él es todo lo que existe. Y así es con todo lo que es creado, hecho o realizado; Él está en todo y todo obtiene su existencia de Él. No hay nada que carezca de Su divinidad, Dios no lo permita. Todo está en Él, y Él está en todo, tanto dentro como fuera de todo, y no hay nada aparte de Él.

(Rabí Moisés Kordovero, *Eilimah*,
fuente 1, palma 4, capítulo 1)

Toda experiencia, ya sea mental, emocional o perceptiva, surge desde y en la consciencia. Es extraño que, a pesar de ser tan evidente, los seres humanos insistamos en situar el contenido objetual en la base de la experiencia. Seguimos con el hábito heredado de creer que la realidad objetual es independiente y es percibida por nuestros sentidos, hasta tal punto que muchos grandes científicos consideran que la consciencia es un producto del cerebro. Sin embargo, esta interpretación es completamente ajena a nuestra experiencia.

אַתָּה הוּא עַד שֶׁלֹּא נִבְרָא הָעוֹלָם, אַתָּה הוּא מִשֶּׁנִּבְרָא הָעוֹלָם, אַתָּה הוּא בָּעוֹלָם הַזֶּה וְאַתָּה הוּא לָעוֹלָם הַבָּא.

(סידור התפילה, תפילת שחרית, ברכות השחר)

Eres Tú antes de que el mundo fuera creado, eres Tú desde que el mundo fue creado, eres Tú en este mundo y eres Tú en el mundo venidero.

(*Sidúr*, Oración Matutina, Bendiciones Matutinas)

La consciencia precede a toda percepción que surja en ella y a partir de ella. Según nuestra experiencia, la consciencia es anterior al espacio, al tiempo y a todo pensamiento que se genere en ella. Por lo tanto, el espacio, el tiempo y los pensamientos solo pueden ser consciencia.

La consciencia no tiene propiedades objetuales. Puesto que los pensamientos y las percepciones poseen cualidades, podrían considerarse diferentes de ella. Parecen estar suspendidos en el espacio infinito de la consciencia, como estrellas en el cielo. Tales experiencias mentales o perceptibles parecen poseer existencia propia separada de su fuente y existir por derecho propio. Sin embargo, cuando percibimos un objeto, solo conocemos nuestra percepción de este. Las percepciones de la textura, la forma y los colores del árbol no permanecen en el árbol, sino que surgen en y desde la consciencia y son conocidos por ella. Tanto los pensamientos como las percepciones son consciencia, porque la consciencia es todo lo que es.

La cábala luriana nos habla acerca de que la creación es producto de una contracción de la consciencia, o *tzimtzúm*. Es una autoretirada de la consciencia para dejar espacio libre de sí misma y permitir la creación. La única manera de crear un espacio libre de consciencia es a través del desentendimiento.

וַיֹּאמֶר אֵלַי הֲרָאִיתָ בֶן־אָדָם אֲשֶׁר זִקְנֵי בֵית־יִשְׂרָאֵל עֹשִׂים בַּחֹשֶׁךְ אִישׁ בְּחַדְרֵי מַשְׂכִּיתוֹ כִּי אֹמְרִים אֵין ה' רֹאֶה אֹתָנוּ עָזַב ה' אֶת־הָאָרֶץ:

(יחזקאל ח', י"ב)

Entonces me dijo: «Hijo de hombre, ¿has visto lo que hacen los ancianos de la casa de Israel en la oscuridad, cada uno en sus cámaras de imágenes? porque sostienen: "Dios no nos ve, Dios ha abandonado la tierra"».

(Ezequiel, 8:12)

Se ha creado un espacio desprovisto de consciencia mediante el autoolvido voluntario. En este espacio, todos los objetos mentales parecen tener existencia propia. La existencia independiente de cada objeto mental, emocional y perceptivo solo es posible desentendiéndose del medio en el que surgen. En consecuencia, todas las cosas surgen y existen dentro de la consciencia, tomando prestada su existencia de ella, al igual que una cuchara cuya existencia depende enteramente del metal del que está hecha. Aunque la cuchara pueda doblarse, romperse o fundirse, el metal conserva la capacidad de ser reutilizado y moldeado en nuevas formas u objetos.

La cuchara es una manifestación efímera, sujeta a un principio y un fin; sin embargo, el metal, como materia prima, permanece y puede reciclarse indefinidamente. Similarmente, aunque percibamos una gran variedad de objetos que parecen existir, su seidad está tomada de la consciencia.

En una película, vemos la imagen de un barco; sin embargo, aunque el barco parece tener una existencia independiente, su verdadera naturaleza reside en la pantalla. Para involucrarnos con la narrativa, debemos abstraernos de la pantalla misma y centrarnos en la variedad de barcos, marineros y puertos que aparecen en la escena. Solo mediante este enfoque podemos experimentar plenamente la trama. No obstante, al interactuar con la pantalla para verificar la «realidad» de estos elementos, se revela que no son más que proyecciones de la misma pantalla. Todos los personajes y objetos derivan su existencia de esta pantalla en la que se manifiestan. Aunque los elementos presentados parecen ser entidades separadas y autónomas, la pantalla permanece inmutable, singular e indivisa en su esencia. Desde la perspectiva del marinero, se percibe una pluralidad de barcos y puertos. Sin embargo, él también es parte de la pantalla, aunque no es consciente de ello, ya que su percepción está confinada a la película, incapaz de trascenderla. El marinero supone que todo lo que observa tiene su propia existencia espacial, sin reconocer que incluso el espacio mismo es una proyección que surge de la pantalla, que da realidad a todo lo que aparece. Si se mencionara la existencia de una pantalla, intentaría encontrarla dentro de la película misma; pero, por mucho que lo intente, le sería imposible hallarla, ya que su búsqueda está confinada al ámbito de la representación y no trasciende al origen de su propia manifestación.

La única forma de explicarles a los personajes qué es una pantalla sería colocando un pequeño televisor dentro de la película. De manera similar, una mente finita y limitada solo puede acceder al trasfondo de la existencia mediante un dios personal que es «alguien». Ese trasfondo de la realidad es su verdadera naturaleza, pero no pueden conocerla. Cuando la consciencia asume la forma de pensamiento y percepción, se crea un universo aparente que nunca es independiente de ella. Si la consciencia dejara de ser completamente ignorada, la realidad objetiva volvería a su estado natural de inexistencia. Si, por un instante, cesara el olvido, la multiplicidad objetual perdería su significado.

En la creación, actúan los poderes negativos del repliegue o la contracción (*tzimtzúm*) que crean un espacio hipotéticamente libre de divinidad. La manifestación (*iésh*) desde la nada (*ain*) precisa un poder que lo mantenga constantemente. De lo contrario, sería imposible para el *iésh* mantenerse sin volver a su origen como *ain*. Al igual que un avión precisa una fuerza constante para mantenerse en el aire y evite que se caiga, el *iésh* necesita un poder constante que le impida retornar a su condición original de nulidad. Dicho poder es el desentendimiento voluntario de la presencia divina, que permite la creación de lo que es (*iésh*) desde la vacuidad (*ain*). Dios, o la consciencia, es la única realidad absoluta. El mundo objetivo carece de sustancia. La realidad empírica es una expresión divina.

בָּרוּךְ שֶׁאָמַר וְהָיָה הָעוֹלָם. בָּרוּךְ הוּא.

(סידור התפילה, תפילת שחרית, פסוקי דזמרה)

Bendito sea Él que habló y el mundo se manifestó, bendito sea.

(*Siddur*, Oración matutina, *Psukei DeZimrah*)

El nombre de Dios en hebreo se escribe י-ה-ו-ה, las últimas tres letras (הוה) significan *havaiá*, o 'manifestación', es decir, lo absoluto *mehavé*, o 'manifiesta', el universo. La letra *yod* (י), en la gramática hebrea, enfatiza la continuidad de un verbo. Podemos verlo, por ejemplo, en un verso del libro de Job:

וַיְהִי כִּי הִקִּיפוּ יְמֵי הַמִּשְׁתֶּה וַיִּשְׁלַח אִיּוֹב וַיְקַדְּשֵׁם וְהִשְׁכִּים בַּבֹּקֶר וְהֶעֱלָה עֹלוֹת מִסְפַּר כֻּלָּם כִּי אָמַר אִיּוֹב אוּלַי חָטְאוּ בָנַי וּבֵרֲכוּ אֱלֹהִים בִּלְבָבָם כָּכָה יַעֲשֶׂה אִיּוֹב כָּל הַיָּמִים.

(איוב א', ה')

Y acontecía que habiendo pasado en turno los días del convite, Job enviaba y los santificaba, y se levantaba de mañana y ofrecía holocaustos conforme al número de todos ellos. Porque decía Job: «Quizás habrán pecado mis hijos, y habrán blasfemado contra Dios en sus corazones». Esto solía hacer Job todos los días.

(Job, 1:5)

Tal como vemos en el verso, la letra *yod* (י) delante del verbo *hacer* indica actividad constante: «hacía continuamente» (יעשה). Por lo tanto, י-ה-ו-ה significa 'Aquello que constantemente manifiesta y vivifica el universo'. En el preámbulo del comienzo, desde las profundidades de la consciencia, sus diferentes modulaciones se expresaron como letras.

אֵלּוּ עֶשְׂרִים וּשְׁתַּיִם אוֹתִיּוֹת שֶׁבָּהֶם יָסַד הקב"ה, י-ה, י-ה-ו-ה צְבָאוֹת אֱלֹהִים חַיִּים אֱלֹהֵי יִשְׂרָאֵל רָם וְנִשָּׂא שֹׁכֵן עַד וְקָדוֹשׁ שְׁמוֹ מָרוֹם וְקָדוֹשׁ הוּא.
(ספר יצירה, פרק ה', משנה ד')

Estas son las veintidós letras a partir de las cuales el Santo, bendito sea, Y-H, Yud-Hei-Vav-Hei El señor de los Ejércitos, el Dios que es Vida, el Dios de Israel, exaltado y sublime, el Morador en la eternidad, formó y estableció todas las cosas; Alto y Santo es Su Nombre.

(*Sefer Yetzirah*, 5.4)

בְּרֵאשִׁית בָּרָא אֱלֹהִים אֵת הַשָּׁמַיִם וְאֵת הָאָרֶץ:
(בראשית א', א')

En el principio creó Dios los cielos y la tierra.

(Génesis, 1:1)

Como mencionamos anteriormente, la palabra hebrea *et* (את) está escrita con una *alef* (א), la primera letra del alfabeto, y una *tav* (ת), que es la última letra. *Et* es una palabra superflua sin traducción literal, y sin embargo, aparece dos veces en la primera línea de la

Torá. El *maguid* de Mezritch explica que esto se debe a que las letras del alfabeto, desde *alef* hasta *tav*, fueron creadas antes que los cielos y la tierra. Las letras serían ladrillos luminosos metafóricos con los que el pensar tomaría la forma de la mente, el sentir la del cuerpo y el percibir la del universo. Es decir, son los recipientes de luz con los que el Uno forma su sueño divino.

La primera palabra del libro de Génesis es *bereshít*, que comienza con la segunda letra *bet* (ב). La creación es posible solo a partir de lo dual, y la *bet* fue la letra adecuada porque con la primera letra *alef*, o el Uno, no hay manifestación posible.

El nombre de Dios י-ה-ו-ה se escribe, pero no se pronuncia porque es indefinible e indescriptible. El «yo» separado no puede nombrarlo. Del silencio y la intimidad más profunda, emergen las consonantes de su nombre sin vocales. Representan la frontera entre el silencio y lo nombrable.

El *Tania* dice que las letras hebreas «vivifican (+*ót*) y manifiestan (*mehavót*) lo inmóvil desde la nulidad a la sustancialidad». Lo creado está compuesto de dos elementos diferentes: *jaiút* (vitalidad) y *havayá* (manifestación). *Havayá* es la transformación general de la nulidad a la existencia, es decir, la sustancialidad del cosmos. *Jaiút* es el aspecto individual que da vida a cada elemento creado. Después de la manifestación, la vitalidad expresa diversidad como *domém* (inerte), *tsoméaj* (vegetal), *jai* (animal) y *medabér* (parlante). Las expresiones generales manifiestan lo existente desde la nada. Las expresiones individuales vivifican todos y cada uno de los creados.

Sin embargo, se presenta un enigma: existe una amplia variedad de objetos creados, aparentemente inanimados como piedras o metales, pero cuyos nombres no figuran en las diez expresiones del Génesis. Se subentiende que al poseer una *jaiút* individual, el nombre de cada entidad viviente debería necesariamente encontrarse en la Torá. Pues, el Alter Rebe explica que también ellos reciben su vitalidad individual de las diez expresiones originales, pero a través de combinaciones (*tsirufim*) e intercambios (*jiluféi*) de las letras hebreas.

Al principio del Génesis, leemos que Adán, el primer hombre, dio nombres a todos los animales domésticos, las aves del cielo y todas las bestias salvajes. Adán nombra e identifica las distintas entidades que percibe a su alrededor. Es el hombre el que nombra y define lo objetivo. No se refiere a la experiencia, sino a su contenido, el cual procede de la mente.

No existe una separación entre lo creado y el Creador, sino que el Creador **es** lo creado. Todo es una constante manifestación divina. Es importante destacar que lo mencionado incluye todo objeto aparentemente estático como las piedras, el agua y las montañas. No existe nada que posea una existencia independiente de la divinidad. Dios es la existencia misma de todo y todos. Se dice en la escritura *Pirkei Avót*:

בַּעֲשָׂרָה מַאֲמָרוֹת נִבְרָא הָעוֹלָם.

(פרקי אבות ה', א')

El mundo fue creado con diez locuciones.

(Pirkei Avót, 5.1)

Leemos en Génesis que Dios primero crea los cielos y la tierra. Posteriormente, crea con diez expresiones: primero *mehavé* (manifiesta) y luego *mejaié* (vivifica). Obviamente, Dios no necesita diez expresiones para crear: le basta solo una. El motivo es que la manifestación es general, pero la vivificación ocurre a nivel individual. Estos son dos aspectos de la expresión divina: con el poder *mehavé*, Dios crea la manifestación misma (*etsem hahithavút*), y con el poder *mejaié*, Dios otorga las cualidades individuales (*hatjunót hapratiót*) a cada objeto, animal, planta o persona.

Por ejemplo, el agua se manifiesta (*hithavé*) de inexistencia (*ain*) a un estado existente (*iésh*). Las características específicas del agua provienen de *jesed* o 'la bondad', 'amabilidad', 'gracia' o 'misericordia', y de *atzilút*, o 'emanación'. Igual que *jesed* (gracia), el agua fluye de lo alto hacia lo bajo. Asimismo, el elemento fuego se manifiesta de *ain* a *iésh*, y es *gvurá* (poder) lo que le otorga características individuales (*tjunót pratiót*) o vitalidad individual (*jaiút pratit*).

La razón por la cual el Alter Rebe utiliza los términos *mehavót* (manifiestan) y *mejaiót* (vivifican) es porque incluso los objetos aparentemente estáticos tienen el aspecto de *hithavút* (creación de *ain* a *iésh*) y su *jaiút pratít* (vitalidad individual). Desde aquí podemos entender que todos y cada uno de los creados es mencionado dentro de la Torá. Si solo hubiera *hithavút*, esto no sería necesario, pero debido a que tenemos el aspecto de la *jaiút pratít* se hace indispensable la mención de cada creado dentro de la Torá.

Por ejemplo, tomemos el caso de una fruta. La fruta en sí es manifestada de *sovev kol almín* (el aspecto de la divinidad que rodea todos los mundos), mientras que sus cualidades individuales provienen de *memalé kol almín* (el aspecto de la divinidad que llena todos los mundos), de tal manera que también las cualidades individuales de cada creado provienen en todo momento de Dios. Entonces, cada creado posee un lugar dentro de la Torá, porque esta es el origen de sus cualidades individuales. Asimismo, cada ser humano posee sus propias cualidades individuales que conforman su individualidad. La *jaiút pratít* es la individualidad del ser humano. No debe confundirse con el *ietser hará* o 'ego', que es un tipo de idolatría, como explica el *Talmud Babilónico*.

אָמַר רַבִּי אָבִין: "מַאי קְרָאָה: 'לֹא יִהְיֶה בְךָ אֵל זָר וְלֹא תִשְׁתַּחֲוֶה לְאֵל נֵכָר' (תהילים פ"א, י')? אֵיזֶהוּ אֵל זָר שֶׁיֵּשׁ בְּגוּפוֹ שֶׁל אָדָם? הֱוֵי אוֹמֵר, זֶה יֵצֶר הָרָע".
(תלמוד בבלי, שבת, ק"ה, ב')

Rabí Avin observó: «¿Qué versículo indica esto?». «No habrá dios extraño en ti; ni adorarás a ningún dios extraño» (Salmos, 81:10), ¿Quién es el dios extraño que reside en el hombre mismo? Di, ¡ese es el Tentador (*ietser hará*)!
(*Talmud Babilónico*, «*Shabat*», 105b)

El ego, o el «yo», es ponernos en el centro de todo y estar interesados en lo personal. El fenómeno egoico se expresa como personalidad. La individualidad, por otra parte, se manifiesta como servicio de la parte hacia el Todo. El ego, en sánscrito *ahaṅkāra*, es un producto mecánico de la sociedad y la cultura que nos crio y educó. La individualidad es una flor que nace o se expresa desde lo profundo de la consciencia.

El primero en exponer estas enseñanzas fue el Arizal, al explicar que también en lo inanimado existe una *néfesh* o 'alma' y *jaiút* o 'cualidades individuales'.

Muchos confunden individualidad con personalidad. Aunque parezcan términos similares, apuntan a fenómenos completamente distintos. La personalidad es un producto de la mente; es un fenómeno ilusorio que se sustenta en hábitos y patrones de comportamiento. Sin fundamentos mentales, la personalidad simplemente desaparecería. La individualidad, en cambio, corresponde a un estado que trasciende la mente. El individuo auténtico y real no se compara con nadie porque es consciente que cada cual es único. No padece de complejo de inferioridad ni superioridad, ya que no se siente ni inferior ni superior a nadie. Está libre de egoísmo, deseos y ambiciones, porque experimenta la dicha de ser lo que es. Vive en una constante celebración de su mismidad y es dichoso de ser simplemente sí mismo tal como es.

El término *individualidad* asoma desde el latín como *individuus*, refiriéndose a 'lo que no puede ser dividido'. La palabra se compone del prefijo negativo *in-* y el adjetivo *dividuus*, del verbo *dividir* como *dividĕre*. Esto se debe a que la individualidad es orgánica, mientras que la personalidad es mecánica. Orgánica en el sentido de que florece armónicamente de manera ordenada desde las profundidades de la existencia. Las criaturas vivientes son orgánicas, como un bebé, una flor o una mariposa. El poder que hace evolucionar lo orgánico se denomina en hebreo *mejaié*, o 'vivifica'. Por su parte, lo mecánico se confecciona desde lo exterior, ensamblando diferentes piezas, como un reloj o un ordenador. La personalidad consiste en una acumulación de opiniones y comportamientos adquiridos de personas muy diferentes. La personalidad sigue desarrollándose y, en todo momento depende de las opiniones, ideas y comportamientos de los demás. Puede ser obstinada, terca o testaruda para sobrevivir, por miedo a ser maltratada. Las llamadas personalidades fuertes se sostienen gracias a su obstinación y agresividad. Saben que pueden transformarse en esclavas de las opiniones ajenas.

La personalidad es muy sólida e inflexible y siempre está a la defensiva. Es una estructura mental que solo puede ser una fuente de sufrimiento. La individualidad, por otro lado, carece de rutas fijas y es altamente adaptable a las situaciones que la vida presenta. La personalidad es egoica e ilusoria. Su origen no es divino; proviene de la sociedad. La individualidad surge desde lo más profundo y se expresa en acciones, mientras que la personalidad proviene del exterior y afecta tu mundo interior. La personalidad es un disfraz, mientras que la individualidad es tu autenticidad. La personalidad es lo que el mundo te impone, pero la individualidad es lo que traes contigo al mundo. Cuanto más desarrollada esté nuestra personalidad, menos posibilidades tendrá nuestra individualidad de expresarse. La personalidad puede ocupar todo tu espacio y poseerte hasta asfixiar tu individualidad. Mientras no nos vaciemos de personalidad y renunciemos a ella, no habrá lugar para el desarrollo de lo individual. La personalidad es solo egoísmo, y por ende, es dominante y política. La individualidad, en cambio, carece de «yo» y egoísmo, y por lo tanto, es compasiva y religiosa. La personalidad es propia pero la individualidad no lo es porque viene de Dios. No la adquieres; la existencia te llena de ella. Adquirir individualidad significa vaciarnos y permitir que la existencia se manifieste según su voluntad. Vaciarse significa deshacerse de la personalidad y todo lo que implica, para dejar que la individualidad se desarrolle.

Nos queda por aclarar la razón por la cual el siguiente versículo usa la frase «en los cielos arriba y sobre la tierra abajo». Es decir, por qué menciona el cielo, que es lo más sutil, y la tierra, que es lo más burdo.

וְיָדַעְתָּ הַיּוֹם וַהֲשֵׁבֹתָ אֶל־לְבָבֶךָ כִּי ה' הוּא הָאֱלֹהִים בַּשָּׁמַיִם מִמַּעַל וְעַל־הָאָרֶץ מִתַּחַת אֵין עוֹד:

(דברים ד', ל"ט)

Sabe este día y llévalo a tu corazón, que Dios es el Señor (*Havaya hu Ha'Elohím*) en los cielos arriba y sobre la tierra abajo; no hay otro.

(Deuteronomio, 4:39)

Para aclarar este punto, citaremos un *midrásh* que dice así:

"כִּי ה' הוּא הָאֱלֹהִים". רַבָּנָן אָמְרֵי: "יִתְרוֹ נָתַן מַמָּשׁ בַּעֲבוֹדַת כּוֹכָבִים, שֶׁנֶּאֱמַר: 'עַתָּה יָדַעְתִּי כִּי גָדוֹל ה' מִכָּל הָאֱלֹהִים' (שמות י"ח, י"א). נַעֲמָן הוֹדָה בְּמִקְצָת מִמֶּנָּה, שֶׁנֶּאֱמַר: 'הִנֵּה נָא יָדַעְתִּי כִּי אֵין אֱלֹהִים בְּכָל הָאָרֶץ כִּי אִם בְּיִשְׂרָאֵל' (מלכים ב' ה', ט"ו). רָחָב שָׂמְתָהוּ בַּשָּׁמַיִם וּבָאָרֶץ, שֶׁנֶּאֱמַר: 'כִּי ה' אֱלֹהֵיכֶם הוּא אֱלֹהִים בַּשָּׁמַיִם מִמַּעַל וְעַל הָאָרֶץ מִתָּחַת' (יהושע ב', י"א). מֹשֶׁה שָׂמוֹ אַף בַּחֲלָלוֹ שֶׁל עוֹלָם, שֶׁנֶּאֱמַר: 'כִּי ה' הוּא הָאֱלֹהִים בַּשָּׁמַיִם מִמַּעַל וְעַל הָאָרֶץ מִתָּחַת אֵין עוֹד' (דברים ד', ל"ט). מַהוּ אֵין עוֹד? אֲפִלּוּ בַּחֲלָלוֹ שֶׁל עוֹלָם".

(דברים רבה, ואתחנן, פרשה ב')

«Que el Señor es Dios». Nuestros rabinos dijeron: «Jetró consideraba la idolatría como real, como está escrito (Éxodo, 18:11): "Ahora sé que el Señor es más grande que todos los dioses"». Naamán reconoció parte de ello, como está escrito: (II Reyes, 5:15): «He aquí, ahora sé que no hay Dios en toda la tierra, sino en Israel». Rajab lo colocó en los cielos y en la tierra, como está escrito (Josué, 2:11): «porque el Señor tu Dios, él es Dios en los cielos arriba y en la tierra abajo». Moisés lo situó incluso en el espacio del mundo, como está escrito (Deuteronomio, 4:39): «el Señor, Él es Dios, en los cielos arriba y abajo en la tierra; no hay ningún otro». ¿Qué significa «no hay ningún otro»? Incluso en la faz del mundo.

(*Dvarím Rabbah*, «*Va'etjanán*», 2)

El *Midrásh Rabbah* reconoce que Dios reside tanto en los cielos como en la tierra. La religiosidad popular sostiene que Dios está en los cielos y los seres humanos en la tierra, como si ambos estuvieran totalmente desconectados. Esta idea procede del antiguo horizonte conceptual basado en el movimiento. Desde esta perspectiva, los objetos están destinados a un final inevitable: todo lo que nace muere, todo lo que tiene un principio tiene un final, todo lo que comienza termina. Obviamente, los humanos forman parte de esta mutabilidad, tanto individual como socialmente. El pensamiento griego orientó su concepción del movimiento cósmico hacia la «generación». Prueba de ello es que el término griego antiguo *gígnomai* (γίγνομαι) significa 'llegar a ser' y contiene tanto la idea de 'nacer de las personas' (generación) como la de 'tener lugar' (acontecimiento). En el pensamiento antiguo, esta concepción del movimiento como generación la que constituirá el límite del esquema básico del universo. La tierra es donde encontramos todo lo que es mutable, transitorio y finito, mientras que los dioses inmortales residen en las alturas (Ouranos), donde los objetos son incorruptibles e inmutables.

Hemos crecido con una concepción dualista de cielo y tierra. Los antiguos griegos tenían el cielo y la tierra; las religiones modernas tienen el alma y el cuerpo; la mayoría de las personas hoy piensan en cosas y humanos. Nos han enseñado que el espíritu y el cuerpo son dos fenómenos separados. Asimismo, Dios y el mundo, lo espiritual y lo material, lo divino y lo humano se nos presentan como realidades completamente desconectadas. Por lo tanto, se nos dice que para encontrar a Dios debemos desechar, abandonar y renunciar al mundo. Pero yo digo que rechazar la tierra o ir al cielo es innecesario. Para encontrar a Dios, debemos adentrarnos en las profundidades de nuestro ser. *Ieridá letzorej aliá*, porque es «bajar para elevarnos»: no volando, sino cavando hacia abajo, cavando en los cielos. Porque en lo más profundo de nuestro ser se encuentra la entrada al aquí, donde toda experiencia ocurre. Ser conscientes de la presencia divina, tanto en el cielo como en la tierra, es el reconocimiento de la consciencia. Todo el universo es consciencia.

Los materialistas se enfocan en la tierra, dado que creen que es todo lo que existe. Algunos viven toda su vida esforzándose por poseer y acumular cosas terrenales. Escapando del miedo a la pobreza y la soledad, se apegan a la tierra. Si se aburren de perseguir cosas terrenales, las rechazan y buscan cosas celestiales.

Por su parte, muchas personas religiosas, escapando del miedo a la inseguridad y la muerte, buscan lo alto y persiguen logros celestiales. No notan que carecen de una transformación interior auténtica. Aunque buscan objetos espirituales, siguen siendo prisioneros de sus deseos y ambiciones. Solo están viviendo la vida en piloto automático. Perciben la realidad desde una perspectiva robótica y, en lugar de vivir, solo funcionan.

Sin embargo, para los buscadores de la Verdad, lo tangible no es todo; es solo un medio para acceder a otra dimensión a través de la observación. Por lo tanto, se enfocan en observarse a sí mismos: comiendo, caminando, hablando, escuchando, trabajando o sentados en silencio. A medida que la observación crece en nuestras vidas, desplegaremos nuestras alas y nos elevaremos sin esfuerzo hacia los cielos. Los humanos somos fusiones de tierra y cielo, de cuerpo y alma. Si encuentras lo que es real, verdadero y eterno en ti, dondequiera que mires, ya no verás tierra ni cielos, sino a Dios, que es la esencia de ambos.

לְפִי שֶׁאֵין פְּרָטֵי הַנִּבְרָאִים יְכוֹלִים לְקַבֵּל חַיּוּתָם מֵעֲשָׂרָה מַאֲמָרוֹת עַצְמָן שֶׁבַּתּוֹרָה, שֶׁהַחַיּוּת הַנִּמְשָׁךְ מֵהֶן עַצְמָן – גָּדוֹל מְאֹד מִבְּחִינַת הַנִּבְרָאִים פְּרָטִיִּים, וְאֵין כֹּחַ בָּהֶם לְקַבֵּל הַחַיּוּת, אֶלָּא עַל יְדֵי שֶׁיּוֹרֵד הַחַיּוּת וּמִשְׁתַּלְשֵׁל מִמַּדְרֵגָה לְמַדְרֵגָה פְּחוּתָה מִמֶּנָּה, עַל יְדֵי חִילּוּפִים וּתְמוּרוֹת הָאוֹתִיּוֹת, וְגִימַטְרִיָּאוֹת שֶׁהֵן חֶשְׁבּוֹן הָאוֹתִיּוֹת, עַד שֶׁיּוּכַל לְהִתְצַמְצֵם וּלְהִתְלַבֵּשׁ וּלְהִתְהַוּוֹת מִמֶּנּוּ נִבְרָא פְּרָטִי. וְזֶה שְׁמוֹ אֲשֶׁר יִקְרְאוּ לוֹ בִּלְשׁוֹן הַקֹּדֶשׁ, הוּא כְּלִי לַחַיּוּת הַמְצוּמְצָם בְּאוֹתִיּוֹת שֵׁם זֶה, שֶׁנִּשְׁתַּלְשֵׁל מֵעֲשָׂרָה מַאֲמָרוֹת שֶׁבַּתּוֹרָה, שֶׁיֵּשׁ בָּהֶם כֹּחַ וְחַיּוּת לִבְרוֹא יֵשׁ מֵאַיִן, וּלְהַחֲיוֹתוֹ לְעוֹלָם, דְּ"אוֹרַיְיתָא וְקוּדְשָׁא בְּרִיךְ הוּא כּוֹלָּא חַד":

[Este descenso es necesario] [Este descenso es necesario] porque las criaturas individuales no son capaces de recibir su fuerza vital directamente de las Diez Expresiones de la Torá, ya que la fuerza vital que emana directamente de Ellas es mucho mayor que la capacidad de las criaturas individuales. Ellas [las criaturas individuales] pueden recibir la fuerza vital solo cuando esta desciende y es disminuida progresivamente, de grado en grado, por medio de sustituciones y transposiciones de las letras, y [por medio de] *guematriót* (valor numérico), hasta que pueda ser condensada e investida como una criatura particular. Y el nombre por el cual dicha criatura sea llamada en hebreo será un recipiente para la fuerza vital condensada en las letras de su nombre que ha descendido de las Diez Expresiones de la Torá,

poseedoras del poder y vitalidad para manifestar a partir de la nadeidad y vitalizarlo eternamente, porque «la Torá y el Santo, bendito sea, son uno».
(Tania, «El portal de la unidad y la creencia», capítulo 1)

La creación es un proceso de encubrimiento de lo que es. La consciencia se objetualiza como mente, cuerpo y universo a través del verbo. Llamamos mente a los pensamientos objetivados; el cuerpo a las sensaciones objetivadas y universo a las percepciones objetivadas. La palabra es la piel que recubre lo que consideramos nuestro interior; las letras son su vestimenta. Aquellos de nosotros que disfrutamos escribir sabemos que nuestro trabajo es diseñar la vestimenta léxica adecuada para nuestras ideas y pensamientos. Aunque las palabras y las letras son símbolos de objetos mentales o emocionales, también son objetos lingüísticos por derecho propio. Puede que sepamos que la interacción sexual a través del lenguaje es posible, y puede que incluso hayamos experimentado caricias verbales o abrazos lingüísticos que nos han llevado al borde del orgasmo. Pero también es posible que muchos de nosotros arrastran moretones y cicatrices invisibles dejadas por golpes verbales, cuyas dolorosas consecuencias pueden perdurar por años o incluso toda la vida.

אָמַר רַבִּי אֲחָא: "בְּשָׁעָה שֶׁבָּא הַקָּדוֹשׁ־בָּרוּךְ־הוּא לִבְרֹאת אֶת הָאָדָם, נִמְלַךְ בְּמַלְאֲכֵי הַשָּׁרֵת. אָמַר לָהֶן: 'נַעֲשֶׂה אָדָם' (בראשית א, כ"ו). אָמְרוּ לוֹ: 'אָדָם זֶה מַה טִּיבוֹ?' אָמַר לָהֶן: 'חָכְמָתוֹ מְרֻבָּה מִשֶּׁלָּכֶם'. הֵבִיא לִפְנֵיהֶם אֶת הַבְּהֵמָה וְאֶת הַחַיָּה וְאֶת הָעוֹף, אָמַר לָהֶם: 'זֶה מַה שְּׁמוֹ?' וְלֹא הָיוּ יוֹדְעִין. הֶעֱבִירָן לִפְנֵי אָדָם, אָמַר לוֹ: 'זֶה מַה שְּׁמוֹ?' אָמַר: 'זֶה שׁוֹר, זֶה חֲמוֹר, זֶה סוּס וְזֶה גָּמָל'. 'וְאַתָּה מַה שְּׁמְךָ?' אָמַר לוֹ: 'אֲנִי נָאֶה לְהִקָּרֵא אָדָם שֶׁנִּבְרֵאתִי מִן הָאֲדָמָה'. 'וַאֲנִי מַה שְּׁמִי?' אָמַר לוֹ: 'לְךָ נָאֶה לְהִקָּראוֹת אֲדֹנָי, שֶׁאַתָּה אָדוֹן לְכָל בְּרִיּוֹתֶיךָ'".

(בראשית רבה, בראשית, פרשה י"ז)

Rabí Acha dijo: «Cuando el Señor vino a crear al hombre, consultó con los ángeles y les dijo: "Hagamos un ser humano". Ellos le dijeron: "¿Cuál es el mérito de este ser humano?"

(Génesis, 1:26) Les dijo: "Que su inteligencia es mayor que la vuestra". Entonces trajo ante ellos el ganado, los animales y las aves, y les preguntó: "¿Cuál es el nombre de esto?" Y los ángeles no lo sabían. Él se los trajo a Adán y le preguntó: "¿Cuál es el nombre de esto?" Y él dijo: "Esto es un *shor* (toro), esto es un *jamor* (burro), esto es un *sus* (caballo), y esto es un *gamal* (camello)." "Y tú, ¿cuál es tu nombre?" El hombre respondió: "Merezco ser llamado Adán porque fui creado de la tierra (*adamá*)". Él [Dios] preguntó además: "Y yo, ¿cuál es mi nombre?" Y él respondió: "Mereces ser llamado Adonai, porque tú eres el Señor (*Adón*) de todas tus criaturas"».

(*Bereshít Rabba*, "*Bereshít*," 17)

La realidad relativa o dual es solo un sueño, y tú eres Dios dormido. Toda esta multiplicidad consiste en modulaciones del pensamiento. Cada entidad viviente recibe una individualidad, o se objetiva, mediante su nombre. Como dice esta sección: «... **de las Diez Expresiones de la Torá, poseedoras del poder y vitalidad para manifestar a partir de la nadeidad y vitalizarlo eternamente, porque la Torá y el Santo, bendito sea, son uno**».

La diversidad objetual consiste en una materialización de la consciencia. La única razón de nuestra existencia relativa como partes o entidades es vivir en servicio del Todo:

וַאֲנִי נִבְרֵאתִי לְשַׁמֵּשׁ אֶת קוֹנִי.

(תלמוד בבלי, קידושין, פ"ב, ב')

Yo fui creado para servir a mi hacedor.

(*Talmud Babilónico*, «*Kiddushín*», 82b)

Dios no es otro «alguien»; no existe, sino que es la existencia misma.

וַיִּטַּע אֶשֶׁל בִּבְאֵר שָׁבַע וַיִּקְרָא־שָׁם בְּשֵׁם ה' אֵל עוֹלָם:

(בראשית פרשת וירא, כ"א, ל"ג)

Y plantó un huerto en Beerseba, y allí invocó en nombre del Señor, el Dios del mundo.

(Génesis, «*VaYerá*», 21:33)

En la *Parashát VaYerá*, Abraham señala al Omnipotente como «Dios Mundo». Si se hubiera referido a Dios como «algo» o «alguien» que ha creado el universo, lo lógico habría sido llamarle *El Ha'Olám* (אל העולם), o «Dios del Mundo». Sin embargo, el término utilizado es *El 'Olám*, o «Dios Mundo» (אל עולם). Abraham se refiere a Dios como el universo mismo y no como su creador. Dios es la consciencia o lo único existente.

Este entendimiento se refleja en el comentario sobre este versículo del Malbim, Rabí Meir Leibush ben Yehiel Michel Wisser.

"וַיִּקְרָא שָׁם בְּשֵׁם ה' אֵל עוֹלָם", כִּי אַחַר הַמִּילָה הִשִּׂיג יוֹתֵר שֶׁ"אֵין עוֹד מִלְבַדּוֹ" וְשֶׁאֵין שׁוּם כֹּחַ מוֹשֵׁל בָּעוֹלָם- רַק ה' לְבַדּוֹ, וְזֶה קָרָא וּפִרְסֵם לָרַבִּים.
(מלבי"ם, בראשית כ"א, ל"ג)

«Allí invocó el nombre del Señor, el Dios-Mundo». Pues, después de su circuncisión, se dio cuenta aún más de que «No hay nada más que Él» y que no hay poder que gobierne en el mundo, pero solo el Señor. Y esto fue lo que proclamó y propagó.

(Malbim sobre Génesis, 21:33)

La desaparición de nuestra causa compromete las bases mismas de nuestra realidad. Sin embargo, la existencia de lo divino no está precedida por causa alguna y, por lo tanto, solo Dios es auténticamente independiente. La consciencia carece de causa porque está libre de cualidades objetuales. Desde la perspectiva del pensamiento, la consciencia es nada. No es un algo o alguien que necesite un creador o un principio: fue, es y será.

וְהוּא הָיָה, וְהוּא הֹוֶה, וְהוּא יִהְיֶה, בְּתִפְאָרָה.
(סידור התפילה, פיוט "אדון עולם")

Y Él fue, Él es y Él será en el esplendor.

(*Sidúr, Piyyút Adón ʻOlám*)

אֲשֶׁר בֶּאֱמֶת עִקַּר הַהַשָּׂגָה הוּא בַּדַּעַת הַמְחַבֵּר הַמֹּחַ וְהַלֵּב בְּהַרְגָּשַׁת הָאַיִן[...]
כִּי בֶּאֱמֶת הַכֹּל כְּאַיִן וְאֶפֶס[...]. רַק מֵחֲמַת הַהֶרְגֵּל שֶׁהֻרְגַּל בָּזֶה הָעוֹלָם כִּי לֹא
יַבִּיט רַק עַל גֶּשֶׁם הָעָב וְלֹא יוּכַל לְהַבִּיט רַק עַל חָמְרִיּוּת הַדְּבָרִים הַמַּסְתִּירִים
וּמְכַסִּים וּמַכְחִישִׁים הָאֱמֶת אֲשֶׁר מֵחֲמַת הַסְתָּרַת אֱלֹקוּתוֹ יִדְמֶה לוֹ הַיֵּשׁ. וְכָל
עִקַּר הָעֲבוֹדָה לִהְיוֹת נֶעְתָּק מִמְּקוֹמוֹ הַשָּׂגָה חוּשִׁית אֱנוֹשִׁית רַק לְהַשִּׂיג דָּבָר
הָאֱמֶת שֶׁאֵינוֹ מְלֻבָּשׁ[...]. דְּהַיְנוּ לְהַרְגִּיל עַצְמוֹ וּלְהִתְבּוֹנֵן בָּרוּחָנִיּוּת הַמְחַיָּה[...]
וְעִקַּר הַשָּׂגָה הוּא[...]. שֶׁכָּל הַמְּצִיאוּת וְהַשָּׂגוֹת שֶׁלָּהּ הוּא הָאַיִן, וְזֶהוּ הַתְחָלַת
כָּל עֲבוֹדָה. אֲבָל מָה אֶעֱשֶׂה לָכֶם אֲשֶׁר שֶׁאִי אֶפְשָׁר שֶׁאַרְאֶה לָכֶם אֵיךְ הוּא הַשָּׂגַת
הָאַיִן[...] וְהָאֱמֶת לֹא הֻרְגַּלְתֶּם בָּזֶה בְּהַשָּׂגָה כָּזוֹ, רַק הַשָּׂגָה הָאֱנוֹשִׁית אֲשֶׁר תּוּכַל
לְמַשֵּׁשׁ בַּחוּשִׁים הַגַּשְׁמִיִּים[...] וְזֶה בֶּאֱמֶת תַּאֲמִינוּ לִי כִּי זֶהוּ הַתְחָלַת הָעֲבוֹדָה
לִהְיוֹת נֶעְתָּק מִמְּקוֹמוֹ, אַךְ מַה אֶעֱשֶׂה כִּי לֹא הֻרְגַּלְתֶּם לְהַבִּיט הַשָּׁמַיְמָה רַק
שֶׁמִּתַּחַת לָאָרֶץ, וְכָל הָעִקָּר הוּא הַהִתְבּוֹנְנוּת וְכָל מָה שֶׁתּוֹסִיפוּ בָּזֶה הַתְמָדָה יוֹלַד
מִזֶּה יוֹתֵר דַּעַת וְהַשָּׂגָה[...]. אֲבָל הָעִקָּר לִבָּטֵל מִמְּקוֹמוֹ[...]

(האדמו"ר הזקן, רבי שניאור זלמן מליאדי, "איגרת עיקר ההשגה")

[...] En realidad, la esencia del conocimiento reside en *da'at*, que une el cerebro y el corazón en la percepción del *ain* (la nada) [...]. De hecho, todo es nulo y vacío... Solo debido al hábito que el mundo se ha acostumbrado, de prestar atención solo a la materia burda, y prestar atención solo al aspecto material de las cosas, que esconde y niega la Verdad, y debido a que la divinidad en ellas está oculta, aparecen como *iésh*, o existen. Y la esencia del trabajo es reubicarse desde la percepción sensorial humana y percibir solo la Verdad que no está revestida [...]. Es decir, habituarse a observar la espiritualidad vitalizadora [...]. Y la esencia del saber es [...] que toda la existencia y sus comprensiones son nada [...]. Pero el hecho es que no te acostumbraste a tal conocimiento, sino solo a la percepción humana, que solo puedes sentir con los sentidos materiales... Y créeme, este es realmente el comienzo del trabajo: cambiar de lugar, pero ¿qué puedo hacer si no estás acostumbrado a mirar hacia los cielos sino solo a lo que está bajo la tierra?... y la esencia de todo es la vigilancia, y cuanto más te adhieras a ella, generará más realización y conocimiento [...] pero lo principal es vaciarse del propio lugar [...].

(El Alter Rebe, Shneur Zalman de Liadi,
Epístola de la Esencia de la Realización)

El mundo no ha sido creado añadiendo lo que falta, sino ocultando lo que realmente es, el Ser. La consciencia logra la objetivación a través de su autoocultamiento o la retirada voluntaria. Dios se esconde en ti, como tú.

הוּא יִתְבָּרֵךְ הַיֵּשׁ הָאֲמִתִּי וְכָלָא קַמֵּהּ כְּלָא חֲשִׁיב וְאַיִן וָאֶפֶס מַמָּשׁ.
(האדמו"ר הזקן, רבי שניאור זלמן מליאדי, לקוטי תורה, "מטות", פ"ו)

Él, bendito sea, es el verdadero *iésh* (existencia), y ante Él todo se considera como nada, completamente nulo y vacío.

(El Alter Rebe, Rabi Shneor Zalman de
Liadi, *Likutei Torá*, «Matót», 86)

La evolución posterior de dicho proceso de ocultamiento es la modulación cognitiva de letras:

כָּל הָאוֹרוֹת הָעֶלְיוֹנִים עַד שֶׁיַּגִּיעוּ לְהֵעָשׂוֹת מֵהֶם פְּעֻלָּה בְּמַעֲשֶׂה, צָרִיךְ שֶׁיָּבֹאוּ לְסוֹד הָאוֹתִיּוֹת. וְהֵם מְצִיאוּת סֵדֶר אֶחָד הָעוֹמֵד לְהוֹצִיא כָּל הַדְּבָרִים לַפֹּעַל, וְהוּא סוֹד "בִּדְבַר ה' שָׁמַיִם נַעֲשׂוּ" (תהילים ל"ג, ו'). כִּי אֵין מְצִיאוּת לַדִּבּוּר אֶלָּא בָּאוֹתִיּוֹת.
(רמח"ל, קל"ח פתחי חכמה, י"ח, י')

Para producir un efecto real, todas las luces celestiales deben entrar en la categoría de las letras. Las letras constituyen un orden completo que existe para traer todas las cosas a la existencia real. Este es el significado del versículo: «...y por la palabra de Dios fueron hechos los cielos» (Salmos, 33:6). En efecto, el habla no existe más que en virtud de las letras que la componen.

(Ramjal, *Kla"j Pitjei Jochma*, 18.10)

Las letras son una metáfora de una etapa crucial en el proceso universal de la evolución cognitiva. Son los ladrillos cognitivos de la multiplicidad, con los que la consciencia se objetiviza.

עֶשְׂרִים וּשְׁתַּיִם אוֹתִיּוֹת חֲקָקָן חֲצָבָן שְׁקָלָן וֶהֱמִירָן צְרָפָן וְצָר בָּהֶם נֶפֶשׁ כָּל הַיְצוּר וְנֶפֶשׁ כָּל הֶעָתִיד לָצוּר.

(ספר יצירה, פרק ב', משנה ב')

Veintidós letras: Él las grabó, las talló, las pesó y las transmutó, las combinó y formó con ellas el alma de todo—de todo lo creado y el alma de todo lo que aún tiene que formar.

(*Sefer Yetzirá*, 2.2)

La mayoría de las personas basan su existencia en la creencia en dos factores aparentes: el sujeto experiencial y los objetos circundantes. Los individuos promedio postulan erróneamente que existen como un «yo» autónomo, anclado en una corporalidad que atestigua una realidad objetual desligada de su propia consciencia individual. Al hablar solo con otros que comparten la misma visión, la conclusión del sujeto se valida temporalmente, y entonces el tema en cuestión puede ser explorado desde esta perspectiva. Dichos intercambios dialécticos buscan construir puentes de comunicación con aquellos aferrados a esta concepción, evitando la tentación de aislarnos en las esferas más abstractas y sublimes de la realidad ontológica.

El proceso retroprogresivo de la *teshuvá*

Hasta ahora, hemos expuesto cómo el *Tania* describe la creación como un proceso de encubrimiento de lo que es. En la dirección opuesta, el descubrimiento de la consciencia es un regreso a la fuente, al que llamo el proceso retroprogresivo de la *teshuvá*. Para comprender profundamente su naturaleza, resulta esencial desglosar y examinar minuciosamente cada una de sus cuatro fases.

La primera fase implica una transición de «ser alguien» o la percepción de uno mismo como un ser definido, a la noción de «ser nadie». En este punto, se reconoce que la personalidad no constituye una entidad sólida o un objeto tangible; más bien, lo que se considera «yo» no es más que un vacío, dado que los objetos son meras experiencias sin existencia independiente. En esta primera etapa, realizo que no soy un ente concreto ni un objeto. No soy alguien porque las personas no existen; solo hay experiencias. Podemos decir que en esta etapa, la experiencia consiste en ser nadie. Sin embargo, este peldaño no corresponde a la fase final porque aún nos reconocemos como nadie, una forma de no-ser que todavía tiene presencia. Esta percepción implica que, aunque reconozcamos nuestra vacuidad, mantenemos una forma mínima de ser. A medida que profundizamos nuestra investigación de la experiencia, se revela que el conocedor de la experiencia es la observación que trasciende lo observado. Sin embargo, esta revelación no es concluyente porque mantiene un supuesto observador subjetivo que aún percibe elementos objetivos hipotéticos como la mente, el cuerpo y el cosmos.

En la segunda etapa, esta noción de «ser nadie» se transforma en «ser todo». Aquí, se produce la realización de que la totalidad de las experiencias es mi mismidad. Esta etapa implica el reconocimiento del experimentador, lo experimentado y el espacio donde ocurren estas experiencias, subrayando una unidad indivisible de la experiencia. «Soy todo» porque soy todas las experiencias. Pero esta fase no es la final porque, considerándonos este «todo», la atención no descansa en el seno de lo trascendente. Aunque no me considero ser «alguien» ni «nadie», me percibo como siendo un «todo» cósico u objetual.

La tercera fase del retorno marca una transición de «ser todo» a «ser nada». En esta etapa, la noción de realidad se disuelve en la realización de que todo es efímero. Solo existen experiencias y, por lo tanto, no hay «cosa» u «objeto» alguno en realidad; solo soy nada. Pero esta fase no es final porque si la nada «es», pierde su cualidad esencial de inexistencia. La «nada es», por lo tanto, es una «nada relativa» que tiene dos componentes: «nada» y «ser». Al existir, esta nada se convierte en objeto de análisis, discusión y descripción.

Finalmente, en la última etapa, de «ser nada» se pasa a «no ser nada». Es una transición de una «nada relativa» que aún es, a una «nada absoluta» que carece tanto de ser como de no-ser, lo que llamamos consciencia pura, Dios o lo Uno. Lo Uno es trascendental, la fuente y origen de todo Ser. La «nada absoluta» es una condición en la que no es posible ninguna existencia. Se identifica con el concepto del Uno, en el cual toda dualidad y distinción se disuelven completamente. No debemos olvidar que lo Uno no puede considerarse existente en términos convencionales, porque su existencia implicaría determinación y, por ende, perdería su cualidad de absoluto. Si lo Uno estuviera determinado, se convertiría en una entidad específica y, siendo algo particular, se establecería una dualidad entre lo Uno y esa entidad específica. Esta dualidad comprometería la unidad absoluta de lo Uno, ya que implicaría la presencia de una distinción dentro de lo que debe ser absolutamente indivisible. En consecuencia, para preservar su esencia de unidad absoluta, lo Uno no puede entenderse como una existencia determinada o particular. Este Uno absoluto no es ni algo ni alguien; en realidad, no es nada en absoluto. Precisamente por su naturaleza de no ser nada, se convierte en el fundamento del Ser. Heidegger se refiere a este Uno que no es nada como «la nada originaria», que es el fundamento del ser, y el ser, a su vez, es el fundamento del ente. Por lo tanto, la fase final del despertar debe ser la aceptación de una nada que trasciende todas las formas de existencia, alcanzando un estado de inexistencia absoluta. Se reconoce que no hay realidad más allá de la consciencia. Esta fase marca la culminación del Sendero Retroprogresivo, con la realización de que no hay nada fuera de Dios. Discutiremos cada fase en mayor detalle.

Etapa 1: De ser alguien a ser nadie

La primera etapa retroprogresiva es un paso de ser alguien a ser nadie. Bajo el prisma de una realidad relativa y dual, emerge el discernimiento entre el «yo» que presuntamente reside en nuestra forma corporal y el presunto «no yo» que sería el cosmos objetual. Desde este paradigma, nos percibimos como una entidad o sujeto, un aparente testigo de un vasto universo objetual.

Artículo 18: El Sendero Retroprogresivo de la teshuvá

El conocedor de la experiencia

Las percepciones que atribuimos ilusoriamente al supuesto sujeto se denominan «sensaciones». Por otro lado, las sensaciones que vinculamos erróneamente al objeto de nuestra observación son denominadas «percepciones». Contrario a esta creencia, nuestra estructura física no es un mero objeto sólido y concreto, sino un conglomerado de sensaciones. La presunta posesión y desarrollo de una forma o cuerpo, en realidad, consiste en una corporificación u ontificación de la actividad sensorial y perceptiva.

Del mismo modo, el intelecto no es un objeto o entidad tangible, sino la objetivación de la actividad cognitiva. La premisa de una realidad objetual es errónea, dado que lo que consideramos hipotéticamente como el universo es, en realidad, una objetivación del acto perceptivo. Aunque el cosmos existe, carece de realidad autónoma porque su existencia constituye la ontificación de la percepción.

Desde la perspectiva absoluta, la consciencia pura e inalterada se reifica corporal, mental y universalmente deviniendo en percepciones, pensamientos y sensaciones, respectivamente. La consciencia pura modula sensaciones y manifiesta una forma. Cataliza el pensar y emula una mente. Procesa percepciones y deriva en un universo. Desglosar esta premisa desmantela la creencia en un díptico mente-cuerpo como sujeto activo observador en la experiencia y un cosmos como entidad objetual observada. El valor objetual del cuerpo, la mente y el universo queda firmemente establecido dentro del marco de la experiencia.

Al intentar evaluar al conocedor de la experiencia, encontramos una realidad intrigante: lo que se encuentra más allá de los límites de la mente, el cuerpo y el cosmos carece de atributos definibles. Si el conocedor de la experiencia poseyera cualidades inherentes, claramente estaría confinado a la dimensión objetual y categorizado en el ámbito manifestado que es observable dentro del contexto de la experiencia. Sin embargo, desde una perspectiva conceptual, si el conocedor de la experiencia carece de propiedades definibles, no se considera una entidad existente.

Sin embargo, esta revelación no es concluyente porque conserva la concepción dual de sujeto-objeto. Esta dicotomía persiste a pesar de tener una comprensión más sofisticada que la concepción preconcebida, donde la mente y el cuerpo se consideraban el núcleo subjetivo y el cosmos como el objeto. Aquí aún la fractura de la consciencia prevalece, que permanece segmentada en una aparente entidad observadora y aquello que es supuestamente observado.

La conoceidad de la experiencia

En esta fase intersticial de nuestro peregrinaje retroprogresivo hacia la Verdad, un principio incuestionable se torna evidente: la conoceidad de la experiencia no es una mera entidad adicional, sino nuestra propia realidad genuina. Asimismo, es evidente que el pilar básico y fundamental para que cualquier experiencia se manifieste radica en la presencia previa de la consciencia. A esta altura, surge la comprensión de que la conoceidad es el sustento fundamental de todos los fenómenos experienciales. En ausencia de tal consciencia primigenia, la concepción misma de cuerpo, mente y cosmos sería insostenible.

Dentro del ámbito empírico, no hay ningún rastro que sugiera que la conoceidad está subordinada a entidades exógenas o indicaciones de que la consciencia está condicionada por algo externo. A esta altura, se puede sostener con plena confianza que la consciencia es inherentemente autárquica, autosuficiente, incoercible y autónoma.

Es imperativo aclarar que la conoceidad no brota, emerge, emana, aparece ni se difunde desde un substrato, ya que cada manifestación insinuaría la presencia de una causa primordial. Aceptar un origen anterior a la consciencia significaría permitir la presencia de algo previo que trasciende a la consciencia misma. De ser así, la conoceidad no sería lo Uno sin segundo.

La consciencia es una

La consciencia es el Uno sin segundo, eterna e ilimitada. No nace ni muere; no comienza ni termina; no empieza ni cesa. Es única, indivisible y no tiene contraparte. Siendo inmutable en el transcurso del tiempo, la consciencia es ajena a los ciclos de nacimiento o muerte, y carece de confines temporales y espaciales. Se establece como perenne e infinita.

"אָנֹכִי ה' אֱלֹהֶיךָ". לָמָּה נֶאֱמַר? [...] שֶׁלֹּא לִתֵּן פִּתְחוֹן פֶּה לְאֻמּוֹת הָעוֹלָם לוֹמַר: שְׁתֵּי רָשֻׁיּוֹת הֵן. אֶלָּא "אָנֹכִי ה' אֱלֹהֶיךָ"; אֲנִי בְּמִצְרַיִם, אֲנִי עַל הַיָּם, אֲנִי בְּסִינַי, אֲנִי לְשֶׁעָבַר, אֲנִי לֶעָתִיד לָבֹא, אֲנִי בָּעוֹלָם הַזֶּה, אֲנִי לָעוֹלָם הַבָּא, שֶׁנֶּאֱמַר: "רְאוּ עַתָּה כִּי אֲנִי אֲנִי הוּא" (דברים ל"ב, ל"ט) [...]
(מכילתא דרבי ישמעאל, מסכתא דבחודש, ה')

«Yo soy el Señor tu Dios». ¿Cuál es la intención de esto? [...] Para no dar lugar a que las naciones del mundo digan que hay dos poderes, (Él dijo) «Yo soy el Señor tu Dios». Fui yo en Egipto, en el Mar (Rojo), y soy yo en el Sinaí. Fui yo en el pasado y seré yo en el tiempo venidero. Yo en este mundo y yo en el mundo venidero. Como está escrito «Ved ahora que yo, yo soy él» (Deuteronomio, 32:39).

(*Mejilta DeRabbi Yishma'el*, Tratado «*Bajodesh*», 5)

Por lo tanto, la consciencia no puede extinguirse ni perecer. Si pudiera, entonces la consciencia se desvanecería en una entidad separada de sí misma, cuya existencia operaría de manera autónoma en ausencia de la consciencia. Una entidad capaz de absorber la desaparición de la consciencia tendría que ser intrínsecamente mayor para abarcarla. Estas consideraciones conceptualizarían la consciencia como un fenómeno objetual, finito, circunscrito y transitorio.

En esta primera etapa, realizo que no soy un ente concreto ni un objeto. Yo no soy un algo o alguien. Comprendo que soy nadie porque no existen los objetos, sino solo experiencias.

Etapa 2: De ser nadie a ser todo

La segunda etapa es un paso de ser nadie a ser todo. Solo la conocedad, o el conocedor de la experiencia, puede reconocer la consciencia.

La unidad del experimentador y la experiencia

Claramente, solo la consciencia es capaz de autorreconocimiento, autopercepción o autoconsciencia. Su principal obstáculo radica en la formación de una autoconcepción que se presenta como si fuera distinta de sí misma. Resulta arduo y complicado reconocernos como la conoceidad de la experiencia porque nuestra esencia ha sido profusamente impregnada con una variedad de emociones, ideas, imaginaciones y conjeturas. La superimposición de componentes mentales y emocionales sobre la pura conoceidad dificulta el reconocimiento de la consciencia como nuestra genuina autenticidad.

En el dominio de la realidad contingente, relativa y dicotómica, se postula una pluralidad objetual que parece desplegarse ante un sujeto evaluador. Este último, enclaustrado en una forma determinada, cree discernir la existencia de entes mentales, emocionales y sensibles separados. No obstante, una indagación rigurosa revela un hallazgo excepcional: la separación que notábamos entre el presunto sujeto evaluador y las hipotéticas entidades evaluadas es irreal. Es imposible discernir un espacio o distancia entre el presunto sujeto que experimenta y el hipotético objeto de dicha experiencia. Dentro de la experiencia misma, no logramos identificar un punto de intersección entre el evaluador y lo evaluado.

Es inasible determinar dónde termina el aparente testigo y comienza el alegado objeto observado. No podemos delinear un umbral en el que nuestra esencia como consciencia perceptora individual cese y emerja el cosmos perceptible. Esto se debe a que la pluralidad objetual no se despliega ante la consciencia, sino que se dona de manera inherente desde su núcleo, como afirma Jean-Luc Marion.

Al analizar la dinámica de la experiencia, resulta evidente que los entes no emergen a la distancia ante el prisma de la consciencia. En cambio, se despliegan desde y en su propia esencia. Esto lleva a la realización de que el devenir existencial y sus sucesos no se presentan externamente a nuestro ser, sino que son intrínsecamente donados en nuestra intimidad. Como dice el *Midrásh Rabbah*:

מִפְּנֵי מָה מְכַנִּין שְׁמוֹ שֶׁל הַקָּדוֹשׁ בָּרוּךְ הוּא וְקוֹרְאִין אוֹתוֹ מָקוֹם? שֶׁהוּא מְקוֹמוֹ שֶׁל עוֹלָם וְאֵין עוֹלָמוֹ מְקוֹמוֹ.

(בראשית רבה, ס"ח)

«¿Por qué sustituimos el nombre del Santo Bendito y lo llamamos "Lugar"?». Porque Él es el Lugar del mundo, aun así, Su mundo no es Su lugar.

(*Bereshít Rabbah*, 68)

La infinitud incluye la finitud

La consciencia puede compararse a un receptáculo ilimitado en el que reside la realidad empírica, un dominio oceánico en el que emergen y se diluyen fenómenos como la mente, el cuerpo, el cosmos y las galaxias.

Hegel escribió dos obras monumentales: *La fenomenología del espíritu* en 1807 y *La ciencia de la lógica* en 1810. En esta última, Hegel sostiene que, lógicamente, lo finito y lo infinito no pueden ser opuestos. Si lo infinito no incluyera también lo finito, perdería su infinitud. Para que lo infinito mantenga su naturaleza ilimitada, debe abarcar todo, incluyendo lo finito. La existencia de lo finito fuera de lo infinito comprometería la infinitud de lo infinito. La mera presencia de lo finito sería un obstáculo para la verdadera infinitud de lo infinito. Para que lo infinito conserve su naturaleza ilimitada, no puede estar condicionado por lo finito. La estrategia filosófica de Hegel es integrar lo finito dentro de lo infinito.

Según Hegel, lo infinito se identifica con el Ser, el Espíritu o la consciencia absoluta, mientras que lo finito se refiere al ser humano y su historia. Para Hegel, lo finito y lo infinito no son entidades completamente separadas; lo finito es una manifestación interna de lo infinito. Esto permite que lo infinito abarque todo, incluyendo las limitaciones y contingencias de lo finito, sin perder su infinitud. Para que la consciencia sea verdaderamente absoluta, es fundamental que la consciencia individual de los seres humanos y su historia estén integradas en ella. Esto significa que todos los seres y eventos deben estar contenidos dentro de la consciencia absoluta y que todo el desarrollo histórico debe ocurrir dentro de ella, no fuera de ella.

De esta manera, Hegel supera la dicotomía tradicional entre lo finito y lo infinito, proponiendo que la realidad absoluta, o la consciencia absoluta, es un proceso dialéctico en el cual lo finito y lo infinito se encuentran en una relación de interdependencia y mutua inclusión. La filosofía de Hegel postula que la infinitud verdadera debe integrar dentro de sí a lo finito, sin ser limitada por eso. La consciencia absoluta, según Hegel, abarca toda la realidad, incluyendo la historia y la experiencia humana, y su infinitud radica precisamente en su capacidad de contener todo sin quedar restringida por ninguna limitación finita.

La consciencia puede considerarse un receptáculo ilimitado que alberga la totalidad de la realidad empírica. Se trata de un vasto y profundo dominio oceánico en el cual surgen y se desvanecen diversos fenómenos, tales como la mente, el cuerpo, el cosmos y las galaxias. Este espacio metafórico no tiene fronteras definidas, permitiendo que todos estos elementos existan simultáneamente y se interrelacionen dentro de su extensión infinita. Así, la consciencia se manifiesta como un ámbito integral donde lo material y lo inmaterial coexisten.

Una transformación notable en esta etapa cognitiva es el surgimiento de la profundidad y la intimidad experienciales. Anteriormente, postulamos que la consciencia se posicionaba ante una realidad objetual mientras mantenía una distancia discernible. Hasta este nivel, suponíamos que la consciencia era un mero espectador frente a una realidad objetual distante. Así, vivíamos nuestras vidas creyendo que las experiencias genuinamente íntimas estaban confinadas a las esferas del pensamiento y la emoción.

Sin embargo, a partir de esta fase, cualquier apariencia de separación se evapora y cada experiencia se internaliza con una profundidad inusual. La vivencia desde esta dimensión se caracteriza por una amplitud que intensifica la existencia. Fenómenos tan dispares como flores, nubes, la luna, sonrisas o la vida nos acarician y tocan profundamente. Estas experiencias resuenan con una profundidad conmovedora. A pesar de la magnitud de este elevado nivel, permanece anclado en el plano dual y relativo. Este espacio de consciencia persiste en su papel subjetivo como observador, mientras que lo observado, aunque integrado, persiste en su seno. En esta esfera, la fragmentación percibida de la consciencia sigue vigente, dado que el espacio consciente se posiciona como el sujeto y su contenido se erige como la realidad objetal. Seguimos operando a un nivel donde se mantiene una aparente distinción entre el ente observador y ente observado, el conocedor y lo conocido.

La esencia de la experiencia

Para continuar por la vía retroprogresiva, debemos evaluar la esencia de la experiencia. Esto nos lleva a un estudio meticuloso tanto del componente sustancial como de la naturaleza fundamental inherente al presumible sujeto observador. Dicha labor exige un escrutinio detallado de la dimensión subjetual y la objetual, en la matriz de la experiencia. Esta observación o análisis demuestra claramente que nuestra mente emerge del acto de pensar, el cuerpo emerge de las sensaciones y el universo nace de nuestra percepción. La sustancia del pensar, sentir y percibir coincide exactamente con la de la consciencia.

Así como las olas, los vórtices, las burbujas y la espuma son expresiones del agua, todo lo que se conoce en nuestra realidad puede reducirse a conocer, que es simplemente consciencia. Cada elemento de nuestro campo perceptual de realidad se enfoca únicamente en el acto de reconocimiento, que es intrínsecamente consciente. Aunque creemos conocer una mente, un cuerpo y un universo objetual u óntico, en realidad, solo conocemos el conocer mismo. En última instancia, la consciencia es consciente exclusivamente de sí misma.

La consciencia es todo y todos

En esta fase de realización, se experimenta inequívocamente que la consciencia es el pilar fundamental y omnipresente. Se desvela claramente que la consciencia es todo y todos. Como explica el *Tania*, a través de diferentes modulaciones cognitivas o letras, lo

Uno se convierte en una diversidad objetual y tangible. En resumen, es la consciencia la que se metamorfosea en manifestaciones cognitivas como el lenguaje, expresadas como caracteres alfabéticos, configurándose en forma de mente.

נִמְצָא שֶׁכָּל מָה שֶׁנֶּעֱלַם בַּמַּחְשָׁבָה – צָרִיךְ לָצֵאת עַל יְדֵי הַדִּבּוּר. וְהִנֵּה אֵין חֶלְקֵי וְסִדְרֵי הַמַּחְשָׁבָה שָׁוִים לְסִדְרֵי הַדִּבּוּר כְּלָל, כִּי הַמַּחְשָׁבָה תַּחֲשֹׁב הָעִנְיָנָו, וְהַדִּבּוּר יוֹצִיא הַמִּלּוֹת בְּאוֹתִיּוֹת, וְאַף עַל פִּי כֵן צָרִיךְ שֶׁמָּה שֶׁצִּיְּרָה הַמַּחְשָׁבָה – יִשְׁתַּעֲבֵד לְסִדְרֵי הַדִּבּוּר לָצֵאת עַל יְדֵיהֶם. כָּךְ הוּא לְמַעְלָה, סֵדֶר רִאשׁוֹן – הוּא הַמַּחְשָׁבָה, וְהַגִּלּוּי שֶׁלָּהּ - הוּא הַדִּבּוּר. וּמַה שֶׁנִּצְטַיֵּיר בַּמַּחְשָׁבָה לְפִי סִדְרָהּ – צָרִיךְ שֶׁיֵּצֵא בַּדִּבּוּר לְפִי סְדָרָיו, וְהֵם סִדְרֵי הָאוֹתִיּוֹת כְּדִלְקַמָּן.

(רמח"ל, קל"ח פתחי חכמה, י"ח, ט")

Este es el significado del versículo: «...y mediante la palabra de Dios fueron hechos los cielos» (Salmos, 33:6). Porque inicialmente existe el pensamiento —*Adám Kadmón* (la persona primordial)— pero esto está oculto. La revelación del pensamiento se produce a través del habla, que consiste en letras. Todo lo que está oculto en el pensamiento debe entrar en la categoría del habla para ser revelado. Sin embargo, las partes componentes y los principios organizativos del pensamiento no son en absoluto idénticos a los del habla, pues un pensamiento está en la mente, mientras que en el habla expresamos nuestros pensamientos en palabras y letras. Para comunicar lo que está en nuestras mentes, lo concebido en el pensamiento debe someterse a las reglas del lenguaje para ser moldeado en forma de letras y palabras. Lo mismo se aplica en los mundos superiores. El primer orden es el del pensamiento. Su revelación se produce a través del habla. Lo que se concibe en la mente dentro de los parámetros del pensamiento solo puede manifestarse en el habla dentro de los parámetros del habla, es decir, a través de las letras.

(Ramjal, *Kla"j Pitjei Jojmá*, 18.9)

A pesar de despertar a la congruencia sustancial entre lo objetual y la consciencia, seguimos ensimismados en el ámbito objetual. Estos objetos, que ostentan una identidad sustancial con la consciencia, nos llevan a concluir que, siendo omnipresente, Dios es todo. Este «todo» alude a una realidad objetual que ha sido reconocida como sustancialmente congruente con la consciencia. Incluso después de haber realizado que Dios, siendo omnipresente, lo es todo y todos, estamos continuamente desviados por la presencia óntica de ese «todo». Nuestra atención no descansa en el seno de lo trascendente, sino que permanece fascinada por las entidades y embrujada por los objetos. Por lo tanto, la realización de que «la divinidad lo es todo y está en todos» obviamente no puede ser la realidad última y definitiva.

Etapa 3: De ser todo a ser nada

En la tercera etapa del proceso retroprogresivo, se establece claramente que la consciencia es el cimiento de la experiencia, relegando lo objetivo a un segundo plano. La naturaleza de la realidad última, o el Uno (*unum* en latín), es inclusiva, holística y abarca todas las facetas de la realidad. Como lo Uno sin segundo, la consciencia absoluta debe englobar todas las diferentes realidades relativas, incorporando tanto al agente cognoscente como al objeto cognoscido. Dada su unicidad, la realidad suprema abarca tanto al observador como a lo observado. Sin embargo, nuestra tendencia a percibir y operar en términos tangibles, en lugar de en la esencia pura de la realidad o la consciencia, impide su plena aprehensión. Como su propia esencia, la realidad misma es el fundamento de la plataforma objetual. Tanto el observador como lo observado son componentes intrínsecos de la realidad irrefutable.

La realidad no es de naturaleza óntica

Anteriormente, aludimos al marco rabínico conocido como *pardés* como una herramienta heurística para categorizar los estratos de la consciencia a través de los cuales se puede discernir la Verdad. En sus estadios elementales, dicho marco se ajusta a los grados más rudimentarios de comprensión. En su cúspide se encuentra la sabiduría esotérica reservada para el pináculo de la revelación.

Como hemos visto antes, este esquema no es exclusivo del judaísmo. De hecho, se aplica a diversas tradiciones religiosas e incluso a las dinámicas existenciales humanas.

Resulta interesante observar que las discrepancias entre diferentes religiones tienden a ocurrir solo entre los creyentes que están en los niveles más elementales de consciencia. Sin embargo, a medida que nos acercamos al *sod*, o 'secreto', la multiplicidad de creencias trasciende las identidades individuales para converger en una religión universal. Trascendemos las religiones para conocer la religión, en cuya profundidad yace el secreto: detrás del velo de la aparente heterogeneidad, radica una realidad primordial e indivisible. Esta realidad única, al no ser de naturaleza óntica, escapa a toda definición, ya que es solo a partir de esta realidad fundamental que el ente puede ser definido.

La realidad no es ni esto ni aquello

Diferentes maestros han recurrido a enfoques negativos cuando aluden a la realidad trascendental. Han articulado sus postulados enfatizando la ausencia en lugar de la presencia inherente, destacando lo que no es en lugar de lo que es. Como ya comentamos, el «principio de exclusión» de Santo Tomás de Aquino, también conocido como «el método de selección negativa», es una estrategia filosófica y teológica que consiste en descartar lo falso para llegar a la verdad. Santo Tomás empleaba este principio como una herramienta lógica para aclarar conceptos y alcanzar conclusiones verdaderas, eliminando sistemáticamente proposiciones incorrectas o contradictorias. El proceso comienza con la identificación de diversas proposiciones o hipótesis relacionadas con un tema específico. Cada proposición es sometida a un análisis crítico exhaustivo, evaluando su coherencia interna y su consistencia con la realidad observada y con otros conocimientos aceptados. Las proposiciones que se demuestran falsas, contradictorias o inconsistentes son descartadas. Este proceso de eliminación depura el conjunto de afirmaciones, reteniendo solo aquellas que resisten la crítica. A través de este método de eliminación, se espera acercarse a una comprensión más verdadera y precisa del tema en cuestión. La eliminación de lo falso permite que la verdad se destaque con mayor claridad. En su obra, Santo Tomás de Aquino a menudo emplea este principio para refutar herejías y errores doctrinales. Por ejemplo, en la *Summa theologiae*, cuando discute la naturaleza de Dios, analizó diversas proposiciones sobre Dios y, mediante un proceso de exclusión, rechazó aquellas que son contradictorias o incompatibles con la doctrina cristiana. Este proceso le permite formular una comprensión más precisa y ortodoxa de la naturaleza divina.

En la búsqueda de una explicación vital, más allá de un mero marco teórico, se evitan adjetivos y caracterización. Es preferible abordar indirectamente aquello que escapa a la definición y comprensión. Intentando trascender la mera especulación y alcanzar una comprensión profunda, se ha elegido evitar asignar características definitivas, omitiendo cualidades de lo indefinible e inexplicable. Como lo hemos mencionado, este principio se conoce en el *vedānta advaita* como *neti-neti*, que significa 'ni esto ni aquello'.

Tal estrategia evita crear representaciones mentales o analogías que limiten y reduzcan lo inefable a las restricciones del pensamiento y los estrechos confines de la conceptualización. Es una precaución en contra de degradar las verdades trascendentales en mera idolatría conceptual. La esencia radica en el reconocimiento de la consciencia y el empeño por alinear la existencia con tal reconocimiento. Así, nos percatamos que solo la realidad es. La mera insinuación de una existencia alternativa implicaría una dualidad en la realidad, contrariando su naturaleza singular y única.

La realidad es indivisible

La realidad última, en su esencia más pura, es exclusivamente autorreferencial; es autosuficiente y, por ende, inalterable en su esencia. Solo se contiene a sí misma por lo que cualquier percepción de división o fragmentación es solo el resultado de una observación circunscrita y limitada. Si su contenido y constitución es ella misma, una fragmentación sería tan incongruente como una barrera de agua en medio del océano, o una barrera hecha de espacio en el firmamento. La característica de ser ilimitada deriva de su naturaleza autorreferencial: no alberga nada más allá de sí misma.

Establecer un límite implicaría una dicotomía entre lo que es y lo que no es, lo cual es contradictorio, dado que la introducción de una entidad no consciente significaría que coexiste con algo más allá de la unidad primordial. Al no albergar nada excepto de sí misma, establecer un confín implicaría reconocer un contrapunto entre lo existente y lo inexistente. Siguiendo esta lógica, la aparición de algo ajeno a la consciencia significaría la coexistencia de un elemento adicional más allá de lo Uno sin segundo.

אַחֵר קִיצֵץ בִּנְטִיעוֹת, עָלָיו הַכָּתוּב אוֹמֵר: "אַל תִּתֵּן אֶת פִּיךָ לַחֲטִיא אֶת בְּשָׂרֶךָ" (קהלת ה', ה'). מַאי הִיא? חֲזָא מִיטַטְרוֹן דְּאִתְיְהִיבָא לֵיהּ רְשׁוּתָא לְמֵיתַב לְמִיכְתַּב זַכְוָתָא דְיִשְׂרָאֵל, אָמַר: "גְּמִירִי דְּלְמַעְלָה לָא הָוֵי לֹא יְשִׁיבָה וְלֹא תַּחֲרוּת, וְלֹא עֹרֶף וְלֹא עִפּוּי. שֶׁמָּא, חַס וְשָׁלוֹם, שְׁתֵּי רָשׁוּיוֹת הֵן".

(תלמוד בבלי, חגיגה, ט"ו, א')

Rabí Elisha ben Avuya (al que llaman «Ajer» o «El otro») cortó los retoños (es decir, se volvió hereje). El siguiente versículo habla sobre él: «No permitas que tu boca haga pecar a tu cuerpo» (Eclesiastés, 5:5). ¿Qué es esto? Vio [al ángel] Mitatrón, que tenía permiso para sentarse y escribir los méritos de Israel. Él dijo: «Hay una tradición: Arriba (es decir, en el cielo), no se está sentado, no se compite, no se da la espalda y no hay cansancio [entre los ángeles, sin embargo, Mitatrón estaba sentado]. Tal vez, Dios no lo permita, haya dos poderes».

(*Talmud Babilónico*, «*Jagigá*», 15a)

Con respecto a nuestra comprensión espacial, el pináculo cognitivo al que podemos acceder sostiene que la consciencia es omnipresente y permea todos los rincones de la existencia. Tal alcance conceptual es el máximo grado que el razonamiento humano puede alcanzar. Una propuesta intermedia y conciliadora con el «yo» separado podría establecer que no hay vivencia o coordenada espacial desprovista de consciencia. En el proceso retroprogresivo, la solidez conceptual se erosiona. Lo que es claro se torna ambiguo, lo que es evidente se torna enigmático y lo que es obvio se muestra dudoso. Pero, a su vez, lo que es etéreo se vuelve tangible. La realidad última se muestra como todo: bueno y malo, hermoso y feo, placer y sufrimiento, apego y odio. Las dicotomías solo aparecen en el escenario dual proyectado y sostenido por un «yo» fragmentado, pero estas se desvanecen en la consciencia pura e inmaculada.

El ego: una contracción en la consciencia

El concepto del «yo», entendido como una entidad autónoma, es una contracción en la consciencia, un mecanismo por el cual la consciencia se confina y localiza. Es evidente que la experiencia de un «yo» aparentemente independiente es de carencia. Este fenómeno egoico se manifiesta en la vida cotidiana como un sentimiento de descontento crónico e insatisfacción insondable. Cada entidad egoica se visualiza a sí misma como un fragmento, lo que inevitablemente culmina en sentimientos de imperfección, deficiencia e incompletitud.

Así surge la lucha incesante del ego por alcanzar un estado de plenitud o dejar de ser una parte, aspirando a integrarse en algo o alguien que lo complete. Sin embargo, el deseo no es por objetos, eventos, individuos o interacciones en sí, sino por superar sus limitaciones percibidas. El auténtico deseo que subyace a sus intentos de integrarse con los fenómenos externos es revertir sus restricciones y limitaciones y retornar a su estado original de unidad primordial. Sin embargo, es un error intentar resolver un problema inherentemente subjetivo con una solución objetual.

La realidad es indefinible

Describir la realidad como ilimitada e indivisible, sería considerarla infinita. Sin embargo, la infinitud presupone una comparación con otro factor finito. Tal comparación es inviable, ya que, en el plano real, no existen elementos limitados. Por lo tanto, es un error referirse a la realidad última o la consciencia como ilimitada e infinita, porque presupone la existencia de componentes limitados y finitos.

Esta concepción de la realidad como infinita, ilimitada e indivisible pertenece a una etapa intermedia, cuyo propósito es superar la noción opuesta de la realidad como finita, limitada y divisible. Solo cuando superamos estos presupuestos podemos rechazar las categorizaciones conceptuales de una realidad ilimitada, infinita e indivisible.

Si la realidad es indefinible, podríamos decir que la realidad es «nada». Sin embargo, al existir, esta «nada» se transforma en objeto de análisis, debate y descripción. Por eso, esta etapa no es definitiva, porque una nada que «es», es una «nada relativa» dado que contiene dos elementos, «nada» y «ser», perdiendo así su cualidad de inexistencia.

Etapa 4: De ser «nada» a «no ser nada»

El Sendero Retroprogresivo de la *teshuvá* nos devuelve al origen que nunca fue abandonado. Para elucidar nuestro retorno a la fuente primordial, debemos desentrañar las circunstancias que nos llevaron a donde estamos ahora y discernir la desviación inicial. Examinemos cómo la consciencia pura, lo Uno sin segundo, adoptó un carácter humano óntico. Adoptando el vehículo del pensamiento, se manifiesta como mente y con ella surgen conceptos, definiciones, comparaciones, analogías y memorización, o como describe alegóricamente el *Tania*, las letras sagradas. Manifestándose en el dominio de las sensaciones, se configura como forma o entidad corpórea. Por último, en su capacidad perceptiva, se revela como el cosmos. Esta es la quintaesencia de la creación cósmica. La totalidad de la experiencia humana se reduce a pensamientos, sensaciones y percepciones. Todo lo que hemos experimentado o experimentaremos está circunscrito a pensamientos, sensaciones y percepciones.

En la última etapa, es esencial entender que la consciencia, en todo este proceso, nunca se metamorfosea en algo distinto a sí misma. La creación son pensamientos, emociones, sensaciones y percepciones; sin embargo, la consciencia siempre permanece inmutable. Solo al alcanzar este nivel se revela que la consciencia engloba la totalidad de la realidad. En esta fase específica del proceso inverso de la *teshuvá*, se accede a la revelación completa de la omnipresencia de la consciencia. La divinidad lo impregna todo, siendo todo en todos, como dice el versículo siguiente:

וְיָדַעְתָּ הַיּוֹם וַהֲשֵׁבֹתָ אֶל־לְבָבֶךָ כִּי ה' הוּא הָאֱלֹהִים בַּשָּׁמַיִם מִמַּעַל וְעַל־הָאָרֶץ מִתָּחַת אֵין עוֹד:

(דברים ד', ל"ט)

Aprende pues, hoy, y reflexiona en tu corazón que el Señor es Dios arriba en el cielo y abajo en la tierra, y no hay otro.
(Deuteronomio, 4:39)

El versículo no sugiere que la consciencia abarca la multiplicidad de «todo y todos», ya que, epistemológicamente hablando, no existen objetos concretos que puedan percibirse como «todo y todos». El texto se eleva a la cima del proceso retroprogresivo de la *teshuvá* para exclamar claramente que «no hay otro [fuera de Dios]». La afirmación de que Dios es todo podría llevarnos erróneamente a pensar en una multiplicidad de entidades concretas coexistiendo en un universo definido. Esto implicaría erróneamente que esta divinidad es una sumatoria de objetos que, en esencia, no tienen existencia real. El argumento central se sitúa en un plano más trascendental: la consciencia no es reducible a objetos discernibles o entidades finitas. En realidad, no hay objetos que la consciencia observe.

En su total y absoluta soledad, esta nada no comparte siquiera la presencia del «ser». Permanece eternamente en un estado de completa inexistencia, como una nada que carece de existencia, sin ser, o simplemente no es.

וְנִקְרָא יָחִיד. כַּיָּדוּעַ וּמְבֹאָר בְּכַמָּה דְּכָתִין דִּזְעֵיר אַנְפִּין נִקְרָא "אֶחָד הָאֱמֶת וְיֵשׁ זוּלָתוֹ" וְאַבָּא חָכְמָה הוּא בְּחִינַת "אֶחָד הָאֱמֶת אֵין זוּלָתוֹ" שֶׁבִּבְחִינָתוֹ הוּא בָּטוּל הָעוֹלָמוֹת בִּישׁוּתָן אֶל הָאַיִן וְהַיִּחוּד. אֲבָל בְּחִינַת יָחִיד הוּא שֶׁאֵין הָעוֹלָמוֹת עוֹלִין בְּשֵׁם כְּלָל לוֹמַר עֲלֵיהֶם שֶׁהֵן בְּטֵלִים בִּמְקוֹרָן, אֶלָּא הוּא לְבַדּוֹ הוּא הַנִּמְצָא בְּכָל צְפִיָּתוֹ שֶׁצּוֹפֶה וּמַבִּיט עַד סוֹף כָּל הַדּוֹרוֹת.

(רבי יצחק אייזיק הלוי אפשטיין מהומיל, חנה אריאל, בראשית, דף 217)

Y [*Atík Yomín*, o 'El antiguo en días', que es el aspecto o semblante superior de lo divino en '*Olám Ha'atzilút*, o 'El mundo de la emanación'] es llamado *Yajíd*, o 'Solitario'. Como es sabido y explicado en algunos lugares, que *Ze'er Anpín*, o 'menor semblante' (un semblante inferior de lo divino en '*Olám Ha'atzilút*, que está más cerca del nivel humano) es llamado 'El Verdadero y presencia de otro', y *Aba Jojmá* (un tercer semblante de lo divino, que es superior a *Ze'er Anpín* pero inferior a *Atík Yomín*) se denomina 'El Verdadero y ausencia de otro' pues en este nivel la 'seidad' de los mundos se anula frente a la nada y la unidad. Pero el aspecto de *Yajíd* (solitario) es aquel en el cual los mundos ni siquiera aparecerían en pensamiento, o serían nombrados, de modo que se pudiera decir que están nulificados, pero Él, solo Él es; en Su completa vigilancia, Él observa todo el camino, hasta el fin de los tiempos.

(Rabí Yitzják Isaac Haleví Epstein de Hamil, *Haná Ari'el*, «Génesis», página 217)

Aquí lo Uno se descompone en tres enfoques distintos. El primero se denomina *Ejád veiesh zulató*, que se traduce como «Uno y presencia de otredad». Este aspecto reconoce el Uno que es. El segundo enfoque se denomina *Ejád ve'ein zulató*, o «Uno y ausencia de ser o un Uno que no es», refiriéndose al Uno inexistente. Finalmente, el tercer aspecto es *iajíd*, que significa 'Solo o solitario', reflejando una soledad, o *levadó*, en la que nada ha ocurrido jamás ni nadie ha existido realmente. Esta es una nadeidad no en el sentido de vacuidad sino de inaccesibilidad a la mente.

כְּתִיב "כִּי אֵל דֵּעוֹת ה'" (שמואל א' ב', ג'), וְיָדוּעַ הַפֵּרוּשׁ שֶׁשֵּׁם הוי"ה דִּזְעֵיר אַנְפִּין ב"ה יֵשׁ לוֹ שְׁנֵי דֵּעוֹת. דֵּעָה אַחַת הִיא שֶׁבּוֹרֵא הָעוֹלָם מֵאַיִן לְיֵשׁ: שֶׁלְּמַעְלָה הוּא הָאַיִן. כְּלוֹמַר, שֶׁכָּל שֹׁרֶשׁ הָעוֹלָמוֹת הַתַּחְתּוֹנִים הוּא אַיִן וָאֶפֶס בִּסְפִירוֹת עֶלְיוֹנוֹת דִּי"ה הוי' צוּר עוֹלָמִים [...] וְזֶה כֹּחוֹ וּגְבוּרָתוֹ שֶׁל יוֹצֵר הַכֹּל ב"ה, שֶׁעוֹשֶׂה אֶת מָה שֶׁהִיא אַיִן – שֶׁיִּהְיֶה מְצִיאוּת, יֵשׁוּת גָּמוּר [...] עִנְיָן דֵּעָה תַּחְתּוֹנָה דִּזְעֵיר אַנְפִּין מֵאַיִן לְיֵשׁ. וְיֵשׁ עוֹד דֵּעָה עֶלְיוֹנָה בִּזְעֵיר אַנְפִּין וְהוּא: שֶׁלְּמַעְלָה דַּוְקָא הוּא הַיֵּשׁ וּלְמַטָּה הוּא הָאַיִן. כְּלוֹמַר גַּם בִּבְחִינַת יֵשׁוּתוֹ שֶׁנִּבְרָא – אֵין זֶה הַיֵּשׁוּת הַגָּלוּי

Artículo 18: El Sendero Retroprogresivo de la Teshuvá

בִּבְרִיאָה עוֹלָה בְּשֵׁם כְּלָל, אֶלָּא לְמַעְלָה הוּא יֵשׁוּתוֹ שֶׁל זֶה הַנִּבְרָא.
(רבי יצחק אייזיק הלוי אפשטיין מהומיל, חנה אריאל, בראשית, דף 217)

Está escrito: *ki el de'ot HaShém*, o «Porque el Señor es un Dios omnisciente» (I Samuel, 2:3). El versículo usa la palabra *de'ot*, que significa 'conocimientos' (el plural de la palabra *da'at*, o 'saber or conocimiento'). Una explicación bien conocida dice que es porque hay dos formas de conocer la manifestación divina del nombre Yud-Hei-Vav-Hei (י-ה-ו-ה) como *Ze'er Anpín* (el 'Rostro Menor', una manifestación inferior de lo divino en *Olám Ha'atzilút*, que está más cerca del nivel humano), bendito sea. La primera forma de saberlo es que Él está creando el mundo de *ain* a *iésh*, es decir, «de la nada a la seidad» o «de la nada a algo». En este punto de vista, el *ain*, o 'nada', está por encima, lo que significa que la raíz misma de todos los mundos inferiores, que se encuentra en las *sefirót* más elevadas de la divinidad, se percibe de hecho como inexistencia y completa nada [...] y es el poder del Creador de todo, bendito sea, que transforma lo que es nada (*ain*) en una realidad, o en un completo algo (*iésh*) [...]. Este conocimiento de *Ze'er Anpín* es desde el punto de vista de lo inferior. De la nada a la existencia. La segunda forma de conocer a *Ze'er Anpín* es desde el punto de vista de lo alto. En este punto de vista, el *iésh* (la verdadera 'existencia'), está en los reinos superiores, y el *ain*, o 'la nada', está en los reinos inferiores. Esto sugiere que la existencia de la creación manifestada no se considera 'existencia' o *iésh* en absoluto, sino que, de hecho, la verdadera existencia [o seidad] de cualquier cosa creada está en los reinos superiores.

(Rabí Yitzják Isaac Haleví Epstein de Hamil,
Haná Ariel, «Génesis», página 217)

Lo Uno no puede ser porque al afirmar que «lo Uno es», se introduce inmediatamente una dualidad: ser y uno. Por lo tanto, lo Uno es un Uno inexistente. El concepto de *Ain*, que representa el Uno inexistente, constituye la base del Ser y la existencia misma, donando incluso aquello que no posee en un acto de bondad y misericordia. Esta forma de generosidad es la más auténtica, pues no se trata de dar lo que uno tiene en abundancia, sino de ofrecer incluso lo que no se posee.

וַיִּקְרָא אֱלֹהִים לַיַּבָּשָׁה אֶרֶץ וּלְמִקְוֵה הַמַּיִם קָרָא יַמִּים וַיַּרְא אֱלֹהִים כִּי טוֹב:
וַתּוֹצֵא הָאָרֶץ דֶּשֶׁא עֵשֶׂב מַזְרִיעַ זֶרַע לְמִינֵהוּ וְעֵץ עֹשֶׂה פְּרִי אֲשֶׁר זַרְעוֹ בוֹ לְמִינֵהוּ וַיַּרְא אֱלֹהִים כִּי טוֹב:
וַיַּעַשׂ אֱלֹהִים אֶת שְׁנֵי הַמְּאֹרֹת הַגְּדֹלִים אֶת הַמָּאוֹר הַגָּדֹל לְמֶמְשֶׁלֶת הַיּוֹם וְאֶת הַמָּאוֹר הַקָּטֹן לְמֶמְשֶׁלֶת הַלַּיְלָה וְאֵת הַכּוֹכָבִים:
וַיִּתֵּן אֹתָם אֱלֹהִים בִּרְקִיעַ הַשָּׁמָיִם לְהָאִיר עַל הָאָרֶץ:
וְלִמְשֹׁל בַּיּוֹם וּבַלַּיְלָה וּלֲהַבְדִּיל בֵּין הָאוֹר וּבֵין הַחֹשֶׁךְ וַיַּרְא אֱלֹהִים כִּי טוֹב:
וַיִּבְרָא אֱלֹהִים אֶת הַתַּנִּינִם הַגְּדֹלִים וְאֵת כָּל נֶפֶשׁ הַחַיָּה הָרֹמֶשֶׂת אֲשֶׁר שָׁרְצוּ הַמַּיִם לְמִינֵהֶם וְאֵת כָּל עוֹף כָּנָף לְמִינֵהוּ וַיַּרְא אֱלֹהִים כִּי טוֹב:
וַיַּעַשׂ אֱלֹהִים אֶת חַיַּת הָאָרֶץ לְמִינָהּ וְאֶת הַבְּהֵמָה לְמִינָהּ וְאֵת כָּל רֶמֶשׂ הָאֲדָמָה לְמִינֵהוּ וַיַּרְא אֱלֹהִים כִּי טוֹב:
(בראשית א', י', י"ב, ט"ז-י"ח, כ"א, כ"ה)

A lo seco Dios lo llamó «tierra» y al conjunto de aguas lo llamó «mares». Y Dios consideró que esto era bueno.

Comenzó a brotar la vegetación: hierbas que dan semilla y árboles que dan fruto con semilla, todos según su especie. Y Dios consideró que esto era bueno.
Dios hizo los dos grandes astros: el astro mayor para gobernar el día y el menor para gobernar la noche. También hizo las estrellas.
Dios los colocó en el firmamento de los cielos para alumbrar la tierra.
Y los hizo para gobernar el día y la noche y para separar la luz de las tinieblas. Y Dios consideró que esto era bueno.
Y creó Dios los leviatanes, todos los seres vivientes que se arrastran y llenan las aguas en abundancia; también creó todas las aves, según su especie. Y Dios consideró que esto era bueno.

Artículo 18: El Sendero Retroprogresivo de la teshuvá

Y creó Dios los animales de la tierra según su especie, y todos los insectos de la tierra según su especie. Y Dios consideró que esto era bueno.

(Génesis, 1:10,12,16,17,18,21,25)

En el itinerario retroprogresivo de la *teshuvá*, pasamos de la noción de una identidad personal distinta y separada al reconocimiento de nuestra irrealidad óntica. Desde este vacío, surge la realización de ser un ente parte de un todo óntico. Luego se accede a la realización de que no hay realidad separada de la esencia primordial, para finalmente despertar a la auténtica realidad de que no hay otro fuera de Dios o lo Uno sin ser. Solo Dios es.

אַתָּה הָרְאֵתָ לָדַעַת כִּי ה' הוּא הָאֱלֹהִים אֵין עוֹד מִלְבַדּוֹ:
(דברים ד', ל"ה)

Se te ha mostrado para que sepas que el Señor, Él es Dios; no hay más que solo Él.

(Deuteronomio, 4:35)

En realidad, aquí no hay nada, absolutamente nada, más que Dios...

Apéndices

Prabhuji

S.S. Avadhūta Bhaktivedānta Yogācārya
Śrī Ramakrishnananda Bābājī Mahārāja

Sobre Prabhuji

Prabhuji es un maestro realizado, un místico *advaita* universalista y un representante autorizado del hinduismo. Su profunda dedicación religiosa se expresa en su labor artística como escritor y pintor. En reconocimiento a su nivel espiritual, su gurú le ha conferido el título de *avadhūta*. Ha desarrollado el Sendero Retroprogresivo, una contribución original enraizada en los principios inclusivos del *sanātana-dharma*, tradición milenaria a la que mantiene una adhesión formal y constante.

Su sólida formación incluye un doctorado en filosofía *vaiṣṇava*, otorgado por el prestigioso Instituto Jiva de Estudios Védicos en Vrindavan, India, y un doctorado en filosofía yóguica obtenido en la Universidad Yoga-Samskrutham. Estos doctorados reafirman su compromiso con las enseñanzas tradicionales y su conexión con las raíces espirituales de la religión hindú.

Prabhuji ha dedicado más de cincuenta años a la investigación y la práctica de diferentes religiones, filosofías, vías de liberación y senderos espirituales. Ha absorbido las enseñanzas de grandes maestros, chamanes, sacerdotes, machis, shifus, roshis, sháijs, daoshis, yoguis, pastores, swamis, rabinos, cabalistas, monjes, gurús, filósofos, sabios y santos a quienes visitó personalmente durante sus años de búsqueda. Ha vivido en muchos lugares y ha viajado por el mundo sediento de la Verdad.

En el año 2011, con las bendiciones de su Gurudeva, Prabhuji adoptó el sendero del *bhajanānandī* recluido y se retiró de la sociedad a una vida eremítica contemplativa. Sus días transcurren en soledad, orando, escribiendo, pintando y meditando en silencio y contemplación. Vive como un eremita religioso hindú cristiano-mariano independiente. Su *iṣṭa-devatā*, o 'deidad elegida', es el Señor Yeshúa, comprendido desde la perspectiva tradicional hindú como el *avatāra*, o 'Dios encarnado' en el cual centra su devoción. A diferencia de la interpretación del cristianismo occidental, su vínculo con Yeshúa nace desde la raíz semítica del Jesús histórico, en el horizonte hebreo original de su revelación.

Prabhuji es el único discípulo de S.D.G. Avadhūta Śrī Brahmānanda Bābājī Mahārāja, quien es a su vez uno de los más cercanos e íntimos discípulos de S.D.G. Avadhūta Śrī Mastarāma Bābājī Mahārāja. Prabhuji fue designado como sucesor del linaje por su maestro, quien le confirió la responsabilidad de continuar el sagrado *paramparā* de *avadhūtas*, designándolo oficialmente como gurú y ordenándole servir como sucesor Ācārya con el nombre S.S. Avadhūta Bhaktivedānta Yogācārya Śrī Ramakrishnananda Bābājī Mahārāja.

Prabhuji es también discípulo de S.D.G. Bhakti-kavi Atulānanda Ācārya Mahārāja, quien es discípulo directo de S.D.G. A.C. Bhaktivedānta Swami Prabhupāda. Podríamos afirmar que Gurudeva Atulānanda asumió afectuosamente la función de guía durante su etapa inicial de aprendizaje, y por ser el primer gurú de Prabhuji, es considerado parte fundamental de su proceso evolutivo. Por su parte, Guru Mahārāja fue el segundo y último gurú de Prabhuji y le proporcionó dirección durante su fase avanzada. Gurudeva actuó como el educador principal en los albores de su sendero espiritual, mientras que Guru Mahārāja ejerció con gran diligencia el papel de maestro en el nivel superior, acompañándole hasta su realización.

El hinduismo de Prabhuji es amplio, universal y pluralista. Haciendo honor a su título de *avadhūta*, sus enseñanzas vivas y frescas no se limitan a ninguna filosofía o religión, ni siquiera a la suya propia. Sus enseñanzas promueven el pensamiento crítico e invitan a cuestionar las propias convicciones. La esencia de su sincrética visión, el Sendero Retroprogresivo, es el autoconocimiento y el reconocimiento de la consciencia. Para él, el despertar de la consciencia, o la trascendencia del fenómeno egoico, constituye el siguiente nivel del proceso evolutivo de la humanidad.

Prabhuji nació el 21 de marzo de 1958 en Santiago, capital de la República de Chile. Una experiencia mística acaecida a la edad de ocho años lo motivó a la búsqueda de la Verdad, o la realidad última, transformando su vida en un auténtico peregrinaje tanto interno como externo. Ha consagrado su vida por completo a profundizar en la temprana experiencia transformativa que marcó el comienzo de su proceso retroevolutivo.

Desde una edad temprana, su padre, Yosef Har-Zion ZT"L, y su madre, Frida Lazcano ZT"L, manifestaron un amor constante e incondicional, independiente del rendimiento o logros académicos. El abuelo paterno de Prabhuji fue un distinguido suboficial mayor de la policía en Chile, quien educó a su padre Yosef bajo una disciplina estricta. Marcado por ello, Yosef decidió criar a sus propios hijos en un entorno caracterizado por la libertad. Prabhuji y su hermana fueron los proyectos más queridos de sus padres, quienes confiaron en la vida misma como guía en sus decisiones.

En este contexto, Prabhuji creció sin experimentar ningún tipo de urgencia, exigencia o presión externa. Desde muy joven, notó que el sistema educativo le impedía dedicarse a lo que realmente importaba: aprender sobre sí mismo. A los once años decidió dejar de asistir a la escuela convencional y dedicarse al aprendizaje autodidacta. Cuando eligió abandonar la escuela para entregarse a su búsqueda interior, su familia respondió con profundo respeto y aceptación. Yosef apoyó plenamente los intereses de su hijo, animándolo en cada paso de su búsqueda de la Verdad.

A partir de los diez años, su padre compartió con él la sabiduría de la espiritualidad hebrea y de la filosofía occidental, fomentando un ambiente de debates cotidianos que a menudo se prolongaban hasta altas horas de la noche. En esencia, Prabhuji encarnó el ideal de libertad y amor incondicional que sus padres se habían esforzado por cultivar en el seno familiar. Desde muy temprana edad y por propia iniciativa, Prabhuji comenzó a practicar karate y a estudiar filosofía oriental y religiones de manera autodidacta. Durante su adolescencia, nadie interfería con sus decisiones. A los 15 años, entabló una profunda, íntima y larga amistad con la famosa escritora y poeta uruguaya Blanca Luz Brum, quien fuera su vecina en la calle Merced en Santiago de Chile. Viajó por todo Chile en busca de personas sabias e interesantes de las que pudiera aprender. En el sur de Chile, conoció a *machis* que le enseñaron la rica espiritualidad y el chamanismo de los mapuches.

En junio de 1975, a la temprana edad de 17 años, se tituló por primera vez como Profesor de Yoga con S.S. Śrī Brahmānanda Sarasvatī (Dr. Ramamurti S. Mishra), el fundador de la World Yoga University, la Yoga Society de New York y el Ananda Ashram.

A los 18 años, Prabhuji abrazó la disciplina monástica mediante largas estancias en varios *aśrāms* de diferentes corrientes hinduistas (*Gauḍīya-vaiṣṇavas*, *vedānta advaita* y demás) en Chile e Israel. Allí se sometió a una rigurosa formación dentro de la religión hindú. Inmerso en la estricta observancia de la vida religiosa, recibió una educación sistemática, siguiendo los métodos tradicionales de la enseñanza monástica. Su formación incluía el estudio profundo de las escrituras sagradas, la práctica de austeridades, el cumplimiento de estrictos votos y la participación en rituales prescritos, todo ello bajo la guía de maestros o gurús. Mediante esta disciplina intensiva, interiorizó los principios fundamentales de la vida monástica hindú, adoptando sus valores, códigos de conducta y prácticas contemplativas. Esto le permitió aprender la teoría y también incorporar los ideales que caracterizan la espiritualidad del hinduismo.

Con los años, Prabhuji se convirtió en una autoridad reconocida en la sabiduría oriental. Es conocido por su erudición en los aspectos *vaidika* y *tāntrika* del hinduismo, así como en todas las ramas del yoga (*jñāna*, *karma*, *bhakti*, *haṭha*, *rāja*, *kuṇḍalinī*, *tantra*, *mantra* y demás). Su actitud hacia todas las religiones es inclusiva y conoce profundamente el judaísmo, el cristianismo, el budismo, el islam, el sufismo, el taoísmo, el sijismo, el jainismo, el shintoismo, el bahaísmo, el chamanismo, la religión mapuche, entre otras.

Durante su estancia en Oriente Medio, su estimado amigo y erudito, Kamil Shchadi, le transmitió profundos conocimientos sobre la fe drusa. También se benefició de su cercanía al venerado y sabio Salach Abbas, que le ayudó a comprender en profundidad el islam y el sufismo. Estudió budismo Theravada personalmente del Venerable W. Medhananda Thero de Sri Lanka. Profundizó en la teología cristiana con S.S. Monseñor Iván Larraín Eyzaguirre en la Iglesia de la Veracruz en Santiago de Chile y con Don Héctor Luis Muñoz, diplomado en teología de la Universidad Católica de la Santísima Concepción, Chile. Sus estudios intensivos, las bendiciones de sus maestros, sus investigaciones en las sagradas escrituras, así como su vasta experiencia docente, le han hecho merecedor de un reconocimiento internacional en el campo de la religión y la espiritualidad.

La curiosidad de Prabhuji por el pensamiento occidental lo llevó a incursionar en el terreno de la filosofía en todas sus diferentes ramas. Profundizó en especial en la Fenomenología Trascendental y la Fenomenología de la Religión. Tuvo el privilegio de estudiar intensivamente por varios años con su tío Jorge Balazs, filósofo, investigador y autor, quien escribió *El Mundo al revés* bajo su seudónimo Gyuri Akos. Prabhuji realizó estudios particulares de mitología y filosofía durante cuatro años (1984-1987) con la Dra. Meira Laneado de la Universidad Bar-Ilan. Estudió en privado por muchos años con el Dr. Jonathan Ramos, reconocido filósofo, historiador y profesor universitario licenciado de la Universidad Católica de Salta, Argentina. Estudió también con el Dr. Alejandro Cavallazzi Sánchez, licenciado en filosofía por la Universidad Panamericana, maestro en filosofía por la Universidad Iberoamericana y doctor en Filosofía por la Universidad Nacional Autónoma de México (UNAM). Asimismo, estudió en privado con Santiago Sánchez Borboa, doctor en Filosofía por la Universidad de Arizona, EE. UU.

La búsqueda espiritual de Prabhuji le llevó a estudiar con maestros de diferentes tradiciones y a viajar lejos de su Chile natal, a lugares tan distantes como Israel, Brasil, India y Estados Unidos. Habla con fluidez español, hebreo, portugués e inglés. En su estadía en Israel, profundizó sus estudios de hebreo y arameo con el fin de ampliar su conocimiento de las sagradas escrituras. Estudió otros idiomas de forma intensiva como sánscrito con la Dra. Naga Kanya Kumari Garipathi, de la Universidad de Osmania, en Hyderabad (India); pali en el Centro de Estudios Budistas de Oxford; y latín y griego antiguo con el profesor Ariel Lazcano y luego con Javier Álvarez, licenciado en Filología Clásica por la Universidad de Sevilla.

Dos grandes maestros contribuyeron en el proceso retroprogresivo de Prabhuji. En 1976, conoció a su primer Gurú, S.D.G. Bhakti-kavi Atulānanda Ācārya Swami, a quien llamaría Gurudeva. En aquellos días, Gurudeva era un joven *brahmacārī* que ocupaba el cargo de presidente del templo de ISKCON en Eyzaguirre 2404, Puente Alto, Santiago, Chile. Años más tarde, dio a Prabhuji la primera iniciación, la iniciación *brahmínica* y finalmente, Prabhuji aceptó formalmente los sacramentos de la sagrada orden de *sannyāsa*, convirtiéndose en un monje de la Brahma Gauḍīya Sampradāya. Gurudeva lo conectó con la devoción a Kṛṣṇa. Le impartió la sabiduría del *bhakti-yoga* y le instruyó en la práctica del *māhā-mantra* y el estudio de las sagradas escrituras.

En 1996, Prabhuji conoció a su segundo maestro, S.D.G. Avadhūta Śrī Brahmānanda Bābājī Mahārāja en Rishikesh, India. Guru Mahārāja, como lo llamaría Prabhuji, le reveló que su propio gurú, S.D.G. Avadhūta Śrī Mastarāma Bābājī Mahārāja, le había dicho años antes de morir que una persona vendría del Occidente y le solicitaría ser su discípulo. Le ordenó aceptar solo y únicamente a ese buscador específico. Cuando preguntó cómo podría identificar a esta persona, Mastarāma Bābājī le respondió: «Lo reconocerás por sus ojos. Debes aceptarlo porque será la continuación del linaje». Desde su primer encuentro con el joven Prabhuji, Guru Mahārāja lo reconoció y lo inició oficialmente como su discípulo. Para Prabhuji, esta iniciación marcó el comienzo de la etapa más intensa y madura de su proceso retroprogresivo. Bajo la guía de Guru Mahārāja, estudió *vedānta advaita* y profundizó en la meditación. Debido a que su gurú era un gran devoto de Śrī Rāmakṛṣṇa Paramahaṁsa y Śāradā Devī, Prabhuji quiso ser iniciado en esta línea de sucesión discipular. Solicitó iniciación de Swami Swahananda (1921-2012), ministro y líder espiritual de la Sociedad Vedanta del Sur de California de 1976 a 2012. Swami Swahananda fue discípulo de Swami Vijñānānanda, un discípulo directo de Rāmakṛṣṇa. Le inició en el año 2008 y le concedió tanto el *dīkṣā* como las bendiciones de Śrī Rāmakṛṣṇa y la Madre Divina.

Guru Mahārāja guio a Prabhuji hasta otorgarle oficialmente los sacramentos de la sagrada orden de *avadhūtas*. En marzo del 2011, S.D.G. Avadhūta Śrī Brahmānanda Bābājī Mahārāja ordenó a Prabhuji, en nombre de su propio maestro, aceptar la responsabilidad de continuar el linaje de *avadhūtas*. Con dicho nombramiento,

Prabhuji es el representante oficial de la línea de esta sucesión discipular para la presente generación.

Además de sus *dikṣā-gurus*, Prabhuji estudió con importantes personalidades espirituales y religiosas como S.S. Swami Yajñavālkyānanda, S.S. Swami Dayānanda Sarasvatī, S.S. Swami Viṣṇu Devānanda Sarasvatī, S.S. Swami Jyotirmayānanda Sarasvatī, S.S. Swami Kṛṣṇānanda Sarasvatī de la Divine Life Society, S.S. Ma Yoga Śakti, S.S. Swami Pratyagbodhānanda, S.S. Swami Mahādevānanda, S.S. Swami Swahānanda de la Ramakrishna Mission, S.S. Swami Adhyātmānanda, S.S. Swami Svarūpanānda y S.S. Swami Viditātmānanda de la Arsha Vidya Gurukulam. Mientras que la sabiduría del tantra fue despertada en Prabhuji por S.G. Mātājī Rīnā Śarmā en India.

En Vrindavan, estudió el sendero del *bhakti-yoga* en profundidad con S.S. Narahari Dāsa Bābājī Mahārāja, discípulo de S.S. Nityānanda Dāsa Bābājī Mahārāja de Vraja. También estudió el *bhakti-yoga* con varios discípulos de Su Divina Gracia A.C. Bhaktivedānta Swami Prabhupāda: S.S. Kapīndra Swami, S.S. Paramadvaiti Mahārāja, S.S. Jagajīvana Dāsa, S.S. Tamāla Kṛṣṇa Gosvāmī, S.S. Bhagavān Dāsa Mahārāja y S.S. Kīrtanānanda Swami, entre otros.

En 1980, Prabhuji recibió las bendiciones de S.G. Madre Krishnabai, la famosa discípula de S.D.G. Swami Rāmdās. En 1984, aprendió y comenzó a practicar la técnica de la Meditación Trascendental de Maharishi Mahesh Yogui. En 1988, realizó el curso de *kriyā-yoga* de Paramahaṁsa Yogānanda. Después de dos años, fue iniciado oficialmente en la técnica de *kriyā-yoga* por la Self-Realization Fellowship. En 1982 recibió *dīkṣā* de S.S. Kīrtanānanda Swami, discípulo de Śrīla Prabhupāda, quien también le dio segunda iniciación en 1991 e iniciación *sannyāsa* en 1993.

Prabhuji deseaba confirmar los sacramentos de la sagrada orden de *sannyāsa* también con el linaje del *vedānta advaita*. Su *sannyāsa-dīkṣā* fue confirmado el 11 de agosto de 1995 por S.S. Swami Jyotirmayānanda Sarasvatī, fundador de la «Yoga Research Foundation» y discípulo de S.S. Swami Śivānanda Sarasvatī de Rishikesh.

Prabhuji ha sido honrado con varios títulos y diplomas por muchos líderes de prestigiosas instituciones religiosas y espirituales de la India. El honorable título de Kṛṣṇa Bhakta le fue otorgado por S.S. Swami Viṣṇu Devānanda (el único título de *bhakti-yoga* otorgado por Swami Viṣṇu), discípulo de S.S. Swami Śivānanda Sarasvatī y fundador de la «Organización Sivananda». El título de Bhaktivedānta le fue conferido por S.S. B.A. Paramadvaiti Mahārāja, fundador de «Vrinda». El título Yogācārya le fue conferido por S.S. Swami Viṣṇu Devānanda, el «Paramanand Institute of Yoga Sciences and Research of Indore, la India», la «International Yoga Federation», la «Indian Association of Yoga» y el «Śrī Shankarananda Yogashram of Mysore, India». Recibió el respetable título Śrī Śrī Rādhā Śyam Sunder Pāda-Padma Bhakta Śiromaṇi directamente de S.S. Satyanārāyaṇa Dāsa Bābājī Mahant de la Chatu Vaiṣṇava Saṁpradāya.

Prabhuji dedicó más de cuarenta años al estudio del *haṭha-yoga* con prestigiosos maestros del yoga clásico y tradicional como S.S. Bapuji, S.S. Swami Viṣṇu Devānanda Sarasvatī, S.S. Swami Jyotirmayānanda Sarasvatī, S.S. Swami Satchidānanda Sarasvatī, S.S. Swami Vignānānanda Sarasvatī, y Śrī Madana-mohana.

Llevó a cabo varios cursos sistemáticos de formación de profesores de *haṭha-yoga* en prestigiosas instituciones hasta alcanzar el grado de Maestro Ācārya en dicha disciplina. Completó sus estudios en las siguientes instituciones: World Yoga University, Sivananda Yoga Vedanta, Ananda Ashram, Yoga Research Foundation, Integral Yoga Academy, Patanjala Yoga Kendra, Ma Yoga Shakti International Mission, Prana Yoga Organization, Rishikesh Yoga Peeth, Swami Sivananda Yoga Research Center y Swami Sivananda Yogasana Research Center.

Prabhuji es miembro de la Indian Association of Yoga, Yoga Alliance ERYT 500 y YACEP, la International Association of Yoga Therapists y la International Yoga Federation. En 2014, la International Yoga Federation le honró con la posición de Miembro Honorario del World Yoga Council.

Su interés por la compleja anatomía del cuerpo humano lo llevó a estudiar quiropráctica en el prestigioso Instituto de Salud de Espalda y Extremidades en Tel Aviv, Israel. En 1993, obtuvo el diploma de manos del Dr. Sheinerman, fundador y director del instituto. Posteriormente, obtuvo el título de masajista terapéutico en la Academia de la Galilea Occidental. Los conocimientos adquiridos en este campo agudizaron su comprensión del *haṭha-yoga* y contribuyeron a la creación de su propio método.

El Yoga Retroprogresivo es el fruto de los esfuerzos de Prabhuji por perfeccionar su propia práctica y sus métodos de enseñanza; se trata de un sistema basado especialmente en las enseñanzas de sus gurús y en las escrituras sagradas. Prabhuji sistematizó diferentes técnicas yóguicas tradicionales creando una metodología apta para el público occidental. El Yoga Retroprogresivo aspira a la experiencia de nuestra auténtica naturaleza, promoviendo el equilibrio, la salud y la flexibilidad a través de dieta apropiada, limpiezas, preparaciones (*āyojanas*), secuencias (*vinyāsas*), posturas (*āsanas*), ejercicios de respiración (*prāṇāyāma*), relajación (*śavāsana*), meditación (*dhyāna*), así como ejercicios con cierres energéticos (*bandhas*) y sellos (*mudras*) para dirigir y potenciar el *prāṇa*.

Desde su infancia, y a lo largo de toda su vida, Prabhuji ha sido entusiasta admirador, estudiante y practicante de karate-do clásico. Desde los 13 años, estudió en Chile estilos como el kenpo con el Sensei Arturo Petit y el kung-fu, pero se especializó en el estilo japonés más tradicional del shotokan. Recibió el grado de cinturón negro (tercer dan) de Shihan Kenneth Funakoshi (noveno dan). Aprendió también de Sensei Takahashi (séptimo dan) y de Sensei Masataka Mori (noveno dan). Además, practicó el estilo shorin ryu con el Sensei Enrique Daniel Welcher (séptimo dan) quien le confirió el rango de cinturón negro (segundo dan). A través del karate-do, profundizó en el budismo y obtuvo conocimiento adicional acerca de la física del movimiento. Es miembro de la Funakoshi's Shotokan Karate Association.

Prabhuji creció en un entorno artístico y su amor por la pintura comenzó a desarrollarse en su infancia. Su padre, el renombrado pintor chileno Yosef Har-Zion ZT"L, le motivó a dedicarse al arte. Aprendió pintura tanto con su padre como con el famoso pintor chileno Marcelo Cuevas. Las pinturas abstractas de Prabhuji reflejan las profundidades del espíritu.

Desde su más tierna infancia, Prabhuji ha sentido una especial atracción y curiosidad por los sellos postales, las tarjetas postales, los buzones, los sistemas de transporte postal y toda la actividad relacionada con el correo. Ha aprovechado cada oportunidad para visitar oficinas de correos en diferentes ciudades y países. Se ha adentrado en el estudio de la filatelia, que es el campo del coleccionismo, la clasificación y el estudio de los sellos postales. Esta pasión le llevó a convertirse en filatelista profesional, distribuidor de sellos autorizado por la American Philatelic Society y miembro de las siguientes sociedades: Royal Philatelic Society London, Royal Philatelic Society of Victoria, United States Stamp Society, Great Britain Philatelic Society, American Philatelic Society, Society of Israel Philatelists, Society for Hungarian Philately, National Philatelic Society UK, Fort Orange Stamp Club, American Stamp Dealers Association, US Philatelic Classics Society, Filabras - Associação dos Filatelistas Brasileiros y Collectors Club of NYC.

Basándose en sus amplios conocimientos de filatelia, teología y filosofía oriental, Prabhuji creó la «Filatelia Meditativa» o el «Yoga Filatélico», una práctica espiritual que utiliza la filatelia como soporte para la práctica de atención, concentración, observación y meditación. Esta se inspira en la antigua meditación hindú del mándala y puede llevar al practicante a estados elevados de consciencia, a la relajación profunda y a la concentración que promueve el reconocimiento de la consciencia. Prabhuji escribió su tesis sobre este nuevo tipo de yoga, la «Filatelia Meditativa», atrayendo el interés de la comunidad académica de la India debido a su innovador enfoque de conectar la meditación con diferentes aficiones y actividades. Por esta tesis, fue honrado con el doctorado en Filosofía Yóguica por la Universidad Yoga-Samskrutham.

Prabhuji vivió en Israel por más de veinte años, donde amplió sus estudios de judaísmo. Uno de sus principales profesores y fuentes de inspiración fue el Rabino Shalom Dov Lifshitz ZT"L, a quien conoció en 1997. Este gran santo lo guio durante varios años por los intrincados senderos de la Torá y el jasidismo. Le enseñó personalmente Tanaj, Talmud, Midrash, Shulján Arúj, Mishné Torá, Tanya, Cábala y Zohar. Ambos desarrollaron una relación muy cercana. Prabhuji también estudió el Talmud con el Rabino Rafael Rapaport Shlit"a (Ponovich), Jasidismo con el Rabino Israel

Lifshitz Shlit"a y la Torá con el Rabino Daniel Sandler Shlit"a. Prabhuji es un gran devoto del Rabino Mordejai Eliyahu ZT"L, quien personalmente lo bendijo.

Prabhuji visitó EE. UU. en el año 2000 y durante su estadía en Nueva York, se percató de que era el lugar más adecuado para fundar una organización religiosa. Le atrajeron especialmente el pluralismo y la actitud respetuosa de la sociedad americana hacia la libertad de culto. Le impresionó el profundo respeto tanto del público como del gobierno hacia las minorías religiosas. Después de consultarlo con sus maestros y solicitar sus bendiciones, Prabhuji se trasladó a los Estados Unidos. En el 2003 nació la Misión Prabhuji, una iglesia hindú destinada a preservar la visión universal y pluralista de su hinduismo y su «Sendero Retroprogresivo».

Aunque no buscó atraer seguidores, durante 15 años (1995-2010), Prabhuji consideró las solicitudes de algunas personas que se acercaron a él pidiendo ser discípulos monásticos. Aquellos que eligieron verlo como a su maestro espiritual aceptaron voluntariamente votos de pobreza y dedican sus vidas a la práctica espiritual (*sadhāna*), la devoción religiosa (*bhakti*) y el servicio desinteresado (*seva*). Aunque ya no acepta nuevos discípulos, continúa guiando al pequeño grupo de veteranos de la Orden Monástica contemplativa Ramakrishnananda que fundó.

En el 2011, Prabhuji fundó el Avadhutashram (monasterio), en Catskills Mountains, en el norte de Nueva York, EE. UU. El Avadhutashram es su ermita, la residencia de los discípulos monásticos de la Orden Ramakrishnananda y la sede central de la Misión Prabhuji. Opera diferentes proyectos humanitarios inspirado en su experiencia de que «servir la parte es servir al Todo». El *āśram* organiza proyectos humanitarios como el «Programa Prabhuji de Distribución de Alimentos» y el «Programa Prabhuji de Distribución de Juguetes».

Según Prabhuji, la búsqueda del Ser es individual, solitaria, personal, privada e íntima. No se trata de un esfuerzo colectivo que deba emprenderse a través de la religiosidad organizada, institucional o comunitaria. En la actualidad, discrepa de la espiritualidad practicada de manera social, comunal o colectiva. Por lo tanto, no hace proselitismo ni predica, ni intenta persuadir, convencer o hacer que alguien cambie su perspectiva, filosofía o religión. Su mensaje no promueve la espiritualidad colectiva, sino la búsqueda interior individual.

Prabhuji ha delegado a sus discípulos la elección entre mantener sus enseñanzas exclusivamente dentro de la orden monástica o difundir su mensaje al ico. Ante la petición explícita de sus discípulos, ha accedido a que se publiquen sus libros y se difundan sus conferencias, siempre que ello no comprometa su privacidad y su vida eremítica.

En 2022, Prabhuji fundó el Instituto Retroprogresivo en el cual sus discípulos más antiguos pueden compartir sistemáticamente sus enseñanzas y mensaje a través de video conferencias. El instituto ofrece apoyo y ayuda para una comprensión más profunda de sus enseñanzas.

En 2025, estableció la Academia de Yoga Retroprogresivo, donde transmite su método de yoga a discípulos y estudiantes personalmente, sin apartarse de su vida eremítica. Ese mismo año, fundó la Academia de Karate Retroprogresivo, contexto en el que comparte su conocimiento en artes marciales un como camino hacia la expansión de la consciencia.

Prabhuji es un respetado miembro de la American Philosophical Association, la American Association of Philosophy Teachers, la American Association of University Professors, la Southwestern Philosophical Society, la Authors Guild, la National Writers Union, PEN America, la International Writers Association, la National Association of Independent Writers and Editors, la National Writers Association, la Alliance Independent Authors y la Independent Book Publishers Association.

La vasta contribución literaria de Prabhuji incluye libros en español, inglés y hebreo como por ejemplo *Kuṇḍalinī-yoga: el poder está en ti*, *Lo que es, tal como es*, *Bhakti yoga: el sendero del amor*, *Tantra: la liberación en el mundo*, *Experimentando con la Verdad*, *Advaita vedānta: ser el Ser*, *Yoga: unión con la realidad*, comentarios sobre el *Īśāvāsya Upaniṣad* y el *Sūtra del diamante*, *Soy el que soy*, *El giro simbólico*, *Ser*, *Cuestionando tus respuestas: la filosofía como pregunta*, *Más allá de las respuestas: filosofía en la búsqueda eterna*, *Fenomenología de lo sagrado: fundamentos para una Fenomenología Retroprogresiva*, *Descubriendo el Último Dios* y *La espiritualidad mapuche*.

El término Prabhuji
por Swami Ramananda

Hace varios años, los discípulos, devotos y seguidores de Su Santidad Avadhūta Bhaktivedānta Yogācārya Śrī Ramakrishnananda Bābājī Mahārāja, hemos decidido referirnos a él como Prabhuji. En el presente artículo, deseo clarificar el profundo significado de este término sánscrito. La palabra *prabhu* en sánscrito significa 'un maestro, señor o rey' y en las escrituras, se refiere a Dios o al gurú.

Al igual que muchas palabras en el idioma sánscrito, este término tiene varios componentes y la comprensión de su etimología nos ayudará a descubrir sus diversos significados. La palabra *prabhu* es una combinación de la raíz *bhu* que significa 'llegar a ser, existir, ser, vivir' y el prefijo *pra* que es 'adelante o hacia adelante'; combinados sería 'quien hace existir, quien da la vida, de quien emana la vida, quien sostiene o mantiene'.

El prefijo *pra* también puede significar 'mucho o supremacía', y luego cuando se une a la raíz *bhu* significaría 'ser el amo, gobernar'. El sufijo *jī* es un título honorífico en hindi y en otros idiomas de la India. Se agrega después de los nombres de los dioses y de las personalidades estimadas para mostrar respeto y reverencia.

A lo largo de las escrituras védicas, se llama Prabhu ('maestro de la creación') a la divinidad, en sus varios nombres y manifestaciones. Grandes *ṛṣis*, o 'videntes', y gurús también se llaman *prabhus* ya que son representantes de la divinidad. Por ejemplo, el sabio Nārada se refiere al *ṛṣi* Vyasadeva como *prabhu*:

जिज्ञासितमधीतं च ब्रह्म यत्तत्सनातनम् ।
तथापि शोचस्यात्मानमकृतार्थ इव प्रभो ॥

*jijñāsitam adhītaṁ ca
brahma yat tat sanātanam*

tathāpi śocasy ātmānam
akṛtārtha iva prabho

Has delineado plenamente el tema del Brahman impersonal, así como los conocimientos derivados del mismo. ¿Por qué deberías estar triste, a pesar de todo esto, pensando que no has concluido, mi querido maestro (*prabhu*)?
(*Bhāgavata Purāṇa*, 1.5.4)

Mahārāja Parīkṣit se dirige a Śukadeva como *prabhu* cuando se le acerca al sabio para pedirle guía espiritual, y así aceptarlo como su gurú.

यच्छ्रोतव्यमथो जप्यं यत्कर्तव्यं नृभिः प्रभो ।
स्मर्तव्यं भजनीयं वा ब्रूहि यद्वा विपर्ययम् ॥

yac chrotavyam atho japyaṁ
yat kartavyaṁ nṛbhiḥ prabho
smartavyaṁ bhajanīyaṁ vā
brūhi yad vā viparyayam

¡Oh, Prabhu, por favor dime qué debe un hombre escuchar, cantar, recordar y adorar, y también lo que no debe hacer! Por favor, explíqueme todo esto.
(*Bhāgavata Purāṇa*, 1.19.38)

El término *AVADHŪTA*

Esta cita es del libro *Sannyāsa Darśana* de Swami Niranjanānanda Sarasvatī, un discípulo de Paramahaṁsa Swami Satyānanda.

Etapas del *sannyāsāvadhūta*

«El *avadhūta* representa el pináculo de la evolución espiritual; ningún otro es superior a él. *Avadhūta* significa 'aquel que es inmortal' (*akṣara*) y que ha cortado totalmente los vínculos mundanos. Él es verdaderamente Brahman mismo. Ha realizado que es la inteligencia pura y está despreocupado de las seis flaquezas del nacimiento humano, a saber: tristeza, falsa ilusión, vejez, muerte, hambre y sed. Él se ha liberado de toda esclavitud del mundo experimental y anda libremente como un niño, un loco o alguien poseído por espíritus.

Él puede ir con o sin ropa. No usa ningún emblema distintivo de alguna orden. No tiene deseos de dormir, de mendigar o de bañarse. Ve su cuerpo como un cadáver y subsiste con los alimentos que recibe de cualquier clase social. No interpreta los *śāstras* o los Vedas. Para él, nada es justo o injusto, santo o profano.

Él está libre de karma. Los karmas de esta vida y sus vidas pasadas se han quemado, y debido a la ausencia de *kartṛtva* (el hacedor) y *bhoktṛtva* (el deseo de disfrute), no se crean karmas futuros. Solo los *prārabdha-karmas* (inalterables) que ya han empezado a operar afectarán su cuerpo, contribuyendo a mantenerlo, pero su mente no se verá afectada. Él vivirá en este mundo hasta que los *prārabdha-karmas* se extingan y luego su cuerpo caerá. A continuación, logrará *videhamukti* (estado de consciencia del cuerpo).

Tal alma liberada nunca vuelve al estado encarnado. No nace nuevamente; él es inmortal. Él ha alcanzado el objetivo final del nacimiento en este mundo».

El *Bṛhad-avadhūta Upaniṣad* dice así: «El *avadhūta* se llama así porque es inmortal; es el más grande; ha desechado las ataduras mundanas; y está aludido en el significado de la frase "Tú eres Eso"».

Su Divina Gracia Śrīla Bhakti Ballabh Tīrtha Mahārāja en su artículo titulado «*Pariṣads*: Śrīla Vaṁśi das Bābājī» escribió: «Él fue un Vaiṣṇava Paramahaṁsa que actuó en la forma de un *avadhūta*. La palabra *avadhūta* se refiere a quien ha sacudido de sí mismo todo sentimiento y obligación mundanos. Él no se preocupa por las convenciones sociales, en particular el *varṇāśrama-dharma*, es decir, que es bastante excéntrico en su comportamiento. Nityānanda Prabhu se caracteriza a menudo como un avadhūta».

Del prólogo del *Avadhūta-gītā* de Dattātreya, traducido y comentado por Swami Ashokananda: «El *Avadhūta-gītā* es un texto del *vedānta advaita* que representa el *advaita* extremo o no-dualismo. Se le atribuye a Dattātreya, que es visto como una encarnación de Dios. Por desgracia, no poseemos datos históricos sobre cuándo o dónde nació, cuánto tiempo vivió, o cómo llegó a los conocimientos descritos en el texto.

Avadhūta significa un alma liberada, alguien que 'ha superado' o 'ha sacudido' todos los apegos y preocupaciones mundanas y ha alcanzado un estado espiritual equivalente a la existencia de Dios. Aunque *avadhūta* implica naturalmente la renuncia, incluye un estado adicional y más elevado aún que no es ni apego ni desapego, sino que está más allá de ambos. Un *avadhūta* no siente la necesidad de observar las normas, ya sean seculares o religiosas. Él no busca nada ni evita nada. Él no tiene ni conocimiento ni ignorancia. Después de haber experimentado que él es el Ser infinito, él vive en esta realización vívida».

Swami Vivekānanda, uno de los mayores advaitins de todos los tiempos, a menudo cita de este *Gītā*. Una vez dijo: «Hombres como el que escribió esta canción mantienen la religión viva. Ellos han experimentado. No les importa nada, no sienten nada que se le hace al cuerpo; no les importa el calor, el frío, el peligro, o cualquier otra cosa. Se sientan quietos, gozando de la dicha del Ātman, y aunque brasas quemen su cuerpo, ellos no las sienten».

El término avadhūta

El *Avadhūta Upaniṣad* es el número 79 del canon *Muktikā* de los *upaniṣads*. Es un *Sannyāsa Upaniṣad* asociado con el Yajurveda Negro (Kṛṣṇa): «Aquel que ha superado el sistema *varṇāśrama* y se ha establecido siempre en sí mismo, ese yogui, quien está por encima de las divisiones del *varṇāśrama*, se denomina *avadhūta*». (*Avadhūta Upaniṣad*, 2).

El libro de *Brahma-nirvāṇa Tantra* describe cómo identificar los *avadhūtas* de las siguientes clases:

Bramhāvadhūta: Un *avadhūta* de nacimiento, que aparece en cualquier casta de la sociedad y es totalmente indiferente al mundo o las cosas del mundo.

Śaivāvadhūta: *Avadhūtas* que han tomado a la orden de vida renunciante o *sannyāsa*, a menudo con el pelo largo enmarañado (*jaṭa*), o que se visten a la manera de shaivitas y pasan casi todo su tiempo en trance *samādhi*, o meditación.

Vīrāvadhūta: Esta persona se parece a un *sadhū* que se ha puesto pasta de sándalo de color rojo en su cuerpo y se viste con ropa color azafrán. Su pelo es largo y vuelan con el viento. Llevan en su cuello una *rudrākṣa-mālā* o una cadena de huesos. Ellos tienen en la mano un palo de madera o *daṇḍa* y, además siempre tienen un hacha (*paraśu*) o un *ḍamaru* (tambor pequeño) con ellos.

Kulāvadhūta: Estas personas se supone que han tomado iniciación de la Kaul Saṁpradāya. Es muy difícil de reconocer a estas personas ya que no llevan ningún signo exterior que pueda identificarlos. La especialidad de estas personas es que se queden y viven como la gente normal. Pueden manifestarse en forma de reyes o de hombres de familia.

El *Nātha Saṁpradāya* es una forma de *Avadhūta-pantha* (secta). En este *Saṁpradāya*, el gurú y el yoga son de extrema importancia. Por lo tanto, el libro más importante en este *Saṁpradāya* es *Avadhūta-gītā*. Śrī Gorakṣanāth se considera la forma más elevada del estado de *avadhūta*.

La naturaleza del *avadhūta* es el tema del *Avadhūta-gītā*, atribuido tradicionalmente a Dattātreya.

Según Bipin Joshi, las principales características de un *avadhūta* son: «Aquel que es un filósofo inmaculado y se ha desprendido de los grilletes de la ignorancia (*ajñāna*). El que vive en el estado sin estado y disfruta de su experiencia todo el tiempo. Se deleita en este estado dichoso, imperturbado por el mundo material. En este estado único, el *avadhūta* no está ni despierto ni en sueño profundo, no hay ningún signo de vida ni de muerte. Es un estado que desafía toda descripción. Es el estado de la dicha infinita, que el lenguaje finito es incapaz de describir. Solo puede ser intuido por nuestro intelecto. Un estado que no es ni verdad ni no verdad, ni existencia ni no existencia. Aquel que ha realizado su identidad con lo imperecedero, que posee una excelencia incomparable; que se ha sacudido las ataduras del *saṁsāra* y nunca se desvía de su meta. Eso eres tú (*tat tvam asi*), y otras declaraciones upanishádicas, están siempre presentes en la mente de tal alma iluminada. Ese sabio que está arraigado en la experiencia plenaria de «Verdaderamente, yo soy Brahman (*ahaṁ Brahmāsmi*)», «Todo esto es Brahman (*sarvaṁ khalvidaṁ brahma*)», y que «...no hay pluralidad, Yo y Dios somos uno y lo mismo...», y demás. Apoyado en la experiencia personal de tales afirmaciones védicas, se mueve libremente en un estado de dicha total. Tal persona es un renunciante, un liberado, un *avadhūta*, un yogui, un *paramahamsa*, un *brāhmaṇa*».

De Wikipedia, la enciclopedia libre

Avadhūta es un término sánscrito usado en las religiones de la India para referirse a místicos o santos antinómicos, que están más allá de la consciencia egoica de la dualidad y las preocupaciones mundanas diarias y se comportan sin tener en cuenta el estándar de la etiqueta social. Tales personalidades «vagan libremente como niños sobre la faz de la Tierra». Un *avadhūta* no se identifica con su mente, cuerpo o 'los nombres y las formas' (en sánscrito: *nāma-rūpa*). Esta persona se considera de consciencia pura (en sánscrito: *caitanya*) en la forma humana.

Los *avadhūtas* desempeñan un papel importante en la historia, los orígenes y el rejuvenecimiento de una serie de tradiciones como los *paramparās* del yoga, *vedānta advaita*, budismo y bhakti incluso estando liberados de las observancias estándar. Los *avadhūtas* son la voz del *avadhūti*, el canal que resuelve la dicotomía del *Vāmācāra* y *Dakṣiṇācāra* o 'tradiciones de la mano izquierda y derecha'. Un *avadhūta* puede continuar practicando ritos religiosos o abandonarlos, ya que está exento de la observancia ritual y afiliación sectarias.

El diccionario sánscrito Monier Williams define el término *avadhūta* de la siguiente manera: «अवधूत / अव-धूत – aquel que se ha sacudido de los sentimientos y obligaciones mundanas».

De El hinduismo, una guía alfabética por Roshen Dalal

Avadhūta: Un término que denota un alma liberada, quien ha renunciado al mundo. Totalmente ajeno a todo lo que es, un *avadhūta* no sigue ninguna regla ni prácticas fijas y no tiene necesidad de seguir las normas convencionales. Hay varios textos que tratan acerca de la vida y la naturaleza de un *avadhūta*. En el *Avadhūta Upaniṣad*, el Ṛṣi Dattātreya describe la naturaleza del *avadhūta*: tal persona es inmortal, ha descartado todos los lazos terrenales, y está siempre colmada de dicha. Uno de sus versos declara: «Deja que el pensamiento contemple a Viṣṇu, o deja que se disuelva en la dicha de Brahma. Yo, el testigo, no hago nada ni soy la causa de nada». (V.28)

El *Turīyātīta Avadhūta Upaniṣad* incluye una descripción del *avadhūta* que ha alcanzado el estado de consciencia más allá del *turīya*. En este estado, la persona es pura, desapegada y totalmente libre. Un *avadhūta* que ha alcanzado este nivel, no repite mantras ni practica rituales, no lleva las marcas de la casta, y cesa todos los deberes religiosos y seculares. No se viste, y come cualquier cosa que encuentra. Él vaga solo, observando el silencio, y está totalmente absorto en la no-dualidad. El *Avadhūta-gītā* relata descripciones similares. El *Uddhava-gītā*, que forma parte del *Bhāgavata Purāṇa*, describe un *avadhūta* como aquel que aprendió todos los aspectos de la vida y para quien cualquier lugar en el mundo es su casa. El término *avadhūta* puede aplicarse a cualquier persona liberada, pero también se refiere específicamente a una secta *sannyāsa*.

Avadhūta Upaniṣad: *Avadhūta Upaniṣad* es un *upaniṣad* pequeño que se compone de alrededor de 32 mantras. Pertenece a la categoría de los *Sannyāsa Upaniṣads* y es parte del Kṛṣṇa Yajur Veda. El *Avadhūta Upaniṣad* consiste en un diálogo entre Dattātreya y Ṛṣi Saṁkṛti.

Un día Ṛṣi Saṁkṛti le hace a Dattātreya las siguientes preguntas: «¿Quién es un *avadhūta*?; ¿Cuál es su estado?; ¿Cuáles son los signos del *avadhūta*?; ¿Cómo vive?». A continuación, las respuestas otorgadas por el compasivo Dattātreya:

¿Quién es un *avadhūta*?

Se lo denomina *avadhūta* porque ha superado toda decadencia; vive libremente según su voluntad, destruye la esclavitud de los deseos mundanos y su único objetivo es Ese eres tú (*tat tvam asi*).

El *avadhūta* va más allá de todas las castas (por ejemplo, *brāhmaṇa*, *vaiśya*, *kṣatrya* y *śūdra*) y *Āśramas* (como *brāmhacaryā*, *gṛhastha*, *vānaprastha* y *sannyāsa*). Él es el yogui más elevado que está establecido en el estado constante de autorrealización.

¿Cuál es su estado?

Un *avadhūta* siempre disfruta de la felicidad suprema. La dicha divina representa su cabeza; la felicidad, su ala derecha; el éxtasis, su ala izquierda; y la dicha es su naturaleza misma. La vida de un *avadhūta* se caracteriza por un extremo desapego.

¿Cuáles son los signos del *avadhūta*? ¿Cómo vive?

Un *avadhūta* vive según su propia voluntad. Puede llevar ropa o ir desnudo. No hay ninguna diferencia entre el dharma y el *adharma*, el sacrificio o la falta de sacrificio, porque él está más allá de estos aspectos. Lleva a cabo el sacrificio interior que forma su *aśvamedha-yajña*. Él es un gran yogui que no se ve afectado incluso cuando se ocupa de objetos mundanos y permanece en la pureza.

El océano recibe agua de todos los ríos, pero aun así no se ve afectado. Del mismo modo, un *avadhūta* no se ve afectado por los objetos mundanos. Él siempre está en paz y (como el océano) todos los deseos son absorbidos en esa paz suprema.

Para un *avadhūta*, no hay nacimiento ni muerte, esclavitud o liberación. Puede haber realizado distintas acciones para alcanzar la liberación, pero estas quedan en el pasado una vez que se hace *avadhūta*. Él está siempre satisfecho. La gente deambula con la intención de cumplir sus deseos, sin embargo, un *avadhūta* estando ya satisfecho, no corre tras ningún deseo. Otros realizan varios rituales por el bien del cielo, pero un *avadhūta* ya está establecido en el estado omnipresente y, por lo tanto, no necesita rituales.

Maestros cualificados invierten tiempo en enseñar las escrituras (los Vedas), pero un *avadhūta* va más allá de cualquiera de estas actividades porque él permanece sin acción. Él no tiene ningún deseo de dormir, de mendigar (*bhikṣa*), de bañarse o limpiarse.

Un *avadhūta* está siempre libre de dudas ya que vive en constante unión con la suprema realidad, por lo que ni siquiera necesita meditar. La meditación es para aquellos que aún no se han unido con Dios, pero un *avadhūta* está siempre en el estado de unión y, por lo tanto, no necesita la meditación.

Los que están detrás de los *karmas* (acciones) se llenan de *vāsanās*. Estas *vāsanās* los persiguen incluso cuando han acabado su *prārabdha-karma*. Los hombres ordinarios meditan porque desean cumplir con sus deseos. Sin embargo, un *avadhūta* siempre permanece a salvo de tal trampa. Su mente está más allá de destrucciones mentales y el *samādhi*, que ambos son posibles modificaciones mentales. El *avadhūta* ya es eterno y, por lo tanto, no queda nada que deba alcanzar.

Seguir las ocupaciones mundanas, es como disparar una flecha de un arco, es decir, que no puede parar de dar frutos buenos o malos que causan un ciclo de acción-reacción. Sin embargo, un *avadhūta* no es un hacedor a ningún nivel y no participa en ninguna acción.

Habiendo alcanzado una etapa de desapego, un *avadhūta* no se ve afectado, incluso si sigue una forma de vida según lo prescrito por las escrituras. Aun si se involucra en acciones tales como la adoración a Dios, el baño, la mendicidad, etc. permanece desapegado a ellos. Vive como un testigo y, por lo tanto, no realiza ninguna acción.

Un *avadhūta* puede ver claramente a Brahman delante de sus ojos. Está libre de la ignorancia o *māyā*. No le quedan acciones por ejecutar ni nada más que alcanzar. Él está totalmente satisfecho y no se lo puede comparar a nadie más.

नलिनी नालिनी नासे गन्ध: सौरभ उच्यते ।
घ्राणोऽवधूतो मुख्यास्यं विपणो वाग्रसविद्रस: ॥

nalinī nālinī nāse

gandhaḥ saurabha ucyate
ghrāṇo 'vadhūto mukhyāsyaṁ
vipaṇo vāg rasavid rasaḥ

Debes saber que las puertas llamadas Nalinī y Nālinī son las fosas nasales, y la ciudad de Saurabha representa al aroma. El acompañante llamado *avadhūta* es el sentido del olfato. La puerta que recibe el nombre de Mukhyā es la boca, y Vipaṇa es la facultad del habla. Rasajña es el sentido del gusto.

(*Bhāgavata Purāṇa*, 4.29.11)

Significado segun S.D.G. A.C. Bhaktivedanta Swami Prabhupada:

La palabra *avadhūta* significa «sumamente libre». La persona que ha alcanzado el estado de *avadhūta* ya no tiene que seguir ninguna regla, regulación o mandamiento. Ese estado de *avadhūta* es exactamente como el aire, que no tiene en cuenta ningún obstáculo. En el *Bhagavad-gītā* (6.34), se dice:

चञ्चलं हि मन: कृष्ण प्रमाथि बलवद्दृढम् ।
तस्याहं निग्रहं मन्ये वायोरिव सुदुष्करम् ॥

cañcalaṁ hi manaḥ kṛṣṇa
pramāthi balavad dṛḍham
tasyāhaṁ nigrahaṁ manye
vāyor iva suduṣkaram

La mente es inquieta, turbulenta, obstinada y muy fuerte, ¡Oh, Kṛṣṇa!, y pienso que someterla es más difícil que dominar el viento.

(*Bhagavad-gītā*, 6.34)

De la misma manera que nadie puede detener el aire o el viento, las dos fosas nasales, que están situadas en un mismo lugar, disfrutan del sentido del olfato sin impedimento alguno. Con la lengua, la boca saborea continuamente todo tipo de alimentos deliciosos.

El término avadhūta

अक्षरत्वाद्वरेण्यत्वाद्धूतसंसारबन्धनात् ।
तत्त्वमस्यर्थसिद्धत्वात् अवधूतोऽभिधीयते ॥

akṣaratvād vareṇyatvād
dhūta-saṁsāra-bandhanāt
tat tvam asy-artha siddhatvāt
avadhūto 'bhidhīyate

Dado que es inmutable (*akṣara*), el más excelente (*vareṇya*), puesto que él ha eliminado todos los apegos mundanos (*dhūta-saṁsāra-bandanāt*) y ha realizado el significado de *tat tvam asi* (Eso eres tú), se le llama *avadhūta*.

(*Kulārṇava Tantra*, 17.24)

De la Yogapedia: ¿Qué significa *avadhūta*?

Avadhūta es un término sánscrito utilizado para referirse a una persona que ha alcanzado una etapa en su desarrollo espiritual en la que está más allá de las preocupaciones mundanas. Las personas que han alcanzado la etapa de *avadhūta* pueden actuar sin tener en cuenta la etiqueta social común o su propio ego. Este término se utiliza a menudo en los casos de místicos o santos.

Los practicantes avanzados de yoga pueden encontrar inspiración en la idea de alcanzar este estadio mediante una meditación y una práctica de *āsanas* más sostenidas.

Avadhūta se asocia a menudo con algún tipo de comportamiento excéntrico y espontáneo de una persona santa. Esto se debe en parte al hecho de que los místicos que han alcanzado este nivel de iluminación espiritual pueden renunciar a llevar ropa o a cualquier otro comportamiento social normal.

Sobre la Misión Prabhuji

La Misión Prabhuji es una organización religiosa, espiritual y benéfica hindú fundada por S.S. Avadhūta Bhaktivedānta Yogācārya Śrī Ramakrishnananda Bābājī Mahārāja. Su propósito es preservar el «Sendero Retroprogresivo», que refleja la visión de Prabhuji del *sanātana-dharma* y aboga por el despertar global de la consciencia como solución radical a los problemas de la humanidad. Además de impartir enseñanzas religiosas y espirituales, la organización lleva a cabo una amplia labor benéfica en EE.UU., basada en los principios del karma-yoga, el trabajo desinteresado realizado con dedicación a Dios.

La Misión Prabhuji se estableció en el 2003 en EE. UU. como una iglesia hindú destinada a preservar la visión universal y pluralista del hinduismo de su fundador. La Misión Prabhuji opera un templo hindú llamado Śrī Śrī Bhagavān Yeshua Jagat Jananī Miriam Premānanda Mandir., el cual ofrece adoración y ceremonias religiosas a los feligreses. La extensa biblioteca del Instituto Retroprogresivo proporciona a sus profesores abundante material de estudio para investigar las diversas teologías y filosofías exploradas por Prabhuji en sus libros y conferencias.

El monasterio Avadhutashram educa a los discípulos monásticos en varios aspectos del enfoque de Prabhuji sobre el hinduismo y les ofrece la oportunidad de expresar su devoción a Dios a través del servicio devocional contribuyendo desinteresadamente con sus habilidades y formación a los programas de la Misión. La Misión publica y distribuye los libros y conferencias de Prabhuji y lleva a cabo proyectos humanitarios como el «Programa Prabhuji de Distribución de Alimentos», un evento semanal en el que docenas de familias necesitadas del norte de Nueva York reciben alimentos frescos y nutritivos, y el «Programa Prabhuji de Distribución de Juguetes», que proporciona a los niños menos privilegiados abundantes regalos en Navidad.

Avadhutashram
Round Top, Nueva York, EE. UU.

Sobre el Avadhutashram

En el yoga tradicional, un *āśrama* es una ermita donde vive un maestro espiritual con sus discípulos. Desde los primeros tiempos de la civilización, los *āśramas* han existido en Oriente como centros de estudio y práctica espiritual bajo la guía de un maestro. La epopeya *Mahābhārata* describe a Śrī Kṛṣṇa, durante su juventud, viviendo en el *āśrama* de su maestro Sāndīpani Muni, quien le impartió enseñanzas y guía. El Rāmāyaṇa nos dice que el Señor Rāma y sus hermanos estudiaron del sabio Vaśiṣṭha en su *āśrama*, y Sītā vivió la última parte de su vida en reclusión en el *āśrama* del sabio Vālmīki.

El Avadhutashram (monasterio) fue fundado por Prabhuji en el año 2011. Es la sede central de la Misión Prabhuji y la ermita de S.S. Avadhūta Bhaktivedānta Yogācārya Śrī Ramakrishnananda Bābājī Mahārāja y sus discípulos monásticos de la Orden Monástica Contemplativa Ramakrishnananda.

Los ideales del Avadhutashram son el amor y el servicio desinteresado, basados en la visión universal de que Dios está en todo y en todos. Su misión es distribuir libros espirituales y organizar proyectos humanitarios como el «Programa Prabhuji de Distribución de Alimentos» y el «Programa Prabhuji de Distribución de Juguetes». El Avadhutashram no es comercial y funciona sin solicitar donaciones. Sus actividades están financiadas por Prabhuji's Gifts, una empresa sin ánimo de lucro fundada por Prabhuji, que vende productos esotéricos de diferentes tradiciones que él mismo ha utilizado en prácticas espirituales durante su proceso evolutivo con el propósito de preservar y difundir la artesanía tradicional religiosa, mística y ancestral.

El Sendero Retroprogresivo

El Sendero Retroprogresivo no requiere que formes parte de un grupo o seas miembro de una organización, institución, sociedad, congregación, club o comunidad exclusiva. Vivir en un templo, monasterio o *āśram* no es un requisito, porque no se trata de un cambio de residencia sino de consciencia. No te insta a creer, sino a dudar. No requiere que aceptes algo, sino que explores, investigues, examines, indagues y cuestiones todo. No propone ser como deberías ser, sino como eres realmente.

El Sendero Retroprogresivo apoya la libertad de expresión, pero no el proselitismo. Esta ruta no promete respuestas a nuestras preguntas, pero nos induce a cuestionar nuestras respuestas. No nos promete ser lo que no somos ni lograr lo que no hemos alcanzado ya. Es un sendero retroevolutivo de autodescubrimiento que conduce desde lo que creemos ser a lo que somos en verdad. No es el único camino, ni el mejor, ni el más sencillo, ni el más directo, sino que es un proceso involutivo por excelencia que señala lo que es obvio e innegable pero que generalmente pasa desapercibido: lo sencillo, inocente y natural. Es un camino que comienza y termina en ti.

El Sendero Retroprogresivo es una revelación continua que se amplía eternamente. Profundiza en la consciencia desde una perspectiva ontológica, transcendiendo toda religión y sendero espiritual. Es el descubrimiento de la diversidad como realidad única e inclusiva. Se trata del encuentro de la consciencia consigo misma, consciente de sí misma y de su propia realidad. En realidad, este sendero es una simple invitación a danzar en el ahora, a amar el momento presente y a celebrar nuestra autenticidad. Es una propuesta incondicional a dejar de vivir como víctimas de las circunstancias para hacerlo como apasionados aventureros. Es una llamada a volver al lugar que nunca hemos abandonado, sin ofrecernos nada que no poseamos, ni enseñarnos nada que no sepamos ya. Es un llamado a una revolución interna y a entrar en el fuego de la vida que solo consume sueños, ilusiones y fantasías, pero no toca lo que somos. No nos ayuda a alcanzar nuestro objetivo deseado, sino que nos prepara para el milagro inesperado.

Esta vía fue nutrida durante una vida dedicada a buscar la Verdad. Consiste en una agradecida ofrenda a la existencia por lo recibido. Pero recuerda, no me busques a mí, sino que búscate a ti. No es a mí a quien necesitas, porque eres tú lo único que realmente importa. Esta vida es solo un maravilloso paréntesis en la eternidad para conocer y amar. Lo que anhelas yace en ti, aquí y ahora, como lo que realmente eres.

Tu bienqueriente incondicional,
Prabhuji

Prabhuji hoy

Prabhuji está retirado de la vida pública

Prabhuji es el único discípulo de S.D.G. Avadhūta Śrī Brahmānanda Bābājī Mahārāja, quien es a su vez uno de los más cercanos e íntimos discípulos de S.D.G. Avadhūta Śrī Mastarāma Bābājī Mahārāja.

Guru Mahārāja guio a Prabhuji hasta otorgarle oficialmente los sacramentos de la sagrada orden de *avadhūtas*. Prabhuji fue designado como sucesor del linaje por su maestro, quien le confirió la responsabilidad de continuar la línea de sucesión discipular de *avadhūtas*, o el sagrado *paramparā*, designándolo oficialmente como gurú y ordenándole servir como sucesor Ācārya con el nombre S.S. Avadhūta Bhaktivedānta Yogācārya Śrī Ramakrishnananda Bābājī Mahārāja.

Prabhuji es también discípulo de S.D.G. Bhakti-kavi Atulānanda Ācārya Mahārāja, quien es discípulo directo de S.D.G. A.C. Bhaktivedānta Swami Prabhupāda.

En el año 2011, con las bendiciones de su Gurudeva, adoptó el sendero del *bhajanānandī* recluido y se retiró de la sociedad a una vida eremítica contemplativa. Desde entonces, vive como un eremita religioso hindú cristiano-mariano independiente. Sus días transcurren en soledad, orando, escribiendo, pintando y meditando en silencio y contemplación. Ya no participa en *sat-saṅgs*, conferencias, encuentros, reuniones, retiros, seminarios, grupos de estudio o cursos. Les rogamos a todos respetar su privacidad y no tratar de contactarse con él por ningún medio para pedir encuentros, audiencias, entrevistas, bendiciones, *śaktipāta*, iniciaciones o visitas personales.

Las enseñanzas de Prabhuji

Como *avadhūta* y maestro realizado, Prabhuji siempre ha apreciado la esencia y la sabiduría de una gran variedad de prácticas religiosas del mundo. No se considera miembro o representante de ninguna religión en particular. Aunque muchos lo ven como un ser iluminado, Prabhuji no tiene la intención de presentarse como una personalidad pública, predicador, difusor de creencias, promotor de filosofías, guía, *coach*, creador de contenido, persona influyente, preceptor, mentor, consejero, asesor, monitor, tutor, orientador, profesor, instructor, educador, iluminador, pedagogo, evangelista, rabino, *posek halajá*, sanador, terapeuta, satsanguista, apuntador, psíquico, líder, médium, salvador, gurú de la Nueva Era o autoridad de ninguna clase, ya sea espiritual o material. Según Prabhuji, la búsqueda del Ser es individual, solitaria, personal, privada e íntima. No se trata de un esfuerzo colectivo que deba emprenderse a través de la religiosidad organizada, institucional o comunitaria. Desde el año 2011, Prabhuji ha discrepado de la espiritualidad practicada de manera social, comunal o colectiva. Por lo tanto, no hace proselitismo ni predica, ni intenta persuadir, convencer o hacer que alguien cambie su perspectiva, filosofía o religión. Muchos pueden considerar sus reflexiones valiosas y aplicarlas de manera parcial o total a su propio desarrollo, pero las enseñanzas de Prabhuji no deben interpretarse como un consejo personal, dirección, asesoramiento, instrucción, guía, tutoría, métodos de autoayuda o técnicas para el desarrollo espiritual, físico, emocional o psicológico. Las enseñanzas propuestas no aspiran a ser soluciones definitivas a problemas espirituales, materiales, económicos, psicológicos, emocionales, románticos, familiares, sociales o corporales de la vida. Prabhuji no promete milagros, experiencias místicas, viajes astrales, sanaciones de ningún tipo, conectarse con espíritus, ángeles o extraterrestres, viajes astrales a otros planetas, poderes sobrenaturales o salvación espiritual.

Aunque el énfasis de Prabhuji no ha sido atraer seguidores, durante 15 años (1995-2010), consideró las solicitudes de algunas personas que se acercaron a él pidiendo ser discípulos monásticos. Aquellos que eligieron ver a Prabhuji como su maestro espiritual aceptaron voluntariamente votos de pobreza y dedican sus vidas a la práctica espiritual (*sādhanā*), la devoción religiosa (*bhakti*) y el servicio desinteresado (*seva*). Prabhuji ya no acepta nuevos discípulos, pero continúa guiando al pequeño grupo de discípulos veteranos de la Orden Monástica contemplativa que fundó llamada Ramakrishnananda.

El servicio y la glorificación del gurú son principios espirituales fundamentales en el hinduismo. La Misión Prabhuji, siendo una iglesia hindú tradicional, practica la milenaria tradición de *guru-bhakti* de reverencia al maestro.

Algunos discípulos y amigos de la Misión Prabhuji, por iniciativa propia, contribuyen a preservar el legado de Prabhuji y sus enseñanzas interreligiosas para las generaciones futuras mediante la difusión de sus libros, videos de sus charlas internas y sitios web.

La vía sacra

En la sagrada travesía hacia la trascendencia, Prabhuji consolidó hace ya un tiempo su resolución de no disturbar a quienes no mostrasen interés por compartir su senda. Este acto no es meramente un desprendimiento, sino una elección deliberada para preservar la esencia de la ruta migratoria: un compromiso hacia la autenticidad y la profundización en la autoinvestigación. Tal decisión, lejos de ser un abandono, es un respetuoso reconocimiento de la autonomía individual hacia la divergencia de destinos y aspiraciones. En esta jornada, la selección de compañeros de ruta no es un mero capricho, sino un ejercicio de discernimiento crítico y de alineación con aquellos cuyas miras se entrelazan con las suyas en la búsqueda de nuestro hogar en el interior de la casa.

Servicios públicos

A pesar de que el monasterio no acepta nuevos residentes, voluntarios, donaciones, colaboraciones o patrocinios, el público está invitado a participar en los servicios religiosos diarios y los festivales devocionales del templo Śrī Śrī Bhagavān Yeshua Jagat Jananī Miriam Premānanda Mandir.devocionales del templo Śrī Śrī Bhagavān Yeshua Jagat Jananī Miriam Premānanda Mandir.

Libros por Prabhuji

Lo que es, tal como es: *Sat-saṅgas* **con Prabhuji (Spanish)**
ISBN-13: 978-1-945894-27-5

What is, as it is: Satsangs with Prabhuji (English)
ISBN-13: 978-1-945894-26-8
Russian: ISBN-13: 978-1-945894-18-3
Hebrew: ISBN-13: 978-1-945894-24-4

Kuṇḍalinī-yoga: **El poder está en ti (Spanish)**
ISBN-13: 978-1-945894-31-2

Kundalini Yoga: The Power is in you (English)
ISBN-13: 978-1-945894-30-5

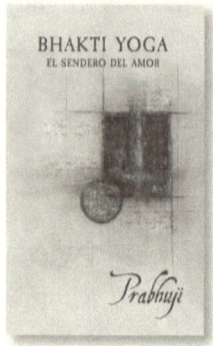

Bhakti-yoga: **El sendero del amor (Spanish)**
ISBN-13: 978-1-945894-29-9

Bhakti Yoga: The Path of Love (English)
ISBN-13: 978-1-945894-28-2

Experimentando con la Verdad (Spanish)
ISBN-13: 978-1-945894-33-6

Experimenting with the Truth (English)
ISBN-13: 978-1-945894-32-9

Hebrew
ISBN-13: 978-1-945894-93-0

Tantra: La liberación en el mundo (Spanish)
ISBN-13: 978-1-945894-37-4

Tantra: Liberation in the World (English)
ISBN-13: 978-1-945894-36-7

Advaita Vedānta: **Ser el Ser (Spanish)**
ISBN-13: 978-1-945894-35-0

Advaita Vedanta: Being the Self (English)
ISBN-13: 978-1-945894-34-3

**Más allá de las respuestas:
La filosofía en la búsqueda
eterna (Spanish)**
ISBN-13: 978-1-945894-88-6

**Beyond Answers: Philosophy
in the Eternal Search (English)**
ISBN-13: 978-1-945894-91-6

**Descubriendo el Último Dios
(Spanish)**
ISBN-13: 978-1-945894-89-3

**Discovering the Last God
(English)**
ISBN-13: 978-1-945894-71-8

**Cuestionando tus respuestas:
La filosofía como pregunta
(Spanish)**
ISBN-13: 978-1-945894-77-0

**Questioning your Answers:
Philosophy as a Question
(English)**
ISBN-13: 978-1-945894-80-0

Īśāvāsya Upaniṣad
comentado por Prabhuji
(Spanish)
ISBN-13: 978-1-945894-40-4

Īśāvāsya Upanishad
commented by Prabhuji
(English)
ISBN-13: 978-1-945894-38-1

El Sūtra del Diamante
comentado por Prabhuji
(Spanish)
ISBN-13: 978-1-945894-54-1

The Diamond Sūtra
commented by Prabhuji
(English)
ISBN-13: 978-1-945894-51-0

La espiritualidad mapuche
(Spanish)
ISBN-13: 978-1-945894-86-2

Mapuche spirituality
(English)
ISBN-13: 978-1-945894-52-7

Ser (Spanish)
Vol I: 978-1-945894-70-1
Vol II: 978-1-945894-94-7
Vol III: 978-1-945894-56-5
Being (English)
Vol I: 978-1-945894-73-2
Vol II: 978-1-945894-74-9
Vol III: 978-1-945894-55-8

El giro simbólico (Spanish)
ISBN-13: 978-1-945894-59-6

The Symbolic Turn (English)
ISBN-13: 978-1-945894-62-6

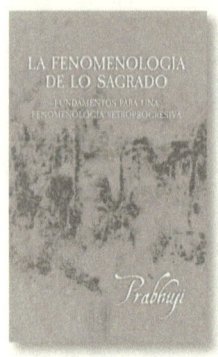

La fenomenología de lo sagrado: Fundamentos para una Fenomenología Retroprogresiva (Spanish)
ISBN-13: 978-1-945894-65-7

Phenomenology of the Sacred: Foundations for a Retroprogressive Phenomenology (English)
ISBN-13: 978-1-945894-68-8

www.ingramcontent.com/pod-product-compliance
Lightning Source LLC
Chambersburg PA
CBHW030233240426
43663CB00035B/143